入会権の判例総合解説

入会権の
判例総合解説

中尾 英俊 著

判例総合解説シリーズ

信山社

はしがき

　入会権について制定法上の規定は民法に2カ条あるだけで（関連ある規定といえば地方自治法238条の6，それと昭和41年に制定されたいわゆる入会林野近代化法がある），ともに慣習を第一法源としているので入会権を理解し，また紛争を処理するためには，入会地の実態を知るとともに，入会についての判例（判決）の研究が不可欠であることはいうまでもない。

　私は昭和40年ころ，川島武宜教授指導のもとに入会権，とくに入会判決の研究をはじめたが，一応の締め括りとして『入会権の解体』（岩波書店刊）を上梓した。そのとき川島教授は，「入会の名判決といわれるものはその判旨を示した裁判官はもとより，その理論を組立てた弁護士にも深く敬意を表さずにはおられない。そして大部分の判決は勝訴した側はもとより，敗訴した側もなるほどと思わざるをえないような判示が多い」と述懐されたが，私も全く同じ思いであった。

　ところが最近，とくに平成10年代に入ると，敗訴した方にはもとより勝訴した方にも寝覚めのわるい判決がいくつか見られるようになった。若い裁判官や弁護士の中に入会というものを実態として知らない人もおられると思うが，それはおいても，そのような判決は判例の誤用によることが少なくないのである。

　「入会権確認訴訟は固有必要的共同訴訟である」「入会権には共有のような持分権はない」……これらの判旨は，ある面では正当な判例としての意義を有するけれども，「入会権」という一言でどのような場合でも適用があるものではない。それにもかかわらず，上記のような判旨をどの場合でもあてはまるような誤解にもとづいて判断するので寝覚めのわるい判決となって出てくるという次第である。

　つまり，ある判例，判旨がどのような事実について，またいかなる主張についてのものであるのかということを十分に理解した上で判断し，引用しなければならないのである。

　とくに入会権についての紛争も現在きわめて多様で，また紛争当事者間の関係もきわめて複雑である。この点は特に重要である。

　そこで本書では最近の判決を（同一類型のものを除き）多く取り上げ，事実関係をなるべく詳しく述べ，かつ判決文も，証拠や巻頭言的な部分を除いてできるだけ原文の多くを掲げた。入会権の性格やその権利行使等について判示した最高裁判決は多くはないが，すべてその判旨とともに下級審の判旨もしくは要旨を掲げた。それ以外は原則として第一審を取り上げ，第二審が第一審の判旨と異なる場合は第二審を取り上げ，第一審判決の要旨を掲げた。そのため，判決の事実と判旨がか

はしがき

なりの長文となり，反面，その解説が十分でなく，読者各位が若干読みづらい思いをされるのではないかと懸念している。そして，それらの下級審判決が，判決として確定したか否かについては可能なかぎり明記しておいた。

本書の編集には稲葉文子さんに御協力いただいたのはもとより，かなり無理も聞いていただいた。改めてあつく御礼を申し上げたい。

2007年7月

中　尾　英　俊

目　次

はしがき

入　会　権

第1章　入会権の意義 ……………………………………………… *3*

1　入会権制定の経緯 …………………………………………… *3*
2　入会権の定義【1】～【4】 ………………………………… *5*
3　入会権の種類【5】～【8】 ………………………………… *8*

第2章　入会権の主体 ……………………………………………… *13*

第1節　主体の性格【9】～【14】 …………………………… *13*
第2節　集団の代表者（管理者）【15】～【18】 …………… *17*
第3節　入会集団の地位【19】～【22】 ……………………… *19*
第4節　入会集団の法的性格（訴訟当事者能力）【23】～【26】 ………… *24*

第3章　入会集団と構成員 ………………………………………… *31*

第1節　入会集団構成員の地位 ……………………………… *31*
　1　構成員としての世帯（主）【27】～【30】 …………… *31*
　2　入会持分権の取得 ………………………………………… *35*
　3　構成員として認められた例【31】～【41】 …………… *35*
　4　構成員として認められなかった例【42】～【47】 …… *51*
第2節　構成員としての地位の喪失【48】～【55】 ………… *59*

第4章　入会権の客体・利用 ……………………………………… *73*

第1節　入会権の客体 ………………………………………… *73*

vii

目　次

　　第2節　入会権の行使内容──利用目的【56】〜【69】 …………… *74*
　　第3節　入会権の行使（利用）形態【70】【71】 ………………… *82*
　　　1　留山利用【72】 ………………………………………………… *85*
　　　2　割地利用【73】〜【77】 ……………………………………… *86*
　　第4節　入会財産（客体）の性格【78】【79】 …………………… *93*

第5章　入会地盤所有権の帰属【80】〜【82】 ………………… *97*

　　第1節　区有・大字有 ……………………………………………… *100*
　　　1　共有入会地と判示された例【83】〜【89】 ……………… *100*
　　　2　財産区有等公有と判示された例【90】〜【104】 ………… *111*
　　第2節　社寺有・個人有名義の土地【105】【106】 ……………… *129*

第6章　入会権と地盤所有権 ……………………………………… *135*

　　第1節　公有（市町村・財産区有）地上の入会権【107】〜【116】 …… *135*
　　第2節　国有地上の入会権【117】〜【121】 …………………… *144*

第7章　入会権と登記 ……………………………………………… *153*

　　第1節　対抗要件としての登記【122】〜【125】 ……………… *153*
　　第2節　入会地盤所有権の登記【126】〜【138】 ……………… *156*

第8章　入会権の発生，変更，処分 ……………………………… *177*

　　第1節　入会権の発生【139】〜【140】 ………………………… *177*
　　第2節　入会地の変更，処分 ……………………………………… *182*
　　　1　入会権の変更【141】【142】 ………………………………… *183*
　　　2　入会地の貸付【143】〜【145】 …………………………… *185*
　　　3　入会地の売却【146】〜【149】 …………………………… *191*
　　　4　処分変更反対の理由と態度【150】〜【152】 …………… *199*

viii

第9章　入会権の存否（入会権の解体・消滅）······ *205*

　第1節　入会権者の合意による解体 ······ *206*
　第2節　入会権の解体──入会集団の解散【153】～【155】 ······ *206*
　第3節　公的処分と地盤所有権の変動【156】～【160】 ······ *211*
　第4節　共有の性質を有する入会権の解体【161】～【170】 ······ *214*
　第5節　共有の性質を有しない入会権の解体消滅【171】～【186】 ······ *231*

第10章　入会権と訴訟適格 ······ *259*

　第1節　入会権確認訴訟 ······ *259*
　　1　入会権確認訴訟【187】～【202】 ······ *259*
　　2　入会収益・補償金等の請求【203】～【205】 ······ *271*
　　3　入会持分権確認【206】～【209】 ······ *273*
　第2節　妨害排除請求訴訟【210】～【215】 ······ *277*
　第3節　反　訴【216】～【218】 ······ *281*

　判　例　索　引 ······ *285*

判例集等略称

大　判	大審院民事部判決	裁集民	最高裁判所裁判集民事
最　判	最高裁判所判決	東高判民	東京高等裁判所民事判決時報
高　判	高等裁判所判決	高民集	高等裁判所民事判例集
控　判	控訴院判決	新　聞	法律新聞
地　判	地方裁判所判決	判　時	判例時報
支　判	支部判決	判　タ	判例タイムズ
民　録	大審院民事判決録	評論法学	法律評論法学
民　集	大審院民事判例集		（東北大学法学会誌）
	最高裁民事判例集	判　自	判例地方自治
下民集	下級裁判所民事裁判例集	戦　後	戦後入会判決集1～3巻
家　月	家庭裁判所月報		（中尾英俊著，信山社，2004）

入 会 権

判例総合解説

第1章　入会権の意義

1　入会権制定の経緯

　民法は入会権について物権編の中の，所有権の章第3節共有の規定の中に1か条（263条），地役権の章の中に1か条（294条）をおき，ともに「各地方の慣習に従う」ほか前者にあっては共有の規定を適用，後者にあっては地役権の規定を準用する，と規定しているが，その権利の内容や効力等については具体的に定義していない。ただ明らかなことは，入会権は民法上の物権であって，共同所有権であるものと，地役権類似の用益物権であるものとの2種類あり，ともに「慣習」を第1次の法源とする，ということである（後述のように，この2種類の区別も民法施行当初は必ずしも明らかでなかった）。したがって入会権の存在，成立にはまず慣習の存在が前提となる。が，その慣習とは何か，がまず問題となる。

　入会権が近世以降の，村人(びと)（大部分が農民）の，村持共有地や村々入会地等の，土地支配権能を民法上の権利として認めたものであることは明らかである。明治初年の地租改正によって田畑，宅地等個人支配が成立していた土地は，所有権その他の個別的権利として承認されたが，個人支配の確立しない村中持，村支配であった山林原野に対する（共同）支配権能を一種の共同所有権として保証する権利が入会権であった。ただ，民法の立法過程においても（起草委員においても）入会権に対する認識は十分に明らかではなかったようで，民法制定の法典調査会では最初，次のように提案された（第30回法典調査会，議事録第10巻――以下の発言は同議事録による）。

　第263条　共有カ入会権ノ性質ヲ有スルトキハ各地方ノ慣習ニ従フ

　本条の提案理由として次のように述べられている（富井政章委員）。

　「入会権ト云フモノ、性質ハ一様デナクシテ多クノ場合ニ於テハ共有ノ性質ヲ持ツテ居ルト思ハレマス夫故此前ニ掲ケテアル所ノ規則ヲ加ヘル当嵌マラヌトナツテハ余程困ツタ結果ニナラウト思フ例ヘバ持分ヲ随意ニ譲渡スルコトガ出来ル何時モ請求スルコトガ出来ル然ウ云フ様ナコトハ皆嵌ル方ノ規定デアルト思フ夫故ニ此特別ノ規定が必要ト考ヘマシタノデアリマス」

　この提案から見ても入会権が共同所有権の特殊な形態としてとらえられていたことが明

らかである。ところがこの条項に対して削除意見が出された。その1つは町村制の規定（90条）を理由とするいわゆる公権論にもとづくものであり，他の1つは，この規定ではあまり簡単すぎて不親切である，本条を削除して改めて入会権として1章なり1節の規定を設けるべきである，といういわば修正案である。前者の公権論に対しては，入会地には公有でない共有（私有）のものもある，という理由で却けたが（ただし公有地上にこの入会権が存在するか否かは後に争われた——第6章第1節参照），しかし修正案的削除論については，修正検討する時間的余裕がなく（条約改正のために民法施行が急がれていた），仮にこの条項が削除されると，

「共有デ何時デモ分割スルコトガ出来ルトシテハ大変」（梅謙次郎）

ということで削除説は否定され，表現が現在のように改めて可決成立した。さらに，入会には他村持地など共有でないものがある，という理由で，地役権の章にもう1か条，「共有ノ性質ヲ有セザル入会権」の規定が設けられた（294条）。

この地役権の章の中の294条の入会権について「地役権ノ性質ヲ有スル（入会権）」と書いてはいけないかという疑問（箕作麟祥議長）に対して，次のように説明がされている（梅謙次郎委員）。

「本案（注，本章の規定）デハ対人地役ハ認メヌ然ウスレバ原則トシテ普通ノ地役権シカナイ併シ乍ラ入会ハ性質カラ言フト従来言フ対人地役デアルカラ地役権ノ性質ヲ有スルトキハト云フト詰リ地役ノ適用ノナイコトニ為ツテ仕舞ウ」

つまり，共有でない入会権は対人地役権であって，本章の地役権のように対土地地役権ではないから，地役権の性質を有するとは書かず，かつ地役権の規定を準用することにしたというのである。

以上が民法上入会権の規定がおかれた経緯の概略であるが，さらに民法修正案（前3編）の理由書には次のように述べている。

第263条

（理由）入会権ニ付テハ各地方庁及ヒ裁判所ニ照会シ其回答トシテ得タル書類ヲ閲スルニ慣例区々一定セスト雖モ要スルニ地役ノ性質ヲ有スルニ非サレハ共有ノ性質ヲ有スルモノノ如シ而シテ其共有ノ性質ヲ有スル者ハ本節ノ規定ニ従フヘキカ如シト雖モ入会権ヲ有スル村民ニシテ若自由ニ持分ヲ譲渡シ又ハ何時ニテモ分割ヲ請求スルコトヲ得ルモノトセハ各地方ノ慣習ニ背キ其弊害極メテ大ナルヘキヲ以テ主トシテ各地方ノ慣習ニ従フヘキモノトナセリ

これらのことから明らかなように，入会における慣習とは，各権利者がその持分を自由に譲渡したり，持分にもとづく分割請求ができない，という慣習なのである。もとより，入会権の取得，行使等に「一定ノ金額ヲ払ハナケレバナラヌトカ其他種々」の慣習が一定しないので各地方の慣習に委ねたがよい（同前・富井政章委員）ということで，入会権行使の態様（使用収益の方法）や，権利の得喪等それぞれ地方によって異なるであろうから，「各地方ノ慣習ニ従フ」と規定したのである。

個人法体系とはやや性格を異にする入会権

の規定が民法におかれたのは，前述のように村持共有，村々入会の土地支配権能を保証するためであったから，個々の入会権者は村落（集団）の一員として権利を行使すべきものであり，したがってその集団の規範＝慣習に従うべきは当然であった。その慣習としての規範が各自の持分の譲渡制限，分割禁止の規範にほかならないのである。

この入会権における「慣習」の意義，内容を正面から説明した判決はない。しかし入会権の成立，存在には慣習の存在が前提となる。それ故に，入会権の存否が争われる場合に慣習の存否が，従って当然に入会における慣習とは何かが争われることになる。

2 入会権の定義

入会権についてその内容あるいは効力について民法上明文の規定はないけれども，入会権が，村中共有，村々入会の土地支配，収益の権能を認めたものであることは明らかであったから，入会権とは何かが争われることはきわめて稀であった。しかしある権能が入会権であるか否かが争われることは多い。それは入会地の収益権能に関する紛争に伴うもので，ただ比較的初期――明治30年代――には入会権の存否に関して，いわば傍論的に入会権の意義につき判示したものがある。

【1】 大判明 33・6・29 民録 6・6・168

[事実] 入会集団相互間の紛争で，X集団のX₁らがY集団Y₁らを相手として共同入会山林における妨害排除の訴を提起したところ，原審は，X₁らは部落住民たる資格の有無により入会採取権能の得喪をきたすから，土地に対する権利は部落に属し住民は部落に対する人権（債権を意味するものと解される）のみ有するという理由でX₁らの請求権を否定したので，X₁らは部落住民として山稼してきたのであるから入会権はX₁らに帰属すべく，X₁らの妨害排除請求を却下したのは不当として上告。

[判旨] 「元来我国ニ於ケル秣山等ノ入会権ハ住民トシテ其土地ニ住居スルニ附従シテ有スル所ノ一種ノ権利ニシテ其住居ヲ転スレハ権利ヲ喪失シ他ヨリ移転シテ住民トナレハ其権利ヲ取得スヘキヲ常トスレトモ尚ホ住民等個人カ其地上ニ対スル権利トシ入会権ヲ有スルコトアルハ我国慣習トシテ認ムル所ナリ既ニ如斯古来ノ慣習上入会権ハ其土地ノ住民ニ随伴スル一種ノ土地ヲ利用スル役権関係ニシテ其住居ノ去就ニ依リ権利ノ得喪ノ消長ヲ来スヲ通例トスルモノナレハ此権利ノ得喪ノ消長ヲ来スヲ根拠トシテ住民タル上告人等ニ本件ノ入会権ナシト判定シタルハ不当」

【2】 大判明 36・11・27 民録 9・1313

[事実] XY両区共有山林につきX区がY区を相手として共有物分割の訴を提起した。

Y区は係争山林につき当事者間に不分割契約書があり，かつ係争山林は共有地でなく共有の性質を有する入会地である，と抗弁したが原審はこれを認めなかったので，Y区は上告して不分割契約の有効性とともに，係争地の分割を認めるか否かは，単にその土地が両当事者の共有に属するか否かのみならず共有の性質を有する入会権の客体であるか否かを判断した上決定すべきであるのに，原審はこの判断をしていない，と主張した。

[判旨] 「我国ノ入会権ニ付テハ各地方々々ニ依リ種々ノ慣習アリテ或ハ永久的ニ数十年若クハ数百

第1章　入会権の意義

年其入会権ヲ相互ニ行使シ来ル慣習アリ或ハ公課ノ分担ヲ定メ其入会権ヲ抛棄スレハ同時ニ公課ノ負担ヲ免カルヘキ慣習アリ又ハ或ル条件ヲ附シ若クハ期限ヲ附スル慣習ノ如キ類アリ故ニ本件ノ係争山林ニシテ若シ入会権ニ係ルモノトスレハ縦シヤ共有ノ性質ヲ有スルモノトスルモ先ツ第一着ニ其慣習ノ如何ヲ調査セサルヘカラス」

　上記2判決はいずれも山林原野に関するものである。入会権が山林原野上に成立することは自明の理といってよいが山林原野以外の土地にも成立するか。原野であった入会地が畑等になった場合なおかつその入会権は存在するか否かが問題となることが多いが，山林原野以外の土地に対して入会権が成立するかが問題となる。

　明治期における村持共有地，村々入会地はそのほとんどないし大部分が山林原野で，しかも人々が生活に必要な薪材，秣草あるいは山菜その他の産物採取がその使用収益行為の中心であった。その故に入会権を，「集落の人々が主として山林原野で産物採取する権利である」と説明する向きも少なくない。しかし共有の性質を有する入会権は土地の共同所有権であるから，入会権をおしなべてこのように用益物権であるかのように説明するのは誤りであるが，共有の性質を有する入会権もその使用形態はほぼ同様であった。したがって明治大正期の入会権についての判決はほとんど山林原野にかんするものであり，戦後においても山林原野におけるものが多い。

　しかし入会権は村落支配の土地上に成立する権利であるから，村落支配つまり村持の土地は当然入会権の対象となる。具体的には溜池，海浜地，墓地等であり，戦後には田畑，宅地，温泉（源泉地）その他雑種地にも入会権の存在を認めた判決がある（これについては第4章参照）。開発，土地利用の多様化に伴い，山林原野がつねに山林原野であるとは限らず，またその他の村持地についても同様であり，開発に伴い紛争を生ずることがある。

　それでは土地以外の物件について入会権の成立が認められるか。

　用水に対して次のような判決がある。

【3】東京控判昭14・2・23 評論28民561

[事実]　甲部落内A所有地よりの湧水は河川の渇水時には甲乙両部落の利水にきわめて重要な役割を果してきたがこの利水の権利をめぐって両部落に紛争を生じ，甲部落Xらは地盤所有権を理由に，乙部落Yらは慣習的利水を理由にその排他的権利を主張した。

[判旨]　「一私人ノ所有地内ニ湧水スル流水ハ原則トシテ私水ニシテ土地所有者ニ於テ専ラ之ヲ利用シ得ヘキモノト解セサルヘカラサルモ第三者タル部落民カ他人ノ所有地ヨリ湧出スル流水ヲ永年ニ亘リ自己ノ部落ノ田地ニ灌漑スル為之ヲ引水シ来タリタル慣行ノ存スルニ於テハ之ニ依リ耕地所有者タル部落民ニ地役権ニ類スル入会権タル流水使用権ヲ生シ水源地ノ所有者ト雖モ之ヲ侵スコトヲ得サルハ古来本邦一般ニ認メラレタル慣習法ナリトス〈略〉本件湧水ノ一部ハ甲部落民タルX等ニ於テ之ヲ利用スル権利アルト共ニ一部ハ乙部落民タルY等ニ於テモ之ヲ利用スル権利アリト断セサルヲ得ス」

【4】 福岡地飯塚支判昭31・11・8下民集7・11・3169

[事実] かんがい用ため池で現在干上っている部落有名義の土地を，Y市がオートレース場にするための工事に着手したので，同部落住民Xら6名が，水利権が侵害されるという理由で，Y市を相手として水利権もしくは共有権あるいは共有の性質を有する入会権にもとづく妨害排除の申請をした。Y市は，係争地はもと部落有であったが昭和22年政令15号によりY市の所有に帰属し，Xらに共有権はなく，また入会権とは一定地域の住民が一定の土地に共同収益を行う権利であるからそのような収益行為のなかったXらが入会権を有することなく，Xらは係争地たるため池から引水しており水利権を有していたとしても，係争地はすでに枯渇して引水不能であり，かわってXらには別個の給水施設が設けられているのでその水利権はすでに消滅した，と抗弁した。本判旨は右引水の権利が入会権に該当するか否かに関する部分である。

[判旨] 「民法上の入会権とは一定の地域の住民が一定の山林原野等に於て共同して収益を為すことの出来る慣習上の権利をいうのである。しかるにX等が主張するところはX等若くはその先代が本件ABを溜池として使用しこれより自己の耕作地に引水して灌漑の用にあてていたこと即ち本件ABを溜池としてその水利を利用していた慣行をとらえてこれを入会権と主張するものであってその土地内に入会って草木等を採取し収益していたというのでもなく又その溜池から漁類等を捕獲していたのでもない。従って単に水利を利用していた慣行を以て入会権なりと主張するのであるから民法の所謂入会権には該当しないものと解するのが相当である。」(本判旨確定)

【3】判決は，他人の溜池から集団引水利用する権利は地役権的入会権である，と判示し，

一方【4】判決は，引水利用権は入会権でないと判示している。【4】の判旨は入会権は山林原野に収益する権利であるという観念にとらわれたとも思われるが，水の利用権についての判示であって溜池に対する支配権能についてではない。

部落等の村落集団が慣習的に流水や用水等を支配する権利を水利権として認めている判決は多いが，おおむねその権利を慣習上の物権もしくは物権的効力を有する慣習上の権利としてこれを認め，その権利と入会権との関係について言及している判決はきわめて少ない。【3】は入会権として認めているが【4】は入会権でないと否定しており，一般に判例は水利権を入会権として認めてはいない，というべきであろう。このことは，同じく村落集団が集団的に温泉や漁場を支配する慣習的な権利についても同様である。もっとも入会漁業権（漁場の総有的支配権）は漁業法により共同漁業権（かつては専用漁業権）と制定法上の権利（物権とみなされる）として法認されているから，特別に民法上の入会権という必要はないかも知れないが，制定法上何の規定もない，温泉支配の権利も判例はこれを入会権とせず慣習上の物権として構成している。このように，用水，温泉，漁場（海水面）等は私的所有の対象にならないので，私的所有権を基礎とする民法上の権利にくみいれることには無理があるために判例はこれらの権利を別個に慣習上の権利（物権）として構成したのである。

3　入会権の種類

民法は入会権について「共有ノ性質ヲ有スル」入会権と,「共有ノ性質ヲ有セサル」入会権とに分類して規定しているが,前述のようにこの両者の区分は,民法施行後しばらくは必ずしも明らかでなく,判例の態度も一貫していなかった。

【5】　大判明37・12・26民録10・1682

[事実]　Y区有の山林に草木採取の入会権を有するX区とY区との間でX区の入会権の性格が争われ,原審は係争山林がY区有であるが故にX区の入会権は共有の性質を有しない入会権である,と判示したが,X区は上告して,他人の所有する土地に立入って毛上収益する場合を入会といい,両者共有の土地において収益するのは入会権ではなく共有権であり,入会権が共有の性質を有するか否かは入会稼が無制限であるか否かによって判断すべきであるから,収益につき無制限のX区の入会権は共有の性質を有する入会権であると主張した。

[判旨]　「民法実施前ニ在リテハ多数ノ者カ共同シテ林野ニ於テ収益ヲ為ストキハ其地盤及ヒ毛上トモニ共同収益者ノ共有ニ属スル場合ト地盤ハ第三者若クハ共同収益者中ノ1,2ノ者ノ所有ニ属スル場合トヲ問ハス斉シク其収益者ヲ入会権利者ト云ヒ其権利ヲ区別ナク入会権ト称セシコトハ当院ノ判例ニ於テモ亦屢散見スル所ナリト雖モ民法第263条ニ所謂共有ノ性質ヲ有スル入会権トハ地盤毛上トモニ入会権利者ニ属スル場合ヲ指シタルモノニ非スシテ地盤カ第三者若クハ入会権利者中1,2ノ者ニ属シ其毛上ノミ入会権利者カ共有シテ共同収益スル場合ヲ指シタルモノト解釈セサル可キニ付キ民法実施後ハ此法意ニ従ヒ之ヲ適用セサル可ラス若シ之ニ反シテY答弁ノ如ク地盤毛上トモニ共同収益者ノ共有ニ属スルモノナランニハ是レ全ク純然タル共有ニ外ナラサルヲ以テ直接ニ共有ニ関スル規定ノ適用ヲ受ク可キモノニシテ右第263条ニ依ル可キモノニ非ス左スレハ共有ノ性質ヲ有スル入会権ヲ有スル場合ハ地盤ノ所有権ハ第三者若クハ入会権利者中ノ1,2ノ者ニシテ毛上ノミ共同収益者ニ於テ共有スル場合ニ限ルカ故ニ本件ノ如ク入会権ノ目的物タル栗樹ノ存在スル山林即チ係争山地ノ地盤カ入会当事者一方ニ属スル場合ヲ以テ共有ノ性質ヲ有セサル入会権ト云フヲ得ス此ノ種ノ入会権中ニハ地役権ノ性質ヲ有スルモノモアル可ク将又共有ノ性質ヲ有スルモノモアル可クシテ原判決ノ如ク当然地役権ノ性質ヲ有スルモノト云フヲ得ス」

この判決は,民法の「共有ノ性質ヲ有スル入会権」について解釈を与えた最初の大審院判決であるが,入会権が「共有ノ性質ヲ有スル」か否かは地盤所有のいかんにかかわりなく入会権者が共同収益しうるか否かによる,と判示しているのである。

このような判例の態度はなおしばらくつづく。

【6】　大判明40・12・20民録13・1217

[事実]　Xほか4大字と大字Yとの間で入会収益権につき紛争を生じ,原審は,地盤の共有者のみがその毛上に付共同収益するは共有権の効力であるが,地盤共有者が第三者と共に毛上を共同収益する場合には共有権のほか別個に入会権を形成する,と判示したので,Xらは上告して,共有地において第三者が共同収益する故をもって第三者に入会権の設定ありと解するとしても,そのことは共有

者間の共有関係を阻害するものではないのに，何の説明もなく共有当事者間の関係を共有でなく入会であると判示したのは理由不備の違法がある，と主張した。

[判旨]「林野ノ地盤カ数人ノ共有ニ属スル場合ニ於テ各共有者カ其毛上ニ付共同収益ヲ為スハ純然タル共有権ノ効力ニシテ入会権ヲ有スルモノニアラス地盤ニ付共有権ヲ有セサル第三者カ之ニ加ハリテ共有者ト共ニ毛上ニ付収益ヲ為ストキハ其第三者ノミ入会権者ニシテ共有者ノ共有権ハ之カ為メニ入会権ニ変スヘキモノニアラス」

このほか次の諸判決がある。
大判明39・1・19民録12・57
大判明41・1・24新聞481・8
大判明42・4・29民録15・415
東京控判明43・5・2新聞661・14

当時の入会裁判はほとんどが村々入会地についての集落（入会集団）相互間の紛争にかんするものである。当時村々入会地が多く，集団相互間における村々入会地の分割請求も少なくなかった。これに対して政府は村々入会地の一村入会地へと分割する方針をとっていたことを考えると判決のこのような態度をとったこともうなずけないではない。しかしそれでも次のように結果として不当と思われることがある。

このように，共有の地盤を共同収益するのは民法上の共有権であると解するならば，共同所有の共同収益地は入会地でなく共有地であることになり，いつでも分割請求しうることになる。そして地盤の共有権を有しない第三者が共同収益する場合を「共有ノ性質ヲ有スル入会権」と解するならば「共有ノ性質ヲ有セサル入会権」とは何か，理解できないことになる。当時学者は右のような理由で判例の態度に反対していた（たとえば梅謙次郎『訂正増補民法要義巻上2物権編』220頁，富井政章『民法原論第2巻物権上』284頁，など）。

入会集団相互間の紛争ならばともかく，集団構成員として有する入会権あるいは共有権の存否等に関する紛争になるとその矛盾が明らかになる。すなわち，1つの入会集団が有する入会権の存する土地が構成員の共同所有に属するときは，右の判旨ではすべて民法上の共有地となり分割請求が認められるので，入会地は急速に解体せざるをえなくなる。次の判決は個人の持分権に関する紛争で，右の矛盾が明らかになったため，裁判所もその態度を変更した。

【7】 大判大9・6・26民録26・933

[事実] XY₁ら17名共有名義で所有権登記されていた数部落共有山林につき，当該部落外のY₂がY₁から共有持分を買受け共有権の移転登記を完了したが，XらはY₁Y₂を相手として，右山林は部落共有の入会林野で慣習により部落外の者に持分譲渡することを禁止されているから右売買は無効であるという理由で，右共有権売買の無効確認と共有権移転登記の抹消を請求した。原判決（松江地判大6・12・27法時44・10・84）は前掲大審院判例を理由に次の通り判示してXらの請求を棄却した。

「民法第263条ニ所謂共有ノ性質ヲ有スル入会権トハ地盤及ヒ毛上共ニ入会権利者ニ属スル場合ヲ指シタルモノニアラスシテ地盤カ第三者若クハ入会権利者中1，2ノ者ニ属シ其毛上ノミ入会権利者共有シテ共同収益スル場合ヲ指シタルモノトス

第1章　入会権の意義

〈略〉本件売買ノ目的タル権利カ右説明ノ如ク民法第263条所定ノ入会権ニアラスシテ単純ナル共有権ノ行使ニ過キサルモノト認ムル以上仮令X主張ノ如ク絶対ニ他部落民ニ権利ノ移転ヲ許ササル慣習アリトスルモ該慣習ニハ民法第263条ノ適用ナク従ツテ慣習法トシテ当事者ヲ羈束スルノ効力ナキモノナルヲ以テ本件共有者ノ一員カ他部落民ニ対シ自己ノ持分ヲ譲渡シタリトスルモ直ニ慣習ニ違背シタル無効ノ行為ナリト謂フヲ得」(ず)

Xらは上告し，共有の性質を有する入会権とは本件の如く地盤毛上ともに共有する場合をいうのであって，もし原判決の如く解するならば共有の性質を有せざる入会権なるものは存在しないことになるから，原判決は不当な判決であると主張した。

[判旨]「按スルニ民法ハ入会権ヲ区別シ共有ノ性質ヲ有スル入会権及ヒ共有ノ性質ヲ有セサル入会権ノ2者トシ其効力ヲ定ムルニ付テハ何レモ各地方ニ於ケル慣習ニ従フノ外前者ニ在リテハ共有ノ規定ヲ適用シ後者ニ在リテハ地役権ノ規定ヲ準用スヘキモノナルコトハ民法第263条及ヒ第294条ノ定ムル所ナリトス而テ此2者ヲ区別スルノ標準ハ入会権者ノ権利カ其共有ノ地盤ヲ目的トスルヤ若クハ他人ノ所有ニ属スル地盤ヲ目的トスルヤニ存シ入会権者カ地盤ヲ共有スル場合ハ本来共有ノ規定ニ依リテ其効力ヲ定ムヘキモノナレトモ入会権ニ付テハ各地其慣習ヲ異ニスルモノアルヲ以テ先ツ其慣習ニ準拠スヘク慣習ナキ場合ニ於テ共有ノ規定ニ依ルヘキモノトス是レ民法第263条ニ共有ノ性質ヲ有スル入会権ニ付テハ各地方ノ慣習ニ従フ外共有ノ規定ヲ適用スヘキ旨ヲ定メタル所以ナリ之ニ反シテ入会権者ノ権利カ他人ノ所有ニ属スル地盤ヲ目的トスル場合ハ本来地役権ニ非サルモ他人ノ所有地ヲ目的トスル地役権ト其性質ヲ同フスルヲ以テ慣習アルトキハ之ニ準拠スヘキモ若シ慣習ナキトキハ地役権ノ規定ヲ準用シテ其効力ヲ定メサル可ラス是レ民法第294条ニ共有ノ性質ヲ有セサル入会権ニ付テハ各地方ノ慣習ニ従フ外地役権ノ規定ヲ準用スヘキ旨ヲ定メタル所以ナリトス若シ共有ノ性質ヲ有スル入会権ヲ解シテ地盤ヲ共有スルコトナク単ニ毛上ノミヲ共有スル入会権ナリトスルトキハ我民法上地役権ノ性質ヲ有スル入会権ナルモノ存在セサルニ至ルヘク斯クノ如キハ固ヨリ解釈ノ正鵠ヲ得タルモノニ非サルヲ以テ叙上ノ見解ニ反スル当院従来ノ判例ハ之ヲ変更スルヲ至当ナリトス」

つまり，入会権が共有の性質を有するか否かは，入会地盤が入会権者の共同所有に属するかそれとも入会権者以外の第三者に属するか，によって決すべきである，というのである。

この解釈はその後変更をみることなく，判例の態度として確定している。

【8】　大判昭10・8・1 新聞3879・10

[事実] 甲部落住民Xらが入会稼をしてきた山林の所有者Y_1およびXらの入会権能を否認する住民Y_2らを相手として，Xらが右山林に共有の性質を有する入会権を有することの確認を求めた。原審はXらが自家用薪材用材および秣その他副産物採取を内容とする共有の性質を有しない入会権を有することを認めたのでXらは上告し，Xらが係争地に共有の性質を有する入会権を有することの確認を求め，共有の性質を有する入会権を，地盤毛上ともに共有する場合と解するならばわが国村持山はすべて法人たる町村又は部落の所有であるから部落住民が地盤所有することなく，共有の性質を有する入会権は存在しないことになる，と主張した。

[判旨]「共有ノ性質ヲ有スル入会権ト共有ノ性質ヲ有セサル入会権トヲ区別スル標準ハ地盤カ其ノ

共有ニ属スル土地ニ存スルヤ若ハ地盤カ他人ノ所有ニ属スル土地ニ存スルヤニアリテ入会権者カ地盤ヲ共有スル場合ハ本来共有ノ規定ニ依リテ其ノ効力ヲ定ムヘキモノナレトモ入会権ニ付テハ各地其ノ慣習ヲ異ニスルモノアルヲ以テ先ツ其ノ慣習ニ準拠スヘク慣習ナキ場合ニ於テ共有ノ規定ニ依ルヘキモノト做シタルカ即チ民法第263条ノ規定ナリ」

その後判決の態度にかわりなく，入会権における「共有」は地盤の帰属いかんによって決めるべきであり，したがって，「共有ノ性質ヲ有スル入会権」は（土地の）共同所有権の特殊形態，「共有ノ性質ヲ有セサル入会権」は用益物権（地役権）の特殊形態である。

第1節　主体の性格

第2章　入会権の主体

　入会権は基本的に、藩制時代の村またはその下部単位としての組などの土地等に対する管理支配の権利をほぼそのまま民法上の権利として認めたものであるから、その権利主体は明治初期における村（または組）であった。この村は行政体であると同時に生活（生産）共同体であった。この村は明治22年町村制の施行により地域的には新しい町村に編成され（大字となる——以下、大字もしくは旧村とよぶ。ただし合併することなくそのまま1村となった村もある）、法的主体としての地位を失ったが、山林原野、溜池、墓地等の土地を村びと全体として管理所有していた。もっとも一部の山林は、行政体たる旧村の財産として町村制施行後「町村ノ一部」の所有する財産、つまり区有（現在の財産区有）財産とされたところもある。しかしこの「町村ノ一部」＝区所有の概念はきわめて曖昧で、そのため入会地が財産区有か住民共有かの問題が生ずるが、それは第5章に見るとおりである。

　入会権の主体である集落（集団）は法人格をもたないため、その法的な性格ないし地位が問題となることがある。とくに問題となるのは、訴訟における当事者能力である。当該集団が集団としての一体性を有するか、その代表者または管理者は何びとであるか、またいわゆる集落が入会権の主体たりうるか、等の問題がある。

第1節　主体の性格

　明治期から大正初期にかけては、入会集団たる村（村落）相互間の、入会収益権能の有無、範囲等にかんする紛争が多い。したがって、訴訟当事者（原告、被告）は（一部の例外を除き）大字または区であった。入会権能の行使ないしその帰属について大字、区等の入会集団と構成員たる村びととの関係で、主体たる入会集団の性格が問題とされることがあった。

【9】　大判明31・5・18民録4・5・35

事実　係争地は明治初年の土地官民有区分により官有地に編入されたが同21年Yらに売払われた原

第2章　入会権の主体

野で，甲部落のＸら121名がＹらを相手として係争地上に入会権を有することの確認を求める本訴を提起した。原審はＸらの請求を認めたのでＹら上告して次のように主張した。(1)村町の用係が代表者として締結した契約は，公法人もしくは公法団体にはその効力を生ずるが，民法上の物権を左右すべき効果を生ずるものではないから，原判決が，村の用係が締結した係争地の入会秣場たることを遵守する旨の契約を理由にＹらを拘束すると解したのは違法であり，用係が村の私権に関する代表者であるという判断には理由不備の違法がある。(2)入会権は共有権であったり地役権であったりするから，単に入会権ありとするだけでは請求原因が不明である。

判旨　「入会秣場ナルモノハ本件古来慣行上各地方ニ存セル一種ノモノニシテ其中或ハ其関係スル数村町駅ノ住民差等ナク平等ニ入会スルモノアリ或ハ幾分ノ等差ヲ設ケテ入会スルモノアリテ其種類同一ナラスト雖モ旧時ニ於テハ是等村町駅ノ住民全体ニ関係スルモノハ其性質各個住民ノ権利ニ属スヘキモノナルニ拘ハラス契約ノ如キ訴訟ノ如キ法律行為ハ村町駅自体ニ属スル権利関係ト等シク総テ其町村駅ノ庄屋若クハ用掛ニ於テ外部ニ対シ住民全体ヲ代表シ来レリ」

【10】　大判明36・6・19民録9・759

事実　本判旨は，Ｙらの上告理由中，相手方の訴訟当事者の資格に関するもので，原判決は１村の住民全体を摘示するに村名を以てする慣習ありという理由でＸらの入会権を認めているが，村の法人たることは明らかであり，その権利関係は村長が代表すべきであるのに本件でＸら個人の名で提訴しているのは不法である，という主張に対するものである。

判旨　「旧時ニ在テハ山林原野等其ノ附近村駅ノ各住民ニ属スル入会権ニ関シ契約ノ如キ法律行為ヲ為スニ当リ其村駅ノ庄屋若クハ用掛ニ於テ各住民ヲ代表シ又ハ村駅ノ名ヲ以テ結約スル一般ノ慣習アリシコトハ当時ノ差許状等ニ散見スル所ナルヲ以テ原裁判所カ１村ノ住民全体ヲ表示スルニ村名ヲ以テスル慣習アリト説明シタルハ違法ニアラス従テ原判決ハ甲第１号証ハ之ニ列記シタル各村住民ノ契約書ナリト解釈シタルモノナレハ之ニ基キＸ等カ提起シタル本訴ヲ不適法トセサリシハ当然ナリ」

【11】　大判明40・12・18民録13・1237

事実　甲村Ｘ部落が乙村大字Ｙを相手として大字Ｙ所有の山林に入会権を有することの確認を求めたところ第２審でＸ部落が勝訴したので大字Ｙは上告して次のように主張した。(1)旧時にあっては村駅（＝部落）の住民に属する入会権につき其住民を表示するのに村駅の名を以てした慣習があることは顕著な事実であるから部落が入会権を有することを争う本件において右のような慣習に反する解釈をしてＸ部落が入会権を有することを認めるには他に証拠をあげて理由を説明すべきである。(2)入会権は農作業又は生活上必須を充たすことを内容とする権利であるから，生活機能を有しない無形人たる部落が入会権を有するいわれはない。(3)入会権は共同収益の権利であるが，Ｘ部落が数百年来一定の区域を独占収益しているのは共同収益というをえず，入会権の性質に反するものである。

判旨　「旧時ニ在リテ村駅ノ住民ニ属スル入会権ニ関シ其村駅ノ用係等カ住民ヲ代表シ又ハ村駅ノ名ヲ以テ契約シタル慣例アルコトハ本院判例ノ認ムル所ナリト雖モ村駅ノ名ヲ以テ表示シ又ハ村駅ノ用係カ契約シタル入会権ハ総テ其村駅ノ住民ニ

第1節 主体の性格

属スル入会権ナリト謂フコトヲ得ス何トナレハ村駅其モノカ入会権ヲ有スルコトハ古来ノ慣習ノ是認スル所ナレハナリ而シテ原院ハ諸般ノ証拠ニ依リ被上告人カ本件係争ノ入会権ヲ有スルコトヲ認メタルモノニシテ其証拠ノ取捨及ヒ事実ノ認定ハ原院ノ専権ニ属スル所ナレハ之ヲ以テ違法ナリト謂フヲ得ス〈略〉入会権ハ古来村其他一定ノ地域ノ住民カ之ヲ有スル慣例アルコトハ本院判例ノ屢次認ムル所ナリト雖モ村ハ村内ノ一部カ特別ニ財産ヲ所有スルコトハ古来是認セラレタル慣行ニシテ又入会権ニ限リ之ヲ有スルコトヲ禁シタル慣習若シクハ法規存スルコトナシ蓋シ村有ノ財産ハ全村ノ為メニ之ヲ管理シ及ヒ共有スルモノニシテ其住民ハ之ヲ共有スルノ権利ヲ有スルモノナレハ村カ入会権ヲ有スル場合ニ於テモ其住民ノ生活上ノ必須ヲ充タサスト謂フヲ得ス故ニ村又ハ其1部落カ入会権ヲ有スルコトヲ是認スルハ違法ニアラサルヲ以テ本論旨モ其理由ナシ」

【12】 大判明41・6・9新聞514・15

事実 Yらの所有地に入会稼の権能を有する大字X₁X₂がYらを相手に入会権確認を求め，原審がこれを認めたので，Yらは上告して，入会権は複数の権利者が行使すべきものであるのに1大字が単独で収益権を専有する場合を入会権と判示したのは法則の適用を誤ったものである，と主張した。

判旨 「入会権普通の事実状態は多数人が一定の土地に於て其産出物たる柴草等を採取するものにして其多数人は1ヶ町村若くは1部落の住民のみなることあり又は数ヶ町村若くは数部落に属する住民なることあり其町村若くは部落の住民なるが故に産出物の採取を為すことを得るものとす此事実状態に於て右毛上採取の権利は（甲）町村若くは部落其ものに属し各住民は其権利に基き事実上収益する場合〔本院明治40年（オ）第452号同年12月18日言渡し判例〕あり又は（乙）町村若くは部落の住民各自に属する場合〔本院明治38年（オ）第319号明治39年2月5日言渡し判例〕あり共に之を入会権と称することは一点の疑なき処にして此等権利状態は民法上の一定の規定なきを以て収益の目的物又は其分量等と共に各地方の慣行に依り確定すべきものとす而して維新前の旧時に在ては町村全体に関する事件に付いては名主年寄町村役人に於て其衝に当り事を処理したるは一般に行はれたる事例なることは明かなりと雖も其町村役人が事を処理したるは今日所謂法人の代表機関として鞅掌したるものなりとのみ目すべからずして住民各自が自己の権利として入会する場合に在ては住民各自を代表し其総代人として事に当りたるものと認むることを得べく寧ろ（乙）の場合に在ては斯く認むるを正当なりとすべきを以て他に対して町村役人が専ら事に当りたりとの一事を以て町村若くは部落のみが集合体若くは法人として入会権の主体なりしと確定的に論断すること能はざるは論を俟たざるなり」

以上の判決を要約すると，【9】は部落の各住民が有する入会権に関する契約は部落（村）の名でしてもよい，と部落住民が入会権を有すると明示し，【10】は部落という団体が入会権を有し，部落住民はその団体がもつ入会権を行使するのだ，と判示し，【11】【12】は入会権の主体が部落である場合と部落住民である場合とがある，と判示している。これらの判決では入会権に対する部落＝集団と住民＝構成員との関係は必ずしも明らかでないが，これを明らかにしたのが次の【13】で，部落＝入会集団は総合的実在団体であるから部落＝入会集団の所有物は同時に構成員たる住民の共同所有物であると判示している。

第2章　入会権の主体

【13】　大判昭3・12・24 新聞2948・10

事実　$X_1 X_2 Y_1 Y_2$ 4部落入会地につき紛争を生じ，$X_1 X_2$ はこの入会地に共有の性質を有する入会権を有することの確認を求めたが，原審は，この入会地の地盤は Y_1 部落の単独所有に帰属し他の部落は共有の性質を有しない入会権を有する，と判示したので，$X_1 X_2$ は上告して，共有の性質を有する入会権とは地盤が第三者又は入会権者中1，2の者に属し毛上のみ入会権者が共有する場合を指すのであるから，Y_1 共有地と地券に記載された係争地を共同収益する X_1 ら4部落は共有の性質を有する入会権を有する，と主張した。

判旨　「旧徳川幕府ノ頃ヨリ明治初年ニ至ル迄ニ於ケル我国ノ村並村内ノ部落ハ法人格ヲ有シタレトモ現時ノ法制ニ於ケル法人トハ多少其ノ性質観念ヲ異ニシ其ノ住民ト全然分離シタル別個独立ノ人格ヲ有スルモノニ非スシテ其ノ住民ノ全体ヨリ成ル綜合的実在的団体タルニ外ナラサルモノト謂フヘク（大正9年（オ）第252号同年12月1日当院判決参照）従テ村又ハ部落ノ所有物ハ同時ニ其ノ住民ノ共有物タルモノニ係リ唯住民ニシテ其ノ地ヲ去ルトキハ之ヲ失ヒ他ヨリ入リテ新ニ其ノ住民トナル者ハ之ヲ取得スルニ過キサルモノト解スルヲ相当トス故ニ原院カ一面ニ於テ本件係争地ノ地盤ハ被上告人Y部落ノ単独所有ナリト認定シナカラ他ノ一面ニ於テ之ヲY住民ノ共有地ナリト判断シタルハ矛盾シタルモノニ非ス」

この判旨のように入会権は，集団の所有であると同時に集団構成員の共同所有に属すると解すべきである。したがって集団も入会権者其の構成員も入会権者であることになるが，集団の有する入会権は，各構成員の有する入会権（入会持分権）の総和となる。この入会持分権は民法上の共有持分権のように譲渡性もなくまた分割請求をすることもできない性格のものである。

【14】　大判昭11・1・21 新聞3941・10

事実　本件は，集落に入会権を有すると主張する住民に対して，集落は町村の1所有である故にその権利は入会権でなく町村制の公権であるという反論を否定した【109】の判示の前提としての判示である。

判旨　「按スルニ入会権ハ共有ノ性質ヲ有スルモノト否ラサルモノトヲ問ハス各地方ノ慣行ニ従フヘキモノナルコトハ民法第263条第294条ノ規定ニ依リ明カニシテ此権利ハ町村又ハ部落其者ニ属シ当該地域ノ住民ハ該権利ノ下ニ於テ現実ノ収益ヲ為ス場合アルト共ニ町村又ハ部落ノ住民各自ニ属スル場合アリテ其ノ何レニ属スルヤハ各地方ノ慣習ニ依リ確定スヘキモノナ（リ）」

これらが判示するように，入会権は集落（集団）に帰属すると同時に集落の構成員にも帰属するということは構成員の共同所有が集落＝集団の（単独）所有であることを意味する。入会における共有とは構成員の共同所有ということであるが，この共同所有は通常の（民法共有の節に規定されている）共有とは性格を異にし，その共同所有権者としての地位，共有所有権の権能（管理，処分等）に一定の（集団的な）制約を伴う。このように集落も入会権を有し，また構成員も入会権を有するので，集落も構成員も入会権者と呼ばれるのであるが，以下，集落の有する入会権を単に入会権（または集団入会権）構成員の有

する入会権を入会持分権と呼ぶことにする。

そこでこの集団入会権の主体としての集落の法的地位，性格が何か，入会持分権者としての資格，地位の得喪が問題となる（第3章）。

第2節　集団の代表者（管理者）

入会権にかんする訴訟当事者である入会集団＝村落は通常大字や部落（集落）の名で当事者となるが，その代表者に戦前はその集落の属する町村長がなることが多かった（判決集には訴訟当事者として大字，部落名と代表者名が掲げられているが，それが町村長であるか否か不明の場合が少なくない）。これは大字や部落を町村制114条（地方自治法294条に相当）にいう「町村ノ一部」と解してのことであろうが，このことが，いわゆる大字有，区有の土地が「市町村の一部」である区（現在の財産区）有の土地であるか，それとも入会権者の共同所有地かが争われる要因となっている。

また同一町村内での村落間の訴訟では町村長が双方の訴訟当事者の代表者となることがあるが，そのときは訴訟代表者としての権限の有無が問題となる。

【15】　大判明33・11・19民録6・10・91

事実　同一町村内の2つの集落（区）の間の入会権確認請求（その内容は不明）にかんするもので村長が双方の区の管理代表者になっている。

判旨　「町村内ノ部落カ特別ノ財産ヲ有スル場合ニハ其部落ヲ以テ法人ト看做スコトハ本院一定ノ解釈ニシテ今之ヲ変更スヘキ理由ヲ発見セサルニ依リ此点ニ付テハ特ニ之レヲ説明セス〈略〉苟クモ区カ法人タル以上ハ必スヤ独立ノ区会ヲ設ケサル可カラサルモノニシテ右第114条ノ法意モ亦之ニ外ナラストス解釈セサルヘカラス尤モ区ノ代表者ハ町村長ナルヲ以テ町村ト其一部ノ区又ハ1町村内ノ各部落カ訴訟ヲ為スニ当リテハ同一ノ町村長カ双方ノ代表者トナル訳合ナルモ此場合ニハ異別ナル機関ノ決議ニ依リテ代表スルモノナレハ町村長其人ハ同一人ナルモ其資格ニ差異アリテ法律上之ヲ2個異別ノ人ト見做スニ依リ争訟ナル思想ノ結果トシテ攻撃者ト被攻撃者トノ2個ノ人格アルコトニ於テ間然スル所ナシ」

【16】　大判明34・5・15民録7・5・84

事実　村内の区による入会権（柴草刈取入会権）確保の訴訟における区の代表者としての町村長の資格にかんするもので，第1審原告X区の代表甲村長が訴の提起につき区会の決議を経ていないため当該判決は却下すべきである，という主張についての判示である。

判旨　「町村制第114条ハ町村内ノ区若シクハ部落ニシテ法人タルノ性格ヲ有スルモノニ付テハ郡参事会ヲシテ条例ヲ発行シ其事務ノ為メ区会若クハ区総会ヲ設ケシムルコトヲ規定シタルモノニシテ其法文ニ「郡参事会ハ其町村会ノ意見ヲ開キ条

例ヲ発行シ云々区会又ハ区総会ヲ設クルコトヲ得」トアルハ即チ郡参事会ニ町村会ノ意見ヲ聞テ是等ノ事項ヲ為スヘキ職権ヲ付与シタルニ在リ決シテ区会又ハ区総会ヲ設クルト否トヲ郡参事会ノ意見ニ一任シ若シ区会ノ設ナキ場合ニハ町村会ヲ以テ其機関ニ充テシムルト云フ如キ法意ナリト解釈スルヲ得ス如何トナレハ区会ノ設ケナキ場合ニ於テ町村会ヲシテ其事務ニ関スル事項ヲ議定セシムルコトハ町村制及ヒ其他ノ法律ニ其規定ナキヲ以テ町村会ハ区若クハ部落ノ機関トシテ其事務ニ関スル事項ヲ議定スル職権ヲ有セサルモノナリ殊ニ区若クハ部落ト其村又ハ其村内ノ他ノ区若クハ他ノ部落トノ間ニ於テ財産権上ニ付キ争訟ヲ生スル場合アルヲ以テ区若クハ部落ニシテ法人タルノ性格ヲ有スル已上ハ必スヤ独立ノ機関ナカル可カラス若シ被上告人所論ノ如キ解釈ヲ為ストキハ1機関ニシテ反対ナル2様ノ意思ヲ有スル筈ナキヲ以テ議定上一方ハ必ス不利益ナル結果ヲ受ケサル可カラサルコト、ナリ結局之カ救済ヲ求ムルノ途ナキニ至ルヘキ筋合ナリ」

【17】 大判大 12・4・4 民集 2・201

事実 本件は同一村内における2集落間の入会地の境界にかんする紛争で、村長が双方（当事者名は大字○○がそれぞれ○○村と村の名で表示されている）とも同村長である。

判旨 「町村制第124条ニハ町村ノ一部ニシテ財産ヲ有スルトキハ其ノ財産ノ管理処分ニ付テハ本法中町村ノ財産ニ関スル規定ニ依ル旨ヲ規定シ同第72条ニハ町村長ハ町村ノ財産ヲ管理スル旨ノ規定アルニヨリ同一町村ノ一部タル2個ノ部落カ各財産ヲ有スル場合ニ於テハ前示法条ノ規定ニ基キ同一町村長ニ於テ其ノ財産ヲ管理スヘク従テ其ノ財産ニ関シ紛争ヲ生シ両部落間ニ訴訟ヲ提起スルノ已ムヲ得サルニ至リタルトキハ町村制第40条ノ規定ニヨリ町村会ノ議決ヲ経タル上同一町村長ニ於テ両部落ヲ代表シ訴訟行為ヲ為シ得ルモノト謂ハサルヘカラス」

【18】 京都地舞鶴支判昭 8・12・23 評論 23 諸法 152

事実 Y_1町字A_1A_2、Y_2村字A_3A_4の住民はX村地内の村有林に入会料を支払い入会稼を行なっていたが、入会利用地域に紛争を生じ、X村はY_1町、Y_2村を相手に入会区域確定請求の訴を提起した。Y_1町Y_2村は、本件入会権の主体はA_1ら4部落の住民であってY_1町Y_2村ではないので本訴は失当であると抗弁した。

判旨 「町村制施行以前ノ町村カ合併シテ新町村ヲ組織スル場合ニ於テ旧町村ノ権利義務ハ当然新町村ニ移転スルヤ又ハ依然旧町村ニ属スルヤニ付キ規定スルトコロナシ然ラハ前記第4条ノ趣旨ニ鑑ミ本件入会権ニ付キ何等ノ協議ナシトセハ依然旧町村ニ属スルモノト認メサルヘカラス現ニ本件入会権ノ対価タル年貢米ハ前記各部落ニ於テ負担セルコトハXノ認ムルトコロナル事実ニ徴スルモ右認定ノ誤リナラサルコトヲ証スルモノト謂フヘシ而シテ町村制施行以前ニ在リテモ町村ハ各権利義務ノ主体トナルコトヲ得タルモノニシテ町村制ノ施行ニ因リ彼是合併シテ1ノ新町村ヲ組織シ旧町村ハ自治体タル資格ヲ喪ヒタル場合ト雖モ尚依然トシテ権利義務ノ主体トナリ得ヘキコトハ前記町村制第114条ニ『町村内ノ区又ハ町村内ノ一部若クハ合併町村ニシテ別ニ其ノ区域ヲ存シテ区ヲ為スモノ特別ニ財産ヲ所有シ云々』ト規定セルニ依リ明カナリ然ラハ本件入会権カY町村ニ移転シタルコトヲ前提トスルXノ本訴ハ此ノ点ニ於テ失当ナルヲ以テ之ヲ棄却スヘキモノトス」

戦後においても、このような区有、大字有（通常表示登記にとどまるが大字等の名義で権利

争訟で，大字等の代表者が市町村長とされることがある（その区が財産区であれば当然市町村長が管理者となる）が，それは，主としてある個人が区や大字有の土地に対して，所有権その他の権利を主張する場合である。逆に区や大字がその名で第1審原告になるときは，総代や公的機関でない区長を代表者とする。

以下の判決はすべて個人（入会権者の一員でもある）が区や大字名義の土地に対し自己の所有権を主張し，すべて否定されているが，それは係争地がその個人の所有地でなく，区や大字の入会地である，と判示するにとどまるのであって，それ故に市町村の一部たる財産区有地となるのではない。

第3節　入会集団の地位

昭和期から戦後に入って，入会集団相互間（村落対村落）の訴訟は減少し，集団内部および集団と他の集団以外の第三者との紛争が多くなる。とくに昭和40年代以降，入山収益の減少，入会地利用の変化，入会集団構成員の職業の多様化や集落世帯の変動等により，入会権の主体としての集落の態様，性格が変容してくる。そのため，当該集落が入会権の主体であるのか否か，入会権の主体としての地位が争われるようになる。もっとも入会集団が解体したり入会財産に対する管理機能を失っておれば，それは入会権の解体，存否の問題となる。

ここでは入会権の主体としての地位もしくは集団的財産の管理機能にかんする判決を取上げる。本来的な入会集団が集団性の弛緩等により，管理機能が別個の集団（団体）であるという，いわば財産管理の主体たる地位についての紛争と，集団性の稀薄による法人でない集団としての法的地位（訴訟当事者能力）を争うものとがある。

いわゆる都市化あるいは過疎化の現象は入会集団構成員の変動を意味する。当然集団構成員（個別入会権者）たる地位の得喪の問題が生ずるが，また入会地での収益行為にも変化を生じ，それに伴って集団の性格とくに入会地に対する収益，管理機能にも影響してくる。そのため，入会権（地盤所有権）の主体であった集落がなお入会権の主体たりうるか否かが争われる。

次の3件はいずれも灌漑用溜池にかんするもので，集落の都市化に伴い耕作農家の，したがって水田利用の減少，外部からの転入による非農家世帯の増大等により，溜池の灌漑用水池としての機能の減少，それに伴い固有の水利集団の溜池管理機能が十分でなくなるため，【19】【20】はいわゆる町内会住民団体，【21】は個人である利水権者との間でその管理所有主体の地位が争われた事件である。

【19】　大阪地堺支判平8・2・23 戦後3・221

事実　本件はいわゆる都市化してきた地帯の，かつて農業水利用の溜池で，現在あまり農業用に使

われなくなった溜池底地所有権の帰属にかんするものである。係争地は大都市近接の宅地化のはげしい地帯であるが、溜池の農業用水利用が減退してきたため、昭和47年ころ、溜池管理権を有する「Y₁土地改良区」が乙池の一部をゴルフ場打放練習場として、Y₂会社に貸し付けた。これに対して、甲地区住民団体であるX地区住民自治会が、このX自治会が大字甲と同一の団体であり、昭和15年ころ乙池の所有権を取得して黙示的に土地改良区に管理を委託していたが、土地改良区がゴルフ場として観光会社に貸し付けたのは管理権の濫用であり自治会に対する背信行為である、という理由で、Xほか1自治会が、Y₁土地改良区とY₂会社を相手として、土地の明渡ならびに不法行為による損害賠償を求めた。

判旨 「明治政府による地券の発行、交付に際し、誰を特定の土地の所有者と認定するかについて特別の基準が定められたわけではなく、結局は既得権が尊重され、当時の記録や土地の現実的、具体的な支配の態様を基に、近代的所有権の観念に照らして最も所有権者に近い立場にあった者、すなわち徳川時代から土地を「所持」「支配進退」し、事実上最も強い支配力を持っていた者が所有者と認定された。

ため池についても、地券交付当時、農耕用の水利に供され、保護管理されていたものについては、当該ため池を所持、支配進退していた者が所有者とされた。そして、江戸時代には、農民は、用水の引水秩序として水利共同体を形成し（これを「むら」といい、明治期の町村制により「大字」と呼ばれた村落共同体に当たる。）、その共同体が子池の管理を行っており、さらに、基幹ため池である親池についても、幕府や藩の財政の疲弊に伴い、江戸時代の末期には、「むら」の連合体としての大規模な水利団体（しばしばそれは「井組」と呼ばれた。）が所持、支配進退していたケースがほとんどであった。

〈略〉

(6) 現在「町内会」あるいは「自治会」と称せられる団体は、その来歴や形態等において様々であり、一概には論じがたいけれども、一般に相互扶助や共同活動の必要性を背景に、農業の合理化等に伴う住民構成の変化（特に非農家の増加）や戦時体制下における政府による設備などを契機として、発生し組織化されてきた歴史を持つ住民の自主的組織である。原告ら二自治会も同様の経緯で昭和15年ころに発足したものと見られ、もと大字甲の一部をその地域とし、そこに居住するほぼ全世帯である約350世帯が加入するが、加入は任意であり、現在農家は10世帯程度にすぎない。

〈略〉

もっとも、当時の各水利共同体である「むら」は、末端の行政組織でもあり、また、住民はほとんどすべて農民であったと見られるから、水利共同体を居住住民全体と同視することも必ずしも不可能ではないかもしれない。〈略〉X自治会は、自主的住民組織として現在の行政組織の最小単位である丙市からは一定の独立性を有し（証拠略。）しかも、ほぼ全世帯で組織されてはいるけれども、加入を強制されない任意団体であって、必ずしも住民全員を組織し代表していると見ることもできない存在である。したがって、原告らの現在の自治会が住民のほぼ全体で組織され、末端の行政組織としての機能を一応果たしているとしても、もはや、行政組織としての「むら」を承継した団体であるとはいえず、ましてや、地券の交付を受けた水利共同体との同一性を肯定することはできないというほかはない。また、池の地盤の重要性の増大に伴い権利主体が水利団体から住民全体に移ってきたという旨の原告らの主張も、その根拠が必ずしも明らかではないし、慣習法の形成を根拠とするとしても、それ自体、後述する乙池の一部の売買の経緯や自治会役員らの認識を理由とするものにすぎず、明確かつ合理的な根拠に基づくとは到底いうことができない。さらに、原告らは、池

が水利権者の集合体である水利団体の所有であるとすると，池の水を利用する農家が皆無になれば所有権が消滅することになって不合理である旨指摘するけれども，だからといって，原告ら自治会に所有権があるということにはならない。
〈略〉
㈣　さて，前記認定のとおり，明治の初期，乙池の所有権は，地券の交付により，実在的総合人ともいわれる住民の総体である「むら」（水利共同体）の連合体にあるとされたが，その後「むら」の中で次第に水を利用する農家が減少し，地域の住民と水利共同体とが著しくかい離するようになって，所有権の所在の認定が困難になった。現在において「むら」の権利を承継している主体が誰なのかが次の問題である。確かに，原告らの指摘を待つまでもなく，例えば，農家がごく少数，特に皆無になった場合を考えれば分かるように，その承継主体を単純に水を利用する者の集合体と捉えることはあまりにも不合理であるというほかない。しかし，逆に，池の地盤が価値的に重要になったからといって，これまで水利に関わることのなかったものが突然池の所有者となるわけでもないのである。したがって，池を管理支配してきた「むら」の承継主体が何かを考えるべきである。もちろん，池の管理利用主体とその所有主体は必ずしも一致するわけではないが，現在の管理者，管理状態などが，所有主体を決定する一要素であることは否定できない。」
（大阪高判平 9・12・18 戦後 3・221）控訴棄却，最判平 10・6・30 本判旨確定）

【20】　福岡地久留米支判平 13・9・14 戦後 3・444

[事実]　本件も【19】に類似した事案にかんするもので，甲町所在の 2 筆の溜池は，旧台帳上，村持惣代 A ら 3 名の所有として登載され，のち A らの子孫である Y_1 らが所有権保存登記をした。2 筆の溜池は旧甲村の灌漑用溜池として農業の用に供されていたが，昭和 40 年ころからこの地区も次第に市街化し，脱農家も多く，溜池の用水を灌漑に利用する者も減少し，そのため溜池の維持管理状態も良好とはいえなくなった。もと甲村地内の全住民をもって組織する「住民自治会」が代表者 X を原告として，Y_1 にこの溜池の共有持分権（3 分の 1）保存登記の抹消登記請求の訴えを提起した。Y_1 は，自治会は溜池に全く関係のない，その維持管理の任も果たしていない者が数多くおり，そのような者は溜池所有権を取得するはずがなく原告適格がないと主張した。そのため X は訴訟を脱退し，替わって溜池からの取水者 Z ら，および農家組織（農事実行組合代表者 $Z_1 Z_2$）が独立参加した。ただし，この参加人の代理人と X の訴訟代理人は同 1 人である。Y_1 は，共有持分権 3 分の 1 のみの抹消登記は登記実務上不可能であるから本訴請求は不当であると抗弁したが，裁判所はこれを認めた。

[判旨]　「これらの農事実行組合においては，農業に従事する者及び農業に従事していないが当該地区において農地を有する者が組合員となっている。また，別途，水利組合も存在し，もともと農事実行組合員と水利組合員は 一致していたが，ため池から水を引く者が減少した結果，現在は前者が後者を包摂する関係にある。
〈略〉
旧甲村住民集団の共同体としての地位を継承しているのは，現在の甲町において農業に従事している者及び同所において農地を有している者の集団と認めるのが相当であり，その範囲は，他に特段の立証のない本件においては，上記農事実行組合の組合員と一致するものと認められる。したがって，本件各土地は上記農事実行組合の組合員の総有に属すると認められる。
⑶　本件請求は総有権に基づいて所有権保存登記の抹消登記手続を求めるものであるから，被告

とされるべき者を除き，総有権者全員が共同訴訟人となるべき固有必要的共同訴訟であると解されるところ，弁論の全趣旨によれば，乙農事実行組合を除くその余の農事実行組合所属の口頭弁論終結時の組合員は，被告であったY₁を除き，その全員が本件訴訟の参加人及び選定者となっているが，乙農事実行組合については，Y₂のみ選定者となっていないことが認められる。（略）これによると，乙農事実行組合は，団体としての主要な点が確定しているといえるので，権利能力なき社団と評価することができる。……したがって，参加人Z₁，同Z₂及び両名の選定者並びに乙農事実行組合は，本件訴訟の当事者適格について欠けるところはなく，被告の主張は採用することができない。

2 争点(3)（本件訴えの適法性）について

検討するに，①実体的無権利者による所有権保存登記は無効であり，抹消されるべきこと，②土地所有権保存登記の一部の共有持分のみの抹消登記手続請求も，必要性があれば認められることにより，Y₁の主張はいずれも採用することができない。」

（控訴審で和解）

次の判決は上記判決同様，周辺の都市化に伴い溜池の利水者の減少により水利集団が解体を来たし，その所有権について従前までの水利権者の単独所有となったか否かについての争いである。

【21】 奈良地判昭56・6・19判タ465・180

〔事実〕 Y₁市甲町所在の通称乙溜池は旧村住民全体で組織される「乙池郷」によって保存および管理され，郷構成員所有の付近耕作地の灌漑の用に供されてきた。しかし地域の都市化，住民の脱農化に伴い乙池は次第に農業灌漑用に利用されなくなり，昭和43年，当時の甲町総代は住民（乙池郷集団構成員と同一でない）大多数の同意を得て，Y₁市に乙池の埋立を申請して，埋立を行い，同池につきY₁市甲町名義で所有権登記を行なった。その後も埋立てがつづけられ地目を雑種地に変更し約3分の1が埋立てられ駐車場として利用されている。乙池郷住民Xは，係争地はXを含む乙池郷住民の総有に属するものであったが，地区外転出や離農離権等により現在権利者はXのみであるから，その所有権はXに帰したものというべく，また昭和43年当時，甲部落総代Aは溜池の埋立許可申請に住民多数の同意を得たというが，その住民は乙池に権利を有しない人々であるから，この埋立申請は乙池に権利を有する者の同意なしにされているから無効である，という理由で，甲町総代Y₂およびY₁市を相手として係争地がXの所有に属することの確認ならびに係争地上に存する駐車場その他附帯施設を除去して原状に回復してXへの引渡と埋立によって生じた損害の賠償を求めた。

〔判旨〕「㈠ 本件ため池がもと甲部落の所有であり，付近耕作地の灌漑の用に供されてきたこと，右ため池の保存・管理が乙池郷と呼ばれる水利郷によってなされてきたこと，昭和43年ころからY₁市甲町による右ため池の埋立が行なわれ，同所において有料駐車場が営まれていること，本件ため池につき，同年10月に甲町を所有者とする所有権保存登記がなされていることは当事者間に争いがない。

〈略〉

㈡ ところで，弁論の全趣旨によれば，甲部落は徳川時代末期ころまでに形成された自然発生的集落であると認められるが，同部落のその後の地方自治法制上の変遷をたどると〈略〉昭和31年の市制採用によりY₁市に編入され，その名称も同市甲町（以下，「町」という）となって現在に至っているものであって，その区画範囲（地域）は，旧村，字，大字，町の名称の推移にかかわらず殆

第3節 入会集団の地位

ど同一で……ある。

　㈢ 〈略〉

　戦前，右郷区域内の田地所有者は，「乙池郷」と呼ばれる水利団体に加入し，右郷においては，毎年2名ほどの年行と呼ばれる年番を選出して具体的な池水分配作業や費用徴収等の役務にあたらせていた。郷の構成員は，当該年度に要した池掛と呼ばれる費用を所有田地の反別に応じて分担し，郷の寄合に出席して右費用の分担，池の改修の是否，池水利用方法等の決定に参画し，池の管理・利用については郷による自治的な決定・運営が行なわれていたが，一面，年行手当等については区長（大字の代表者）に対し，毎年報告がなされていた。郷の構成員たる地位は，原則として郷区域内に存する田の所有権の移転に付随し，時には他村居住の所有者・株式会社などが郷に加入することもあり，昭和13年度には，右郷構成員は16名（うち，他村の株式会社が1）であった（以上の事実のうち，本件ため池の保存・管理が，乙池郷によってなされていたことは，当事者間に争いがない）。

　㈣㈤ 〈略〉

　㈥ 戦前は，前記〈略〉のとおり，本件ため池は郷による管理と郷構成員による池水利用がなされていたが，戦後に至り，年行の制度は自然消滅するようになり，郷区域内の田地所有者は，各々必要に応じ，ドビを入れ，またはポンプを利用して本件ため池から引水を行っていたが，特に所有者全員が寄合ってため池の維持管理等について相談するとか池の改修費その他の経費負担をすることはなくなり，ドビを入れるについて甲町総代の了承を得ていたほかは，無償での自由な利用が放任されていた。

　㈦ 本件ため池は，昭和30年代まで右のような利用に供されてきたが，昭和40年ころのA社の誘致とその建築工事開始に伴い，同池への建築用廃材・ゴミ等の投棄が甚だしくなり，水質悪化，悪臭発生を招き，また付近耕作地の宅地化も顕著となって耕作継続者が激減し，右耕作継続者も，わずかに前記のような事実上の池水利用をしているに過ぎない事態となった。

　このため，甲町総代は，右ゴミ投棄を防ぐため，本件ため池周囲に柵をもうけ，ゴミ投棄を禁ずる旨の看板を立てるなどしたが，結局これを防止することはできず，昭和45年ころまでに本件ため池は右投棄物によってその大半が埋もれる状況となり，また引水利用者もさらに減少し，ため池としての必要性も殆どなくなったため，同総代は，甲町住民484名（戸数）の同意書を添えてY₁市の市議会議長に対し，埋立を陳情し，同池に土砂を搬入して既に投棄物によって埋まっている部分を平坦化し，前記争いのない事実のとおりこれを駐車場として使用しているが，なお同池の東南側の隅，約3分の1程度は埋立られることなく，従前どおりため池としての形状を止めている。

　㈧ 〈略〉自然発生的集落にあってその住民の殆どが農業従事者であった前近代的社会においては，管理・所有の区分が判然とせず，管理権の帰属するところ（郷）に所有権も帰属していたものと観念されるような外観を呈していた時期が存したと推認される余地はあるが，前記認定事実によれば，本件部落内には，本件ため池のほかにもいくつかのため池が存在し，ため池の数に応じた利用団体が成立していたものと認められること，本件郷の構成員は郷区域という部落内のさらに限定された区域の田地所有者に限られており，従って部落住民の一部たる郷構成員と部落民全体とは明らかに異なる〈略〉うえ，部落外の住民たる株式会社が郷に加入し，利用権のみを享受していた事実もあること，しかるに本件ため池は，明治以来，一貫して旧村，字，大字，町という部落としての実体を帯有しているところに帰属していること，郷の実在した時期にあっても年行手当の報告など，ため池管理の一部事項についてはなお部落代表者たる区長の関与が残存していたこと，仮に，本件ため池所有権が郷に帰属していたとすれば，

入会権の判例総合解説　**23**

第2章　入会権の主体

郷の消滅に際し必ずなされている筈の郷構成員によるため池の処分方法に関する決議が何らなされていないことなどの諸事実に照らせば，水利団体・乙池郷は，一応所有とは分離された利用権のみを享受する団体に止まるものであって本件ため池の所有主体であると認めることはできないというべきである。」

（大阪高判昭58・11・8戦後2・232控訴棄却，最判昭59・6・21上告棄却）

次の判決は，ある入会地の管理主体が旧村である大字か，それともその一部である小組であるかについて争われたものである。

【22】　高知地判昭62・3・30戦後2・389

事実　甲町有となったもと大字乙区所有の山林に官行造林が設定され，甲町条例により土地所有者としての甲町の分収金のうち2割が地元（入会集団）に交付されることになっており，地元とは甲町丙区のみその下部組織ともいうべき各小組に支払われるほかはすべて旧村たる区に支払われていた。昭和40年代乙区への分収金支払にあたって，乙区内の官行造林地の地元といえる$A_1 A_2$の2つの小組が，自分たちが町条例にいう地元であるとして，$A_1 A_2$組の代表者$X_1 X_2$は甲町と乙区とを相手として2割の交付金の支払請求の訴を提起した。

判旨　「2　X_1らは，本件各土地は$A_1 A_2$部落が所有（総有）していたものであり，これを統合町有地とする際になされた被告区名義の所有権保存登記は被告町への所有権移転登記をするための便法にすぎなかった，と主張するけれども，右の所有（総有）を根拠づけるに足りる明確な文書はないし，〈略〉明治22年勅令第39号をもって公布された地租の根本台帳である土地台帳には，丙区内の統合町有地についてはその旧所有者が「丙ノ内B_1」あるいは「丙ノ内B_2」であるなどと記帳され，部落（字）有であったものはそのとおり明示されているのに対し，乙区内の統合町有地についてはその旧所有者が「乙村持」であると記載され，それが部落（字）有ではなく被告区（村）の所有であったことを明示していることが認められるのであり，その記載が明らかな誤りであるとみるべき資料はないから，右の主張は採用できず，前記認定の事実をもあわせ考えれば，結局のところ，本件各土地は，被告乙区（旧乙村）の所有であったとみざるをえず，ひいては，仮に本件各土地が入会権の対象となっていたとしても，その入会主体は乙区であって，A_1部落及びA_2部落は排他的な入会主体ではなかったとみるほかない。

3　以上に認定した事実に照らせば，統合町有地への官行造林に伴う保護交付金は，統合町有地の旧所有者に対する収益分配ないしは行政として行う造林事業への住民の参加に対してする統合町有地の旧所有者への報償という性格を有するものであって，本件条例15条2号にいう「関係地元」とは，統合町有地の旧所有者である区（旧村）又は部落を指すというべきところ，本件各土地は，乙区の所有に属していたものであり，A_1部落及びA_2部落の所有であったとは認め難い」

（高松高判平5・1・25（判タ853・207）控訴棄却（本判旨確定））

第4節　入会集団の法的性格（訴訟当事者能力）

入会集団が対外的に入会権もしくは地盤所有権の確認等を求める訴訟においてその集団

性が争われたり，とくに法人ではない入会集団が，訴訟当事者としての能力を有するかが争われることが多く，したがって入会集団の法的性格（具体的には当事者能力）が問題になることが多い。

次の【23】【24】は集団相互間の紛争にかんするものであるが，その他は入会集団と地盤所有権登記名義人との紛争である。集団が入会地盤所有権の確認のみならず所有権移転登記請求をする件については第7章に掲げてある。これらの訴訟において，ほとんどの判決が入会集団を，民訴法29（旧46）条にいう「法人でない社団」に該当する，と判示している。

入会集団は【13】判示のように，いわゆる実在的総合人で，すなわち構成員の総体が集団にほかならないのであるから，構成員とは観念的に別個に存在する「社団」とは性格を異にする。したがって入会集団を法人でない社団である，という表現は正当でない。また，法人でない社団をしばしば「権利能力なき社団」ということがあるけれども，もともと権利能力のないものが法の平面にあらわれること自体が矛盾している。それはさておき，入会集団は民法上の権利である入会権の主体であるから，決して「権利能力なき社団」ではない。ただ法人でないため登記能力はないだけで，金銭支払義務等も負うのである。したがって入会集団が集団性を有するかぎり，一定の範囲で権利能力を有する集団であり，その訴訟行為については民訴法26条の法人でない社団に該当する，と解すべきであろう。

第4節　入会集団の法的性格

【23】　名古屋高判昭53・7・21 戦後2・78

事実　本件は数村入会地における入会集団相互間の地盤共有権確認とその分割請求に関するものである。係争地は，古くから$X_1 X_2 Y$ 3部落の共同入会地であって公簿上も右3大字共有と記載されていた。Yと他の2大字との間に紛争を生じたので，X_1，X_2は大字Yを相手として，係争地が3大字共有に属することの確認と係争地の分割を求める本訴を提起し，$X_1 X_2 Y$とも当初独立した自治体である村で町村制施行後村の1大字となったが区会や区長等の機関をおいて活動してきたのであるからいずれも財産区又は法人である，と主張し，被告大字Yは，$X_1 X_2 Y$とも財産区ではなく訴訟当事者能力を有しない，と抗弁した。

第1審は次のように，各大字を民訴法46条（現29条）にいう法人でない社団であると，各大字の当事者能力を認めた。

（第1審）津地四日市支判昭42・6・12 戦後2・73

「もと，それぞれ独立した村であった$X_1 X_2 Y$は，町村制施行後いずれも地方公共団体の1大字となったが，その後80年にわたり，地域的共同生活を円満に営むため，明文の規約こそないけれども，永い歴史と古い慣行に従い，一定の地域に住む一定の住民を区民とし，その区民からなる総会を置き，毎年定期に開かれる総会において区を代表する区長のほか，副区長会計などの役員を選任し，予算，事業計画，区民から徴収する区費の額等を決め，区長ら役員はそれに従って農道や用水路の開設修理，消防，祭礼等種々の事業や活動をし，かつ，区として固有財産を保有するほか，必要に応じて財産を取得または処分するなどして，地方公共団体の一部を構成しながら，なお，これと別個の存在として，これと独立して活動を続けてきたものであり，今後も同様活動を続けるであろうことが認められるから，$X_1 X_2 Y$はいずれも民事訴

訟法46条にいわゆる法人に非ざる社団で」（ある）。

しかし控訴審は，原被告とも「権利能力なき社団」であり，権利能力を有しないのであるから，権利の主体になりえない，とその適格性を否定した。

[判旨]「かような権利能力なき社団の資産はその社団の構成員全員に総有的に帰属しているのであって，社団自身が私法上の権利義務の主体となるものではない（最高裁昭和45年（オ）第232号同47年6月2日第2小法廷判決，同昭和27年（オ）第96号同32年11月14日第1小法廷判決，同昭和35年（オ）第1029号同39年10月15日同小法廷判決等参照）（したがって右資産についての権利確認等請求は社団構成員全員からの出訴（（固有必要的共同訴訟））にまつほかはない）。してみると，第1審原告らが第1審被告との間に本件山林を共有することを前提としてなす本訴確認等請求はすべて，この点において，既に，その理由を欠くことが明らかである。」（最判昭55・12・23により本判旨確定）

【24】 福岡高那覇支判平7・11・30 戦後3・23

[事実] 本件は沖縄県における集落相互間の入会地盤所有権帰属にかんする事案である。判示中にあるように沖縄県では土地公簿，公図等が戦争によって消失したため土地所有権の確認はきわめて困難であった。甲村乙所在の，字乙名義で所有権保存登記されている土地に，その管理団体たるY自治会に対し，隣接する字甲のX入会組合がその土地の所有権を有することの確認を求めた。Yは本案前の抗弁としてXの当事者能力を争い，本案の主張として，本件土地が字乙住民の総有にかかるものである，Xの所有に属することを否認した。

第1審は，次の通り判示，Xの訴えを棄却した。

（第1審）那覇地沖縄支判平2・12・20 戦後3・23

「Xは，字甲の字民のために，その入会地の管理利用等を目的として組織されたもので，組合員たる資格，代表者たる組合長の選出方法，総会の議事運営，業務執行の機関・方法等について定めた規約を有し，この規約に基づいて組織を運営していることが認められる。

右事実によれば，Xは，権利能力なき社団にあたると解するのが相当であり，かつ代表者の定めがあるから，民訴法46条により当事者能力を有するというべきである。

〈略〉

しかし，……権利能力なき社団は，そもそも実体法上の法人格，すなわち権利能力がないのであって，権利能力なき社団自体が土地所有権等の私法上の権利主体となることはできない（最高裁昭和39年10月15日第一小法廷判決・民集18巻8号1671頁，同昭和47年6月2日第二小法廷判決・民集26巻5号957頁参照）。権利能力なき社団において，その代表者が，その社団の名で，権利を取得し，義務を負うことはあるが，この場合でも，その効果は構成員全員の総有に属するのであって，実体上，社団自体に権利義務が帰属するわけではない。

そうすると，本訴請求は，権利能力なき社団であるX自体が本件各土地の所有権の主体であることを前提としているから，結局，Xの主張は，それ自体失当であるといわざるをえない。」

X組合控訴，第2審ではX組合の当事者能力を認めたが地盤所有権の帰属は認めなかった。

[判旨]「戦前本件土地は，馬場として使用され，また，年に一，二度の祭事の場所として利用され，その当日相撲大会や競馬が行われたことについては，双方の供述等の一致するところであり，これを認めることができるが，誰がこれらの行事を主催し，本件土地を管理してきたか，あるいは誰が本件土地について権利を有しているのかについて

は，食い違いのあるところである。
　〈略〉
　X部落が本当に戦前から本件土地を管理してきたのか疑いを差し挟む余地が少なくない上，〈略〉沖縄県では第2次世界大戦により土地関係公簿，公図類が消失したため本件土地の権利関係を明らかにする文書等客観的証拠が存在せず，本件土地の総有権の帰属を立証するのに住民等の供述によらなければならないことを斟酌しても，1の供述内容から直ちに，本件土地についてX部落の入会慣行が存在し，本件土地がその部落住民の総有に帰属していること，あるいは，土地整理事業により，本件土地が共有の性質を有する入会権の対象地としてX部落の住民集団の総有に属することが法律上認められたと認定することは困難といわざるを得ない。」

　次に掲げるのは，入会集団が登記上の所有者に対する所有権確認訴訟において，集団の所有権主体としての地位について判示したものである。この判決は所有権確認のみであるがこれと同種の訴訟で所有権移転登記を請求しているものが多い。それらの判決は第7章で取り上げる。それらの判決においては入会集団の性格，具体的には訴訟当事者能力が問題にされており，ほとんどが「権利能力なき社団」であると判示しているが，前述のように非常に誤解を招き易い表現であるから，社団というなら，民訴法29（旧46）条の「法人でない社団」に該当する，というべきであろう。

第4節　入会集団の法的性格

【25】　仙台地判平4・4・22判タ796・174

事実　土地台帳上Y′外293名と記載された山林につき，甲集落の入会地であるという理由で，X入会組合が，右293名の後裔で甲地区に居住し本件山林を使用収益する者の集団であるとして，Y′の承継人たるY₁ら11名に対してその土地がX組合全員の所有に属することを求めた。

判旨　「(1)請求原因1の事実中本件山林の表示の登記の表題部所有者欄及び旧土地台帳の所有者氏名欄に「Y′外293名」と記載されていること，右土地台帳の所有者氏名欄の記載は明治22年3月になされたことは，（略）を総合してこれを認定する。
　〈略〉
　してみると，本件山林は遅くとも明治22年3月以降Y′外293名及びその承継人が総有するところであって，これが管理，収益及び処分はその団体の意思により旧慣に従って行われていたが，昭和33年9月，当時の使用収益権者は，右旧慣を明文化して原告組合を結成し，組合長ほかの諸機関を置いて本件山林を経営してきたのであるから，原告は民事訴訟法46条にいう「法人ニ非サル社団ニシテ代表者ノ定アルモノ」に該当し，訴訟当事者能力があるといわなければならない。
　第3　総括
　以上に説示したところによると，原告の本件山林所有権（総有）確認請求は理由がある（原告は権利能力のない社団であるから本件山林の所有者となることはできないが，構成員全員の信託的受託者として，原告組合員全員が本件山林を総有することの確認を求めるにつき当事者適格がある。）からこれを認容する。」
　（本判旨確定）

第2章　入会権の主体

【26】　福岡高判平5・3・29 判タ826・271

[事実]　本件係争地は甲集落所在の溜池と墓地とである。いずれも登記簿表題部にY′ほか2名の名義で登記されているが、村落集団である甲区が実質的に支配管理してきた。同区では所有権登記をする前提としてこれらの3名の名義人の相続人であるY₁Y₂Y₃およびY₄Y₅を相手として、本件土地が同区の所有に属することの確認を求めて、甲区の代表者Xが本訴を提起した。Y₅のみ甲区地域内に居住、他の被告はいずれも他町村に居住している。Y₄Y₅はXの主張を争わずY₁ら3名のみ争ったが、積極的な主張はなく、第1審（福岡地判平3・10・23 戦後3・60）はすでに道路用地等として売却されている2筆を除いてすべて甲区の総有に属することを認めた。Y₁Y₂Y₃控訴したが第2審も係争地の歴史的沿革を十分に審査したうえ、控訴棄却、同様に甲区構成員の総有に属する、と判示している。

[判旨]　「江戸時代に存在した甲村は、少なくとも本件ため池の一部を普請するなどしてこれを維持管理し、明治以降の地方自治制度の改編にともない、甲村は地方公共団体の一部である大字甲になったが、その地域住民の自治組織として甲区が存続して現在に至っており、本件不動産は、明治以降、右甲区が維持管理してきたものであるということができる。これらのことからすると、本件不動産の旧土地台帳及び登記簿の所有者を示す欄に「大字甲共有惣代」との肩書が付されてY′等3名の氏名が記載されているのは、明治以降の土地制度の改革により、土地についての近代的所有権が確立する過程で、本件不動産が、大字甲の地域住民の自治組織である甲区の所有（構成員の総有）に属することが認められた結果、旧土地台帳にその旨を表示する趣旨で右の記載がされ、その記載が登記簿に引き継がれていったものと推認するのが相当である。

〈略〉

本件ため池の大半は、現在でも甲区内の住民のためのため池として存在し、登記簿に記載されたY′等3名の子孫がこれを管理していることを認めるに足りる証拠が全くないことからしても、明治以降に本件ため池の所有権を認められたのは大字甲に居住する住民の自治組織である甲区であったというべきである。

（二）　次に、Y₁らは、本件墓地について、幕政時代から本件墓地を所持していたのはY₁らの祖先を含む高持百姓であり、明治時代に作成された墓地取調簿に、持主として特に肩書を付されないY′等3名の記載があることなどから、本件墓地は、明治以降に右墓地取調簿に持主として記載されたY₁等3名の高持百姓が所有権を取得した旨主張する。

〈略〉

しかし、幕政時代に、控訴人らの祖先を含む高持百姓が本件墓地を所持していたことを認めるに足りる証拠はなく、また、右墓地取調簿の作成者及び作成経過の具体的詳細な内容を明らかにする証拠もないのであって、既に認定したように本件墓地の半数は現在も墓地として使用されていること及び法的根拠及び作成者等が明確な旧土地台帳及び登記簿の記載と対比して、右墓地取調簿の記載がより正確に本件墓地の権利関係を表しているものと解することはできないことなどを考慮すると、右認定の事実は、本件墓地の所有権がY₁等3名の高持百姓にあったことを裏付けるに足りるものではなく、これによって前記認定は左右されない。

〈略〉

以上によれば、本件不動産（略）は、権利能力のない社団である甲区の構成員の総有に属するものであるということができる。

そして、本県において、Xは、甲区の代表者としての資格に基づき、個人名義で本件不動産について所有権保存登記をするために、本件不動産の

所有権の確認を求めているところ，社団構成員の総有に属する不動産は，右構成員全員のために信託的に社団代表者個人の所有とされるものであるから（最判昭和47年6月2日民集26巻5号957頁），代表者は，右の趣旨における受託者としての地位に基づき，社団の構成員の総有に属する不動産について，所有権の確認を求めることができると解するのが相当である。」

第4節　入会集団の法的性格

（本判旨確定）

上記判決中【25】【26】の訴訟の性格は第7章第2節【126】以下の訴訟とその内容は同一であるが所有権登記（移転登記等）の請求をしていないのは，その土地が所有権登記されていない（表題部登記のみ）ためである。

第3章　入会集団と構成員

第1節　入会集団構成員の地位

　入会集団の構成員は通常その部落を構成する世帯で、その範囲、資格はそれぞれの集団の慣習によって決められる。入会集団構成員の地位の得喪は入会持分権（入会集団構成員として有する入会権）の得喪と同一のことであるから、いかなる場合に入会持分権者となり、いかなる場合に入会持分権を失うか、はそれぞれの集団の慣習で決められているはずである。しかしながら長い期間にその慣習が不明になったり、何よりも入会地の利用内容およびその形態の変化と人の移動（いわゆる転出、転入）がふえることにより、権利得喪の基準が不明確になったりして入会持分権の有無が争われることが多くなった。

　入会集団構成員たる資格の得喪すなわち入会持分権の得喪については、早くから大判明33・6・29民録6・6・168（【1】）、大判昭3・12・24新聞2948・10【13】、等が判示しており、原則として当該部落（集団）の住民となれば権利を取得し、その住民でなくなればその権利を喪失する。しかし実際は地方の事情や経済事情の変化によりさまざまの問題を生ずる。

1　構成員としての世帯（主）

　入会集落の構成員たる入会権者は、集落に居住する住民個人ではなく、集落を構成する世帯である。これは自明の理とされ、入会権が他の民法上の物権と異なる点である。

【27】　盛岡地判昭5・7・9新聞3157・9

［事実］個人所有名義の土地に山入りしていた集落住民が所有者の妨害に対して入会権を有することを求めた事案で原告住民中世帯主でない者がいたため、それについての判示である。

［判旨］「斯ノ如キ入会権ハ部落民全部カ之ヲ有スルモノニアラスシテ係争部落ノ住民ニシテ1戸ヲ構フル主宰者タル戸主若クハ世帯主タル資格ヲ有スル者ノミ之ヲ有シ其ノ家族僕婢ノ如キハ只其ノ戸主若クハ世帯主ノ権利ノ補助者又ハ代行者トシテノミ使用収益シ得ルヲ通例トス」

　戦後においてもこの種の判示はきわめて少ない。

第3章　入会集団と構成員

【28】　盛岡地判昭31・5・14 下民集7・5・1217

事実　入会持分権の取得に関する判示（詳細は【65】参照）。

判旨　「入会関係における権利取得はいつも原始取得であり，承継取得はない。部落の住民としての資格を得れば当然に原始的に権利を取得し，部落外に出てその資格を失えば当然に喪失するのである。相続の場合も同様である。相続人は被相続人の共同収益権を承継取得するのではなく，相続の結果被相続人の地位を承継し部落の世帯主となったことにより原始的にその権利を取得するのである。」

次は入会権が遺産分割の対象とならないという，家事審判の決定である。

【29】　仙台高決昭32・7・19 家月9・10・28

事実　本件は入会権者としての持分権を遺産分割の対象とした原家事審判（福島家会津若松支昭30・8・8）を取り消したものである。

決定　「本件遺産分割の目的となった原審判添附3目録記載の入会権は被相続人Xが甲部落民として固有していた収益権能であることはそれ自体明らかなところであるが，もともとかような意味での入会権の得喪は専らそれを保有する者の属する部落団体の慣習的規範によって定まるものであって，右規範によらない相続や譲渡によって生ずることはありえないものである。それなら本件入会権をそのまま遺産分割の目的とした原審判はその点において失当というべきである。」

入会権が世帯または世帯主に帰属するということの重要な意味は，入会権は世帯主の交代によって承継され，（共同相続制のもとにおいても）相続の対象とはならない，ということである（なお，【28】のように入会権が世帯主に帰属し，家族員はその権利の補助者と解するのでなく，現代においては入会権は世帯に帰属し世帯主がその代表者であると解すべきであろう）。

その後この種の判示はないが，女子にも入会権者との資格確認を求めた訴訟で，最高裁は入会権者は世帯もしくは世帯主に認められる，と判示した。

【30】　最判平18・3・17 民集60・3・39

事実　沖縄県甲村甲集落のもと杣山といわれる山林は住民の入会地であったが戦後アメリカ軍の演習地として接収され，住民は全く立入ることができない。その代償として甲村をつうじて乙集落（住民会）に補償金が支払われているが，この住民会員の資格は，昭和20年3月以前から乙集落住民であった者およびその男子孫で1世帯を構えた者とされ，女子孫は原則として住民会員としては認められなかった。現在入会地内には立入不能で全く管理使用の事実はなく，補償金は必要経費を除いて会員に配分されているが，男子孫世帯にのみ配分され女子孫世帯に配分されないのは不合理であるという理由で，Xら女子孫26名が住民会（Y）に対して女子孫も会員であることと，約10年間に会員に支払われた金額の相当額の支払を求める訴を提起した（XらのうちX_1 X_2を除く24名はその夫が世帯主である）。

第1審は次のように判示してXらの主張を認めた。

（第1審）　那覇地判平15・11・19 判時1845・39

「「入会権の帰属する主体を家の家長とする」との甲部落の旧慣に従って定められたものであると

解したとしても，そもそも，そのような旧慣自体が「入会権の帰属主体とされる家の家長は，男性である」との旧慣を前提とするものであって，合理的な理由なく女性を男性と差別するものであるから，結局，当該規定部分は，男性が入会権の帰属する主体である家の家長として扱われることを前提とし，男性を家の中心的存在として扱う一方で，女性が入会権の帰属する主体としての家の家長として扱われることを原則として否定するものにほかならず，女性を女性であるが故に合理的な理由なく男性と差別する規定であるといわざるを得ない。」

住民会は控訴して，本件入会地の権利者は集落を構成する家ないし世帯であって個人ではなく，Xらは世帯主ではないから入会権者としての資格がない，と主張した。

控訴審では，入会権の存在等にかんする判断は原審とかわりないが，入会権者たる地位が世帯主に限られると判示し，原判決を取り消した。

（控訴審）福岡高那覇支判平 16・9・7 判時 1870・39
「ア　本件土地についての入会権は，甲部落の構成員（部落民）に総有的に帰属する権利であるが，ここでいう構成員（部落民）とは，当該共同体に居住する家族を含めた居住者全員を指すものではなく，甲部落内に世帯を構える一家の代表（戸主ないし世帯主）を指すものと解すべきである。このことは，〈略〉払下げ当時の住民ら及びその後昭和20年3月までに甲部落に寄留した住民らにつき，各戸（家ないし世帯）を単位として割り当てられた金員を納付することによりその代表（戸主）が杣山の入会権を有する正規の部落民として認められたこと，昭和31年に発足した甲共有権者会においても，会員たる資格は各戸ないし世帯を単位としてその代表者（戸主）に認められることが前提とされ，配分も戸数割りとすることが確認されていることなどの経緯に徴しても明らかである。また，そもそも入会権は，家ないし戸を基本単位とする封建社会の生活共同体において，当該生活集団としての部落を構成する部落民に総有的に帰属する権利として発祥したものであるという歴史的沿革に照らしても，入会権の帰属主体としての部落民とは，生活の基本単位である家ないし戸の代表者を指し，入会権は，家の代表者からその後継者へと承継されるのを原則とすると解するのが自然な理解というべきである。このことは，入会権については当該地方の慣習に従うと規定し，原則として民法の個人法的相続原理に服しないこととした法の趣旨にも合致するところである。

このことからすれば，入会権者は1世帯につき1名のみであることを前提にその資格を一家の代表としての世帯主に限定する慣習は，入会権の本質にも合致するものであって何ら不当ではない。むしろ，上記の入会権についての負担が各戸を単位として割り当てられてきた従前の経緯からすれば，各戸は平等に扱われるべきであるにもかかわらず，被控訴人らの主張を前提にすると，入会権者の子孫であって甲区域内に居住する者は，乳幼児に至るまで全員が当然に本件土地の入会権を取得し，入会権者として控訴人に財産（軍用地料）の分配を請求することができ，居住者数の多い家族ほど多額の分配金を受領できることとなってしまい，かえって，各戸間の不公平，不平等が生ずるという不合理な結果を招来してしまうことになる。したがって，入会権者を1世帯につき1名のみとすることが不合理ということはできないし，これを前提にその資格を世帯主に限定する慣習が公序良俗に違反し無効であるともいえないというべきである。

イ　〈略〉

ウ　そうすると，XらがYの正会員たる資格を有するというためには，前提として，Xらが上記ア，イに認定した甲部落の慣習に基づいて入会権者たる資格を取得したことが認められる必要があるところ，このことについての主張立証はない，すなわち，被控訴人X_2らを除くその余のXらは，

そもそも家の代表としての世帯主であることの主張立証がないし、被控訴人X₂らは、いったん他部落民と婚姻した後に配偶者が死亡したことにより世帯主として独立の生計を構えるに至ったものであるから、結局、Xらについても、甲部落の慣習により、入会権者たる資格を取得することができないことになる。」

Xら上告して入会権を世帯主のみに限定し、女の世帯主を認めないのは違法である、と主張した。最高裁は、入会権者を世帯（主）に限るのは歴史的に十分な根拠があると判示するとともに、夫のいないX₁X₂についてはその資格の有無を審査するよう差戻した。差戻後、X₁X₂らに入会権者たる資格を認めるという和解成立。

判旨「入会権の内容、性質等や、原審も説示するとおり、本件入会地の入会権が家の代表ないし世帯主としての部落民に帰属する権利として当該入会権者からその後継者に承継されてきたという歴史的沿革を有するものであることなどにかんがみると、各世帯の構成員の人数にかかわらず各世帯の代表者にのみ入会権者の地位を認めるという慣習は、入会団体の団体としての統制の維持という点からも、入会権行使における各世帯間の平等という点からも、不合理ということはできず、現在においても、本件慣習のうち、世帯主要件を公序良俗に反するものということはできない。

しかしながら、本件慣習のうち、男子孫要件は、専ら女子であることのみを理由として女子を男子と差別したものというべきであり、遅くとも本件で補償金の請求がされている平成4年以降においては、性別のみによる不合理な差別として民法90条の規定により無効であると解するのが相当である。その理由は、次のとおりである。

男子孫要件は、世帯主要件とは異なり、入会団体の団体としての統制の維持という点からも、入会権の行使における各世帯間の平等という点からも、何ら合理性を有しない。このことは、旧甲部落民会の会則においては、会員資格は男子孫に限定されていなかったことや、Yと同様に杣山について入会権を有する他の入会団体では会員資格を男子孫に限定していないものもあることからも明らかである。Yにおいては、上記1(4)エ、オのとおり、女子の入会権者の資格について一定の配慮をしているが、これによって男子孫要件による女子孫に対する差別が合理性を有するものになったということはできない。そして、男女の本質的平等を定める日本国憲法の基本的理念に照らし、入会権を別異に取り扱うべき合理的理由を見いだすことはできないから、原審が上記3(3)において説示する本件入会地の入会権の歴史的沿革等の事情を考慮しても、男子孫要件による女子孫に対する差別を正当化することはできない。

(3) X₃らについては、前記のとおり世帯主要件は有効と解すべきであり、家の代表者としての世帯主であることの主張立証がないというのであるから、本件入会地の入会権者の資格を取得したものとは認められず、X₃らがYの会員であることを否定した原判決は、正当である。

他方、X₁X₂は、甲部落民以外の男性と婚姻した後に配偶者の死亡により世帯主として独立の生計を構えるに至ったものであるというのであるから、現時点においては、世帯主要件を満たしていることが明らかである。もっとも、X₁X₂が、Yの会則に従った入会の手続を執ったことについては、その主張立証がないけれども、男子孫要件を有する本件慣習が存在し、Yがその有効性を主張している状況の下では、女子孫が入会の手続を執ってもそれが認められることは期待できないから、Yが、X₁X₂について、入会の手続を執っていないことを理由にその会員の地位を否定することは信義則上許されないというべきである。したがって、男子孫要件を有効と解してX₁X₂がYの会員であることを否定した原審の判断には、判決に影響を及ぼすことが明らかな法令の違反がある。この点をいう論旨は、理由があり、原判決のうち

X_1X_2に関する部分は破棄を免れない。」

2 入会持分権の取得

新たに入会持分権者となるには当該入会集団の存在する村落の住民となる必要があることはいうまでもないが，単に行政上の村落の一員となるのみでなく村落集団の構成員となるのでなければならない。これは入会権が私権（民法上の物権）であり，その主体が入会集団（私的自治組織たる村落共同体）である以上当然であるが，村落集団の一員となることは，少なくとも現在において，直ちに入会持分権の取得を必ずしも意味しない。かつては，入会集団と村落集団とは原則的に一致し，【1】判旨のように「他ヨリ移転シテ住民トナレバ其権利ヲ取得スヘキ」ものであったが，しかし，天然生の草木を採取し特別に労力や資金の投下を伴わない古典的，自給的利用のもとにおいても草木の生産量に制限があるから自由に入会持分権の取得を認めるわけにはいかなかった。一方，入会地に資金や労力の投下が行われ留山，割山利用に形態変化すると持分権が顕在化するとともに固定化し，とくに割山利用の場合には各権利者の排他的支配領域が成立するので，新たな持分権の取得は困難となる。そのため，転入して村落集団の一員となっても当然に入会持分権を取得するとは限らなくなってくる。そこで，分家や転入によって村落の一員となった者（ここでは「新戸」という）が入会持分権者としての資格を取得するか否かが問題となり，これを在来の権利者（「本戸」又は「旧戸」という）と争うことが多くなった。とくに記名共有名義の入会地においては，旧戸が登記上地盤共有権者であることを理由に自らの排他的権利を主張し新戸の権利を否認することが少なくない。この種の紛争は戦後に多い。

3 構成員として認められた例

【31】 長野地伊那支判昭29・3・2 戦後1・3

事実 本件はいわゆる部落有林の立木を，旧戸が売却処分して，その収益金を配分したことに端を発し，新戸Xらが，自分達も入会権利者であると主張し，その配分金の請求をした事件である。第1審は新戸Xらの請求を認めたが，本戸Yらが控訴し，本件土地が入会地であるか否かが争われた。

判旨 「入会権の主体たる部落民とは，同部落居住の事実上戸主たる者であり，その人員は明治40年頃までは増加なく，同年頃より分家して新戸を創立するものを生じたため，それまでの入会権者であった所謂旧戸の者等は，新戸の者を入会に加盟せしめるについての規約を定める必要を感じ，その頃旧戸の総意を以て，同部落内に事実上新戸を創立したものは一定の加盟金を納め，かつ入会権者である全戸主を招いて加盟披露をなし，加盟の承認を得ること。加盟承認を得た者は旧戸と同様の入会権を取得することの規定を定めた事実，右規約に基き原告X_1X_2は，各大正3年頃，原告X_3は昭和12年頃各加盟し，他に9名の者も新戸として加盟し，現在入会権者は旧戸である被告等18名及原告等を含む新戸12名計30名である事実，本件山林については明治43年頃，入会権者の総意により入会を一時停止し，自然林に補植をなし，相当年限育成した上伐採して，入会権者全員平等に分配すべきことを定めて現在に至ったものであ

る事実を認めることができる。」

旧戸Yら控訴して，山林の分割および入山停止の協議を理由として入会権は消滅した，と主張した。東京高判昭30・3・28　最判昭32・6・11【72】参照。

【32】　青森地判昭33・2・25 下民集9・2・308

[事実]　本件係争地は大字乙所有となっており，この土地には乙大字の甲部落の旧戸のほか分家等の新戸も一定の加入金を納付し労力を提供することによって平等に使用収益する権利が認められてきた。しかるに，旧戸は係争地中の第1山林は明治34年国からの特売により，第2山林は大正13年の縁故特売により当時の住民たる旧戸の共有となった，という理由で新戸の権利を否認するので，新戸Xら14名は旧戸Yら11名を相手として，右の慣習を根拠として係争地上に旧戸と同等の入会権を有することの確認を請求した。Yらは，前記理由によって係争地が旧戸のみの共有地となったことのほかに，第1山林が官有地であった時期の住民の収益権は官有地賃借権であって入会権でなく，Xらが係争地を使用収益しているのはYらの恩恵的措置によるもので入会権を有するからではない，と抗弁した。

[判旨]　「本件㈡山林には数反歩の秣場が存在し毎年一定の時期を画して部落全員でくじを引き平等に其の位置を配分草刈をなして来たこと，他の部落有とせられ入会権の存在する山林原野等における場合と同様本件㈠㈡各山林についても毎年4月上旬から入梅時までの間に山火防止のため部落の各戸より2，3人宛交替で順次見廻りに従事し，又山道の修理及架橋工事に際しては部落民全員が平等に労力を提供し，部落民全員で火入をなし，その公租公課も部落全員で平等に分担し，分家者又は他からの転入者である原告等に対してもいわゆる本家側に属する被告等の何人とも差別なく取扱われて来た事実が認められる。〈略〉

右認定の各事実と，被告等において本件㈠山林と同時に甲部落民に縁故払下があったと主張する〈略〉山林について夫々X等のうち分割協議があったとする当時のXをも含めて平等分割の決議が行われている事実（この点は当事者間に争がない）とに徴すれば甲部落民は本件㈠㈡山林につき古来から少くとも後記の分割に絡む悶着が発生するまでの間は新なる他からの転入者又は分家者をも加え，いわゆる本家側とも称すべき従来の居住者と区別するところなく平等に使用収益し，義務を負担して来たことが明らかであって，これによると本件㈠㈡山林は甲部落の入会地であり，従ってX等は同地につきY等と同等の入会権能を有するものと解するのが相当である。」（控訴審で調停成立，本判旨変更なし）

【33】　秋田地大曲支判昭36・4・12 下民集12・4・794

[事実]　甲村乙部落有林野は大正12年林野統一政策により甲村有となり，従来の権利者（旧戸）88名に村から賃貸の形態がとられたが入会慣行はそのまま継続し，同部落では分家し1戸を構えた者はこの林野において入会稼の権利を取得するという慣習があった。昭和29年に右林野は旧戸Yら88名の共有名義に売払われたが，間もなく登記上所有権者となったYら88名が新戸の権利を否認するようになったので新戸Xら45名がYらを相手として係争地上に入会権を有することの確認を求めた。

[判旨]　「昭和25年当時『既存権利者』（賃借名義人となった88名）以外の者も平等に無料で本件土地に入会していた状況が認められる。しかもその状態は，少くとも昭和30年4月本件紛争が起る直前まで続いたことは，〈略〉明らかである。

そうすると，部落有財産統一により本件土地の

賃借人となった者88名は，要するに部落民全体のために賃借名義人となったのであり，その賃借権なるものの実体は部落民全体の入会権であったものと認めるのが相当であって，もともと部落民全体のものであった本件土地について，右の88名の独占的使用権が設定されたものとは到底認められない。かりに，右の88名が賃料を支払ったというような事実があったとしても，それは何ら右の認定を左右するものではない。何故ならば，前述のとおり入会の問題は，近代法の世界に残された前近代的法現象の問題なのであるから，その法的外観を超えて社会的実体に即して考えなければならないからである。

しかし，右の88名は，名義だけの賃借人とは言っても，兎も角賃借権という名義の保持者であるから，入会地利用関係において，次第に住民に対して優位の立場に立つ傾向が生じたことは自然の勢である。そこに，X₁等の言う『有権者，無権者』の区別が発生する理由があり，又X₂らのいうとおり一部の部落民が米金銭等を部落に寄附し，或いは有権者に金を払って入山させてもらうような現象も起って来る原因があると思われる。しかし，それらの現象が，社会的事実としての入会権の全面的崩壊の程度に達していたものと認められない」（控訴審で調停成立，本判旨変更なし）

【34】 広島高岡山支判昭37・10・26 戦後1・40

[事実] もと乙集落の共有入会地で財産統一により甲町所有となった山林の立木が乙集落住民に特売され，その売却代金を住民12名中のいわゆる旧戸であるYら7名で配分したので，他の住民Xら（いずれも前記財産統一以後の分家または入村者）がYらと同様に集落住民として入会権を有するという理由でYらを相手に立木売却代金収入の12分の1を求める訴を提起した。

第1審岡山地新見支判昭34・3・26（戦後1・40）は，本件土地がYらの先祖7名が支配してきた土地で，分家や新移住者を入会権者として認めるという慣習がないという理由でXらの請求を認めなかった。X₁X₂のみ控訴。

第2審判決はX₁らに対する支払請求を認め，その前提として土地がYら7名の共有とはいえない，と判示している。

[判旨] 「（本件土地の売買契約書が）誰某ら7名との記載をもってこれを入会権ではない単純な個人の共有を意味するものとは解し難く，また，部落民の有する入会権ではあるが移住者及び分家を排斥する慣習の付着せる特殊のものを意味する記載であるとも，その文面自体からして，にわかに受取り難い。従って右氏名の記載は，他の何らかの事情（例えば部落総持と称するに適しない程度の少人数であること）で通例の入会地であるのに個人を地主として表示したものと解する余地があるから，この書証をもって右慣習の存在を認めるに足らず，(3)〈略〉Yら7名が特別の権利を本件山林につき有することの立証となし難く，かえってその中「乙組代表」「部落代表」の文字によれば，部落全体が入会権を有しそのうちの特定の者が部落全体を代表して本件山林立木の払下を受けかつ代金支払をしていることを窺い知ることができる。その他Y等主張にかかる右慣習の存在を認めるに足る何らの証拠も存しない。

〈略〉

しかしてY等7名のなした本件山林立木の買受及び転売の代理行為につき他の世帯主よりの代理権授与の事実は認め難いのみならず，かえって弁論の全趣旨を総合すれば，代理権授与の事実は存しなかったことを認め得るところ〈略〉，以上認定にかかるY等7名において本件山林立木の買受及び転売にあたり部落代表として行動した事実に〈証拠〉を総合すれば，これらの売買は他の世帯主のためにする意思をもって事務を管理したものと推認し得るから，右7名において事務管理に基き，

受領した代金のうち，人数により平等に分割した一部をX等に支払わねばならない。」
（最判昭和39・2・27上告棄却）

【35】 東京高判昭43・11・11 戦後1・252

事実 係争地は甲部落内の原野および池沼で甲部落住民は古くから葦刈り，土かきに利用していた。戦後，登記名義人等が係争地の売却を計画したことから紛争を生じ，共有名義を有しない分家等の新戸Xら46名は，共有名義人Yら57名（55名であったが共同相続のため，共有名義人が57名となった）を相手として，係争原野ならびに池沼が，XらおよびYらの共同所有に属することの確認を求める本訴を提起し，係争地は登記上の所有名義にかかわらず甲部落住民共有の財産であると主張した。第1審（新潟地判昭40・6・15戦後同）は，係争池沼が土地台帳上，甲部落持と記載されていたこと，大正2年に部落住民全員の所有にした方がよいという意図のもとに55名共有名義としたこと，それ以来昭和31年まで区長が共有地の管理責任者となり，共有地に関する費用は55名の名義と非名義人とを区別することなく均一の割合で徴収してきたこと，および前記和解の条項等により，係争原野，池沼とも，甲部落住民全員の共有に属する，と判示した。

Yら控訴して，Xらのうちには本人又は先代が共有権を他の部落住民に譲渡した者もいるがそれらの者は共有権者たりえず，係争地は部落住民共有でなくYらのみの共有地であると主張した。

判旨 「明治末期に至り部落では特に『財産区』を設定しなければ権利主体とはなれなかった等当時の状況からみて右土地の所有権は乙村の村有に編入される懸念があったところから，〈略〉同年4月30日受付を以て，右土地につき右18名が共有権を取得したる旨の登記を経由したこと，しかし，これ等の土地は前記のとおり従来甲部落民が池沼の泥土又はそこに群生する葦（毛上）を共同収益していた関係上部落有志のうちにはその地盤の所有権をも部落全員の共有にしたいと提唱する者もあったので，〈略〉55名の共有の登記が経由された。しかし，右以外の部落の人達（非名義人）は当時土地（地盤）そのものとしては価値も少なく加入金を支払って共有権を取得しなくとも前記土掻き等地盤の利用をすることは差支えないというところから右勧誘を拒否したものであ（る）。〈略〉

以上の事実によると，前記認定の非名義人は本件第2の土地の共有権者ではなく，甲部落に居住していることに因って前記名義人等の所有に属する土地の地盤の上に成長する葦やその肥土を共同して利用収益している関係（一種の共有の性質を有しない入会権）にあったものであると謂うことができる。そして55名の共有名義になってから以後も部落の区長が本件土地の維持管理の責任者となって土地に関する費用を右名義人のみならず非名義人に対しても必要に応じ徴収してきたことは控訴人等も認めるところであるが，〈略〉その賦課徴収の方法からみるも前示の如き土地利用の対価として支払われたものと認められるからこのことは右認定の妨げとはならない。

そして第1の土地についてみるに，右土地は昭和11年11月20日いわゆる名義人55名が買主となり所有者訴外Bから買受け即日55名の共有名義の移転登記が経由されてあること，その代金はそれまで55名の共有地とされていた土地の一部を第三者に貯木場として賃貸した賃料によって支払われたことは当事者間に争いがなく，その賃貸地が55名の共有地であることは前示認定のとおりであるからその代金も右共有者によって支払われたものと謂うべく，このことからみてもX等主張の如く従来の土地（第2の土地も含む）が登記簿上55名の登記名義になっていたので右第1の土地も同様前記55名の登記手続きをしたものとは認められない。

そうだとすれば，X等が別紙一覧表記載の非名義人の相続人ないしは分家した者であることは当事者間に争いがないからX等が本件土地の共有権を取得することはできない。」（最判昭46・6・22により本判旨確定）

【36】 仙台高秋田支判昭44・5・28 戦後1・192

[事実] 本件係争地は甲ほか3部落の共同入会地で，大正15年に部落有財産統一により甲村（現乙町）有となったが，村有統一後も住民の入会利用権はそのまま認められ，一定の慣習のもとに入会利用が継続され，立木売却代金は公共費用に充てられたが一部が権利者への分配が行なわれることもあった。昭和31年から，……3回にわたり立木売却代金がいわゆる旧戸の者のみに配分され，明治以降分家した新戸Xらに配分されなかったので，Xらが，入会集団というべき本件山林の管理団体Yを相手として，係争地上に旧戸と同様に採草，採薪を内容とする入会権を有することの確認を求めた。

第1審判決（秋田地判昭39・9・28戦後同）は，係争地が前記地元4部落住民の共同入会地であって，薪や柴草の採取，立木伐採，植林等に利用され，かつ部落で分家または転入して1戸を構え加入金を納めて住民としての義務を果すときは入会権の取得が認められるという慣習を認定した上，Xら13名については本人またはその先代，先々代が分家し，加入金を納入して入会権者となったことを認めた（一部の者については分家ではあるが入会権取得の事実が認められないという理由で，これを認めなかった）のでY控訴して係争地は入会地でなくYら旧戸の共有地であると主張した。

[判旨] 「明治初年本件林野は民有地とされたが，A・B・C組〈略〉は，明治11年ころから明治20年ころまでの間において本件林野を買受け，所属部落民の入会の用に供するとともに，D村〈略〉部落民は，往時より地元部落民として丙・丁地内に入会っていた関係から同部落民3名をも入会権者団体構成員に加え，以来右4部落民は平等に本件林野を入会地として使用してきたこと，入会権者団体構成員は，右部落に居住しているだけでは構成員とされず，構成員である家から分家し新たに世帯を持った者は，その願出により構成員ないし役員の承認を得て始めて構成員とされ，この場合新たに加入する者は金3円を入会権利者団体に納入するならわしであり，また他部落から移住した者も同様の方法により入会権者団体構成員に加入することが認められ，この場合には金7円を右団体に納付するならわしであったこと，往時本件林野の管理運営には，町内頭が数名の世話人の補佐を得てこれに当ってきたが，近年になってから構成員はその中から委員および委員長を選出して，これらの者に本件林野の管理運営に当らせていること，構成員は，本件林野から青木（松・杉・檜等の常緑樹）はみだりに伐採することを禁じられているが，一定の場所から自由に肥・飼料用として草を採取し，日時を定めてかや・柴・薪の類を採取したり，木分けと称し，地域を区分し，くじ引きにより炭材の分配を受け，構成員が火災等不慮の災厄により家屋を失ったような場合には建築用材の分配を受け，また，部落の火の見やぐらや橋梁等公共用資材を採取するなど，原判決添付目録(4)記載の収益ないし分配を得てきたこと，〈略〉，昭和26年本件林野内から自然生赤松を伐採し，該代金を部落用消防ポンプ代金にあて，残金はその後構成員に分配したこと，構成員は，本件林野内の採草地の山焼や山道造りなどの労役に従事するのをその義務とされてきたが，前記のように本件林野に植林するようになってからは，杉の植付け，下刈り，下枝落し等もその義務とされ，旧来からの構成員であった者とその後構成員に加えられた者との間に区別なくこれら労役に従事していたこと，構成員は従来その家督相続人によってその地

第3章　入会集団と構成員

位を承継されてきたが，昭和23年改正民法施行後は，構成員の後継世帯主たる相続人が，その地位を承継するものとされていること，本件林野はいずれも部落有地と認められた結果，大正15年3月15日いわゆる統一により甲村（後，乙村となる。）に所有権を移転したものであり，その際，丙12・14番山林についてはA・B・C部落が代金を拠出し，部落有とした土地と認められ，公課金に相当する使用料を納付して従来通り永久に使用することができ，丁18番原野および丁21番山林については，公課金に相当する使用料を納付して秣草，かやの採取，自家用薪炭材および垣根用材を伐採することができ，剰余地に造林したときにはその収入が得られ，また，林野の副産物は無償で採取することができること，以上の事実を認定することができる。

〈略〉

本件林野が明治初年地租改正に際し個人所有地と認められた一事により宅地や農地のように純然たる個人所有地であるということはできず，部落有地であるかどうかは土地使用の実情により決するほかなく，前認定の諸事情に徴すれば，本件林野は藩制時代数村の入会地であったことが推認されるのであり，……本件林野はA・C・D・B部落民の入会地と認めるのが相当である。」（最判昭48・1・19より本判旨確定）上告棄却。

【37】　長野地判昭48・3・13判時732・80

事実　係争地はABCD4部落の共有入会地で，各部落住民の採薪採草等の用に供されてきたが，大正14年に各部落で入会山を分割してそれぞれ留山とし，共有山林管理会を設けその管理のもとに植林を行なってきた。登記簿上一部はABCD各財産区名義，一部はEら10名の共有名義となっている。ところが係争地上の立木処分代金の配分が4部落本村の住民に対してのみ行なわれ，Xら新村（未解放地区）の住民に対して行なわれなかったので，Xら69名（選定当事者X）は本村住民Y₁ら519名（選定当事者Y₁ほか10名）を相手とし，Xらが係争地上に入会権を有することの確認を求める本訴を提起した。Y₁らは入会権はほんらい農耕に必要な百姓固有の権利であるがXらの先代たちは百姓ではなかったから入会権を有するはずがなく，係争地は入会地であったが大正14年の入会の分割整理により入会権は解体消滅し，近代的な権利関係に転化している，と抗弁した。なお入会権の有否については【163】参照。

判旨　「入会権取得の要件——本件入会取得の要件として，慣習上，(1)，A村大字A，大字B，大字C，大字D地籍に引き続き満3年以上居住し，右地籍内のいずれかの部落に所属していること，(2)，世帯主として独立した1個の世帯を代表するものであること，(3)，前記部落より他に転出した時は入会権を失うこと，とされていた。Xらが世帯主となった原因およびその時期は，別紙入会権者目録(1)(2)(3)記載のとおり（Yらにおいて明らかに争わないので自白したものとみなす）であった。

〈略〉

徳川時代から明治初年に至るまでのわが国の村が，一方において，租税徴収等のごとき，政治的支配を支える統治的な行政組織としての側面を有すると同時に，他方において農民共同の財産たる林野，用水等を支配し，農民の私的農業，私的生活を可能ならしめる目的のための私的自治団体であるという二重の性格を有し，したがって，その時代においては，経済的な生活協同体たる村の地域と，形式的1村を構成すべき村の地域とは一致するのが原則であった。ところが，明治21年以降，町村制が施行されてから，右の二重組織は次第に消滅し，村は，私法集団，例えば入会主体としての『村』と，公法集団すなわち，地方行政の組織単位ないし地方公共団体としての『村』とに分化

するに至った。行政単位としての村と，生活協同体としての村とは理論上も，実際上も区別されるべきであるが，前者はその行政目的に則して，後者とは無関係に抽象的公法人化する傾向がある反面，これに反し後者は，相対的に，総合的実在人としての機能を益々発揮する傾向にあるといわれる。したがって，慣習に基礎を置く入会権の主体たる村を究明するにあたっては，右行政単位としての村にとらわれることなく，そこに住む住民の生活の実態をみきわめる必要がある。

しからば，行政単位としての村とのかかわりなく『1つの生活協同体としての村』もしくは『入会を目的とする総合的実在人としての村』を構成しているところの実質的基礎は何かといえば，それは住民の協同感，協同の生活であり，具体的には，入会と水利の利益がもっとも重要である。入会権についていえば，行政単位としての村からみれば，同一村の村民であっても，当該の生活協同体内部に包摂されることなき者は，入会権者たる資格がなく，逆に，行政単位としては別個の村に属していても，当該の生活協同体に参加を許された者は入会権利者であるというべきである。

先に認定した本件土地の利用関係，登記簿関係，Xらの生活関係からみるならば，まさに，甲村大字A，大字B，大字C，大字Dは，前記1つの甲村という生活協同体を構成しているものというべきであり，これら4部落が本件入会山の関係での入会集団でありXらが，Yらとともに右生活協同体を構成してきたものと認めるのが相当であり，したがって，Xらは本件入会山の入会権者であるというべきである。」(本判旨確定)

【38】 仙台高判昭55・5・30判タ421・104

事実 係争地は明治9年国から甲部落戸主全員Yら67名に売払われ，Yら67名で構成する甲郷会によって管理され草や萱の採取等入会利用が行なわれてきた。同部落内に分家した者や他から転住して1戸を構え，加入金を納め係争地の管理に必要な労務を提供する者は郷会への加入を許され，Yら旧戸とともに草や萱の採取等を行なってきた。戦後，地上立木が売却されその代金収入から諸経費を差引いた残余金が郷会の会員たる部落住民に配分されるようになったが，旧戸Yら65名（2名は転出）とその他のいわゆる新戸とでは配分金の額に差がつけられた。しかも係争地についての会合も旧戸のみで行なうことがあったので，新戸Xら34名は旧戸Yら65名を相手として，Xらが郷会入会と同時に係争地の共有者になったという理由で係争地に対する共有持分権移転登記手続および立木売却代金収入についてのXY間の差等配分によって蒙った損失の補償ならびに予備的にXらが係争地上に共有の性質を有する入会権を有することの確認を求める本訴を提起した。

第1審は，Xらが加入金を納めて郷会の一員として係争地を使用収益していることを理由にXらが共有の性質を有する入会権を有することおよび登記請求権を認めたが，差等配分は配当時までの係争地にたいする貢献度によってつけられたものであり正当なものであるという理由でその損失補償を認めなかった。

(第1審) 盛岡地判昭47・5・18戦後2・116

「甲部落は払下当時から本件共有財産の管理利用処分に関し甲郷会という法人格を有しない団体を組織し，役員として代表者に郷長，幹事に小頭，その他会計，書記が置かれ，意思決定期間として毎年正月の17日，盆の17日の2回郷会の会員全員が参加する総会を開催してきた。総会では，共有地の植林，刈払，地ごしらえ，火入れ，屋根葺，林道改修工事，道路普請などの作業計画，共有山林立木の売却処分，売却代金の配当の承認，共有立木の配当の承認，留山という伐採禁止区域の薪

第3章　入会集団と構成員

炭材の入札計画，郷会の予算，決算の承認などを協議し議決し，郷会役員の選挙も行なってきた。前記のように郷会の新加入者は総会で承認をえて加入している。

〈略〉

新加入者は総会で入会の承認をえてから，毎年右総会に出席し，旧加入者と何ら区別なく議決権，発言権などを行使していた。ところが，配当に新旧の差別があることに新加入者が不満に思い，争いが表面化してきた昭和30年頃から，「本日の総会は旧加入者だけ66名の総会なり」という貼紙が貼られたり，昭和33,4年以後は新加入者には総会の通知もこなくなり，新加入者の総会への参加は事実上排除されてしまっている。

〈略〉

前記認定事実によれば，新加入者らは旧加入者の団体である甲郷会にその承認を得て加入金を支払って加入したものであり，加入後は，本件共有財産の管理及び処分を決定する総会に参加し，旧加入者と等しく右決定に関与し，本件共有財産の草刈等の使用収益は勿論，その処分による配当にも（旧加入者より低いけれども）参加している。また，新加入者の加入金は，明治年代において2円であり，これは払下時の旧加入者の拠出額（多くの者は1円25銭，他はそれ以下）とくらべて平等の権利取得の対価として相当な額と認められる。しかも，明治年代の新加入者は後に改めて，権利を新旧平等にするとの趣旨の下に，配当金15円を加入金として提供している。その後，大正年代から昭和15年頃までの加入金は15円であるが，これは前記15円にならったものと認められる。

以上の点に照らし，新加入者は郷会の承認を得て加入金を支払ってこれに加入したことにより，旧加入者と同じ共有持分権を取得したものと認めるのが相当である。もっとも，昭和29年，30年に加入した原告$X_{33}X_{34}$，訴外Aは加入金額が決らないためまだ加入金を支払っていないけれども，これらの者は，加入金支払の義務を残すにとどま

り，郷会の承認を得て加入したことに違いはないから，等しく権利を取得したものというべきである。」

Yら控訴して，本件土地はYら67名の共有地であって入会地ではなく，Xらが係争地上に入会稼をしてきたのは所有者の恩恵的措置によるものか，そうでなくともいわゆる差許入会あるいは稼方入会というべきもので単に毛上物を採取する権利にすぎず地盤共有権まで有するものではない，と主張した。

判旨　「本件山林が明治9年に甲郷民67名の全員（戸主または世帯主と推認される）に払下げられ，右67名の共有とされたうえ右67名をもって構成する甲郷会たる団体（寄合）において管理収益してきた事実関係に徴すると，本件山林については旧藩時代から甲部落民全員による入会慣行が存したものと推認される。

〈中略〉

前記払下により，当時の甲郷住民の全員である67名は入会地の地盤を共有するに至り，本件山林につき共有の性質を有する入会権を有するに至ったものというべきである。払下後まもなくの明治21年から明治45年までの間に甲部落内に分家した14名の者が郷会への加入を認められ，本件山林の管理収益に参画してきたこと，その後も引続き同様に23名の者が加入を認められたことからも裏付けられる。したがって，甲郷会への加入を認められた，いわゆる新加入，新加盟の者は本件山林につき共有の性質を有しない入会権を有するものといわなければならない（ただし，その権利の内容は慣習によって定まる）。

Xらは，加入金を支払い又は物品を提供して郷会に加入することにより本件山林の共有者の一員となったと主張する。〈略〉本件山林については明治38年3月30日前記67名のために共有による所

有権保存登記がなされたが，右登記のなされる以前の明治21年から明治37年までの間に郷会に加入したAほか9名の者は右の登記を受けていないことが認められる。この事実からすれば，右所有権保存登記のなされた明治38年当時においては，新加入者が本件山林の地盤の共有権を取得したものとは理解されていなかったといわなければならない。

前認定のとおり大正の初期において，旧加入者のBが，明治年代に加入した新加入者15人〈略〉に対し，C名義の預り証が発行された事実があるが，そのような登記は現在まで行われていないのであり，郷会の総会においてそのような議決がなされたことを認めるに足りる証拠はないから，右事実によって当時の旧加入者67名の全員が本件山林地盤についての各自の持分67分の1から5,494分の15宛を割いて右15名にそれぞれ移転すべき旨を約したものと認めるには十分でない。右預り証〈略〉の文言も，必ずしも本件山林の地盤の共有持分権までを新加入者に取得せしめる旨を約したものとは認め難いし，右は，本件立木の売却代金の配当金につき，旧加入者と新加入者について差があったのを将来はなくするか，或いは差を少なくすることを合意したものと解するのが合理的である。昭和15年，16年に旧加入者から地盤の共有持分権を買受けた者は代金として600円ないし800円を支払っているのであるから，15円の加入金はこれに比してあまりに低額であり，貨幣価値の変動を考慮しても，これをもって地盤の共有持分権取得の対価とみることは相当でない。

更に，大正，昭和にかけて23名のものが昭和14年までは加入金15円，昭和20年には加入金30円，昭和29年以降は加入金未定として郷会に加入を認められた事実についても，加入によって本件山林の地盤の共有権を取得したものと認めるべき証拠はない。」

この第1審は係争地が郷会構成員の共有の性質を有する入会地で新戸に入会持分権を認めた（したがって新戸も旧戸と同じく共有の性質を有する入会権者で入会地盤の共同所有権者となる）が，しかし控訴審は旧戸のみの共有の性質を有する入会地で新戸は共有の性質を有しない入会権しか有しない，と判示しているのである。つまり新戸は毛上物採取の権利のみ有し，入会地盤所有権を有せず，入会地盤所有権は旧戸の共同所有に属するというのであるが，それは1つの地域内に地盤毛上とも共同所有する入会集団と，同じ地盤における毛上のみを共同所有する入会集団と2つの入会集団があることになる。

このような判示は，入会地盤所有権の登記にまどわされたものといわざるをえない。さらに本控訴審判決は新戸の確認訴訟が新戸全員でないからこの訴訟不適法であるという判示をしている。この点については【208】参照。

新戸Xら上告，【208】最高判昭58・2・8（判時1092・62）により破棄差戻。差戻審，仙台高判昭63・9・26（戦後2・132）は訴訟適格を除き，ほぼ本控訴審原判決と同旨（最判平2・9・27上告棄却により確定）。

【39】　長野地上田支判昭58・5・28　戦後2・274

事実　係争地はもと村持山であったが，明治45年，形式上入札手続により当時の甲村落住民76名で所有権取得登記が行われた。この76名は在来の旧家ばかりでなく分家して間もない者も含まれており（「本戸」），その後分家や入村によって1戸前と認められた者（新戸）も係争地にたいする権利を認められたが，これらの人々の共有持分取得の

登記は行われなかった。昭和43年に登記上の共有権者たる本戸Yら76名が協議の上旧村持山＝いわゆる共有林を開発業者に売却したので、新戸Xら45名はYら76名を相手として、共有林中残りの部分（＝係争地）につき、新戸が本戸とともに共有の性質を有する入会権を有することの確認、第2次的に新戸が共同使用収益権（共有の性質を有しない入会権）を有することの確認を求める本訴を提起した。Yらのうち9名はXらがYらと同等の権利を有することを認めたが、その他の者（判旨の被告ADE）はこれを争い、係争地が入会地であったとしても明治44年の競売はYら76名が拠金して買受けたもので、それによって入会権は消滅しYらの共有地となったと主張した。

第1審判決は、Xらが入会権を有することを認めたが、Yらとの権利の内容に差があること、所有権登記名義の有無も含めて、Xらの権利は共有の性質を有しない入会権である、と判示した。

[判旨]「㈠〈証拠略〉甲部落においては、分家し又は他から転入して甲地区内に1戸を構え、独立した生計を営み、永住の意思を有する世帯主は、組入りすると同時に、本件土地等について使用収益するとともに部落の出役義務を負担すること、即ち、一方において、甲部落住民である名義人（本家）と共同して、右土地に立ち入り天然産物を採取し、右土地について甲部落の行う造林事業に参加し、右土地に生育した薪炭材・パルプ材の競売において右名義人と同様に買受資格を有し、右名義人との間に格差があるとはいえ、右土地に生育した立木売却代金の配分を受け、他方において、右土地についての造林作業、道路・農業用水路の作業等について右名義人と平等に出役義務を負担すること、右のような要件を備えた非名義人（分家及び寄留者）は、右名義人と平等に、甲部落の管理機関である役員会の構成員の選挙権・被選挙権を取得すること等が認められる。

〈略〉

甲部落では、前記2㈢の要件を備えた分家・寄留者は、かつて寄留者に入山料が課されたり、立木売却代金の配分において配分方法・配分額の点で名義人と差異がある、ということはあるものの、他は甲地区に居住する名義人と平等に、本件土地・西武売却地を使用収益する一方、労役提供の義務を負担してきたこと等からすると、一応、その取得する権利は右名義人と同一の権利即ち共有の性質を有する入会権であるかの如くである。

しかし、右名義人と非名義人の権利に差があることを窺わせる〈略〉次の事実がある。即ち前記三2㈢のとおり、明治44年12月の競売前に開かれた同年1月18日の区民総会において、分家、寄留者は、分家或いは寄留によって当然にではなく、相当の費用を出金してはじめて本家と平等の権利を得る旨協定しているが、原告らにおいて右費用を出金したと認めるに足りる証拠はない。〈略〉甲部落では名義人から非名義人に対し、売買・贈与による持分譲渡がなされ、迅速にその旨の登記がなされているところ、これによると、分家・寄留者は前記要件を満せば当然に入会権を取得しうるにも拘らず、中には更に売買・贈与により持分を取得した者がいることになるが、新規取得者と更に売買・贈与により持分を取得した者との権利が同一であるとするのは合理的でないし、また部落住民相互間でも持分の譲渡がなされているが、譲渡人及び譲受人が譲渡前と同一の権利を有するとするのも不合理である。名義人と非名義人とで、立木売却代金の配分方法・配分額に差があることは〈略〉、右配分において、名義人であっても持分を譲渡したときは以後非名義人として配分され、非名義人であっても持分を取得すると、以後名義人として配分されることが認められ、〈略〉これらのことからすると、甲部落住民であっても、名義人と非名義人とではその権利に差があることが窺われる。

〈略〉

㈡ 以上の事実によると、分家・寄留者は、前

記2㈢の要件を具備することにより，共有の性質を有する入会権を取得するとは認め難く，共有の性質を有しない入会権を取得し，その権利の内容は，以上認定の事実からすると，第2次請求の請求の趣旨記載のとおりであると解するのが相当である（従って，大正13年3月15日の共有山加入の申請は名義人と同一の権利即ち共有入会権の取得の申請と解される。）。尤もこのように解すると，1つの入会団体の中に共有入会権を有する者と地役入会権を有する者とが併存するという事態になるが，元来，入会地の利用形態の変遷，記名共有登記（しかも本件では当時の入会権者及び将来の入会権者全員の共有登記）の経由及びその後の入会団体構成員の意識の変化等により，慣習は変化するものであるし，入会団体の権利関係も当該団体の慣習規範により決まるものであるから，法理論上ありえないとはいえない。そして，入会地の管理処分は右の入会権者全員の同意を要することであるから，実際上も不都合は生じない。」

原判決に対しY（本家）ら控訴。またX（分家）らも共有入会権を認めなかったことを不服として控訴した。

第2審は控訴棄却。判旨は原審と大差ないが，XY間の権利の相異について以下のように判示している。

（第2審）東京高判平7・8・30戦後2・291

「第1審原告らは，共有の性質を有しない入会権というものは認められないと主張した。しかし，入会権が存在するかどうか，その内容はどのようなものであるかは，専ら慣習により認められるものであり，上記設定によれば，甲部落においては，共有名義人と分家ないし新戸とでは，その有する入会権の内容が異なることが明らかであるから，それぞれの入会権は性質が異なるものと認めざるを得ない。第1審原告らは，立木代金の配分は入会権の内容として重要な地位を占めるものではないから，その点の格差を理由に入会権の性質の差

第1節 入会集団構成員の地位

異を認めるのは相当でないと主張し，その指摘する事実関係には一部首肯し得るものがある。しかし，一方において，時代の変遷に伴い生活様式が変化するのに応じて，入会権の個々の内容ないし入会の具体的態様が必要性の度合に差異を生じ，かつては入会権の主要な内容であったものが重要性を失い，従来さほど重要でなかったものが大きな地位を占めるようになることはあり得ることであって，このような実情を考慮することは，入会権の内容を判断する上で欠かせないことといわなければならない。このような見方からすれば，立木代金の配分が入会権の主要な内容でないとは直ちに言い切れない面があり，したがって，右主張にかかる事実関係は上記の判断を動かすには足りないものというべきである。

そうすると，分家ないし新戸の有する入会権は共有の性質を有しないものと認めるのが相当である。同じ土地を対象とする同一地域の住民の入会権に，共有の性質を有する入会権と共有の性質を有しない入会権とが併存するということは，必ずしも理論的にあり得ないことではないと考えられる。〈略〉この理は，判例も認めるところであると解される（最高裁判所平成元年（オ）第726号，平成2年9月27日第1小法廷判決，仙台高等裁判所昭和58年（ネ）第122号，昭和63年9月26日判決，最高裁判所昭和55年（オ）第936号，昭和58年2月8日第3小法廷判決，判例時報1092号64頁，仙台高等裁判所昭和47年（ネ）第254号，昭和48年（ネ）第370号，昭和55年5月30日判決，判例タイムズ421号104頁）。」（最判平11・1・29上告棄却）

この判決がここにいくつも判決例を掲げているがこれらはすべて【38】仙台高判昭55・5・30の同一事件にかんするもので，この判決が原審で以下年次順に上告審，差戻審，再上告審の判決であることを指摘しておく必要

があろう。

【40】 東京高判平9・5・29 判タ980・180

事実 甲集落の共有林は各筆ごとに40名共有名義で所有権登記され，その所有者名義は各筆ごとに異なっているが，登記上の所有権者は明治13年当時の甲村民全員（その承継人）52名である。明治末期から分家が生まれ，みな入会権者として認められ採草などに事欠くことはなかった。一方所有権登記名義はそのままであったが，昭和20年代後半共有地上の立木が売却され，その代金の一部は入会権者全員に配分された。ところが昭和40年代に共有地上に張られた送電線の線下地補償金の配分をめぐって，この土地は所有権登記名義を有する本家のみの共有地だというYらの主張に対して，同じく登記上の共有者（本家）であるX_1ら18名と名義を有しない分家X_{19}ら12名が，Yら本家22名を相手として，共有の性質を有する入会権を有することの確認を求める本訴を提起した。その請求の内容は，第1に$X_1 X_2$らが本件土地に共有の性質を有する入会権を有すること，第2に，Xらが共有の性質を有する入会権にもとづく収益権を有することの確認であった。

この第1審は次のように，Xらの共有の性質を有する入会権は認められないが，共有の性質を有する入会権にもとづく使用収益権を認める，という不可解な判示をした。

（第1審）新潟地判平5・3・23 戦後3・79
「㈣　明治13年，甲部落住民の間で，本件各土地は部落住民が共同して所有するものであることを確認するために，「結約証」（略）が作成された。右の「結約証」には，本件各土地が「村中持地」として部落住民全員が共同して所有するものであること，本件各土地を決して分割しないこと，本件各土地にかかる公租公課は部落住民全員が分担すること，本件各土地における使用収益は従来からの慣習に従って行うこと，伐木等の作業は部落住民全員が協議して決定すること，本件各土地を決して売り払わないことなどが定められた。
〈略〉
　本件各土地にかかる立木の伐採等の作業は，部落住民全員が協議のうえ作業場所，作業日等を決定し，部落の区長の指揮監督の下に作業を行い，また，本件各土地にかかる公租公課も部落住民全員が分担し，本件各土地の立木の売却代金等による収益と公租公課等の支出を帳簿に記帳して管理している。
　右の事実に鑑みれば，本件各土地の管理は，部落住民全員の意思の下に行われているというべきである。
〈略〉
　以上の検討から，甲部落住民たる資格の得喪と，本件各土地に関する権利の得喪とが結び付いており，本件各土地に関する権利の譲渡が許されておらず，本件各土地の管理が部落住民全体の意思の下に行われているなど，本件各土地の使用収益等については，通常の共有関係にみられる制限とは異質の，部落団体による強度の制限が存していると解されるから，本件各土地は，甲部落が入会権を有する土地であると認めるのが相当である。換言すれば，甲部落は本件各土地に入会権を有する入会団体であり，部落住民は，右入会団体の構成員である。そして，甲部落住民の有する本件各土地に関する権利は，本件各土地に入会権を有する入会団体の構成員たる地位に基づく権利である。
〈略〉
　そして，右1ないし3のとおり，Xらは本件各土地に関する権利を有すると認められるのであるから，原告らは本件各土地に入会権を有する入会団体の構成員たる地位を有すると認められる。
本訴請求について
　1　Xらは，本訴において，Xらが本件各土地について入会権を有することの確認を求めている。

Xらの主張自体から明らかなとおり，甲部落住民として本件各土地に入会権を有する入会団体の構成員たる地位を有する者は原告らに限られないのであるから，右の請求は，Xらが個々的に自己の入会権の確認を求める趣旨であると理解するほかない。

しかしながら，入会権は入会団体たる甲部落に帰属する（換言すれば，入会権は部落住民に総有的に帰属している）のであるから，部落住民が個々的に自己の入会権の確認を求めることはできない。

よって，原告らの右請求は容れることができない。

2　これに対し，入会権に基づいて部落住民が有する使用収益の権能は，入会団体の構成員たる地位に基づく権利であり，もとより部落住民が個々的に行使しうるものである。したがって，X_{19}らが，入会権に基づく使用収益権を有することの確認を求めることは許されると解される。

そして，前記までの検討から，甲部落が本件各土地について入会権を有し，X_{19}らは，甲部落住民として入会団体の構成員たる地位を有すると認められる。」

第1審判決は，原告X_{19}らの共有の性質を有する入会権は認められないが，共有の性質を有する入会権にもとづく使用収益権を認める，と判示した。しかし，共有の性質を有する入会権は土地の共同所有権にほかならず，土地所有権の機能として当然使用収益が認められる（ただ第三者の用益権が存在する場合使用収益権能は制限される）のであるから，その権利と別個に使用収益権を有することの確認を求めるのは論理的にも実体的にも矛盾しているといわざるをえない。その理由づけは，入会権は集団に総有的に帰属する権利であるから個々の住民がその確認を求めることはできないが，入会権にもとづく使用収益権は各自確認を求めることができるというものである。本件ではX_2らは自らが集団構成員たることの地位（入会持

第1節　入会集団構成員の地位

分権を有すること）の確認を求めているのであって集団としての入会権の存否を争っているのではなく，また入会地の使用収益権を争っているのでもない。

Yら控訴して，YらがXら分家に対して認めた権利は本件土地の使用収益にすぎずその共有物持分権を認めたのではないと主張した。

判旨　「Yらは，本件各土地の共有名義人である部落住民が，本件各土地に関する結約証を作成した後わずか20年もたたないうちに，本件各土地の権利の譲渡をしており，Aも，明治25年には，本件各土地に関する権利を譲渡していることから，一般に，本件各土地に関する権利が入会権ではなく通常の共有権であると考えられていたことは明らかであるし，権利の譲渡を許さないとの合意もなく，仮にあったとしても暗黙のうちに廃止されており，また，結約証による権利の制限は債権的制限にすぎないと主張する。しかし，その譲渡は，いずれも，甲部落を転出した者が，部落住民の了解しない態様の下で行ったものにすぎないし，これを取得した部落住民が自らの使用収益権が他の部落住民よりも多いなどと主張したような形跡は全くなく，平等に使用収益をしてきたことなどの前認定の事実に照らせば，ごく一部の者の間で権利譲渡の事実があるからといって，本件各土地に関する権利が通常の共有権であると考えられていたとは到底解し難い。また，Aの譲渡については，その家産が傾いたことから，いわばその名義を部落住民全員に移転しておくためにしたものにすぎないことは前認定のとおりであるから，右の点は，何らYの右主張を裏付けるものではない。なお，本件各土地に関する権利の譲渡を許さないとの合意があるというべきことは前認定のとおりであるし，それが部落住民全体で黙示的に廃止されたと認めうべき証拠もない。さらに，入会権者間における権利の制限が，新たに入会権者となった者らにも当然に等しく及んでいることからすれば，そ

の制限が単なる債権的なものにすぎないと解することは相当ではないというべきである。

　3　また，Yらは，本件各土地の権利者が分家に対して承認した権利は，本件各土地の使用収益をする権利にすぎず，右権利者はその所有権（共有持分権）の取得を認めたわけではないと主張するが，部落住民として加入を認められた者が有する権利が他の部落住民のそれと差異があると認めるべき証拠はなく，かえって，新たに加入した者は，その後，他の部落住民とともに，その一員として，新たな分家の加入を認めてきたなどの前認定の事実に照らしても，新たに部落住民として加入を認められた者の権利は，他の部落住民のそれと平等のものであったことは明らかというべきであって，単なる使用収益権を付与したに止まるものと解することはできない。

　4　さらに，Yらは，急速な商品経済の発展の結果，本件各土地に関する結約証が作成されてからすでに100年以上を経過した現在，すでに本件各土地の入会権は解体消滅した旨主張するけれども，右主張が理由のないことは，抗弁について判断したとおりである。

　四　以上の認定によれば，X₂を除くXらは，本件各土地に共有の性質を有する入会権を有する部落住民であると認められるところ，請求原因㈣の事実は当事者間に争いがないから，右被控訴人らが右入会権に基づくその使用収益権を有することの確認を求める請求は理由がある。

　〈略〉

　したがってX₂以外のXらの請求を認容した原判決は相当であって，右部分に関する本件控訴は理由がない（なお，Xらの共有の性質を有する入会権の確認を求める訴えは，取下げにより終了した）。」（本判旨確定）

　以上の判決は【36】を除き，すべて集落の共有の性質を有する入会地でしかもほとんどがいわゆる本戸の共有名義の土地である。分家等で1戸を構えた時期がかなり古い者も多く，そしてその大部分が農家もしくは準農家（きわめて不適切な表現であるが，完全な非農家が少ないという意味）である。

　次の判決は町有名義の入会地である。だが【36】と同じくもと集落の共有入会地であったから，その権利者の範囲等については共有入会地と同様外部から制約をうけることはない。ただもと純農村集落であったが温泉観光地としてひらけ，旅館業者や商店が増加した。これらの非農家の者が新たな地区住民として町有入会地に自らも入会権を有することの確認を求めたものである。これらの者のごく一部である入会権者である者の分家などを除けば，大部分は近在からの転入者である。

【41】　熊本地宮地支判昭56・3・30判時1030・83

事実　甲集落はかつてはひなびた山間の湯をもつ集落であったが，昭和30年代以降急激に観光地化し，旅館や商店が増えた。この中には外来者のほか旧来の農家で転業した者もいたが，集落住民の団体（部落会）も構成員が多くなったため，これらの人々を除いた以前からの入会権者はA牧野組合を設立して入会地（ほとんどが牧野）を管理してきた。

　A牧野組合の人々は，昭和36年ころから放牧地の竹を採取してのりす用に売却し，その代金を牧道修理その他牧野組合の経費に充てていた。これにたいして昭和45年はじめ，甲部落会役員は牧野組合に，その代金を部落会に納入するよう申し入れたが，牧野組合が拒否したため，甲部落会長X₁ほか40名が牧野組合組合長Yら当時の組合役

員6名を相手として、町有入会地上に自らも被告らと同等の入会権を有することならびに係争地上に生立する立木等が分収契約の目的物件であることの確認を求める裁判を提起した。

[判旨]「本件入会地は、元来、甲部落有財産として、甲部落民に総有的に帰属する私有財産たる共有の性質を有する入会権の客体であったことは、先に説示した本件入会権の歴史に照らして、明白である。そこでは、観念的には、甲部落民の地盤所有権に対する総有権と地上産物に対する使用、収益、処分の総手的権能が混然一体となって権利内容を構成していたといえる。そして政府の部落有林統一政策に基づき、甲部落民のこの権利内容のうちから、地盤所有権に対する総有権が奪われて、乙町の所有に帰したが、残余が甲部落民の権利として留保され、この結果、甲部落民の入会権は地役的入会権に変化したものである。〈略〉入会地の利用がこのように高度に貨幣経済的契約利用形態に変化していったとしても、それは入会権の用益方法の変更にすぎないのであって、その収益が入会集団構成員の総有権の客体となっており、総手的意思の統制に服している以上は、入会権者らが何ら入会地の利用に与っていない等と解すべきものではない。

5 〈略〉牧野組合員の多数の者のように、採草、放牧等の古典的利用に与る者が入会地の利用に与っていることは明らかであるが、牧野組合員でない者も入会地上の立木その他の産物の処分収益を入会集団の総手的意思に基づき共益費に使用することによって入会地の貨幣経済的利用に与っていることは明らかであって、それが入会集団の構成員としての地位に基づいている以上は入会権の行使方法なのであって、入会集団の構成員としての地位に基づかない準部落民の受ける恩恵的、反射的利益とは明確に区別すべきものと判断できる。

〈略〉
(四) 入会権者の義務

第1節　入会集団構成員の地位

1　入会権者は、慣習上、労役の提供等の一定の義務を果すことが必要であった。労役としては、入会地と国有林境及び民有林境の防火線刈り、防火線焼き、野焼き、入会地内の牧道及びこれに通じる道路の整備、くぬぎ保護撫育地の下草刈り、牧柵の設置、維持、部落内の県道、町道等の整備等があった。そして、これらの出役には1世帯から成人男子1名の出役が義務とされ、不参加の場合や参加しても労役の提供がこれに満たない場合には、出不足金の支払を義務づけられた。出不足金の制度は古くから存在した。

2　防火線刈り、防火線焼きには、入会地と国有林境のものと、民有地境のものとがある。国有林境の防火線作りは、秋に防火線を刈って、焼く作業と、春に防火線を焼く作業とから成っている。そして、国有林境の防火線作りは、古くは、国が自ら行っていたのであるが、その後個人に請負わせたりしていた時期もあった後、戦時中から部落民全員で行うようになり、これに対して国から報酬が支給され（ている）。

〈略〉

昭和35年ころ、当時牛馬を所有しているために、採草、放牧に関して共通の利害を有している者らが集まって、甲牧野組合を結成し、以来、同組合員が採草、放牧をしてきた。現在、甲部落集落世帯のうち約20戸が同組合に所属しており、被告らもその一員である。しかし、右に見た農家の変化は牧野組合員についても例外ではなく、本訴係属後、兼業農家に転じたり、あるいは牛馬を手放す者もでてきており、これらの者の入会地の利用形態は、原告らとの間にその差を発見することができない状況である。〈略〉

なお、従来、くぬぎが密生して放牧の妨げになる場合には、牧野組合員らの自主的な判断で間伐や枝打ち等が行われてきた。これらも採草、放牧に関連する入会地の管理義務の一環であるが、究極的には、これらも、入会集団の総手的意思の統制のもとにあるものであって、その目的、方法、

第3章　入会集団と構成員

範囲が合理的な範囲内にある限りにおいて，入会集団の総手的意思に副うものとして，牧野組合員らの自主的判断に委ねられていたものであった。

2　入会集団の構成員と認められるためには，永住の意思をもって，甲部落集落に継続して居住することが必要であった。前判示の駐在員，教師等転出が予定されている者は，永住の意思がない者として，甲部落集落の居住者ではあっても「準部落民」として取扱われ，「入会集団の構成員たる部落民」としての「入村」，「村入り」，「組入り」，「部落入り」は認められなかった。そしてこの居住の事実は，住民登録の有無という形式的なものによるのではなく，現実に甲部落集落に生活の本拠を置いているかによるのであり，甲部落集落から離脱することによって入会権を失った。しかし，入会権者であった者は，再び甲部落集落へ転入することにより，「帰村者」として容易に入会権を取得することができた。さらに，甲部落民の入会権にあっては，永住の意思をもって甲部落集落に継続して居住することによって，他の要件を充足する限り，入会集団の構成員となることができ，被告らの主張するように，転入，分家，帰村者については一切入会権を認めないというものではなかった。

3　〈略〉

4　入会集団の構成員と認められるためには，さらに，前判示の入会地の管理義務及び入会集団構成員としての義務を果すことが必要であった。これらの義務に基づく各種の労役に不参加の場合には，出不足金を支払う義務があった。入会権者である者も，これらの義務を果さない場合には，入会集団から除外されて入会権を喪失し，準部落民となった。そして，入会権者の負担する入会地の管理義務及び入会集団構成員としての義務は，総手的権利にともなう総手的義務として入会権の本質に由来するものであるから，元来，金銭をもっては替え難いものであり，甲部落集落からの離脱によって履行不能に陥り，また長期にわたる各種労役への不参加は，右の義務の不履行を招来するものであった。出不足金はこのような義務の不履行を招かない程度の短期ないし単発的な労役への不参加を補うための制度であったといえる。昭和38年度の部落総会議事録には「村の行事を1年以上怠った者失格」との記載があり，これらによると，甲部落民の入会権においては，入会権の喪失を招く各種労役への出役義務不履行の期間は，概ね1年以上を目安にしていたことが窺える。

5　〈略〉

6　右の認定事実を総合すると，甲部落民の入会権にあっては，入会権者世帯の承継，分家，転入，帰村により永住の意思をもって甲部落集落に継続して居住し，入会集団が仲間的共同体の一員として承認することによって，入会集団の構成員たる資格を取得し，入会地の管理義務及び入会集団構成員としての義務から成る入会権者の義務を果すことによって入会権者であり得，入会利用に与ることができ，入会権者の義務を果さないことによって入会権を喪失したものと判断できる。また，入村金を支払っている者は，入会集団の総手的意思によって，甲部落集落に永住の意思をもって継続して居住していることを確認され，入会集団という仲間的共同体の一員であることを承認されていること，即ち，入会集団の構成員たり得る資格を取得していたことを推認させるものであると判断できる。」

本判旨は旅館や商店等の居住民を入会権者として認めたのであるが，その理由づけされている「総手的意思」とはいかなる意味なのか明らかでない。なお，Yら控訴，第2審（福岡高判平元・3・2戦後2・227）は，Xらが地上のくぬぎ等から生ずる収益を受ける範囲での入会権を有することを認めた。（確定）

4　構成員として認められなかった例

次に掲げるのは，新たに入会権者（集団構成員）であることを認めなかった判決で，数は多くないが，いくつかの類型に分けられる。【42】はいわば古典的な，いわゆる分家等の新戸が本戸に対して自らも入会権者であることの確認を求めるものであるが，それ以外はやや性格を異にする。【45】はたしかに本戸と外来者等新戸との紛争であるが，他の判決がいずれも入会権を有することの確認であるのに対し，本件は入会地上の官行造林の分収金に対する配分請求であって，積極的な使用権能の主張ではない（ただし入会権がつねに使用行為を意味するものではない）。また【46】は都市近郊の非農家が急増する集落における紛争で【41】に共通するところがある（ただし係争地は共有入会地）。

なお構成員としての資格については【29】参照。

【42】　新潟地判昭29・12・28戦後2・23

事実　係争地は甲部落在来からの住民，いわゆる旧戸45名共有の入会地であったが大正初期の部落有林野統一にあたり統一地から除外し入会慣習を尊重することを条件にY₂神社有地とされた。Xらは明治以降分家等によって生れたいわゆる新戸であるが係争地の入会稼ぎに旧戸と差をつけられ，旧戸が係争地上の立木を売却処分したとき旧戸のみに代金が配分され新戸は配分を受けなかったので，Xら新戸12名は甲部落（代表者Y₁）およびY₂神社を相手として，新戸が係争地上に入会権を有することの確認と立木売却代金の配分を請求する本訴を提起し，新戸は係争地がY₂神社有となる以前から引きつづき入会稼をしてきたと主張した。Y₁らは，新戸が入会稼をしたのは旧戸の恩恵的措置によるもので権利を有するからではない，と抗弁した。

判旨　「本件土地は明治以前から甲部落45戸45名の共有であって，共有者は之に入会して栗拾い，柴刈等を為し該土地より生じた収益は右入会共有者間で協議処分して来たのであって，その入会共有者は順次各自の相続者に権利が承継されて来たのであった。その相続者というのは戸籍上の相続人の謂でなく事実上祭祀家業を承継して世帯主となった者を指し家業を継がなかった者はその権利を承継せず又他に転出したものはその権利を失うことになっていたこと，その権利の得喪については共有入会権者の協議により決定していたこと，而して右45戸45名は右祭祀家業の承継の関係，転出，廃絶家の関係より現在は41戸41名に減じていること，右関係以外の分家者転入者は本件土地に関し右41名のような権利はなく，唯恩恵的に栗拾い，柴枝採取に入山することが許容されていたが，これとても，単に恩恵的のものであって権利としてではなかったこと，X等は右41名以外の分家ないし転入者であって従て右のような共有入会権を有しなかったものであることを肯認するに足り，〈略〉前認定の如く前示45戸45名の子孫であって正当相続人であっても本家の祭祀家業を継がず事実上これを継いだ分家者がある場合には，共有入会権者協議の上事実上右の事実上祭祀家業を継承した者を権利者となし戸籍上の本家相続如何には拘泥しなかったこと，又他に転出廃絶家した者は入会権を喪ったものであるところ，前示〈略〉の各系統は何れも右各人の先代又は先先代等において事実上本家の祭祀家業を継承した関係上分家者なるに本件入会権の取得を承認され，その代り本家相続人は入会権を喪失し，X等主張のA

についてはその先代等が事実上祭祀家業を承継せず分家者において事実上これを承継したため入会権を喪失したものであることが肯認され右事実ないしその他X等主張のような事実があったとしても未だ前示認定を覆えすには足らないといわねばならない。然らばX等が当初より甲部落民として本件土地に対し入会権を有していたというX等の主張はその理由なきものとなさざるを得ない。」
（本判旨確定）

【43】 仙台高判昭 35・8・22 戦後 1・30

事実 村有入会地上に入会稼の権能を有する集団内において，新戸が地盤所有者たるY村を相手として旧戸と同様の入会権を有することの確認を求めた事件である。第1審（福島地会津若松支判昭 34・8・17 戦後 1・30）はこの集団が係争地上入会権を有することを否定したので新戸Xらが控訴した。第2審は入会権の存在を認めたが新戸の入会持分権については次の如く判示し，これを認めなかった。

判旨「X等は甲部落に新たに転入したとき，またその部落民が分家し新たに1戸を構えたとき，この事実により入会権を取得する慣習があり，なおX等は過去7年にわたり本件山林につき使用金を支払い入会権に基き甲部落の旧戸35名と同様の内容の使用収益をしてきた旨主張するところ，使用金を支払い右入会権を行使してきた旨の〈略〉証言に照らしてこれを採用し難く，右主張の慣習あることは未だこれを認めるに足る証拠がないし，その他X等が前示入会権を取得したことを認めるに足る証拠はない。」（最判昭 37・11・12（裁集民 63・11）で確定）

【44】 仙台高判平 3・8・28 戦後 2・159

事実 甲集落のいわゆる共有林は明治初期の官民区分によってYら13名所有となり，大正8年Yらの共有地として保存登記され，Yら住民の入会地として採薪，採草の用に供されてきた。Xら6名は昭和13年頃から約20年の間にYらの家から分家した者で，分家後採薪，採草のため入会地に立入っていた。しかし昭和27年ころ立木を伐採売却した代金の分配も受けず，その後YらがXらの権利を否認する態度に出たので，X₁ら5名はYら13名を相手として本件土地上にYらと同じく共有の性質を有する入会権を有することの確認を求める本訴を提起した。

第1審は係争地の沿革を詳細に審理し，次のように認定してXらがYらと同じく共有の性質を有する入会権を有することを認めた。

（第1審）盛岡地一関支判昭 51・3・26（戦後 2・154）

「本件山林は前記一村議定書が作成された明治11年ころはもとより，その後においてもその使用収益は部落の団体的規制を強く受けているものということができ，単に部落民がその持分に応じて自由に使用収益しうる共有とは異り，本件山林は部落民全員の共有の性質を有する入会地であると認めるのが相当である。

もっとも一方では〈略〉によれば，本件山林は登記簿上はYらないしその先代又はその先々代13名の共有である旨の登記がなされているが，これは部落民の総有である旨の登記手段がないため便宜上その当時の甲部落在住戸主全員で登記をしたものと考えられる。〈略〉

三 次に前記一村議定書〈略〉には将来部落の構成員に変動が生じたときは，それに応じて新たに世帯主となつたものを入会権者と認める旨の記載があることは前記認定のとおりであり，これによ

第1節　入会集団構成員の地位

れば明治11年ころにおいては分家により世帯主となつた者は当然本件山林の入会権者となる慣習があつたものと認めることができる。そしてその後右の慣習が消滅したとみるべき証拠はなく却つて〈略〉大正11年ころ被告Y_4の先代が分家後に本件入会権者の一員として加わつたことが認められる。

〈略〉

昭和27年ころXらが前記一村議定書の存在を知り，Yらに対し，本件山林につきYらと同一の権利があると主張するとともに，折から乙村と丙市との合併に関連し村有財産の整理を検討していた同村議会に問題を提起し同議会に設置された一村議定書審議委員会において調整が試みられたがYらがこれを拒否したため，合意に達せず，本件訴提起に至つたことが認められ，これらの経緯をも合わせ考えると，右のようにXらが一定期間（その期間も原告らのうちで分家の時期が最も古いX_2の場合でも右権利主張がなされる時点までたかだか10数年にすぎない）不利益な取扱を受けた事実があるからといつて，直ちに分家した部落民らが当然入会権者になるという旧来の慣習が消滅したものとは認められず，Xらが分家する以前に分家の加入を認めない旨の権利者全員による合意をなしたことの主張立証もない本件においては，右慣習がなお存在するものというべきである。」

第2審判決は，係争地が甲集落の入会地であること，Xらが係争地で収益行為を行っていたことを認めながら，Xらの入会権を認めなかった。それはXらの収益行為がYらに比して差異があったこと，共有入会権の持分を示すともいえる登記上の共有権が有償で譲渡されていること，また近隣の集落では入会権者となるためには加入金等を支払っていること，にもかかわらずXらが加入金を支払った事実はないので，入会権を認めなかったのであろう。なおXらの予備的主張である共有の性質を有しない入会権を有することも認めなかった。

[判旨]　「Xらが本件山林において天然の雑木の枯損木を自家の燃料に採取することは従前から認められていた。

昭和30年代前半に，燃料用の立木が不足したことから，生木を伐倒してこれを翌年枯損木として採取する者が出るなど乱伐があったため，前記山主会において，毎年秋から初冬にかけて，一定の時期を定めて右雑木を採取し，その他の時期にはこれを禁止する「口あけ」，「口とめ（又は口とまり）」にすることを定め，これに従ってXらを含む本件当事者らが雑木を採取したことが2, 3年間続いた。

Xらは昭和25, 6年頃1, 2回本件山林の刈払いを手伝い，またその頃杉苗の補植を手伝ったことがある。

後記㈢のように，一村議定書審議会の審議において，Xらが本件山林について権利を主張するようになった昭和27, 8年以降，Xらは，右審議会の他部落の委員から本件山林で稼動すれば右の問題解決に有利であるとの示唆を受け，断続的に，Yらが稼動する日数の約7分の1程度の日数，本件山林において植林，刈払い等をした。

昭和34年頃から昭和37年頃までの間，前記山主会の決定により本件山林の一部について，これを19等分し，Xらを含む19名にこれを割り当て，その中の雑木を自由に伐採させ，その頃その跡地に右19名の者が杉苗を植林し，刈払いなどをした。

しかしXらが右の意図で稼動していることをきいたYらが，Xらの本件山林への立入りを制止したので，昭和38年頃からXらは本件山林で稼動していない。

〈略〉

本件山林はYらが組織する山主会が管理，利用し，同会が専ら費用を負担し，また殆んど労力を

提供して杉，松など造林してきたこと，Y₄又はその先代は分家と同時に当然に本件山林の権利を取得したのではなく，加入金を支払って加入を承認されたものであることが窺われ，Xらも昭和27年の一村議定書審議会の審議までは権利を主張したことがなかったこと，一村議定証記載の他の山林の最寄り部落においても，山林の権利を取得するには総会などの承認を要し，入会金を支払うこととされていること等の事実に照らすと，前記1の各事実だけでは，Xら主張のように本件地区に居住する世帯主が当然に入会権を取得する又は入会権者の世帯から分離独立して本件地区内に居住する世帯主が当然に入会権者になるものではないことが認められる。

したがって，Xら主張の入会権の資格要件を前提としてXらが本件山林の入会権を取得したとのXらの主張は前提を欠くものとして採用できない。

また，Xらが共有の性質を有しない（地役権類似の）入会権を取得したとの主張も，前叙の理由により同様採用できない。」

（最判平7・10・24上告棄却）

次の判決は官行造林契約にもとづく分収金の配分を受ける者の資格ないし範囲についての紛争にかんするものである。明治初年の土地官民有区分により村の入会地が官有とされたが，明治40年頃地元集落に売払われ，その後部落有林野統一により村有となり，官行造林が設定された。官行造林とは，町村有地上に国が造林し，立木の伐採収入を国と土地所有者である町村とで五分五分に分収する制度で，通常は町村が土地所有者として取得する五分の収益金のうちの何割か（通常五割以上）を入会権者たる集落（多くの場合もとの入会地盤所有者）と再分収する。いわば入会集落にとって入会地の契約利用に相当する収益であるが，この収益金を受ける権利者の範囲が問題となるのである。

【45】 熊本地判昭42・4・13戦後1・217

事実 本件ではY₁市が以前A集落の入会地であった市有地上に設定された官行造林の分収金5割の内の5割を甲集落在来の住民で山組合員と呼ばれているY₂ら85名に支払った。これに対し山組合員以外の同集落の住民Xら52名が，自分達も右分収金の配分をうける権利を有することの確認を求めて，山組合員Y₂ら85名およびY₁市を相手として本訴を提起した。

判旨 「（本件土地の）払下代金は，その全部か一部かは明らかでないが個人が拠出していること前認定のとおりであり，しかもそれが山林，原野を必要とした人達によって拠出されたであろうことは容易に推認し得るところである。そして山林原野を必要とした人々は明治30年に山組合を結成した，その人達であろうこともまた推認するに難くない。

そうであるならば，現在は山組合において保存している帳簿であるという前記認定事実も加味するとき，〈略〉いわゆる山組合の帳簿であり，そこに記載されている金230円は山組合からの支出であるとするY₁らの主張は，相当根拠のあることといわざるを得ない。

〈略〉

3 ……前認定のようにして国有地を払下げたのちの払下林野の利用および管理は，山組合に加入している住民のみによってなされてきたことが認められ，この認定を覆すに足る証拠はないのであるが……大正10年12月10日B村会において，B村の各部落がその部落有財産（山林，原野）をB村に整理統一（寄附）する旨，およびB村がそれを受理する旨の決議がなされ，本件A『部落』

においては本件土地外11筆の山林原野を寄附していることが認められるのである。すなわち本件土地を部落有財産として寄附したことになっていることが明らかである。

〈略〉

(2) 次に本件土地は登記簿上Ａ部落所有とはなっていたが、実質的には山組合を結成していた住民の共有に関するものであったこと前認定のとおりである。

以上のとおりであるとすれば、部落有財産統一の事業は、部落所有名義となっている山林原野を市町村に統一しようとしたものであり、実質的には個人の所有（あるいは共有）であるかどうかということは特に考慮されないまま手続は進められたのであって、そのため本件土地についても部落有財産として村会の議決にもとづきＢ村に寄附統一されたものであったが、実質的には右議決の形式にもかかわらず、その共有者であったＡ部落の山組合員がこれを寄附したものであると認めるのが相当である。

〈略〉

5　なお乙第6号証（村会会議録）中の第51号議案をもって定められた分収金権利者の『当該部落民』なる文言について一言するに、前記各認定事実を前提とするならばそれは、山林、原野を寄附統一した特定の権利者住民（本件Ａ部落についていえば山組合員）を指すものであること極めて明瞭であるが、仮りに前記認定事実を度外視して考えてみても、Ｘらが主張するようにこれを『将来分収金が交付される際当該部落に居住している住民』という意味に理解することは無理があるというべきである。何故ならば、第1にさような取り決めをする合理的根拠に乏しいこと、第2にもしＸらが主張するような意味の取り決めをするのであるならば、単に『当該部落』に交付すると表現した方がより明確であり、かつ該議案の他の部分の用語例とも一致するとも考えられるし第3に入会解体の推移をたどってから長年月を経た前記

第1節　入会集団構成員の地位

大正10年12月10日の寄附統一の際の分収金の取得について、その資格者を、寄附当時の住民およびその承継人とするのでなく、それとはかかわりなく、当該部落のその後の住民と定めたことに帰しすでに官行造林として立木その他毛上について入会がないのに分収金についてのみ、あたかもその後の住民に入会を認めたのと同様のこととなり、契約としても不自然と思われるからである。」（最判昭48・3・13により本判旨確定）

農村の都市化に伴い、とくに都市近郊の村落では世帯の増加が顕著である。それも在来の住民からの分家とか農林家としての外来者ではなく、在来の住民とは親族的なつながりもなく生活の基盤も異にする、いわゆる勤め人などが外部から移住してくる。これらの人々は在来の人々の居住の地域は同一である（同一部落内）が生活基盤を異にし、在来の人々と同一の生活共同体を構成しているのではないから、いわゆる新戸ではない。しかし、村落住民総有の入会地が部落有とされ、その土地からの収益金が、外来者も含む部落団体（主として行政組織）の公益費に支出されることが多いため、当該部落有地について、これらの外来者たちがその権利を主張し、在来の住民と土地の帰属をめぐって争われることがある。ただこれらの外来者はその権利を入会権と主張せず（その主張は無理である）、共有権その他の権利を主張している。

次に掲げる判決のほか、溜池所有権の確認を求めた【19】もこれと同質の争訟とみてよいであろう。

第3章　入会集団と構成員

【46】 福岡高判昭 48・10・31 判タ 303・166

[事実] 本件は同一地域における在来の住民集団と、職業その他生活条件を異にするその分家や外来者との間の紛争に関するものである。

係争地は海岸の砂山で甲およびY_2部落の代表者3名共有名義で登記されているが、部落住民の薪山として利用され、戦後は海水浴場や魚乾燥場として第三者に賃貸されるようになりその賃料は主として部落の諸経費に充当された。甲部落は大都市に近いため宅地化がすすみ勤め人や商店等の外来者が増加し主として農家である在来の住民と生活条件を異にするため、部落を2分し、在来の住民をY_1（甲第1）部落、外来者等をX（甲第2）部落とした。その後係争地の賃貸、交換等をめぐって係争地の所有権に争を生じ、XはY_1Y_2部落を相手として、係争地がX、Y_1、Y_2の各部落の共有に属することの確認を求める本訴を提起した。Y_1らは、係争地はY_1Y_2部落在来の住民で組織する山組合の財産で、同組合の規約により在来の組合員のほか一定の負担をする分家以外の者は新に組合員となることはできず、現在山組合員88名の共同所有に属し部落所有の財産でない、と抗弁した。

第1審（福岡地判昭 42・9・22 戦後 1・293）はXの主張を認めなかったので、X控訴して、係争地は山組合の所有でもなく、行政体たる部落の所有でもなく、地域共同体たるX$Y_1Y_2$3部落の共有に属する、と主張した。

[判旨] 「(イ)　丙町大字甲はもと丙村大字甲と称し、前記の如く甲、乙の2部落があったが、明治8年地租改正の際、もと村共有林として両部落民が多年にわたり支配してきた〈略〉山林が誤って国有林に編入されたため、明治31年4月森林原野下戻し法の発布に伴い、当時の部落住民（但し寄留人を除く）下戻し申請をなし、明治36年5月これが下戻しをうけて所有権を取得し、翌明治37年頃下戻しを受けた当時の両部落民をもって部落とは別に「森林保護組合」なる私的団体を組織した。同組合は多年の宿願であった前記山林がようやく手に戻ったのを機会に、以後同山林を荒廃させるにおいては数十年に及ぶ払下げまでの苦心を無に帰せしめることになるとして同山林の補植繁茂を目的に組織されたものであるが、同組合規定によれば組合員は別紙人名簿（その後紛失して現在は存しない）記載のとおりであり、その資格は家督相続（本家）により承継され、分家した者は当然にはその資格を取得せず一定の金円を支払って独立の資格を取得することになっており、また、有資格者が他町村及び他大字に移転、転籍した場合には資格を喪失するが、再び当大字に帰籍した場合には資格を回復することになっており、組合員には一定の手続を経て右山林の樹木の伐採や落松葉の採取が許されることになっていた。

〈略〉

(ハ)　本件土地は右山林に接して海岸に帯状に広がる砂浜地帯で砂の採取以外に格別の利用価値はなく、国有地ではあったけれども記念碑山の管理と同様に各号山で相当区域を定めて松などを植林してきたような事情があって冒頭記載の如く昭和10年に亡A_1ほか2名の名義で国から山組合が払下げを受けたが、法人格を有しない同組合としては所有権公示の方法もないので登記を前記3名の共有名義にすると共に丙町役場の課税台帳の名寄帳には昭和10年9月から部落財産として登載し、固定資産税も昭和37年頃までは部落名義で納入してきた。永い間このことについて深く怪しまなかったのは前叙の如く部落と山組合を峻別する意識に乏しかったからに他ならない。〈略〉

(ニ)　他方、全体としての山組合の意識とは逆に各号山においては時の経過と共に担当山林に対して殆ど権利主体と同様の意識をもつようになり、大正末頃から各担当山林（土地）を賃貸し、更に昭和の初め頃から土地を売却するようになり、そ

れら賃料や売却代金を各号山組合で貯金したり組合員に分配したりするようになった〈略〉。特に終戦後に売却処分が相次ぎ，現在の甲第2部落は殆どが右の如くして入手した土地の住民で占められるようになった。〈略〉終戦後の昭和20年代後半に入って今迄あまり利用価値のなかった本件土地まで塩干魚製造場とか海水浴場敷地として利用価値が高まると共に専業農家である組合員以外の雑多な職業について意識も異る新入部落民の数が増加するにつれ，それらの新興勢力の発言に押されて従来から全体として機能し得る充分な組織を有せず且つその意識も薄弱だった山組合は部落との区別がいよいよあいまいになって内部的にはとにかく，対外的交渉や記録のうえでは部落のかげにかくれるような有様となった。たとえばA会社からの海水浴場敷地賃借の交渉等は部落がなし，山組合自体としては若干の謝礼を貰って甘んじるような恰好となって前記の如く部落財産の収支決算報告書にもそのような記載がなされてきた。もっとも塩干魚製造場敷地など土地の賃貸は部落内部の人との間になされているので従来どおり山組合との間になされている。

㊭ ところが昭和30年代に入るや冒頭記載したように旧甲部落は専業農家で山組合員を中心とする甲第1部落と種々の職業について生活基盤や利害感情を異にした新入部落民を中心とする甲第2部落とに分裂するようになった。部落分立申出は甲1部落側からなされたが，新入部落民（2部落の中心勢力）からいわせると，旧甲部落の支配権を掌握していた山組合員が，その余りに先住民的特権を固執する部落運営に対し，ようやく批判的勢力となりつつあった甲第2部落在住の人々を部落運営から分離するため全く一方的に計画し，実行したものということになる。これに対して甲第2部落からは部落境界，名称改定，神社，公民館，国有林，共有財産等に関して1部落側提示の分割条件に対する回答を昭和34年5月16日付で提示しているが，問題は共有財産をどうするかにあっ

た。昭和24年頃に遡るが，近くに丙ゴルフ場ができることになり，記念碑山と保安林である国有地とを交換して保安林指定を解除して貰い，その土地をゴルフ場敷地として借用したいという申出があったのがきっかけとなって記念碑山と国有地との交換の問題が発生していた。……部落分立後の昭和35年7月16日付で甲1，2部落とY₂部落の3部落間で覚書がかわされて次のような妥協的解決が計られた。すなわち記念碑山の交換については多年にわたる管理の謝礼として山組合に右山林の交換時の営林署評価額を支払う（交換残地についても同様），以後山組合員はその管理を『大字甲部落民』に移す，交換成立後の取得地及び立木並びに記念碑山交換残地についても『大字甲部落民』平等の権利義務のもとに処理するという骨子であった。右覚書には3部落代表以外に山組合を代表してA₁A₂A₃が名をつらね調印しているが，山組合としても時の流れには抗し得ないし，名目は如何ようであれ，営林署の評価額にしろ記念碑山代金を貰えるということで了承したものである。

㊦ これが契機となり，他に海岸の砂窃取問題が起ったりして山組合にも全体として組織の必要が感じられ，昭和36年頃に山組合全体の代表としてA₄が選ばれ，従来の部落と混淆されるような記録方法も改められ，固定資産税等も山組合名義で支払われるようになった（もっとも税負担は昭和38年以降のことに属する）。そして昭和37年頃山組合総会において多数投票の結果本件土地の一部を前記A₁の仲介で同人が関係していたA₄に売却しようとしたことから，記念碑山さえ，さきの覚書によれば山組合も部落有と認めているのに，より以上に根拠薄弱な本件土地まで山組合の勝手にさせることはできないと現在の甲2部落を中心とする新入部落民の反対が強まりX部落から本訴が提起された。〈略〉

前認定のいきさつからすれば，本件土地は山組合の所有というべきであって部落有としてX部落にもその持分権ありとはなし得ない。」（最判昭

49・6・28 戦後 1・295 により本判旨確定）

次の２判決は同じ集落内で同じく入会権能を有することの確認を求めたものであるが、【48】はいわゆる新戸の本戸に対する墓地の使用権にかんする事案である。

【47】 佐賀地唐津支判平 16・1・16 戦後 3・532

[事実] 本件はいわゆる本戸と新戸との紛争であるが対象地が墓地である。甲集落にはいわゆる村墓が 2、3 か所あり、在来の本家約 130 戸はそれぞれの自家の墓地（墓碑墓石）を有していたが、新家（特に戦後の分家や入村者）は墓をもたず、ごく少数の者がそのうちの西墓地とよばれる整備されていない墓地内に卒塔婆だけの墓をもっていた。昭和 40 年ころ、前記本家約 130 名は地主組合を組織して、墓地の廃止・転用する方針を決め、卒塔婆をもっていた人やまだ自分の墓をもたない新家に対して他に然るべき代替地を提供するという条件のもとに墓地廃止に合意を得た。ところが地主組合は適当な代替墓地を提供することなく同墓地を駐車場に転用したので、新家Xら 14 名が地主組合を相手として本件土地に墓地使用権を有することの確認と妨害排除を求める訴を提起した。ちなみに卒塔婆の墓をもっていた者は寺院墓地に納骨し、Xらは現に身内に遺骨をもっていない。

[判旨] 「① 本件一土地はかつて甲地区内の住民が共同で管理運営するいわば村墓として使用されてきたものであることに争いはなく、そのような場合の墓地使用権は住民という集団構成員及び地位と結びついた古くからの慣習に基づく、いわば、入会権類似の物権であると解される。

そして、およそ、墓地使用権とは、先祖の霊を安置するという宗教的意義を基礎としつつ、神聖かつ宗教的礼拝の用に供するための祭祀財産である墳墓を所有するという特定された目的のために特定の場所において設定されるものであり、墳墓そのものが容易に他に移動できない施設であり、しかも、その施設が墓地と一体になって墓石などの特殊の標示物によって公示されるために固定性を具え、さらに墳墓の所有権は祭祀主宰者に受け継がれ、承継者が断絶して無縁とならない限り、原則として永久に承継されていくものであって、そのように墳墓と墓地使用権は一体不可分の関係に立つため、永久性を有し、民法施行前から慣習上生成した権利であって、民法施行後も同一内容をもって社会慣行上認められているものである。そして、村墓においては土地を複数の使用者ごとに区分して共同使用し、各使用者は割り当てられた使用区域に墳墓の施設を所有して当該区域を専用するが、墓地使用権自体は当該区域のみならず、土地全部につき成立し、各使用区域の侵害に対してはもとよりのこと、残土地全体を墓地として墳墓所有のために使用する権利に対する侵害状態が現に存する場合にはいわゆる物権的妨害排除請求権が認められ、各権利者がそれぞれ侵害者に対し、侵害の排除を請求し得るものと解するのが相当である。

〈略〉

② そこで、その入会権類似の墓地使用権が、昭和 42 年ころに西墓地の廃止に伴って、消滅したのか、それとも、消滅せずに墓地保存会などに承継されるに至ったのか（争点(1)）について検討する。

ア 〈証拠略〉によれば、西墓地に昭和 40 年ころ存在していた墳墓等のうち相当程度が埋葬替えされたことが認められ、それに前示(1)⑤⑥の事実を併せると、西墓地廃止について関係者らで議論が重ねられてからは西墓地に墳墓をもつ住民は徐々に減り、最終的にはX₂とX₃のみになったことが認められる。

イ ⑦ 入会権的な墓地使用権の消滅ないし放棄には、墓地使用者全員の合意が必要となる（注釈民法(7)初版 581 頁）ところ、まず、その当時まで

に家族の一員が死亡して埋葬，納骨の必要がなかったものにはそもそも同墓地使用権は認められない。

この点，X₁X₂は，当時仏様をもたなかった者，つまり，墓石や墓標等を有しなかった者にも入会権的な墓地使用権が認められる旨主張するが，同墓地使用権は物権であるのだから，物権という強固な権利を認める以上，その権利を有する者は家族の一員が死亡して埋葬，納骨の必要がある者に限定されるべきであり，X₁X₂提出の〈証拠略〉もかような趣旨の行であると理解するべきであり，X₁X₂の当該主張は採用できない。」（Xら控訴）

この判旨は「墓地使用権は，家族の一員が死亡して埋葬納骨の必要がある者に限」って認められる，というのであるが（そうだとすれば家に遺骨をもたない者は墓地（使用権）を買うことができない），それは日本人として健全な（というよりごく当然な）感覚といえないであろう。

第2節　構成員としての地位の喪失

入会持分権は入会集団構成員として有する権利であるから構成員としての地位を失えば当然入会持分権を失う。したがって当該村落から転出すれば，入会地の利用もまた入会地に対する共同管理義務負担も不可能になるので，入会持分権を失い入会権者でなくなることは自明の理とされていた。しかし，入会利用の変化と交通事情の進歩に伴い当該村落を多少はなれた土地に居住してもその利用ならびに管理義務の履行が必ずしも不可能でなくなったので，単に地理的移動等によって失権するとは限らなくなっている。しばしば問題になるのは，記名共有名義の入会地の場合である。本来登記は公信力がないのにもかかわらず，その物神性により，逆に登記があれば権利があると考えられることが多い。とくに入会地の商品性が高くなると（地価の値上り）その傾向がつよく，その登記上の所有権が第三者に売買されたりすることもある。また入会地盤所有権登記とは関係なくとも，入会地に集団での共同造林（留山利用）や個人で植栽（割地利用）などが行なわれている場合は入会地に労力や資金を投下しているのであるから，集落から転出したのちも入会地に対して何らかの権利を主張することがある。集団から転出して権利を失う場合無償であるのが原則であったが，しかしこのように入会地に資金や勢力が投下されている場合，転出にあたって集団から転出失権者に対して若干の金員（名称は補助金や餞別などさまざまである）が支払われることが多い。あるいは個人植栽者には立木一代限りの権利を認めたり，共同造林の場合は立木伐期にその売却代金に対し持分相当の金額を支払う等，入会権を失なうことに対する補償を認めることがある。

以上のような事情で転出者が入会地上に持分権を主張するのは戦後に特徴的な現象であるが，戦前にもそのような事例が決してなかったのではない。

第3章　入会集団と構成員

【48】　安濃津地判明45・2・20新聞777・22

[事実]　甲部落の住民で山林の入会権者であったXが部落外に転出し、この山林が共有林であることを理由に共有権確認の訴えを提起したが、部落住民Yらは、この山林は甲部落の入会地であって、部落の慣習によれば、部落住民として戸主たる者が部落住民共同の賦役を果すときはこの山林に使用収益権を有するが転出して部落住民たる資格を失えば権利を失うのでXは何らの権利も有しない、と抗弁した。

[判旨]　「本訴山林に付ては古来より大字甲区に住居し且つ独立して部落の費用を支出する者に限り共同して該山林を支配し其地盤を共有すると共に土地及毛上の使用収益を為す可き権利を有し一旦其村を去り住居の事実消滅するか又は前記の費用を負担せざるに至るときは当然右山林に対する権利を喪失し其後は再び右の要件を具備するに非ざれば何らの権利をも取得することを得ざる特殊の慣習存在せることを認定するに足ると同時に右共有者の権利は即ち共有の性質を有する入会権なるを認定するに足る。」

上記の判示中、部落の費用を負担せざるに至るときは権利を喪失する、という点が重要で、この判示は入会権喪失の原則を示したものというべきである。

戦後、集落からの転出により入会権を失うことを最初に判示したのは次の判決である。

【49】　最判昭40・5・20民集19・4・822

[事実]　甲部落のいわゆる共有林は明治初年に、一部は部落内の4つの組の共同使用地、他は各組構成員に分け地として配分され、大正6年に全構成員46名の共有として所有権保存登記がなされた。共有持分は分け地の地盤とは一致しないが、共有持分の部落内における売買譲渡が認められていた。右分け地の登記上の共有権を有しないが使用収益権を有する部落住民Y_1の先代Bがその分け地上の立木を同じ部落住民Y_2に売却し、Y_2が立木の伐採に取りかかったところ、係争地の記名共有者の1人で部落外に転出したA_1の相続人A_2から共有持分を買受けてその登記を完了したXが、Y_1Y_2を相手として係争地は46名の共有地であり共有持分を買受けた以上分け地の排他的所有権を取得したという理由をもって、分け地の所有権確認と立木伐採禁止ならびに立木伐採処分によって蒙った損害の賠償を求める本訴を提起した。第1審（広島地竹原支判昭34・9・20）はXの請求を認めたので、Y_1ら控訴して、係争地は甲部落の入会地であり、割山は各入会権者の独占的使用が認められるが、柴草採取には入会権者たる部落住民が自由に立入ることができ、部落の慣習によれば転出者は右山林に対する権利を失わない、分家や転入によって1戸を構え組入りの手続をした者は入会権を取得することができ、Y_1らもその手続により入会権者となったものであり、係争地が部落有入会地である以上転出者A_1からXが登記上共有持分を取得しても入会権にもとづく山林所有権を取得することはない、と主張した。

第2審は次のように判示した。なお、係争地が入会地であるか否かについて争われたが、これについては【75】参照。

（第2審）広島高判昭38・6・19同19・4・836

「(イ)　甲部落は町村制実施以前においては隣接する乙部落と共に丙村なる1村を構成していたものであって、甲共有林は乙部落の同様山林と共に明治初年頃迄は丙村村民共同の平等的な使用収益の目的に供せられ、右村民は自由に右両山林に立入

第2節　構成員としての地位の喪失

り柴草，薪炭材等を採取していた。ところが明治初年頃右両山林は右両部落によって各別に支配管理されるようになり，その後程なく甲部落においては部落全戸を地域的に〈略〉4組に分けて甲共有林の大部分を右各組に割当配分し，右各組においては夫々更にその割当区域中一部を組持の共同使用収益区域に残した上で残余をすべて組所属の各部落員に分け地として配分し，部落民各自は割当を受けた分け地については地上立木の独占的な使用収益を享受するようになった。しかし，右分け地を配分するようになったのは，部落民の山林乱伐による荒廃を防ぐためであったから，柴草の採取のためには分け地の制限なく，毎年節分から算えて120日目禁止期間の終了（これを山の口があくという）をまって，部落民はみな何処にでも自由に立入ることができることになっていた。そして，部落民が家をたたんで部落外に転出したときには分け地はもとより右共有林に対する一切の権利を喪失し，反対に他から部落に転入し又は新たに分家して部落に1戸を構えたものには，組入りをすることにより，右共有林について平等の権利を取得するならわしであった。

（ロ）ところが，その後分け地の配分に不公平があるとの声があがるようになり，また右配分後に部落を転出したものや新たに分家して部落に1戸を構えるに至ったものに対する関係もあって，右配分を是正する必要が生じたので，明治36年当時の甲部落における全戸48名の世帯主が集合して協議を重ねた結果，右48名中新分家者9名の組入りを承認した上，右48名全員について改めて平等に配分し直すこととし，その配分方法としては前同様先ず組単位の割当地域を配分し，各組においてこれを更に各戸に分け地として配分し，なお将来分家を予想される3戸に割当てるべき区域を予定し（この山林のことを甲部落では3戸分と呼んだ。）分け地外の共同山林についても前同様部落持及び組持のものが夫々保留された。また，右協議においては，（イ）に記載した甲共有林に対する権利の内容及び得喪に関する従前の慣行は，組入りに際して組入料を納める旨定めたほか何等の変更も受けず，そのまま維持された。

（ハ）甲共有林に対する租税は大正6年頃までは各部落民より集金して納め，その後は右共有林中の分け地としていない部分からあがる収入によってこれを納付して来た。

（ニ）（イ）記載の如く明治初年頃甲部落とは別々に部落山林を支配管理するようになった乙部落においては，当時より現在に至るまで，部落居住者はすべて組入りの権利を有し，組入りをした部落民は平等の資格で部落山林の使用収益をすることができ，部落を去ったものはすべて右権利を喪失すること，右使用収益の方法については柴草については部落民の自由であり，立木については或程度規制されているが甲の如き分け地はなく，最近では組単位で毎年一定時期に各組の伐採すべき区域をきめて伐採し，その収益の一部を以て公租公課の負担に充てて残余を各組員に分配するが，右伐採の仕事に出なかったものには分配しないこと等の慣習が行なわれている。

〈略〉

明治36年の分け地配分の転出者として分け地の配分にあずからなかった者は，たとえ登記簿上の共有名義人であっても，右共有持分権等を取得するに由なく，反対に右配分を受けた部落民は，登記簿上の名義はなくとも，その後部落民たる資格を喪失していない以上右共有持分権を取得した筈である。

（本件山林に対するX並びにA₂の権利の存否）

一，訴外Aが明治36年前記分け地配分の際甲部落に居住していなかったものであることは弁論の全趣旨に照らして明らかである。従って，同人が右配分により本件山林につき入会権者としての使用収益権を取得した事実はなく，もとより本件山林の所有権はおろか，甲共有林について共有持分を取得すべき筈もない。そうすると，A₁からA₂が家督相続により本件山林の所有権を取得し，同

第3章　入会集団と構成員

人より更にＸがこれを買受けて所有権を取得した旨のＸの主張は採用しえないことが明らかである。」

　Ｘ上告して，分け地についてはわりかえされることもなく，採草のため自由立入りしていた慣習もなくなり，分け地に対して独占的使用収益権が認められ，かつ自由に売買されているが，分け地が自由に売買されるなら入会権は存在しないというのが最高裁判例（昭32・9・13）であるから，原判決は最高裁判決に違背している，と主張した。

[判旨]「原判決の認定した事実によれば，原判示甲共有林は，甲部落民共同の平等的な使用収益の目的に供されていたが，明治初年頃右部落全戸を地域的に4組に分けて甲共有林の大部分を右各組に割当配分し，右各組においてはそれぞれ更にその割当区域中一部を組持の共同使用収益区域に残した上で，残余をすべて組所属の各部落民に分け地として配分したが，柴草の採取のためには分け地の制限はなく，毎年一定の禁止期間の終了をまって，部落民一同はどこにでも自由に立入ることができたし，部落民が部落外に転出したときは分け地はもとより右共有林に対する一さいの権利を喪失し，反対に他から部落に転入し又は新たに分家して部落に一戸を構えたものは，組入りすることにより右共有林について平等の権利を取得するならわしであったこと，そして，明治36年分け地の再分配を行なったが，右共有林自体に対する部落民の前記権利について他の部落民又は部落民以外の者に対する売買譲渡その他の処分行為がなされた事例は，少なくとも大正6年頃までは認められないというのである。しからば，原判決が右分け地の分配によって入会権の性格を失ったものということはできないとした判断は，正当であって是認できる。

　甲共有林について大正11年頃から登記簿上共有持分の売買譲渡が行なわれており，時には甲部落外の者に対して売買された事例も認められるが，右売買中には登記名義のない入会権者が，登記名義を有するが入会権者でない者から共有名義を取得するため，又は地上立木に対する権利を貸金の担保とする目的で持分売買の形式をとったものが少なくないことが窺われる旨認定しているのであって，右認定は原判決挙示の証拠関係に照らして首肯できないことはない。右認定の過程に所論違法は認められず，論旨は採用できない。」

　この判決は入会権における転出失権の法理（慣習）と，かつ入会権と登記との関係を明示した名判決で，とくに後述のように入会地と登記上の関係にとって重要な判例となっている。

　入会集落から転出した者は構成員としての地位を失い，登記名義いかんにかかわらず入会地に権利を有しない，という最高裁の上記判旨は判例として確立したというべきである。

【50】　東京高判昭45・10・29 判タ 259・247

[事実]　甲区は乙部落丙部落など4部落から構成され，その入会地はすべて甲森林牧野利用農業協同組合所有名義となっているが，一部の禁伐林を除き，それぞれ4部落の単独入会地となっている。乙部落内のＡ家ではＡ$_1$の長男Ａ$_2$および二男が早くから村外に転出し三男Ｘが村役場に勤務しながらＡ$_1$の農業の手伝をしていたがＡ$_2$が帰村したので協議によりＡ$_2$が実家を承継し，Ｘは分家して丙部落内に1戸を構えＡ$_1$の死亡後Ａ$_1$が有した協同組合員の地位を承継した。Ａ$_2$の死亡後その子ＹがＡ$_2$の地位を承継したが，その後乙部落の入会地上の立木が売却されその収益金が乙部落の入会権者37名に配分され，Ｘには配分されなかったので，ＸはＹを含む37名を相手として，ＸはＡ$_1$の農地や組合員たる地位を承継し，入会権者と組合員た

る地位は不可分であるから自らも係争地上に入会権にもとづく38分の1の持分を有する，という理由で持分相当の代金配分請求の本訴を提起した。第1審（長野地木曽支昭40・1・18戦後1・60）はXの主張を認めたので，Yら控訴して，係争地は乙部落のみの入会地であって慣習により分家した者や部落外に提出した者にその権利は認められず，入会権者と協同組合員の関係は不可分でなく組合員すべてが入会権者ではない，と主張した。

[判旨]「本件原野は古来乙部落に居住する37戸に入会地として採草及び薪炭用材採取のために利用されてきたものであるところ，入会権者はかならずしも右37戸の戸主たる地位を有する者に限られたわけではないが，乙部落に居住し，且つ実際上右37戸の当主として農業経営を主宰する者が継続する習わしであり，権利の売買譲渡は認められず，また分家をした者にあらたに権利が与えられることはなく，本件原野に対する入会権者の数は一貫して37戸37名を越えることはなかった。しかしてX及びA₂等が属していたA家も右37戸のうちの1戸として，A₁存命中は同人が本件原野の立廻り（入会権の行使）をし，同人死亡後は，少くともA₂が昭和3年に乙部落に復帰しA家の農業経営を主宰するようになってからは，A₂がA₁の後継者として本件原野について立廻りの権利を有することを入会権者たる他の部落民によって承認され，乙部落の本件原野以外の他の入会地について区画を設けて部落内の各組に立廻り区域の割当を行なった際にも，A₂が部落内のB組に属するA家の当主として割当を受け，戦時中乙部落が本件原野から薪炭の供出をした際にも，A₂又はその家族の者が用材の採取や炭焼の共同作業に参加した。昭和18年7月にA₂が死亡した後は，……四男であるYがその後を受けて小学校教員として勤務する傍ら，A家の農業経営に従事し，係争A家の入会権も同人がこれを承継し，Yによる入会権の承継は他の入会権者である他の部落民によっても承認

され，現に本件で問題となっている本件原野の風倒木及び立木をそれぞれ昭和35年5月及び昭和36年11月に売却した際の利益についても，Yが入会権者37名のうちの1人としてその分配に与った。これに反して，Xは少くとも同人が分家をして丙部落に転住した昭和3年以後においては，本件原野について，入会権者として立廻りの権利を行使し，あるいは入会権者としての共同作業に参加したことはなく，右風倒木及び立木の売却利益についてXが自己にもこれが分配を受ける権利があるとして本訴を提起するに至るまでは，A₂やYが本件原野への立廻りをすることについて異議を唱え，又は本件原野に対する自己の入会権を主張し，他の入会権者たる部落民によってこの主張が承認されたというような事実もなかった。

〈略〉以上認定の事実関係からすれば，A₁死亡後のA家の農業は事実上Xを含むA₁の遺族らによって共同して営まれていたけれども，対外的な関係ではA家の戸主としてA₂の名義が用いられることが多く，昭和3年にA₂が実家に復帰した後は名実ともに同人がA家の主宰者として農業経営に当ったものというべく，本件原野の入会権及び入会地上の立木の共有持分もA家においてはA₁の死亡後は，その家督相続人たるA₂に承継されたものと解するのが相当である。」（最判昭46・10・14上告棄却）

【51】 佐賀地判昭48・2・23戦後2・135

[事実] 甲部落の管理下にある記名共有山林の地上立木を甲部落が売却処分し部落共益費に充当したところ，記名共有者の1人で40年前に部落外に転出したXが，同じく記名共有者で部落に居住するYらを相手として，右山林が記名共有者の共有山林であることを理由に立木売却代金に対する持分相当額の配当を請求する訴を提起した。Yらは右山林は甲部落有林で代表者名義で登記したのであ

り，立木代金は従来すべて部落共益費に充当され個人に配分されたことなく，Xは部落から転出したのであるから慣習により何の権利をも有しない，と抗弁した。

[判旨]「『本件㈠の山林は，もと国有林であったところ，大正3年1月，部落の福祉財源に充てるため，甲部落において農商務省から払下を受けることになったが，部落に法人格がないため，当時の部落民各戸の代表者27名全員の共同名義で買受けることとし，その代金はすべて部落の経費によって支払われ，大正12年1月10日右買受名義人（又はその相続人）27名の共有名義で所有権移転登記を経由したこと。本件㈡の山林は，旧藩時代乙藩主から甲部落が拝領したもので，明治になってから，当時庄屋であった訴外Aが甲部落の代表者として，同人名義に所有権登記をなし，のち，明治27年7月24日，便宜，売買の形式をもって，右同人を含め当時の部落民中の主だった者11名の共有名義に登記したこと（その後明治36年までは，名義人の死亡又は代表者の交代があった場合には，便宜，相続又は売買を原因として，共有名義人の変更を登記していた）。しかして，右各山林は部落の山林（村山）として，公租公課その他の経費は部落が負担し，草刈，植林，間伐，枝下ろし等（公役）は，区長（部落長）の達しにより，部落民全員がこれに従事し，立木の売却等の重要事項は区長及び役員（評議人）3名で案をつくった上，部落の総会にはかって決め，山林からの収益金はすべて，農業倉庫，農道，公民館，簡易水道，納骨堂等部落の公共施設の建築敷設費用に充てられて，部落民各個に配分されることはなく，部落民にして他に転住した者は，当然に右各山林に対する部落民としての権利義務を失い，他方，部落に転入して来て1戸を構え，部落に定住すると認められた者は，部落民としての権利義務を取得することになり，以上のことは，古来からの慣習として甲部落に行われて来たものであること，原告は，大正末年頃甲部落を出て以来今日まで，同部落に帰住したことはないこと。』以上の事実を認めることができる。

〈略〉

三，前記認定事実に基き考えると，本件各山林は実質的には，いわゆる部落有の山林として，甲部落の所有に属するものと認めるのが相当であり，その所有関係の法律的性質はいわゆる総有に当るものというべきであり，各個の部落民は（登記簿上の共有名義人といえども），本件各山林について民法上の共有持分権を有するものではなく，ただ部落民たる資格においてのみ，慣行上定められた使用収益上の権利（及び義務）を認められるにすぎない（本件においては立木売却による収益金について部落民に分配請求権がないことは明らかである）ものといわなければならない。

四，してみれば，すでに部落民たる資格をも喪失したと認められるXにおいて，本件各山林の立木及びその売却代金について，共有持分権を有することを前提とする，Xの第1次及び第2次請求がいずれも理由がない。」（本判旨確定）

【52】 広島高松江支判昭52・1・26下民集28・1・15

[事実] 甲村Y部落のいわゆる共有林は土地台帳上村中持と記載されていたが昭和29年当時の村名義で保存登記され直ちにY部落の代表者9名の共有名義に移転登記された。この共有林は部落住民中地下前（共有林の持株）を有する者の出役によって造林が行なわれてきたが，戦後造林木が売却されてその代金の一部は部落共益費に充当され，一部は地下前を有する者の名簿に記載されている者に配分された。ところがその中には部落に居住していない転出者や，部落に居住してはいるが1戸を構えていないXらが含まれていたため，転出者Xらは共有林に権利をもたないのであるから収益金を配当すべきでないというY部落側の理由で，

次回の配当からXらは除外された。そこでその配当を受けなかったXら3名はY部落を相手として収益金の配分を請求する本訴を提起した。これに対してY部落は，Y部落が入会団体であって係争地はY部落入会集団構成員の共有の性質を有する入会地であることならびにXらがその構成員でないことの確認を求める反訴を提起した。

第1審（松江地判昭43・3・27戦後2・80）は，係争地に権利を有する者が部落住民全員ではないこと，権利が譲渡されまた相続により承継されていることを理由に係争地は地下前権利者の合有財産であって入会財産でないと判示しXらの請求を認めた（反訴については【217】参照）。

Y部落は控訴して，係争地がY部落入会財産であって，地上立木売却代金は部落公共費に充当するのが原則で個人に配分するのは例外的にすぎず，地下前権利者は部落内に現住して1戸を構え財産の管理その他作業等の負担をする者に限られるから，その資格を欠くXらは地下前権利者ではない，と主張した。

[判旨]「1　一般的には，Y部落においては，明治以前までは地区内のほぼ全戸の世帯主が，自然経済的な態様でその共同財産についての入会稼をしていたが，明治以降の日本における商品経済の急速な発展がこの地方にも浸透して来た結果，共同財産の利用価値が漸次立木へと移行して，後年立木売却等による金銭的利益を生ずるようになる一方，地区住民の移動をも生ずるようになって，地区住民の中にも地下前を有しない者を多く生ずるとともに，地下前の譲渡や新規加入が行われるようになったが，この点を除いては地下前権利者たるための資格やその共同財産に対する支配形態に根本的に変更はなく，また共同財産は単に地下前権利者の収益源となるのみならず地区における村落共同体の経済的基盤としての意味をも有し，その管理や出役義務の履行に関しては地下前権利者相互間の精神的紐帯に基づく協力関係が重視されて

第2節　構成員としての地位の喪失

来たものと言うことができる。

2　そして，個別的事象については，次のように言うことができる。

(1)　地区住民の中に地下前を有しない者が存すること，換言すれば，地区住民の総員が地下前権者でないことは，本件共同財産が入会権の目的であるか否かの問題とは無関係である。江戸時代の『村中持』の主体は，一定地域の居住者の総員であったのではなく，むしろ村持集団の構成員として承認されない居住者が存するのが常態であったし，今日各地にみられる入会団体においても異なるところはないからである。一般に『入会権は一定地域の住民全体に総有的に帰属する。』と言われるが，右の『住民』とは，『居住者』を意味しているのではなく，『入会団体の構成員として承認されている人』を指しているものと理解すべきである。

(2)　地下前権者が死亡した場合に，その『家』を継ぐ者が地下前を承継するという慣行は，他の多くの入会団体におけると同様に，現行民法施行後も一貫して維持されている。

(3)　地下前の譲渡は，規約制定以前においても地下前権者の自由に委ねられていたわけではなく，Yの統制の下におかれていた。すなわち，譲受人は，在村者に限られており，かつ，総会の承認を得て初めて権利者として認められた（もっとも，明示的に承認を与えられることは少なく，譲受人が譲り受けの事実を組長に届出るだけで黙認されることが多かった）。

右地下前の譲渡が行われている（その結果として地下前を2口有する者も現われている。）ことからして，地下前権者には一種の持分があると認められるが，このことをもってYが入会団体であることを否定することはできない。地下前権者の有する持分は，本件共同財産に関する権利義務の総体ないしその基礎としての『集団構成員たる地位』として把握されるのであって，この意味における持分は，入会権についても存在するものと考えら

第3章　入会集団と構成員

れるからである。

　そして，右の意味における持分の譲渡は，他の入会団体においても時として認められているところであって，この事実があるからといって，Yが入会団体であることを否定することはできない。重要なことは，持分の譲渡について前記のような団体的統制がなされているという点である。

　(4)　規約には，脱退者に対しては脱退当時の加入金相当額を支払い，被除名者に対しては加入金を払い戻す旨の規定がある。しかし原審におけるX本人の尋問の結果によれば，右規定は，従来の慣行になかったことが規約において初めて定められたものと認められるところ，〈略〉，新規加入者以外の地下前権者については過去に加入金を納めたという事実がないので，除名の際の加入金払戻の規定は新規加入者のみを念頭に置いて規定したものであることが認められる。この事実に，Yが脱退者（過去に脱退者があったことを認めるべき証拠はない。なお不在者については後述する。）ないし被除名者に対して右規定により加入金を払戻した事例があることを認めるべき証拠がないこと，事実上，新規加入者は昭和23，4年ごろ以降数年間の5名のみにとどまり，その支払った加入金の額も持分の客観的価値に比してかなり少額であることに照らすと，右規定の存在をもって，脱退ないし除名に際してYの共同財産に対する地下前権者の持分が清算される慣行があったものとみることはできない。

　〈略〉

　㈡　本件共同財産に対する不在者の法的地位

　右事実に基づき，当番における鑑定の結果を参酌して考えるに，

　1　Yにおいて，不在者に対しては，入会権者の基本的な権利である総会への出席権が認められておらず，また総会の結果も報告されていない。この事実は，不在者がもはやYの構成員として扱われていないことをうかがわせる重要な事実である。

　2　不在者は，昭和23，4年頃これを差し止められるまで，代人により造林作業に出役しており，Yもこれを受容していたのであるが，この事実をもって，不在者がなおYの構成員として扱われて来たものと認めることはできない。前述のとおり，地下前権者の義務は，単に造林作業にとどまるものではなく，村落共同体やYの維持発展のための日常的な諸々の義務を包含しているものであって，地区から転出した不在者がこれらの義務を完全に果すことは不可能であり，その置かれている立場上，義務を完全に果し得ない以上，権利を行使し得ないのは当然のことだからである。Yにおいては，不在者でも帰郷し地下前権者として復活する途が残されているのであり（後述する。），この意味では潜在的な地下前権者といえるのであって，不在者が造林作業に出役し，Yがこれを受容して来たのは，当事者が意識すると否とに拘らず，この潜在的関係を維持する役割を果す一方，当時不在者に対しても行われて来た時折の利益分配に対応する情誼上の奉仕としての意味を有していたにすぎないものを言うべきである。Yが昭和23，4年頃不在者の出役を差し止めたのは，右のように不在者が地下前権者でないことを明瞭ならしめるためであり，決して不在者に代人まで雇って出役させるのは気の毒だからという理由ではないと言うべきである。このことは，不在者の出役差止と同時に，Aの2口の地下前のうちの1口分及びX_2については，独立したカマドを有しないから権利がないとの理由で，いずれもその出役を差し止めていることに徴して明らかである。

　3　昭和24年作成のY部落地下名簿に不在者・在村者の別なく登載していることをもって，不在者も地下前を有することの根拠とすることはできない。何となれば，〈略〉，地区内にカマドを残さないで転出した地下前権者で再び帰郷した者は1名もないが，在村者としては，右のような者に対しても，後日再び帰郷してカマドを持った場合には，原則として地下前権者として復活させる意図

を有しており，このような気持から不在者も潜在的には地下前を有するものとして，これを名簿に登載したものであり，その後の昭和29年作成の共有者名簿においては，この趣旨が明瞭になるように記載したものと認められるからである。

4　規約15条の規定は，地下前権者について規定したものであって，これを根拠に不在者も地下前権者であるということはできない。

また，昭和29年1月14日の総会決議は，既に認定した事実の中でこれを考察すれば，『今後10年以内に不在者が帰郷してカマドを持たない場合には，その後帰郷しても地下前権者として復活させない。』との提案が否決され，無期限に復活の余地を残す旨の決定がなされたにすぎないものと把握すべきものであって，右議決をもって，不在者も地下前権者であることの根拠とすることはできない。

5　多くの入会団体において，離村して入会権者たる地位を失った者に対しても，離村者が在村中に奉仕，協力した結果たる立木の売却代金については，その奉仕，協力による寄与を考慮して配分しており，しかも離村後の年月の経過とともに，離村者の寄与分が在村者のそれに比して相対的に低下して行くものと意識され，配分額を漸次減少させる措置がとられる場合が少なくない。

Yにおいても，多くの入会団体においてみられる右経過と同様の経過をたどり，ついには全く配当しない措置をとるまでに至っているのである。Yにおいて，まず不在者に対して出役を差し止めて，地下前権者でないことを明瞭にさせた後も，なお減額配当し，次いで配当中止の措置に出ていることに照らすと，不在者に配当したのは，『親心から』『温情主義から』『恩恵的に』したものであるとの説明は，十分納得できるものといえる。また前記のとおり，Yの方から不在者の出役を差し止めているにも拘らず，不在者と在村者との間で配当額に差をもうけた理由について，『出役に応じなかったため』とか『下刈りに出てこないから』とか『奉仕に差があるから』と説明する者があるのも，明瞭に意識してではないが，以上に述べた事情を表現しようとしたものであるとみることができる。

そして，前述のとおり，事実の上でも，地下前権者の義務は単に造林作業に出役することに尽きるものではなく，不在者が代人によって出役しても，在村者と全く同じに義務を果すことは不可能である。このようにみてくると，従前，数回にわたり不在者に対しても在村者と差別なく立木売却代金の配当がなされた事実は，決して不在者がなお地下前権者であることを十分に裏付けるものではないと言うべきである。

以上の認定判断を総合すると，Yにおいても，他の多くの入会団体にみれると同様に，カマドを残置しない不在者は，帰郷して再びカマドを持ち，地下前権者としての復活を認められない限り，入会団体であるYの構成員たりえず，本件共同財産に対して，その収益の配当請求権を含めて何らの権利をも有しないものというべく，総会の多数決（入会権そのものの処分ではなく，余剰金の配当に関することであるから，全員一致の決議である必要はない。）により，在村者に比して減額された配当金を支給され，あるいは配当を中止されても，これについて異議を述べることはできない。このことは，不在者が配当の可否，金額を決定する総会に出席する権利を有しないことの当然の帰結でもある。」

（最判昭58・4・21裁集民138・627・上告棄却）

【53】　鹿児島地判昭55・3・28戦後2・195

事実　Aら3名共有名義で所有権登記されている乙町甲集落所有の入会地が集落入会権者常会の決定でY会社に売却された。もと甲集落住民で入会権者であったが現在乙町外に転出しているXら200余名がこの売却に反対し，甲集落入会権者で

第3章　入会集団と構成員

現在地区外に転出した者でも帰村すれば入会権者として復活するし、また集落の建設工事費の負担をしているので、潜在的に入会権を有しているから、Xらの同意のない売却処分は無効であるという理由でY会社に対し所有権移転登記の抹消を求めた。

[判旨]「甲部落において、構成員の地位を有するのは、旧時から甲地区に居住して世帯を構える世帯主、又は、その子孫で同地区に居住して世帯を構える世帯主であり、これらの者が他所に転出すれば、当然にその地位を失うとともに、部落財産に対する権利を喪失し、反面、構成員としての義務を免れる。また、構成員で一たん他に転出した者又はその子孫が、再び甲地区に復帰し居住して世帯主となったときは、その時点で構成員の地位を取得するが、右の如き関係にない世帯主が同地区に居住した場合は、10年ないし15年間、同地区において構成員同様の生活をし、部落がその地位を認めたときに構成員の地位を取得するものとされており、これらの点は、甲部落の慣習となっていた。

なお、前期のとおり、従来、部落による財産の取得や宅地、立木等の部落財産の処分については、すべて構成員の出席した部落常会でこれを決しており、もと構成員であって他所に転出した者又はその子孫の同意を要件としたり、その意見をきいたうえでこれを決したことは全くなかった。

2 右に検討した結果に照らして考えると、甲部落の本件各土地ほかの財産に対する所有関係は「総有」に該り、構成員は、同部落所有（総有）の山林、原野に対し共有の性質を有する入会権を有するということができる。そして甲部落の構成員は、甲地区に居住して世帯を構える世帯主から構成されており、部落有財産の管理、処分に関し、転出者に構成員と同様の権利を肯認することはできないというべきである。

（略）

（二）Xらは、部落出身者も、帰郷した際は従前同様に部落所有地に対する権利が復活するもので、潜在的権利を有すると主張する。

前述したとおり、もとA部落の構成員であった者がA地区から転出しても、右の者又はその子孫が同地区に復帰したときは、再び構成員たる地位を取得することは、Xら主張のとおりであり、その意味で潜在的権利を有することは否定できない。しかし、一たん他所に転出した者は、同地区に居住するに至らない以上、構成員としての地位を取得しえないことは明らかであり、また、A部落において、その所有地（入会地）を処分する場合に、部落在住者のみならず、転出者又はその子孫の意思をも考慮しなければならないという慣習の存在も見出すことができないから、Xらの右主張も採用しない。」

【54】 宮崎地判昭59・5・11 判タ 542・246

[事実] 係争地は乙市甲集落住民共有の入会地（海浜地）で、昭和34年乙市の嘱託により乙市大字甲名義で所有権保存登記され、ついで住民Yら108名の記名共有地とされた。かつてその一員であったX′の子で市外に転出したXらがYらに対し、X′が係争地を買受けたという理由で、所有権移転登記を請求し（主位的請求）、仮にそれが認められないとしても、X′の相続人であるXらも共有の性質を有する入会権者であると主張し、入会権を有することの確認と係争地共有権の持分移転登記を求めて（予備的請求）提訴した。

Yらは、X′が係争地を買受けた事実を否定しX′が入会権者として係争地に共有持分権を有していたとしても、Yら108名は昭和34年1月24日（登記の日）から過失なく10年間占有を継続してきたから時効によりその所有権を取得したと抗弁し、かつ、Xらの不十分な調査にもとづく提訴によりYらが損害を蒙ったという理由で損害賠償を

求める反訴を提起した。

本判決は，本訴の主位的請求についてはその事実が認められないとして棄却し，予備的請求については，係争地が住民共有の性質を有する入会地であったことは認めたが，昭和34年以後Yら108名及びXの先代X′がなお係争地に共有の性質を有する入会権を有していたことが立証されていない，という理由でXの請求を認めなかった。反訴についても，Xらに違法性は認められないとして棄却した。

[判旨]「本件各土地は旧幕時代日向国甲村所有の入会地であったところ，明治維新後民有地となって明治13年地価が設定され，同15年鹿児島県主事から発行された地券では「持主村中」，田畑林反別収穫取調書では「村中受」となっていること，明治21年市制及び町村制施行に伴い旧甲村は他村と合併し丙村となったが，その後の明治25年10月20日に本件各土地は民有第2種禁伐林に組換達があり，次いで明治30年に地目が保安林に変更されたが，所有者は「大字甲惣代A」と表示されており，旧土地台帳でも所有者が「村中受大字甲惣代A」と記載されていることが認められ，これらの「持主村中」とか「村中受」は，旧幕時代山林原野が1村に所属し（総村持），その村限りの住民が入会う村中入会を，明治維新後土地制度を改めた際「旧領主地頭ニ於テ某村持ト定メ……樹木草茅等其村ニテ自由ニシ何村持ト唱来リシ……山野ノ類ハ，旧慣ニ仍リ其村持ト定メ民有地第2種ニ編入スヘシ」とされたことによるものであり（明治9年1月29日議定本局出張官心得書），民有地第2種とは「人民数人或ハ1村或ハ数村所有ノ確証アル……土地ヲ云」うものであることに照らし（明治7年11月7日太政官達第143号），一応明治初期において本件各土地はその地方の慣習により甲村の住民が構成員となる「甲村」と呼ばれる入会集団たる村落共同体（私的自治組織）が地盤所有権を総有する共有権の性質を有する入会権が存在したものと推認でき，他にこの認定を覆えすに足る証拠がない。

〈略〉

明治35年旧2月22日には部落住民で構成される組合が本件各土地の毛上の分配を管理支配し，昭和4〜10年からは旧戸を中心とした甲部落住民の一部をもって構成される講（上の講，下の講）の構成員のみが入会権を有し，本件各土地は同講の所有（総有）となり，……この上の講，下の講が昭和28年以降一本化され講賛会と改称されたものであることが認められるのであって，Xらがその予備的請求原因2(2)で甲部落は共同生活体の実体を失い昭和34年3月17日に本件各土地がXら先代A′外108名の共有になったという右実体を失う直前の昭和34年当時において，本件各土地が甲部落住民全員で構成する共同生活体としての甲部落の所有（総有）に属し，その部落構成員が共有の性質を有する入会権を有していたとの事実が認められないことが明らかであり，本件全証拠によってもこれを認めるに足りない。」

（本判旨確定）

【55】広島高判平10・2・27戦後3・188

[事実]　本件は集落所有の溜池の水利組合員としての地位（溜池総有権）の得喪にかんするものである。甲地区内乙溜池は集落住民の灌漑用水で供されてきたが，周辺の都市化に伴い脱農する者が多くなったため，Y水利組合は新たに規約を定め，組合員資格を溜池冠水田の耕作者に限ることにした。その後14名が離農し，その中自己の農地をすべて売却したXら4名がY水利組合を相手として組合員たることの地位を求める本訴を提起。Y組合はこれを否認し，かつ，本件溜池がXらの総有に属しないことの確認を求める反訴を提起した。

第1審は次のように判示してXらの主張を認め，反訴については組合員全員の授権があったとは認

第3章 入会集団と構成員

められないという理由で却下した。

(第1審) 山口地徳山支判平7・6・30戦後3・188

「そもそも社会的に存在する団体に加入し、或はこれから脱退することは、当該加入し又は脱退する者の右意思を他の構成員がこれを認知し了承することによって成り立つものであることはいうまでもないところ、本件の場合、乙湖水利関係者という呼称自体からまた〈略〉、その構成員の範囲は、本件溜池を利用する関係を中心として定まっていたことが窺えるけれども、要は、その仲間内でお互いに乙湖水利関係者の一員であることを認め合うことがあったか否かがその範囲を定める最終的決定的基準というべく、それが水田耕作及び溜池からの取水の開始、廃止という単純な事実により定まっていたと確認できる資料はないのであり、本件甲地区内に農民としての生活圏を有するに至ったことが加入の前提条件であり、或いはこれから離脱したことが脱退の決定的徴憑といえるに止まると考えられる。

〈略〉

原告 X_1 及び X_2 が、本件甲地区内に生活の根拠を失ったことを認めるに足る証拠はないし、Y組合及び別紙物件目録記載の溜池の維持、管理が、現在水田耕作を続行しそのため右溜池を利用する者のみによって行われていること(争いがない。)は、Xらの組合離脱を意味するものとはいえない(事実上原告らを排除してこれを行っているのであって、原告らにその賦課を求めて、拒絶された訳ではないことが窺える)。

なお、前記Y組合において規約を成文化した際に設けられた規定の中に、「本組合は……地区内の水田耕作者をもって組織し……」という条項が設けられたことは争いがないが、近代法の規律する社会関係においては、法的に保護されるべき地位を取得した者は、特段の規定のない限り、その同意を得ることなくその地位を奪われることはないことが大原則であるから、この規定が設けられたからといって、その制定に同意しなかった者を組合員から排除できない。」

Y組合は控訴して、当水利組合員たる資格は、本件溜池の冠水田の耕作者であるとするのが慣習である、と主張した。

判旨「三 本件溜池は、甲地区内の水田耕作者のための灌漑用水を確保するために江戸期に開設されたものであり、Yの前身である乙湖水利関係者はその構成員である本件甲地区内の水田耕作者により、本件溜池を管理してきたことは前記一、二に認定のとおりであり、本件溜池が、Y水利関係者ないしはその構成員以外の第三者の所有であった形跡もないことからすると、本件溜池については、Y水利関係者の構成員である本件甲地区内の水田耕作者による水利を目的とする共有の性質を有する入会権が成立し、本件溜池は右構成員の総有するところであったということができる。そして、共有の性質を有する入会権の性質・内容、権利の得喪等は各地方の慣習に従って定められるところ(民法263条)、右認定の事実によれば、Y水利関係者では、近年においても、甲地区内で本件溜池の水利により水田耕作を行っている者(各戸の水田耕作の主体となる者)がその構成員とされ、新たに甲地区内で本件溜池の水利により水田耕作を行うことにより、その構成員となるものとされる一方、水田耕作を止めるなど本件溜池の水を利用しなくなることにより、脱退届等の意思表示を要することなく、その構成員から脱退するものとされ、また、その構成員に対する賦課金は、その水田の耕作面積をもって算定され、右賦課金が本件溜池の管理等のための費用に充てられてきたのであり、これによれば、現実に、甲地区内で本件溜池の水利により水田耕作を行っている者が、乙湖水利関係者の構成員となるという事実たる慣習が近年においても存在していたものと認められる。

そして、Xらは、(略)いずれも本人あるいはそ

の先代において水田耕作を止めるなどして，以後本件溜池からの水利を得ていないものであるから，本件溜池からの水利を得なくなった時点においてY水利関係者の構成員としての資格を失い，したがって，Y水利関係者が組織的に控訴人として整備された昭和62年7月5日当時，その構成員，すなわち組合員として本件溜池を総有していたということはできない。ちなみに，Xらが耕作を止めるなどした時点で将来再び水利を得る意思を有していたとしても，現実に水利を得なくなった以上，これが右判断の妨げとなるものでもない。

四　これに対し，Xらは，入会権等の総有関係は，今日では，用益的利用を中心とする機能から交換価値的な所有を中心とする権能へと転換する過程にあり，Yにおいても，本件溜池の周辺地域が市街化し，水田面積及び水田耕作者が減少する反面，溜池の交換価値が高まっているのであるから，その構成員すなわち組合員の範囲及び権利についても，交換価値的な所有を中心とするものに変容している旨主張する。

（略）

しかしながら，そもそも，本件溜池は，その水利により水田耕作を行うために開設され，乙湖水利関係者は，本件甲地区内で本件溜池の水利により水田耕作を行っている者により構成されてきたものであるところ，現在においても，本件溜池の甲地区内での水田耕作のための灌漑用水として利用するという水利の目的は失われておらず，乙湖水利関係者の後身であるYは，右目的のために本件溜池の維持管理等を行っていることは前記二8のとおりである。そうすると，Xらの主張に沿う前記認定事実によっても，これをもって，Yがその組合員によって本件溜池を総有し管理する目的が他の目的に変容したとか，その構成員の範囲についての事実たる慣習が，本件甲地区内で本件溜池の水利により水田耕作を行う者から，本件溜池の交換価値に着目して，その交換価値を保有しようとする者などを含む者に変容したものとは認めるのは困難である。」

（最判平10・9・10上告棄却）

以上の諸判決をつうじて，転出者はいかなる権利を有しない，という【49】の判示は判例として定着したといってよい。第7章に見るように昭和40年代以降，転出者等の登記上入会地盤所有権者に対する入会集団（代表者）からの所有権確認さらに所有権移転登記請求も，この判例がそのささえ（法的根拠）となっていることは疑いない。

なお転出者とは当該入会集団から離脱した者をいうのであって，単にその集落の地域から転出しただけの者をいうとは限らない。具体的には溜池利水集団にあっては当該集落に居住していても，農地を所有せず農耕もせず溜池管理の任務を負担しなければ集団からの離脱となり，溜池に対する権利を失うことは【55】の判示のとおりであり，墓地の場合は，地域外に転出しても，遺骨があり墓地に対する負担をするかぎりその権利を失わない（【140】参照）。

一方，転入等によって集落に一戸を構えた場合でも必ずしも入会集団の構成員となるとは限らない。それは在来の権利者と生活の基盤を異にし，また入会地に対する関与，貢献度が少ないためである。

第4章　入会権の客体・利用

第1節　入会権の客体

　民法は入会権の客体については具体的に規定していない。しかし，民法が，村持共有地や村々入会地の権利を保全するために入会権の規定をおいたことは前述のようにその立法経緯から明らかである。

　民法制定当時，入会地として最も多く，かつ主要な役割をもっていたのは山林原野であった。明治初期の地租改正においても宅地や田畑等はほとんど個人所有地とされ，それ以外の土地，すなわち山林原野や溜池等は，一部個人持を除いて村持が多く，また官有に編入されたところもあったが，山林原野が村びとの生活に重要な役割を果していたこともあって入会地といえば山林原野（以下林野という）と理解されることが多かったのである。

　入会地とくに林野の利用について判決にあらわれたところを見ると，草木の採取，利水，採石等天然産物の採取から，植林，農耕利用，さらには宅地利用などがある。入会地の利用が天然物採取から金銭経済的利用に，さらに農林業的利用から非農林業的利用に変化していることが示されている。したがって，入会地の利用には農地法，森林法，自然公園法や都市計画法等の行政法規に反しないかぎり，特別の制限はないというべきであろう。

　入会権の行使（利用内容等）に格別制限がないと同様に入会権の対象となる土地についても何の制約もない。林野が農地となってもその土地が村落集団（共同体）の支配下にあるかぎり入会地であることにはかわらないように，村落集団の支配下にある土地は入会地すなわち入会権の対象となる（入会権が存在する）。

　林野以外の土地にも入会権が存在する（入会権の対象となる）ことはすでに多くの判決が認めるところである。つぎに山林原野以外の土地に入会権の存在を認めた判決（ただし現在においては解体消滅したと判示したものもある）の判決名を掲げておく（争点および判示についてはそれぞれの該当判例を参照）。

○田畑
　東京高判昭52・4・13【141】
　福岡地判昭58・3・23【154】
　最判平6・5・31【136】

第4章　入会権の客体・利用

　○宅地
　　福岡高判昭 58・3・23【154】
　　那覇地石垣支判平 2・9・26【155】
　　最判平 6・5・31【136】
　○溜池
　　東京高判昭 43・11・11【35】
　　福岡高判昭 47・7・24【126】
　　大阪高判昭 60・8・29【102】
　　大阪地判昭 57・7・19【101】
　　新潟地判平元・3・14【147】
　　福岡高判平 5・3・29【26】
　　大阪地堺支判平 8・2・23【19】
　　広島高判平 10・2・27【55】
　　福岡高久留米支判平 13・9・13【20】
　○墓地
　　福岡高宮崎支判昭 61・4・30【131】
　　千葉地判平元・12・20【140】
　　高松高判平 5・1・28【99】
　　福岡高判平 5・3・29【26】
　　佐賀地唐津支判平 16・1・16【47】
　○海浜地
　　福岡高判昭 48・10・31【46】
　　東京高判昭 50・9・10【143】
　　高知地判平 3・9・18【135】
　○その他
　　大分地日田支判平 11・4・20 は河川敷地【77】
　　大分地判平 15・11・29 は温泉（泉源地）【186】
　に入会権の成立を認めている。

第2節　入会権の行使内容──利用目的

　前述のように明治大正期の入会地の利用は山林原野における採草，採薪を内容とするものが主であったから，判決も入会用益の内容についてこの種の判示をしたものが多い。

【56】　大判明 39・2・5 民録 12・165

〔事実〕　大字住民の大字有地に対する入会権の存在確認に関するもので詳細は【107】参照

〔判旨〕　「凡ソ町村ノ住民カ各自山林原野ノ樹木柴草等ヲ収益スル権利即民法上ノ入会権ハ其山林原野カ他ノ町村ノ所有ニ属スルト自己ノ住スル町村ノ所有ナルトヲ問ハス之ヲ取得スルコトヲ得ヘク往古ヨリ或ハ他村ノ山林ニ対シ或ハ自村ノ山林ニ対シテ入会シ来リタルモノニシテ自村ノ山林ト雖モ固ヨリ入会権ヲ設定シ得ヘキモノナリ」

　この判決は，住民が山林の天産物即ち樹木柴草等を各自採取する権利は入会権である，といっているが，入会権の用益内容が争点になっているのではなくそれが主たる判示ではない。当時の入会権の用益内容がほぼ天産物採取に限られていたので，いわば入会権の用益内容を例示的に示したのであり，それ以外たとえば植林するのは入会権ではない，とまではいっていない。

【57】 大判大 6・11・28 民録 23・2018

事実 Xら部落住民が慣習的に石材採取を行なってきた土地の取得者YがXらに採石禁止の仮処分を執行したので，XらがYを相手に右仮処分のため採石が不能になったことによる損害賠償の請求をした。原審はこれを認めたので，Y上告し，Xらは入会権を有していたとしてもその登記がないので地盤取得者たるYに対抗できない，かつ入会権は下草刈取など山林の副産物採取を目的とするものであり，石材は山林の副産物というを得ないから採石を内容とする入会権は認められない，と主張した（登記については【123】参照）。

判旨 「入会権カ共有ノ性質ヲ有スルト否トヲ問ハス各地方ノ慣習ニ従フヲ以テ本則トシ其以外共有ノ性質ヲ有スル入会権ニハ共有ニ関スル規定ヲ適用シ共有ノ性質ヲ有セサル入会権ニハ地役権ニ関スル規定ヲ準用スヘキモノナルコトハ民法第263条第294条ニ依リ明白ナリ而シテ入会権ノ目的ニ付テハ民法ニ於テ別ニ制限シタル所ナキヲ以テ町村ノ住民カ他人ノ所有ニ属スル山林原野ヨリ薪柴草等ヲ収益スルヲ以テ入会権ノ目的トスルモノ最モ多カルヘシト雖モ本件石山ノ如ク石材豊富ニシテ附近部落ノ住民カ永続的収益トシテ之ヲ採取スルニ足ル場合ニ於テ地理ノ関係上其石材採取ヲ以テ生活資料ト為スカ為メ山ノ所有権者ニ非サルニ拘ハラス各自自由ニ採石シ得ル慣習発達シタルトキハ亦石材採取ヲ目的トスル入会権ノ存スルヲ妨ケサルモノトス」

右判決は，採石の入会権を認めた判決としてしばしば引用されるが，右判決の先例的意義は入会権の用益内容に制限がない，という点にあるのである。

次の判決も採石の権利を認めているがその土地はもはや山林原野とはいえないのではないか。

【58】 大判昭 9・2・3 法学 3・6・88

事実 Y_1村が村有林において石材を採掘する権利をY_2に認めたため，同山林において古くから採草，採薪，採石等入会稼をしてきた地元部落住民Xらが，右山林に入会権を有することの確認を求めた。原審はXらの入会権を認めたのでY_1村およびY_2は上告してXら住民の有する権利は入会権ではなく町村制90条にいう公権である，と主張した。

判旨 「原審ハ本件山林ハ元Y_1村地内7部落ノ共有ナリシモ旧町村制施行後Y_1村ノ所有ニ帰シ其ノ基本財産トナリタルモノニシテ而シテY_1村ノ住民ハ遠ク享保ノ昔ヨリ各自右山林ニ立入リ薪炭用雑木秣及石灰石ヲ採取シ来リタルコト換言スレハ多年ノ慣行ニ依リY_1村ノ所有ニ属スル本件山林ニ付叙上雑木秣及石灰石ノ採取ヲ為スノ入会権ヲ有スルモノナルコトヲ諸般ノ証拠資料ニ徴シ認定シタルモノナレハ原判決ハ本訴入会権ヲ以テ入会権者タルX等ノ共有ニ属セサル山林ヲ目的トスルモノ即チ所謂共有ノ性質ヲ有セサル入会権ト做スノ趣旨ナルコト判文上洵ニ明白ナリト謂ハサル可ラス」

（本件については【108】参照）。

共有の性質を有する入会権は一種の土地所有（共有）権であるから，その土地利用権能に制限はなく，入会権者の意思によってその利用内容を決めうるはずである。社会経済的事情により入会利用目的も変化するが，すでに戦前に，入会権にもとづいて樹木を植栽する場合のあることを認めた判決がある。

第4章　入会権の客体・利用

【59】　大判昭17・10・9 法学 12・4・326

事実　本件は村有山林中に部落住民が個人で植付けた立木所有権の帰属をめぐって立木植栽の権原が争われた事件である。

判旨　「係争地の所有者たる甲村が右法律施行前より長期間に亘る乙部落の原野の使用に対しては勿論其の後に於けるX等の使用に対して何等異議を述べたるが如き形跡これ無きのみならず〈略〉$Y_1 Y_2$等は乙部落の伍長として部落を代表して本件係争の原野及之と地続きの土地一帯を一定の区劃を設けて多数売却したるものにして同人等は当時右土地に対しては完全なる支配権を享有し居りたるが如く信じ居りて本件係争部分の土地の如きは之を共有山と呼び土地の移動に付ては部落特設の伍長台帳なるものに之を記入し居りたることは必ずしも窮知し得られざるに非ざるを以て若し甲村に於て斯る土地使用に対して何等の異議なく又乙部落の土地使用の関係に付ての同人等の供述が措信し得るものとせば右乙部落の右係争原野に対する使用関係は特段の事情なき限り何等かの権原に基くものと推定すべきは事理に合するものと云はざるを得ず故に若し乙部落が右法律施行前より本件係争地に立木を植栽する等に因り之を使用し居りたる事実ありたるとせば右法律の適用に依り同部落は必ずしも地上権を取得し得られざるものに非ざるべく又然らずとするも部落民が斯る山林原野に対して慣習上入会を有するが如きことは往々存する事例なることは実験則上首肯し得る所なり然らば本件立木の所有権が自己等に属する旨の上告人の主張の当否を判断せむとせば其の地盤に付上叙の如き事実関係の有無を審理するを要すること多言を俟たず」

しかしながら他村入会のように入会権が共有の性質を有しない場合その入会権は制限物権であるから地盤所有権に対してその用益内容に若干の制限があることが多い。

【60】　大判明34・2・1 民録 7・2・1

事実　Y区住民はX区有の山林において入会権能にもとづき喬木を伐採したところ、X区はY区を相手として、Y区の有する入会権は下草灌木を採取しうるのみで喬木採取を含まないことの確認を求めたが、原審は、喬木の伐採を制限する特約も慣習もないという理由でその請求を認めなかった。X区上告し、原審が無制限入会を原則とし制限あることの挙証責任をXに負わせたのは違法である、と主張した。

判旨　「凡ソ入会権ト称スルモノノ中ニハ秣薪炭ノミヲ取得スルニ止マル所謂制限ヲ以テ入会スルモノアリ又或ハ等ク無制限ニ入会スルモノナキニアラス孰レモ古来其地方ノ慣行ニ基キ因襲シ来レル権利関係ニシテ制限アルモノハ普通ニシテ制限ナキモノハ変態ナリト認ムルニ足ルベキ一般ノ慣行アルコトナシ去レハ入会権ニ付制限アルヤ将タ制限ナキヤヲ相争フ争訟ニ於テハ制限アリト主張スル者ニ於テ地方ノ慣行若クハ当事者間ノ規約等ヲ挙ケ以テ立証スルノ責任アルコトハ論ヲ俟タ」（ず）

【61】　大判大7・3・9 民録 24・434

事実　X、Y2つの集落はA所有地に共同で入会っていたがその権能は自家用秣草柴薪採取の範囲内であった。しかるにYが限度をこえ生木を伐採したのでXがその差止請求をしたところ原審はこれを認めた。Yは、Yらの採取行為はXらの権能を侵害するものでないからXの差止請求は不当である、と上告。

【判旨】「当事者ハ各自本件係争ノ土地ニ付キ地役ノ性質ヲ有スル入会権ヲ有シ何レモ自家用ノ秣草及柴薪ヲ採取スルノ権利ヲ有スルモノニシテ其他ノ権利ハ之レヲ有スルコトナク而シテ其柴薪ノ原料タル樹木ハ根本廻リ指ノ太サ以下ノモノナルヲ以テX等カ有スル入会権ノ範囲ハ秣草及ヒ廻リ指ノ太サ以下ノ柴薪ノ採取ニ限ラレ根本二寸以上ノ樹木ニ付テハX等ハ何等ノ権利ヲ有スルモノニアラス従テY等カ入会権者トシテXト均シキ範囲ノ秣草及ヒ柴薪採取権ヲ有スルノミナルニ其範囲ヲ脱シ根本二寸以上ノ樹木ヲ木炭原料トシテ伐採シタリトスルモ特別ナル事情存セサルトキハ之単ニY等カ其入会権ノ目的タル土地ノ所有者トノ関係ニ於テ入会権ニ属セサル権利ヲ行使シ土地所有者ノ権利ヲ侵害シタルコト為ルニ止リ毫モX等ノ有スル入会権ヲ侵害ヲスルモノニアラス」

【62】 大判大 13・2・1 新聞 2238・18

【事実】 共同収益山林の山元たるXら4部落が，山元でないYら7部落を相手としてXYらの入会権およびその範囲の確認を求めたところ，原審は，Yら7部落の住民は鎌鉈に限って入山しうる，と判示したが，Xらは，これではYらの入会権行使の制限が不明確であるという理由で上告した。

【判旨】「然レトモ鎌鉈ヲ以テ伐採シ得ヘカラサル樹木ト鎌鉈ヲ以テ伐採シ得ヘキ樹木トノ区別ハ実験則ニ照シテ之ヲ知ルニ難カラサレハ原院カ此ノ区別ニ依リ当事者ノ権利関係ノ判定ヲ為シタルハ不法ニ非ス従テ原判決ハ執行不能ノモノト謂フヲ得ス又原院ハ砂防法ニ依ル伐採禁止カ解除ニナリタル日ヲ標準トシテ右両種ノ樹木ヲ区別シタルニアラスシテ伐採当時ニ依リ区別シタルモノナレハ伐採禁止解除ノ日ニ於テ未タ伐採セラレサル樹木アリトスルモ他日伐採ノ場合ニ於テ右ノ区別ヲ為スコトヲ得スト云フヲ得ス」

第2節 入会権の行使内容

【63】 大判昭 10・8・1 新聞 3879・10

【事実】 本判旨は，Xらの入会権能を自家用薪材等の採取に限るという原審判示は不当であるという上告理由に対するものである。

【判旨】「原判決カX等ノ有スル本件入会権ニ付加ヘタル自家用ナル制限ハ永年ノ慣行ニ従ヒ各戸生活ノ必要ニ応シ自ラ定マリタルトコロヲ以テ其ノ限度トシ猥ニ其ノ外ニ逸脱スルコトヲ許ササル趣旨ナルト同時ニ必スシモ其ノ総テカ厳格ニ自家消費用ノモノノミニ限ラサル趣意ナルコト之ヲ判示援用ノ証拠ニ徴シテ窺フニ足リ尚其ノ援用証拠ニ就テ観レハ原審カX等ノ入会権ニ付叙上ノ制限ヲ付シ且権利者ノ資格ヲ戸主若ハ世帯主ニ限定シタルコトノ不当ナラサル所以ヲ領シ得ヘキニヨリ原判決ニハ所論ノ如キ違法アルモノト做スヲ得ス」

【64】 大判昭 14・1・24 新聞 4380・5

【事実】 本件はいわゆる小繫事件第1次訴訟で，部落住民Xらが入会地盤所有者Yらを相手に入会権の確認と妨害排除を求めたが，原審はこれを否認したのでXらは上告して，Xら住民が茶屋営業貨物運送等により収入を得ていた事実を目して，Xらが係争山林にその生活資源を仰いでいた入会慣行が解消したものの如く認定した原審判決は入会権の本質を誤解した違法がある，と主張した。

【判旨】「入会権ノ本質的内容ハ一定地域ノ住民カ入会山野ヲ共同ニ使用収益シ依リテ生活上缺クヘカラサル財物ヲ得ルコトニアリテ右財物カ生活ノ主要資源ヲナスコトハ入会権ノ本質ヲナスモノニアラス入会権ノ行使ニ因リテ取得スル財物カ入会部落民ノ生活上ノ主要財ヲナスヤ補充財ヲナスヤハ入会山野ノ状況入会部落ノ地理的歴史的関係ノ

第4章　入会権の客体・利用

如何ニ依リ各入会権ニツキ異ルハ当然ノコトニ属ス原審ハ右ト同一見地ニ立チテ本件ニ臨ミタルモノナルコト原判文上之ヲ窺ヒ得ヘク固ヨリ正当ナリトス」

　社会経済事情の発展に伴い，入会地の利用方法や目的等も変化せざるをえない。すなわち農業生産における金肥や化学飼料の導入，あるいはいわゆる戦後の燃料革命（電気，ガスの普及）等により，草肥や薪材の需要が減少し，採草採薪等の利用が少なくなり，かわって造林や牧野造成による畜産利用等が多くなった。いわゆる小柴下草の採取は天然産物の採取であり（採取および若干の維持管理の労働を別とすれば）格別に資金や労力の投下をせず，採取した産物を現物のまま利用する自給的利用であるが，造林や草地造成による畜産利用には資金や労力の投下を必要とするし，またその生産物を現物利用するのでなくそれを売却して金銭的収益を得ることが目的となる。このように貨幣経済の発展に伴い入会地の利用が天然産物採取という自給的利用から資金と労力を投下して金銭的収入を得るという貨幣経済的利用に変化をとげるのは当然である。

　しかしながら，入会利用とは小柴下草採取等の自給的利用に限られるという古典的観念にとらわれて，造林等の貨幣経済的利用は入会権に該当しない，という理由で入会権の存在を否定（入会権の解体，共有権への移行等と判示）した判決がいくつかある。このような判決は昭和30年代に見られる。

【65】　盛岡地判昭 31・5・14 下民集 7・5・1217

事実　甲部落の入会地は明治30年に当時の住民全員15名の記名共有地となり，大正時代から入会権者による造林が行なわれた。その後持分の譲渡が行なわれるようになり，一部が同部落外のYら2名に譲渡され，Yらも登記上共有持分権者となった。部落住民Xらは，Yらが右山林におけるXらの共同収益権を妨害し入会権の存在を否定する，という理由で，Yらを相手として右山林にXらの入会権が存在しYらが使用収益権を有しないことの確認ならびにYらがした共有持分権移転登記の抹消手続を求める本訴を提起した。Xらは，右山林に対するXらの使用収益は，立木等の自由採取から部落直轄又は個人による杉造林，木材業者への売却等が行なわれるようになったが，入会林野として部落住民が使用収益権を有する事実にかわりなく，その権利は部落外に転出したときはこれを失い，転入したときは部落総会の承認を得てこれを取得することができるのであって，部落外の居住者たるYらはその権利を取得できない，と主張し，Yらは，右山林は単純な共有山林であってXらが入会権を有することを否認する，と抗弁した。

判旨　「まず入会権の本態について考えるに，

　入会権ことに山林原野の入会は理論上は当事者の契約によっても成立し得ないのでもないとしても，実際にみる山林原野の入会は，旧来の慣行によるものである。旧来の慣行による山林原野の入会は，農民の住む村落の自然的発達の過程においてでき上った林野の利用関係を権利として承認されたものである。すなわち昔のわが国の村落の農民は一般に年貢の負担が重く，農業生産，農民生活の必要品を買い入れる余剰金はほとんど残らなかったので農具や家具や塩の外はできる限り自家製品で間に合せなければならなかった。それで稲

第2節　入会権の行使内容

作などの肥料，飼料の採草給源地としての山野が必要であり，また農民生活の燃料用薪炭材の給源地とし，農具の柄，乾燥用架木，住宅建築用材の給源地として山林が必要であった。山林原野は村落の小農民の農耕生活上欠くことのできない補充財であった。

　このように山林原野の入会は，元来農民の農業生産および農民生活のための必要欠くべからざる補充財獲得のために生じたものであり，必要が自然農民を，地元部落の経済的立地条件によって，日常必要とするところの生活資源があってしかも利用至便の林野の利用に向けたのである。それで入会は在来農民の生存権的要求による自足経済的しかも現物経済的利用であった。この要求による利用形態が官山にも民有林野にも及び，それが慣行としてやむを得ないものとして国家の承認を得て権利となったのである。

　すなわち山林原野の入会権は一定地域居住の農民協同体が慣行により一定の山林原野に共同に立ち入り同地上の日常必要とする産物を使用収益することを内容とする権利であるといわれるのであり，入会権の本態は一定地域居住の農民協同体がそのおかれた経済的立地条件により日常必要とする一定の林野の地上産物を共同使用収益するところにあり，一の用益物権である。地盤自体のそれではない。前示のように明治初年の山林原野の官民有区分に際し，このような農民の利用関係のある林野を民有地として村民の所有権，部落民の所有権を認められたものがあり，村民，部落民の所有地盤に村民部落民が前記のように利用関係をもつ，いわゆる共有の性質を有する入会権を生じたのであるが，入会権が共有権と異るのは，地上産物に対する利用関係の特殊性にあり，民法が入会権として，共有権と異るものとして保護を与えているのもまたこの利用関係の点にあるものといわなければならない。

　したがって，農民居住の部落の経済的立地条件による一定の山林原野に対する利用関係であり，

部落の住民である農民は何人も共同で利用でき，しかも，部落の経済的立地条件の変らない限りいつまでも利用できるのではあるが，その利用の程度はやむ得ないものとして承認されたものであるから，部落の経済的立地条件から生ずる最少限度のものであるのが常態である。またしたがって，入会権は部落の農民の協同体の総有するものであり，農民は部落の住民としての資格において使用収益の権能を有し，その使用収益の種類程度は原則として平等であり，その範囲は多く農民の日常の自家用および農耕用のやむを得ない需要を標準として定められるところに留まっていたのである。それで原則として地上産物の自足経済的利用の形態となり，貨幣経済的利用形態ではなかったのである。また当該部落から移住したときは当然にその利用の権利を喪失し，他部落から当該部落に移住して来，住民としての地位を取得したときは当然にその権利を取得することになったのである。

　要するに農民の一定の経済的立地条件の部落の住民としての資格における平等利用と自足経済的現物経済的利用形態に入会権の本態があり，特性もここから生ずるものといわなければならない。」
（本判旨確定）

　次に掲げるのは共有の性質を有しない入会権にかんするもので，この場合入会権の行使に若干の制約を伴うのは当然であるが，基本的に上記と同じような考えに立っているものが少なくない。

【66】　東京高判昭33・10・24下民集9・10・2147

事実　係争地はX（財産区），A，B部落の共同入会地で地盤の帰局に争があったかはXの所有と確定した。XとA部落住民との間に立木伐採について紛争を生じ，X財産区はA部落住民Yら45名

を相手として地盤所有権の確認とYらの立木伐採禁止を求める本訴を提起した。Yらも立木伐採を含む入会権存在確認の反訴を提起したが，第1審（長野地上田支昭28・8・8戦後1・88）でY ら敗訴したので控訴し，係争地はもともと村々入会地であったからYらも立木伐採権能を有すると主張した。

判旨 「入会権の範囲は一般に萩，薪の伐刈に止り，炭焼並に建築用材の伐取に及ばないのを常態とするものというべきところ，本件甲土地における入会権の対象が特に萩，薪に限られずして炭焼並に用材の伐採をも内容とするものであることは，Y等の援用する各証言並に当事者本人の供述中，これと同趣旨の部分があるけれども，的確な資料の裏付けなく，採用することができない。〈略〉

一，Y等は，原審に並に当審の検証現場において，A部落の多数民家の柱，土台，井戸枠やさては神社の土台，柱，乙川堤防の合掌枠等にも，古きは百五，六十年新しきも数十年を経過する栗松材を使用しており，なお最近10年内に切り出した材木もあって，それ等はいずれも同部落民が入会権に基き甲の係争地域より伐採したものであるとして，一々その使用個所を指摘して説明するのであるが，そのような時代にこれ等の材木が果して係争地より切り出されたものであるか否か，にわかに断定し難いところであって，関係証人並に本人の供述だけではその事実を確認するに足りず，また近時A部落民のある者が，係争地で立木を伐採し又は炭焼をした事実があったからといって，直ちに同部落に立木伐採の入会権ありとすることはできない。

二，甲における炭焼並用材採取の入会権に関しては，本件で提出された古文書文献類の上で，必ずしも明らかでない。〈略〉，未だA部落に立木伐採の入会権があったものと断定することはできない。

三，〈略〉 Xは明治36年頃町費を支出して甲山に植林し，監視人を置いて見廻らせ，次で明治42年右甲山林の立木一切を金2,000円で売却し，全山を皆伐に付し（若小木を除く立木一切を伐採），爾後一定の造林計画の下に長野県より補助金及び苗木の下付を受けて植林し，成林は自然木と共に同町のみが計画的に伐採し（同町民と雖も各自由伐採は許さず）て現在に至っていること，A部落に立木伐採の入会権ありとすれば，このようなことは甚しき権利の侵害というべきであるから，当然Xに対し抗議して然るべき筈のところ，嘗て一度も異義苦情の申入がなされなかったことを認めるに十分である。このことはAが用材等立木に対する入会権を有しないことを推認させる間接の資料となさざるを得ないのである」（最判昭35・12・15裁集民47・349により本判旨確定）

このような，入会権の内容，収益行為を天然産物の採取に限るという考え方は昭和30年代までつづいている。昭和30年代には入会地での人工植林が多くなったので入会権に対する認識，したがって判決も変化するのは当然であろう。

入会地上の植林等が行なわれるのを反映して昭和30年代後半から判決も入会地での林業利用を認めるようになった。

【67】 長野地判昭39・2・21下民集15・2・324

事実 本件は数部落共有地が各部落住民共有入会地かそれとも部落住民中特定の者の共有地かが争われ，判決は入会権の存在を認定したが，この判旨は入会権の利用内容に関するものである。

判旨 「各住民による濫伐のため山林が荒廃し，そのため入会山から流出する乙川の氾濫のため前記各部落特にその最下流にある甲村4部落はしばしば洪水の被害を蒙ったので，大正13年3月27

日長野県の指導により旧来の住民による自由な入会を規制して治山，治水をはかるため前記3村所属部落間において入会山を分割する旨の協定が成立し，その後更に細目について協議や実測を重ねた結果昭和4年甲村4部落が共同で入会山のうち本件土地の所有権を取得した。甲村4部落はその頃各部落総代の協議により前記入会山分割の趣旨に則り，共同で取得した本件土地につき共同して治山，治水のための植林事業を営むことを契約（組合契約）した上，その全業務の処理を各部落から選出された旧来の入会山委員（右分割に際し整理委員の名称でその衝に当った。）全員に委任し，かつその頃全住民の黙示の同意を得て従前各住民の有した直接の収益権能を右委員全員の許可があるときに限りこれを行使し得ることに制限した。」（本判旨確定）

【68】 仙台高判昭48·1·25 判時732·58
（【162】と同一事件）

[事実] 記名共有名義の山林につき入会権の存在が認められるか否かの紛争【162】の中で入会権の用益内容に関する判示である。

[判旨] 「もともと山林原野の入会は，農民の居住する部落の経済的立地条件による生存権的な要求にもとづく林野の地上産物の自給，現物経済的な利用として推移してきたことは明らかである。しかし，経済の発展に伴ない自給自足経済的に必要な現物を入会林野から採取していたことから貨幣経済へと漸次転換するに伴ない農民の生活様式も変わり，入会林野もこれに応じて変化を遂げることのあることは当然の推移である。農民が入会林野を生活に必要な現物を採取するためではなく，生活に必要な現金を得るため，入会林野に杉，松等の人工林を植栽し，あるいはこれらの自然林を育成し，植栽育成された立木を，部落民が現物で分配することもないわけではないが，この立木を売って現金化し，その現金を分配するに至ることは稀有な例ではない。入会林野を何の目的で使用するかは部落民が決めることであり，入会権の利用目的の範囲について何らの制限もないことは明らかであって，入会林野を人工的に利用したり，入会林野から現金収入を得てはならないという理由はない。社会や経済の発展に伴ない入会林野の利用目的や利用方法が変わるのは当然である。したがって，入会林野は草刈りや薪取り，あるいは放牧などに使用するものに限定されるとするXの主張は到底採用できない」（最判昭51·7·19 入会最判1·319により本判旨確定）

【69】 熊本地宮地支判昭53·10·23 戦後2·178

[事実] 係争地はもと甲部落有地で大正14年X村（のちX町）有となったが入会慣行は従前のとおり採草放牧が行なわれていた。ただ統一条件に地上立木は人工植栽木，天然生木ともに入会権者と地盤所有者たるX村との間で一定の割合で売却処分代金を分収することが定められていた。昭和44年頃甲部落のYらが放牧の障害除去のためくぬぎ等を伐倒した。伐倒木は地上に放置したままであったがX町はYらを相手に町有地の立木がX町有に属すること並びに地上立木を伐倒したことによる損害賠償請求の本訴を提起した。

[判旨] 「Xは，本件各土地内の櫟その他の自然木については，町と地元住民との間に分収契約があり，Xには3分の分収権があるのであるから，入会権の行使といえどもXの分収権の侵害となるような行為は許されない，旨主張するものである。
〈略〉
しかし，Xの自認するところによれば，右分収契約は，地元住民らの旧慣習による入会権の行使を認めたうえで，しかも，換価の目的をもって本件各土地上の櫟その他の自然木が売却処分された

場合は，その換価金を地元住民7，町（村）3の割合で分ける，というものである。

　従って，Yらが前に述べたような入会権の行使とは関係なく，単に自分らの収益とするため換価の目的をもって伐採したのならともかく，前に認定したように，本件各伐採行為は入会権の行使としてなされているのであるから，Xが述べるような分収権を侵害したとはいえないというべきである。

〈略〉

　予備的請求原因事実中，Xが本件各土地を所有することは当事者間に争いがない。とすれば，他の特段の事情がない限り，本件各土地内の自然木たる櫟の木は本件各土地の一部としてXの所有に属するということができる。

　Yらは，前に述べたように，Yらが本件各土地に対し入会権を有することの結果として，Xの櫟の木に対する所有権自体をも否定しようとするものである。しかし，入会権は所有権そのものではなく，所有権に対する制限物権として構成されていることは明らかである。本位的請求において，Yらの本件各伐採行為が許されるとしたのは，あくまで入会権の行使として許される，と判断したにとどまるものである。もし，Yら入会権者において，自分らの収益とするため，換価の目的をもって本件各伐採行為を行なったのなら，それは入会権の行使と言えるものでなく，直ちに原告の所有権侵害と言うことができるものである。」

　Yら控訴。福岡高判昭59・7・19（戦後2・178）控訴棄却。Yら上告したが最判昭63・1・18（判時1265・72）は次のように判示して上告を棄却した。

　「本件においては他に本件各土地上に生育する天然の立木について土地の所有権が及ばない特段の事情が存在することの主張立証もないから，本件各土地上に生育する天然の立木については，土地の構成部分として，本件各土地の所有権が及ぶものというべきである。」

　この判決は，地上立木は「他に特段の事情がない限り」土地所有者に帰属する，というが，入会権が存在することがまさに「特段の事情」に該当するので立木が土地所有者に帰属するという判示は不当であり，本件入会権が用益物権である以上，用益物権の本質からいって立木は用益権者たる入会権者に帰属すると解すべきであろう。そしてこの判決は，立木が土地所有者に帰属しても，入会権者は採草放牧の支障となる立木を伐採する権利を有する，しかし立木を売却処分する権能を有しない，というのであるから，入会権の産物利用権能は現物的利用にとどまり貨幣経済的利用を含まない，と解しているように思われる。

第3節　入会権の行使（利用）形態

　入会権の行使形態，いいかえれば入会地の利用形態も社会経済事情の変化に応じ異ならざるをえない。利用形態のもっとも古典的ないし，原始的な形態は，入会集団構成員が集団の統制のもとに入会地内に立入り，その中で各自草刈りや薪取りを行なう，という形態である。すなわち構成員の土地そして地上産物に対する独占的支配が成立しない形態で，天然産物を各自採取することを内容とする入会利用は主としてこの形態である。自由山と

第3節　入会権の行使（利用）形態

か勝手取の山などと呼ばれることがあるが，採取の草木や採取の量，時期などに制限があることが多い。なお村々入会地はほとんどこの形態である。しかしながら入会地の利用の内容，目的が変化するに伴い，その利用形態も変化せざるをえない。その変化形態は留山利用と割地利用および契約利用の3つである。

留山利用（団体直轄利用）とは，各構成員の自由な山入り＝採取行為を差し止め，集団が直轄して利用する形態で，集団による薪炭原木・椎茸原木等としての天然木の入札行為とか集団構成員全員による共同造林等がこれに該当する。集団は通常その立木等の産物を自ら使用せず，これを売却処分して現金収入を得る。そしてその収益を集団の共益費（いわゆる部落の公共費）に充当したりあるいは構成員に配分したりする。なお，入会集団自らが使用せず，集団が第三者との契約により第三者に入会地を使用させることがある。第三者の行なう分収造林などがその例であって，これを契約利用というが留山利用の変形であるといってよい。

割地利用（個人分割利用）は，入会地を区分して各構成員に割り当てて利用させる形態で，乾草刈りや個人植林などがこの形態に属する。割地，分け山などとよばれ歴史的には一定期間経過すると「わりかえ」が行なわれることが多かったが，最近ではこのわりかえが行なわれなくなった。各構成員は割り当てられた土地には独占的な支配権を有するかわりにその他の土地を使用することはできず，その土地の産物はその者の個人的な収益となる。しかしながら土地は集団の統制下におかれて自由に売買譲渡することができない。

これらの各利用形態はそれぞれ独立して存在するとは限らず，たとえば集落の共同造林地において自由な下草刈りが認められる場合には古典的共同利用と留山利用とがあることになり，実質上1つの土地上に各利用形態が併存することが少なくない。

留山利用にしても割地利用にしても入会集団または各構成員が地上産物を自給用（＝自家用）に用いるとは限らず，むしろ産物を売却処分して現金収入をうることの方が多い。それ故に古典的共同利用が自給経済的利用であるのに対して，留山，割地利用は貨幣経済的利用である。しかも留山における共同造林や割地における個人造林など，資金や労力の投下が必要である。金銭的な収入を得るためには当然であるが，このように資金や労力の投下に伴い，割地の場合はもとより留山の場合においても各構成員の持分が顕在化し，商品化する。それとともに入会における持分が固定し，同時に持分の譲渡が行なわれるようになる。この持分の譲渡も最初は集団の統制によって全面的に禁止されるかあるいは同一集団地域（部落）内に限って認められるようになるが，そのうち持分権に対する個人権的性格がつよくなって，さらに集団地域外に譲渡されるようになる。

留山利用や割地利用が多くなるのは，入会地の貨幣経済的利用が一般化する戦後のことであるが，戦前にも決してなかったわけではない。

第4章　入会権の客体・利用

【70】　大判昭15・5・10 新聞 4580・8

事実　部落住民XらがY村を相手として村有地上に入会権を有することの確認を求め，これを認めた原判決を不服としたY村がその取消を求めて上告し，次の如く主張した。(イ)原判決が住民は天然生木を採取する権利を有するが堅炭焼および植栽木を採取する権能を有しないと判示しているのは入会権の目的物の限界を明らかにしないものである。(ロ)Y村が係争地上の立木をXらに売払っているが，Xらが入会権を有するならば，立木を買受けるいわれがない。(ハ)Y村は係争地の一部を住民に貸与し開墾させて小作料を徴収しているが，このようなY村の行為は住民の入会権を侵害するものであるにもかかわらずXらがこれを黙過しているのは入会権を有しないことの証拠である。

判旨　「X等ハ係争山林ニ於テ薪木ヲ採取スル権利ヲ有スルモ堅炭焼ヲ為ス可キ権利ヲ有セサルコトハ原審ノ確定スルトコロナレハ天然生ノ櫟楢ト雖モX等カ原審認定ニ係ル入会権ノ範囲ニ於テ薪木用トシテ之ヲ採取スルコトヲ妨ケサルコトハ勿論ニシテ甲山ニ対スルY村ノ有スル所有権ト同山ニ対スル住民ノ有スル入会権トノ間ニハ自カラ侵スヘカラサル限界ノ存スルコトヲ推認シ得ヘク又Y村カ其ノ任意ニ甲山ノ立木（櫟楢）ヲ払下ケ得ルヤ否ハ原審ノ認定セサル所ナレハ此点ニ関スル論旨ハYノ独断ニ過キスト云フヘシ而シテY村カ係争山ノ一部ヲ村民ニ貸与シ開墾ヲ許シ小作料ヲ徴シ居レル事実アリ而モ村民之ニ対シ異議ヲ述ヘサリシトスルモ之ヲ以テ未タX等カ判示ノ内容ヲ有スル入会権者ナルコトヲ否定シ得サルコトハ原審ノ説示スル所ニシテ該説示ハ違法ニ非ス尚Yハ甲部落民カ係争山林ノ樹木ヲ買受ケタルコトアルヲ捉ヘテ即チ入会権ヲ有セサル証左ナリト論スルトコロアルモ原判決ニ於テ右事実モ亦X等カ入会権者ナルコトヲ否定スルモノニ非サル所以ヲ詳細

説明シテ余ストコロナク説示ハ正当ナ」（リ）

　入会山である村有地を，村民が村から貸与をうけて開墾し，小作料を支払って使用し，あるいは地上立木を村から買受けるという事実（このような事実は，入会地に対する地盤所有者としての村の権能の強化を示すものである）があっても村民は入会権を有する，という上記判示は，開墾や立木伐採，貸与という名目での有償使用が入会権の行使形態にほかならないことを示すものである。

【71】　大判昭18・2・27 法学 12・54

事実　部落入会地上の立木を部落代表者の協議により入会権者たるAに売却しAは入会権者でないYにこれを転売したところ，部落住民Xから右売却処分の効力を争ったものである。

判旨　「原審は証拠を綜合して本件原野の入会権は明治年代以前よりの慣行に依る甲部落民たるX等外百数十名の共有の性質を有するものにして右入会地の立木を入会権者中の1人又は数人の売却するが如き場合に其の売却立木の価格が多額なるときは入会権者たる甲部落民全員の総会の決議に依り其の売却立木の価額が少額なるときは入会権者たる同部落民の代表者会議の決議に依り可決したる上之を売却するものにして右手続を経て入会地の立木を買受けたる者は之を入会権者以外の第三者に自由に売却し得ることを認めたるものにして右認定は専ら地方慣習に依拠するものなるを以て此の慣習に従ひ右代表者会議の決議を得て為したる価額少額なる係争立木の売買を有効と為したるは違法に非ず又原審が入会権者の1人たる訴外Aは入会地の残存立木を買受けて之を入会権者に非ざるYに有効に売却したるものなる事実を認め

第3節 入会権の行使（利用）形態

戦後，とくに昭和30年代以降採草，採薪等を目的とする入会地の利用は減退し，かわって植林その他金銭を得る目的での利用が多くなり，それに伴って利用形態も変化せざるを得ない。裁判所は留山利用についてはそれが入会権の行使形態であることを早期に認めたが割地利用については若干の動揺がある。

1 留山利用

【72】 最判昭32・6・11 裁集民 26・881

〔事実〕 甲部落では明治43年頃当時の入会権者の総意で部落共有林の山入りを停止し，天然林を捕植してその伐採収益を配分すべきことを決めた。その後，部落内に一戸を構え一定の加盟金を納め部落の承認を得れば入会権を取得させるという規約が定められた。昭和26年に旧戸（明治末期以来の入会権者）Yら18名が右天然木を伐採してその収益金を旧戸のみで配分したので，新戸12戸中Xら3名は自分らも入会権者であるから配分金を受ける権利を有するという理由でYらに対し配分金請求の訴を提起した。第1審は，XらもYらと同様に入会権者であるという理由でXらの配分請求権を認めたので，Yら控訴して，係争地はすでに入山停止を取りきめ植林しているからすでに入会権は消滅し，かつYらが大正初期係争地の分割を協議したから現在はYら18名の共有地となった，と主張した（【31】参照）。

（第2審）東京高判昭30・3・28 下民集 6・583
「入会権者の総意により，入会を一時停止し自然林に補植をなし，相当年限育成した上伐採して，入会権者全員平等に分配すべきことを定めて現在に至ったものであることを，認定しているのであって，入会権者たる部落民の総意によるかかる協定は，本来の慣習による入会権の内容そのものを変更したものでなく，単にその行使方法についての協定に過ぎないから，地盤の所有権が部落に属するか，部落民に属するか，本件入会権が共有の性質を有する入会権であるかどうかの判定を俟つまでもなく，かような総意による協定は少なくとも当事者間には有効として拘束力を有すべく，この協定の実施により入会権の行使が一時停止せられても，慣習による入会権が廃絶したものと謂うことはできない」

たるは前記の慣習に依り適法に之を判定したるものに外ならず」

と判示して分割の事実は認めず入会権の存在を認めたので，Yら上告して，原判決は入会権の本質について認定判断をせず，かつ地盤所有権の帰属を審理していない，審理不尽であると主張した。次のとおり上告棄却。

〔判旨〕「原審認定の如き入会権行使一時停止の合意が，所論の如く直ちに入会権自体の存否に影響を及ぼすものとは考えられない。されば，原審が入会権の本質につき認定判断を省略したことを目して，所論違法ありとする本論旨はあたらない。

同第3点について。

原審は，係争の山林において部落民が立木を採取し或は補植する慣習の存した事実等を確定して居るのであるから，所論地盤の所有権帰属関係を判断しなければならない筋合でもなく，この点につき原審が乙3号証の1，2によっても右地盤が甲部落民20名のみの共有に属することを認めるに足りない旨を判示し，それが部落有に属するか，部落民の共有に属するかを断定しなくとも，所論違法ありといえない。論旨は理由がない。」

このほか前掲【67】の自由な入山の規制，【66】の共同して植林，下刈り，間伐等の作

業等みなそれぞれの利用形態であることを認めている。

この留山利用は必ずしも新しい形態ではない。いわゆる古典的共同利用地においても勝手取が認められるのは下草、落枯枝等で原木や薬草等の勝手取は認められなかった。原木は建築用材として集落が管理し年によって構成員の建築用材として使用させあるいは薪炭材として集落が各人に割当あるいは売払など、入会地の集落による留山（直轄）利用は古くからあったのである。したがって当然判決はその後も入会地の割地利用を認めているが、ただ、自由な山入り（収益）を差止める、ということから、若干混乱を招いている。たとえば【169】は入山行為がなくなったことを理由に入会権が消滅したと判示している。

2　割地利用

割地利用には【70】のように戦前にもこれを認めるような判決があるけれども、戦後の判決は若干の動揺があり、はじめは入会権の利用形態として認めなかった。

【73】　秋田地判昭30・8・9下民集6・8・159

[事実]　甲乙丙3部落共有の入会林野の一部に、甲部落住民で入会権者であるAが個人で植栽していたが、のちに同部落の入会権者であるXがAからこの植栽木ならびに土地使用権を譲り受けた。ところが、隣地所有者Y（同じく入会権者）がその隣地上の立木とともにAの植栽したこの入会林野の立木を伐採したので、Xは、伐採された立木がXの所有に属することの確認と、Yの伐採によって生じた損害の賠償とを請求して本訴を提起した。1審はXの請求を認めなかったので、Xは控訴し、当林野には、入会権者が個人で植栽した立木は植栽者の個人所有になるという慣習があり、またAは古くから植栽していたから「地上権ニ関スル法律」により地上権者として推定されXはそれを買い受けたのであるから、この立木は当然X個人の所有になる、と主張した。

これに対してYは、当入会林野には入会権者が個人として植栽することを認める慣習はなく、入会権者個人が植栽した立木は、附合の論理により土地所有者の所有に帰する、仮にそうでないとしても土地所有者と植栽者との共有となるのであってXの単独所有ではない、と抗弁し、入会権の用益内容、すなわち入会権がXの主張するような内容の個人的植栽を含むか否かが争われた。

[判旨]　「このような入会権は前示性質の外入会地の産出物（草、木、木実等）はすべて入会権者の総有に属し、これ等産出物を直接に収益することを目的とするものであって、特定の入会権者が独断で入会地に独占する立木を所有するが如きことはできない性質のものである。従って〈略〉本件係争甲地域の内前示86番入会地と認定された地域に訴外Aが勝手に大正初期に杉苗等を植林したことが認められるけれども、該植林木は民法第242条本文と右入会権の性質から86番の入会権者全員の総有に帰したものというべく、従ってたとえXがAから右植林木を譲受けたとしても、その所有権を取得するに由ないものである。」（本判旨確定）

次の判決では下級審では個人植栽が割地利用であることを認めたが最高裁がこれを破棄差戻した。

【74】 最判昭 32・9・13 民集 11・9・1518

事実 甲部落にYら13名の共有林があり、部落住民でないXが、右13名中の1名であるA（当時部落外に転出していた）からその共有持分を買受け共有権の移転登記を完了し、その持分にもとづいて右山林に立入りかつ薪炭用雑木の伐採をしその配分に加入できることを求めたがYらが拒否したのでXはYらを相手として、右山林への立入り立木を伐採する権利を有することの確認を求めた。第2審は次のとおり判示してXの請求を棄却した。

(第2審) 東京高判昭 29・6・26 民集 11・9・1518

「本件共有山林（略）については、甲部落およびその近隣において行われる慣習にしたがい、共有の性質を有する入会権があり、たとえこの山林の共有者であっても、他部落に居住するものはこの地方において名付けられる売山、分地はもちろん、柴山（または薪山、燃料山）についても、原判決理由に説明のとおり山林に立入り立木を伐採する権利を有しないという慣習があることが認められる。

〈略〉

甲部落居住民は、本件山林の共有者も、そうでないものも毎年平等に1戸当り約200束の薪炭燃料用雑木の分配を受けるに反し、Y_2はその祖先の部落にたいする功績により、部落民1戸当り2荷（6束）づつの割合で合計約60束の雑木の贈与を、甲部落民全体から、受けているのであってその共有権にもとづく権利として他の部落民と同様に右雑木の分配を受けているものではないことを首肯するに十分である」

X上告。その理由は次のとおりである。係争地上には各共有権者が独占的に使用収益しうる分け地があり、その分け地は自由に譲渡されているが、この分け地の慣習は旧来からの慣行にもとづいたものではなく、かつ共有者間における分け地の持分が不平等である以上、もはや入会権の性質を失ったものである。

判旨 「原審の認定によれば、本件土地については、共有の性質を有する入会権が存在し、その一部について慣行として存する「分け地」というのは、土地の共有権者（当時は全部甲部落居住者であった）が相談して、開墾に適した部分を権利者に分配し（現在のものは3、40年前分配された）、各人に独占的に使用収益させている土地を云うのであって、そこでは桑の栽培等が許されており、また「分け地」の部分が、最近において自由に譲渡されて、その結果譲り受けた部落民が他の「分け地」を有する部落民より以上の利益を受けているというのである。しかし、入会地のある部分を部落民のうちの特定の個人に分配し、その分配を受けた個人がこれを独占的に使用、収益し、しかも、その「分け地」の部分は自由に譲渡することが許されるというが如き慣行は、入会権の性質とは著しく相反するものと認めざるを得ない。してみれば、本件「分け地」と称せられる部分については、特段の事情のない限り入会権の存在を否定しなければならないのにかかわらず「分け地」の部分を特定、除外せず、本件土地全部について入会権の存在を認め、Xの請求を排斥した原判決は、法令の解釈適用を誤ったものであって、論旨はその理由があり、原判決は破毀を免れない。」

なお本判決には次の反対意見がある。

「原判決の認定によれば、本件入会権の地盤は24筆の林野であり、A及びYら甲部落民の共有に属するところ、Xは右訴外Aからその共有持分の譲渡を受けその旨登記を経由しておるのであるが、本件林野全体には「柴山」「売り山」「分け地」の3つの分称があるけれども、うち「分け地」の部分は往年共有権者たる甲部落民の協議により山麓のうち開墾に適する部分を全員に分配（そして現時の分配は3、40年前になされた）して独占とし、主として桑の栽培が許されておるのであるが、こ

の「分け地」の持分は自由に譲渡が認められ、したがって譲受人はこの部分に関しては収益の範囲が拡張され、不平等の結果を生ずるけれども、それは入会部落民間だけのことであって、他部落民たる譲受人は甲部落民とならない限り、その譲り受け部分に何ら収益の権利を取得し得ない慣習が行われて現在に至ったというのである。

右の如く持分の譲渡により「分け地」に対する収益に不平等の結果が発生したとしても、それは入会権者たる甲部落民相互の間だけのことであって、他部落民たる譲受人は甲部落民とならない限りは何らの収益権をも取得しない慣習が行われて来たというのであるから、この「分け地」の部分のみが独立して、本件入会権の外に存立する権利であるとは到底解することはできないのである。けだし入会権の収益は入会権者平等であることが普通であるけれども、収益の平等は必ずしも入会権の発生存続の要件ではないのである。すなわち入会林野のうち陽光湿度の異なる山麓中、開墾に適する部分だけを入会権者全員に事実上の分配をして、主として桑等の栽培を許すこととしただけの関係の外は、当該部分を独立分筆したとか、またはそれを権利者各自の所有名義に分筆登記をしたとか、或は各自使用収益の方法を無制限にしたとか、若しくは持分の譲渡をした場合その譲受人が他部落民であってもその使用収益権を認めた事実若しくはその慣習が存在したとか、要するに該「分け地」の部分が他の「柴山」「売り山」とは別個独立した権利の目的となったものと認められる関係が存在しない以上、ただ入会権者である甲部落民間における譲渡の場合、その持分及び収益の割合に不平等の結果が発生するという一事だけでは未だもって該部分が「柴山」「売り山」の入会権とは別異の権利となったものとは解し得られないのである。すなわちかかる内容は民法263条294条にいう「各地方の慣習」による入会権の一内容を組成する部分に属するものと解すべきである。したがって本件入会権は「柴山」「売り山」と共に右「分け地」に対する収益の方法をも併せ内容とする本件林野の全域に対する1個の入会権としてその存立を肯定するを至当とし、それを肯定しても毫も入会権の本質に反するものとは解せられないのである。それ故原判決には多数意見判示の如き法令の解釈適用を誤った違法は存しないものと考える。」

本判決は破棄差戻後原審において、XはYらに対し本件山林についての使用収益権を放棄する、旨の裁判上の和解が成立した（東京高裁昭32・11・30）。したがって上告審判決の少数意見と同じ、本件山林が入会地であることを認める結果となった。本判決（多数意見）は割山が入会権の利用形態であることを否定した判決といわれているけれども、判旨は割山すなわち分け地の慣習が直ちに入会権の本質と反するというのではなく、その分け地を「自由に譲渡することが許されるが如き慣行は」入会の性質と反すると判示しているのである。分け地はもとより留山でもその持分を「自由に譲渡することが許される」ならばもはや入会権とはいえないから、その点に注目するならばこの判示は分け地の慣行をもって入会権の存在を否定するものとはいえず、正当だということになる。しかしながら、この判決の第1、2審とも分け地がX以外の部落外の第三者に自由に譲渡された事実は認定されていないのである。そのかぎりでこの多数意見は不当といわざるをえない。

しかし、その後、分け地（＝割山）が入会権の本質に反するものでなく入会権の利用形態であることを肯定する最高裁判決があらわれた。

第3節　入会権の行使（利用）形態

それはいわゆる転出失権の法理を明示した次の判決で，係争地の割地利用が入会権の利用形態といえるか否かが争われている。

【75】　広島高判昭 38・6・19 民集 19・4・836
（【49】の原判決）

[事実]　【49】の原判決でその事案については【49】参照。

[判旨]　「入会権は，本来は，一定地域の住民が，その資格において，一定の山林原野等で雑草，秣草，薪炭用雑木の採取等の収益を共同してすることの慣習上の権利であり，その典型的利用形態においては，入会地全体の上に地域住民すべてが各自平等な使用収益権を行使するものであって，入会地の一部について，地域住民の一員が排他的な使用収益権を行使することは認められない。そして，右のような共同利用形態は，入会権が発生した自然経済的な農村経済機構の要請にこたえるものであり，従って入会部落が右のような経済機構を有していた明治以前の状態においては右利用形態が一般的な入会権行使の姿であったということができる。

しかし，明治以後の日本における商品経済の急速な発展が農村へ浸透するにつれて，入会地の利用価値が柴草，雑木等から立木へと漸次その重点を移行させた結果，前記の如き部落民各自の自由な収益を認める共同利用形態では入会山林の荒廃を招き易いのみならず，部落民各自の使用収益権の実質的な平等を確保する上にも困難を伴うため，右共同利用形態は次第に(イ)入会権者個人の自由な入山を禁止して入会団体自らが直轄して入会山林を支配管理する団体直轄利用形態，(ロ)各入会権者ごとに一定の区域を割当て，右割当区域内においては割当てられたもののみが独占的に使用収益する個人分割利用形態，(ハ)入会団体が特定個人と契約してその個人に入会山林を利用させる契約利用形態等に変化せざるを得なかったことは，今日一般に認められた事実である。

ところで，右(ロ)の個人分割利用形態においては，各権利者はその配分区域即ち分け地に関しては少なくとも立木については排他的独占的な使用収益権を有するものであるから，いきおい分け地とその権利者との関係は密接とならざるを得ず，その反面分け地と他の部落民との関係は稀薄となることも避けがたい。殊に，当該入会権者がその分け地における立木の育成に資本や労働を投下することが大きくなればなるほど，分け地に対する個人的権利の意識が強くなって行くことは自然の理というべきである。そして，右の傾向が入会権者である部落民一般に拡がって行くと，入会団体としての部落の入会地に対する統制は弛緩し，入会権の観念が薄らいで，各入会権者が恰も共有権者ないし分け地の所有者であるかの如く振舞うようになる。入会権者が，部落から転出してもなおその権利を主張し，新たに部落に一戸を構えたものに対し分け地を配分することを拒否し，共有持分ないし分け地の所有権ありとしてこれを他に売却処分する等がそれであって，入会地が個人共有名義に登記された場合には，登記による権利の外形と結びついてますます右の傾向は助長される。

そして，右のような情況が長期にわたって一般化し，部落全体がこれを容認しているかの如くみられるような段階に立ち至ったときは，入会地に対する部落統制は破壊され，入会慣行は消滅したものといわざるを得ないから，右山林に対する部落民の権利は入会権から地盤の共有権ないし分割所有権に転化したものとみるのが相当である。けだし，入会権が慣習によって発生したものである以上，慣習の変化によって消滅することのありうるは当然であり，これに伴い入会地盤に対する部落民の総有関係も消滅するから，右地盤は部落所有から個人共有ないし各分割所有に転化するものと解すべきである。

右のような現象は，一般に入会の解体と呼ばれ

るものの一類型であるが，それではその解体過程の如何なる段階において入会権が消滅したものとみるべきであろうか。もとより，それは慣習の変化によって漸次的に形成されるものであるが，法律上では入会権か，そうでないかのいずれか，でありその中間的物権は存しないから，一定時期における権利の性格は二者択一的にいずれかに決定しなければならない。そしてその判定の基準となるものは，結局入会権の本質的な特徴，即ち当該山林の利用等について単なる共有関係上の制限と異なる部落団体の統制が存するか否か，具体的には部落民たる資格の得喪と使用収益権の得喪が結びついているか，使用収益権の譲渡が許されているか，山林の管理機構に部落の意思が反映されているか等の諸事情如何に求めるべきである。

　そして，そうだとすれば，単に入会地の利用形態が典型的な共同利用形態から前記個人分割利用形態に移行したという丈では入会権の性格を失ったものということのできないことは明らかであろう。何となれば，右分割利用形態自体は，前記各種の点において部落の統制機能を否定するものではないからである。（なお，明治29年に制定された現行民法が入会権の内容を慣習に委ねていることは，当時既に広く行なわれていたとみられる個人分割利用形態が入会利用の一形態として認められるべきことの根拠とすることができる。）

　以上の考察に立脚して本件分け地について考えるに，本件分け地の存在は，甲共有林がその一部につき右個人分割利用形態を採っていることを示すものではあっても，入会山林でないことを示すものといえないことが明らかである。しかも，前認定によれば，右共有林はなお部落又は各組において共同に使用収益すべき区域をも保有しているばかりでなく柴草の採取については分け地もすべて部落民全部の使用収益の対象となっているのであり，かつ少なくとも大正6年頃までは右使用収益権の得喪が部落民たる資格の得喪に結びつくものとして取扱われていたというのであるから，右

共有林がその利用形態からみて，個人共有ないし分割所有権の対象たるべきものであって，入会権の対象たるべきものでないとする議論は到底立たない。」

　この判決の上告審は【49】参照。本判示は入会林野の利用形態は貨幣経済の発展に伴い，団体直轄（留山）利用，個人分割（割地）利用あるいは契約利用の各形態に変化せざるをえないからこれらの各利用形態も入会林野の共同利用形態であり，入会林野であるか否かの基準は林野の使用収益や管理が部落＝入会集団の統制下にあるか否かによって判断すべきである，と判示している。入会林野利用形態の変化を正しくとらえた名判決というべきであろう。そして本件林野が入会林野であると判断した上，慣習に従いAは転出により一切の権利を失うから，Xが登記上持分を買受けたとしてもAが権利を有しないのでXも何らの権利を取得しない，と判示しているのであるが，これは入会集団と転出者または第三者との関係についての重要な判旨である。

【76】　名古屋高判昭42・1・27 下民集18・1・73

事実　本判旨は，【125】事案の控訴審判決で，入会権の利用形態の変化を記示し，3名の共有名義で登記された山林の入会権の存在を認めたものである。

判旨　「二，「秋葉山」及び「稲場」には，古くから，その土地利用につき次の如き慣習が存した。すなわち，「秋葉山」は部落において別名「分け山」と呼ばれることからも推知し得る如く，その拝殿，境内地及び参道を除くその余の土地は，明

治初年頃右部落民に配分されたが，右の分割は，各部落民の利用区域を割する意味であり，したがって，各部落民はその割当土地につき独占的に植樹，伐木，雑木の採取その他の使用収益権を行使し得るものの，部落民の資格を喪失するときは3年後に該土地部分を部落に返納する定めであった（尤も，終戦後の食糧難当時，自己の割当土地を開墾して畑とした一部落民のなかには，農地法の関係で該土地部分につき自己名義で所有権保存登記を経由したものもあったが，この場合でも，右の部落民は部落に対し前記の定めを遵守する旨の誓約書を差し入れていることが窺われ，その所有利用関係には本質的な変化なきものと認められる）。次に，「稲葉」は，部落の稲作の育成保護の見地から空地にしておいた土地であって，部落民であれば何人も自由に右土地に立ち入り，草刈り，薬積み等部落民の共同利用に任されている。そして，これら両土地とも，新しく部落に入った住民には何らの権利もなく，また，その公租公課は前記個人名義となった部分を除き，すべて部落の区費で賄われ，或は「秋葉山」から産出する松茸はすべてこれを部落の所有とし，一括入札に付したうえその売得金を区費に繰り入れることになっていたこと

　三，右両土地は，もと部落名義で保存登記がなされていたが，右部落名義では登記権利者たるの資格を欠缺するに至り，当時の甲村の所有名義にするか或は，部落民全員の名義にするかの岐路に立たされ，部落民協議の結果，明治41年2月7日，当時の部落の区長ないしは区長代理をして信望の厚かったY₁の先代亡A₁，訴外亡A₂，A₃ら3名の代表者名義で所有権移転登記がなされたが（登記の事実は当事者間に争がない），当時においても，右部落には，前記とほぼ同一内容の慣習が行われていたこと（むしろ，当時においては，部落による団体的統制はより厳格であったものと推認することができる。）

　上記認定事実によれば，本件各土地には前記の地方慣習を内容とする入会権が存在することが肯認され，その地盤たる本件土地は，一応，部落民全員の総有に属するものと認めるのが相当である。尤も，右にみた如く，本件入会権も，時代の変遷に伴い入会部落による団体的統制はある程度弛緩し，漸次その解体的過程を辿り，各部落民は本件各土地につき共有に近接した利用権能を有するに至ったことは否定すべからざるところであるとはいえ，なお，「稲場」の使用収益については部落による直接の統制下にあるものと認められ，また，「秋葉山」についてもその「分け地」としての利用形態は終局的には部落の伝来的な統制に服し，右土地に対する各部落民の協同体的権利義務は未だ残存しているものと認められるから，本件各土地の入会的性格は依然，存続しているものとなさねばならない。」

　なお上告審【125】（最判昭43・11・15）では入会権の存否は争われておらず，右判旨は確定した。

　以上のように入会権は社会経済的事情において形態変化するが，その土地が入会集団の統制下にあるかぎり入会地すなわち入会権の存在する土地ということができる。

　しかしながら，判決中の事実にも見られるように，権利者の特定，持分の譲渡しかも外部への譲渡，等により入会集団の統制が次第に弛緩してくる傾向にある。それが一層進化すると入会権が解体することになるが，そのような段階で入会権の存否が問題となる。

　留山利用や割地利用が入会権の行使形態であるという理解は必ずしも十分にされていないように思われる。すなわち，合意による入山中止でも収益行為のないため入会権の解体消滅と判示したり，利用権者が全員でなくかつ土地の割りかえが行われない（使用者が固

定している）ため入会権の行使とはいえない、と判示したりすることがある。つぎに掲げる判決がそれである。

【77】 大分地日田支判平11・4・20 戦後3・325

事実 本件は集落所有の河川敷地上の駐車場利用の権利をめぐっての紛争にかんするものである。この河川敷地はX集落ほぼ全員約70名の共有名義で、集落構成員Y₁ら5名に駐車場としての使用が認められX集落とY₁らとの間に土地の賃貸借契約が締結されていた。同集落の土地の処分をめぐってY₁らが集落の方針に反対したため、駐車場の賃貸借契約の期間が過ぎていたことを理由に、X集落がY₁ら3名を相手として駐車場の明渡を請求した。

Yらはその駐車場使用の権能が通常の賃貸借契約によるものではなく入会地の割地利用であり、他に割地（駐車場）の利用希望者がいるわけでもなく、また他の使用目的に転用することもないのに、形式上期間の満了という理由で明渡を求めるのは権利の濫用であると抗弁した。

判旨「1　（略）本件土地1ないし3を含む河川敷について、被告Y₁、被告Y₂の前身を含む旅館業者により明治末期から大正初期以降物干場として利用され、昭和36年ころ以降主として駐車場として利用されていたことが認められる。

2　他方、〈証拠略〉本件土地1ないし3を含む河川敷について、昭和37年ころのX委員会でXが必要なときは旅館業者の物干場を撤去できるとされていたこと、昭和38年ころ、無断駐車対策としてX委員会が柵を造ったことがあること、昭和41年ころ、X委員会が駐車料金を決定していたこと、昭和56年以降、右河川敷について防災道路が完成し本格的な駐車場としての使用が始まった以降も、駐車場の区画割はX委員会において決定されたこと、なお、Y₁及びY₂とも、現在当初より使用面積が増えていることが認められ、これによればY₁、Y₂の本件土地一、二等の使用は排他的・固定的なものではないといわざるを得ず、割山権に基づくものとはいえない。」判決はXらの明渡請求を権利濫用であるという理由で棄却。

（本判旨確定）

割地というものは少なくとも最初はその土地の広狭、地味のよさ、遠近等の差があるため、各権利者に固定的でないのがたてまえである。それが樹木の植栽等の理由によってしだいに固定化してゆくのであるから、固定的でないから割地でないというのは入会地の割地利用に対する誤解である。この判決はY₁らに対する明渡請求は権利濫用であるとしてY₁らの本件土地に対する賃貸借契約の存続を認めた。ただ、共有の性質を有する入会地の入会権者（共同所有地に対して共有権利者）が賃貸借契約を締結することはできるのであろうか。

ちなみに入会地の割地利用で最も多いのは植林であるが、植付後30～40年間は独占的な管理が必要でありその間に植栽者である入会権者も代替りして、権利は固定化し割替えが行なわれなくなる。割地に建物など建てる場合も同様であるが、その割地の自由な譲渡が禁止されているかぎり入会地としての性格を失わない。

なお、山林原野や雑種地以外の土地についてもそれぞれの利用形式があるが、墓地は割地利用、溜池、道路は共同利用に限られるといってよいであろう。

第4節　入会財産（客体）の性格

入会地等入会財産に対して各構成員は持分を有するがいわゆる総有に属し，持分を売却貸付また抵当権の設定等をすることはできない（ただし割地利用を集団の承認を得て一時貸付けることは可能であるし，集団が集団として土地あるいは地上立木に抵当権を設立しうることはいうまでもない）。

入会集落の有する財産で土地以外の財産とくに土地等を処分したことによって得た補償金は，総有財産が金銭にかたちをかえただけであるが，依然として全員の総有に属し分割請求はできないか，それとも通常の可分債権となるのか，これについては次の最判が適切な判断を示している。

【78】　最判平15・4・11判時1823・55

[事実]　A集落35名共有の入会地の一部を35名の総意により所在する甲町に施設建設用地として売却し代金約3,200万円を受領した。売却した土地は入会権者中23名の割地利用地であったので前記代金中約2,300万円をこの23名に配分し，残金はすべて集団（管理会）に保存することにした。上記23名以外の12名の内の1人Xは，代金の管理者であるYに対して，入会地売却代金はXら35名全員に配分さるべきであるのにXに配分されないのはYの不当利得行為にあたるという理由で，Yに対して売却代金の35分の1相当額の支払を求め

た。

第1審（秋田地本荘支判平11・4・14戦後3・313）は，係争地の売却ならびにその代金の一部を割地利用者である23名にその面積に応じて配分することを，35名全員一致で決議しており，残金は集団の会計担当者（Y）が管理しているので，Xには何の損失もなくしたがって不当利得請求権は発生しない，と判示したのでXは控訴し，訴えを不法行為に基づく損害賠償請求訴訟に変更した。第2審は次のように判示し，その売却代金債権についてXが持分に応じた分割債権を取得したと認めるのが相当である，という理由でXの主張を認めた。

（第2審）仙台高秋田支判平13・1・22戦後3・313

「本件土地が売却されたことにより入会権が消滅したこと自体は当事者間に争いがない（売却当時，既に本件土地に対して入会権の内容としての具体的な収益行為は行われていなかったことも争いがない。）から，売却前に入会権の権利放棄があり，その結果本件土地に対する権利は共有権に変質し，この共有地が売却され，その代金についてXが土地の持分に応じた可分債権を取得したものと認めるのが相当である。仮に，売却により甲町に所有権が移転したときに入会権の放棄があったと認めるべきであるとしても，入会権の対象ではなくなった土地の処分代金について，なおも入会団体の統制下に置き，総有を観念すべきものとは思われない。」Y上告。

[判旨]　「本件入会地は，上記老人ホームの敷地として売却されたというのであるから，その目的達成のために，本件入会地について，本件権利者らが入会権の放棄をしたものと認めるのが相当である。しかしながら，本件入会地が従前から本件権利者らの総有に属し，本件権利者らが本件入会地を含む入会地の管理運営等のために本件管理会を結成し，その規約において入会地の処分等をも本件管理会の事業とし（7条），本件入会地の売却が

本件管理会の決議に基づいて行われ，売却後も本件権利者らの有する他の入会地が残存し，本件管理会も存続しているという前記事実関係の下においては，本件管理会の事業として行われた本件入会地の売却を前提として，上記の趣旨で行われた上記入会権の放棄によって本件管理会の本件入会地に対する管理が失われたということはできないから，放棄によって本件入会地に対する本件権利者らの権利関係が総有から通常の共有に変化したものと解する根拠はない。そして，本件管理会の規約7条は，入会地の売却代金の管理運営を本件管理会の事業とする旨を定めており，本件管理会においては，規約上，入会地の売却代金が本件権利者らの総有に属することを当然の前提としていたということができる。そうすると，本件入会地の売却代金債権は，本件権利者らに総有的に帰属するものと解すべきであり，Xが同代金債権について持分に応じた分割債権を取得したということはできない。

したがって，Xが上記売却代金債権について持分に応じた分割債権を取得したことを前提とする本件損害賠償請求は，理由のないことが明らかである。」

次は入会地の持分についての紛争である。

【79】 最判昭48・10・5民集27・9・1110

事実 甲集団の入会地の一部を買受け取得した部落住民Yと，その隣接地を古くから所有している同じ住民であるXとの間での境界紛争において，XがXの支配する土地につき時効取得を主張し，Xが甲集団からYへの土地売買の第三者であるか否かが争われた。原審は次のように判示した。

(原審) 広島高松江支判昭47・9・13民集27・9・1127
「前記山林は，明治28年10月19日より以前か

ら，旧甲村の甲部落（地下）のいわゆる共有の性質を有する入会地に属していたところ，昭和23年10月17日競争入札の方法により同部落からAに売却され，昭和24年2月同A人からYに売り渡されたこと，同山林について昭和27年7月16日甲村名義の保存登記がなされたうえ，中間省略により同日Yのため所有権取得登記がなされたこと，以上の事実が認められ，これを動かすに足りる証拠はない。右認定の事実によると，X主張の時効完成当時における本件土地の所有者は甲部落であり，その後Y主張のとおり同部落からAに，同人からYに順次本件土地の所有権が移転し，Yのための所有権取得登記がなされているのであって，Yは，X主張の時効による物権変動については当事者ではなく，第三者とみるべきものである。本件土地がもと甲部落のいわゆる共有の性質を有する入会地であったことは前記のとおりであり，Yが右部落の構成員であったことは当事者間に争いのないところであるが，これによって右の結論は異ならない。けだし，いわゆる共有の性質を有する入会地の地盤所有権は入会部落に総有的に帰属しているのであって，右権利の主体はあくまで部落であり，その部落の構成員である入会権者個人はその地盤についてはなんら持分権をもたず，単純な共有関係とは異なるものと解するのが相当であり，したがって，その地盤所有権の時効取得との関係でYを当事者とみることはできないからである。そして，Yをいわゆる背信的悪意者と認める特段の事情のない限り，右事実関係のみをもってしてはYがXの本件土地の時効取得についてその登記の欠缺を主張しえない第三者であるとみることはできないところ，右のような特段の事情についてはなんら主張立証がない。そうすると，その主張する本件土地の時効取得について登記を経たことの主張立証がないXは，これをYに対抗することができないものといわなければならない。」

Xは，Yはこの部落の住民で共有の性質を有する入会権者の一員であるから民法177条の第三者

第4節　入会財産（客体）の性格

に該当しない等の理由をもって上告した。

[判旨]「入会部落の構成員は，入会部落の総有に属する入会地につき共有持分権またはこれに類する管理処分権を有するものではないから，もと入会部落の総有に属した土地を買い受けた者がたまたま同部落の構成員であったとしても，不動産の共有者の1人が当該不動産を買い受けた場合とは異なり，右買主は，右土地が同部落の総有に属していた間にこれを時効取得した者またはその相続人に対する関係において，なお民法177条所定の第三者にあたるものと解するのを相当とする。」

　入会権には譲渡自由な共有持分がないことは右判示のとおりであるが，入会権の本質が総有であるという以上，総有も共同所有の一形態にほかならないから「これに類する管理処分権もない」といってその持分権を否定するのは正当でない。たとえばある入会集団が構成員甲に売却した土地を数年経って再び同じ構成員乙に売却してその所有権が争われたとき（山林は境界が不明であったり図面と実地が一致しないためこのようなことが起りうる），入会地の譲渡をうけても買受人が所有権移転登記をすることは困難であることが多いが，右判示にしたがうなら乙は甲とは第三者の関係にあるから，甲は登記しないかぎり，たとい乙が悪意であっても，乙に対抗できないことになる。これは事実上不可能を強うるものであり甚だ不当である。もともとこの場合のYは右土地の共同所有者の1人であるから売主の1人であり，Xとは第三者の関係に立たない（Xもまた売主の1人である）。それにもかかわらず右のような不当な結果を招くのは，Yが入会地にいかなる意味でも持分を有しないと解するからであり，それ故に入会権に持分権がないと解するのは正当でない。

第5章　入会地盤所有権の帰属

　入会権は入会集団構成員が共同で土地を管理し使用する権利であるから，入会地盤所有権の帰属と入会権の存否とは直接関係ない。しかし，民法が入会権を共有の性質を有するものと共有の性質を有しないものとに分けて規定したことは，近代的権利の基礎たる所有権を基礎として入会権を再編成し物権として法認したことを示すものであり，したがって共有の性質を有する入会権は土地の共同所有権であるが共有の性質を有しない入会権は他物権として構成されそのため共有の性質を有しない入会権は地盤所有権との関係でさまざまの制約を蒙ることがある。

　戦前国有，公有（主に市町村有）地上に入会権が存在するか否かが問題とされ，行政庁も裁判所も国有地上入会権の存在を否認する態度をとっており，公有地について行政庁はいわゆる入会公権論の立場から入会権否認の態度としていた。しかし戦後では国有地・公有地とも入会権の存在を否認する法理はなく，それほど重要な問題ではなくなった。この点については次章で取り扱う。ただ，市町村有地，財産区有地は公有地として地方自治法等の規制が加えられる一方，これらの土地はかつて集落住民の共有入会地であったものが多いので，その地盤所有権の帰属がしばしば問題となる。とくに財産区と呼ばれているものの中には，財産区としての機関もなくまたその形成過程も明らかでなく，はたして財産区有であるか否か疑わしいものが少なくない。

　入会地盤所有権の帰属に関する紛争は明治期には多くない。入会集団相互間における入会地盤所有権帰属の紛争はあるがそれは集団入会権の確認とともに争っているのであって地盤所有権のみを争っているのではない。これは当時地盤所有権意識があまりつよくなく地盤所有よりも入会用益権の方が重視されたからであろう。

　入会地盤所有権帰属の紛争が多くなるのは大正末期から昭和期以降であるが，それにはいわゆる部落有林野統一事業と関連がある。この市町村への統一は法的な根拠はなく，強制力な行政指導によって行なわれたもので，多くの部落有地（主に林野）が市町村有となった。ただしこの統一事業の実施には地方によって多少の差はあったが，ともかくも多くの部落有林が市町村有となり，市町村の管理権能が強まるとともに市町村有地上の入会権の存否が争われるようになった。

入会権の判例総合解説　**97**

第5章　入会地盤所有権の帰属

【80】　長崎控判大13・10・6新聞2336・16

事実　甲村内にある原野に共同収益権を有するXら178名が同じく住民Yら350名を相手として、地盤がXらの共有に属しかつXらがYらよりも優越する入会権能を有することの確認を求め、第1審はXらの共有権を認めたのでYら控訴し、本件原野がXらの共有に属するかXYらを含む所属部落の共有に属するかが争われた。

判旨　「部落有ノ入会地ニ付キ其部落民カ慣習上使用収益ヲ為シ得ルコトハ古来其事例尠少ナラスシテ斯クノ如キハ畢竟部落カ入会権ヲ有スル当然ノ結果ナリトスヘキカ故ニ既ニ認定シタル如ク部落ノ共有ニ係ル本件入会権モ亦斯カル内容ヲ有スル権利ナリト推断スヘキハ寧ロ部落住民タルX等カ多年入会原野ノ使用収益ヲ為シ来レル事実ニ徴シ肯定サセルヘカラサル所ナリト同時ニ部落民タルX等個人カ本件二筆ノ入会地ニ対スル賦課ヲ分担シ来リタルハ住民各個カ直接納税義務者トナレルニアラサルコトハ後段記述ノ如クナル上、部落ヲ組成スル一員トシテ部落有ナル入会権ヲ行使スルニ基因スル結果ナリト認定シ得ヘ（く）……本件二筆ノ入会地ニ対スル賦課カ何レモ各関係部落ヲ標準トシ之等部落ニ一旦課セラレタル後、更ニ部落民ニ於テ分担スルモノナルコトハ……明ニシテ此事実ヲ購テ本件二筆ノ入会地ノ共有権即チ共有入会権ノ主体カ各関係部落ナルコトヲ確ムルニ十分ナル資料トナスニ足ルノミナラス本件部落民カ其所属部落ヲ去ルトキハ最早本件二筆ノ入会地ニ付キ使用収益ヲ為シ能ハサル慣習アルコトハ当事者争ナキ処ニシテカカル慣習ノ存スル事実モ亦以テ本件共有入会権ノ主体カ各関係部落ニシテ部落民ニアラサルコトヲ認ムルニ足ル可キ証左ナリト認定セサルヲ得ス何トナレハカカル慣習ノ成立ハ入会権カ個人トノ関係ニ於テ成立シタル結果ニアラスシテ主トシテ部落ト部落トノ関係ニ於テ成立シタル沿革的事実ニ胚胎スルモノト目スヘケレハナリ、之ヲ要スルニ本件二筆ノ原野ハ何レモ入会地ニシテ之カ共有権即チ共有入会権ノ主体カ各関係部落ナルコト及部落民ハ右権利ノ内容上只単ニ本件二筆ノ原野ニ付キ各自使用収益ヲ為シ得ルニ過キ」（ず）。

【81】　大判昭17・9・29法学12・517

事実　A区住民で組織されたX区共有財産管理会の管理する山林につき、区有なるが故にA区の属する甲村が管理権を有すると主張するA区民外の第三者Yと、A区住民の総有に属すると主張するX区共有財産管理会との間の地盤所有権の帰属の紛争に関するものである。

判旨　「A区民ハ明治以前ヨリ本件土地ノ地盤並毛上一切ヲ総有シ自家用薪材秣等ハ自由ニ採取シ自家用建築材ハ区民代表者ノ承認ノ下ニ各自之ヲ伐採シ其ノ余ノ立木ハ区民総意ノ下ニ之ヲ処分スル等共同シテ収益ヲ為シ得ル権利ヲ有シ該権利ハ区民タル資格と共ニ得喪セラルル慣行ナル所X会(被上告人)ハ昭和4年11月16日A区民一同ニ於テ右本件土地外数筆ノ土地ニ付有スル権利ノ確認整理並之ニ関スル一切ノ事務ヲ共同処理スルコトヲ目的トシテ設立シタルモノニシテ会員中ヨリ理事3名ヲ選任シ更ニ其ノ互選ニヨリ理事長1名ヲ定メ理事長ハ同盟会ヲ代表シテ其ノ事務一切ヲ処理スル組織ナリト云フニ在リテ原判決挙示ノ証拠ニ依レハ右ノ如ク認定ヲ為シ得サルニ非ス而シテ右事実ニ依レハ甲区民ハ本件土地ニ付所謂共有ノ性質ヲ有スル入会権ヲ有シ其ノ入会権ニ付被上告人ハ管理権ヲ有シ被上告人ハ法人ニ非サルモ代表者ノ定アル社団ニシテ従テ当事者能力及訴訟能力ヲ具ヘ右入会権ニ関シ本訴請求ヲ為シ得ル適格ヲ有スルモノト云ハサルヘカラス果シテ然ラハA区民カ本件土地ノ地盤並毛上ヲ総有スルコト即チ本

件土地ニ付共有ノ性質ヲ有スル入会権ヲ有スルコトヨリシテ該土地カＡ区ノ所有ニ属シ従テ其ノ管理処分権カ同区ノ属スル甲村ニ帰スルモノトスル所論ハ右認定ニ副ハス従テ失当ナリ」

【82】 大判昭18・7・28 法学12・389

[事実] 甲部落の山林で部落有統一から除外された三筆につき部落住民ＸらとＹ会社との間で紛争があり，右山林は甲部落住民の共有の性質を有する入会地であり財産区有とは認め難い，という原判決に対し，Ｙは，部落有とは部落なる独立せる法人が別個に存在して地盤を所有する故住民の入会権は地役権的入会権であり，したがって住民が使用収益し来った事実はその地盤が財産区有たることを妨げるものではない，と上告した。

[判旨] 「本件繋争ノ山林ハ町村制施行以前元甲村ト称シタル現在乙村大字甲ニ於テ往昔ヨリ俗ニ村山ト称シ又ハ甲１村持トシテ承認セラレ居リ大正10年頃多クノ部落有財産ヲ村有財産ニ統一スルコトアリタル後ニ在リテモ依然部落有即部落民カ其資格ニ於テ共有スルモノナルコトニ変更ナク永年ノ慣習ニ従ヒ部落民ハ該山林ヲ共有トシテ支配スルコト同時ニ部落民自ラ薪炭材料タル下草ヲ採取シ或ハ船曳場トシテ使用シ又ハ網主カ大網ヲ捲ル際之ニ貸与スル等ノ方法ニ依リ使用収益ノ実ヲ挙ケ来リタル事実ヲ認定シ尚叙上ノ関係ハ甲部落住民ニシテ一戸ヲ構フル戸主又ハ世帯主等ノ全員カ本件山林地盤ヲ共有スルト共ニ之ヲ目的トスル入会権ヲ有スルモノナルコトヲ判示シタルモノニ外ナラスト解シ得ヘキモノニ而シテ右ノ如ク民法施行前ヨリ村山或ハ１村持ト称シテ山林或ハ原野ヲ其部落民カ慣習ニ従ヒ一定ノ範囲ニ於テ各自又ハ共同シテ使用収益シ来レル支配形態ハ民法上ニ於テハ部落民等ノ地盤ニ対スル共有関係ヲ包含スルモノニシテ此場合ノ部落民ノ権利ハ所謂共有ノ性質ヲ有スル入会権ナリト謂フヲ得ヘク原判決カ本件山林ニ付甲部落有ト謂ヘルモ亦此趣旨ニ外ナラサルコトヲ領シ得ヘシ」

上記判決はみな住民共有に属し区有又は町村有でない，と判示している。

戦後は土地の開発，利用がすすむにつれ入会地の管理，処分権能が問題となり，とくにいわゆる部落有，区有地が住民共有の入会地かそれとも財産区有地であるかを争うことが多くなった。

財産区は地方自治法第294以下に規定する特別地方公共団体で，通常新財産区と旧財産区に分けられる。新財産区とは市町村合併の際旧市町村財産を新市町村に移行せずその財産を協議によりそのまま市町村の一部としての財産区とするもので，一般には合併前の市町村有地がその実体である。旧財産区は明治22年市制，町村制施行の折旧村（大字に相当する）所有の土地で市町村有とならなかった土地財産がその実体で，新財産区と異なり新しく設けることはできない。旧村持の財産が公的な村の所有であったかそれとも住民の共有であったか明らかでないため，それをめぐる紛争が多くなる。

なお入会地盤所有権の帰属が問題になる例として，個人有名義の土地，あるいは社寺有名義の入会地があり，それが入会集団の共有の所有地であるか（入会用益地であることに争はない）否かという場合がある。

以下，大字・部落有等の名義の土地で住民共有入会地と判示された例，財産区有等公有で判示された例，そして社寺名，個人名で地

第5章　入会地盤所有権の帰属

盤所有権帰属が争われた例を取上げ検討する。

第1節　区有・大字有

1　共有入会地と判示された例

【83】　大阪高判昭30・10・31 高民集8・9・634

[事実]　係争山林はX区とA区の共有入会地であったが大正14年B₁村有となり戦後合併によってB₂村有となったが，昭和24年に旧所有者たる両区に払下げられた。払下後A区のYら4名とX区住民である3名計7名の所有名義で登記され，持分の分割協議が行われたが，この持分の決定につきX区が異議を申し立て，登記名義人たるYら7名を相手として所有権移転登記抹消請求の訴を提起した。原審（京都地峰山支判昭29・11・14）は，X区は財産区であるからその代表者はB₂村長となり，同村長が参加しない本訴は不適法であるという理由をもって却下したので，X区から控訴した。

[判旨]　「財産区に関する現行地方自治法第294条の規定は，旧市制第144条，旧町村制124条を踏襲するものであって，市町村の一部である部落が旧慣により部落として財産を有し，又は営造物を設けている場合，若くは市町村の合併に当り従来所有の財産又は営造物の帰属統一について協議の調わない場合において旧来の部落若くは市町村をしてその儘これ等財産営造物を保有せしめるがため，特に該財産又は営造物の管理及び処分についてのみ右部落又は合併前の市町村を財産区としてこれに特別地方公団体たる法人格を認めるとするものであるから財産区なるものは右の財産又は営造物と離れては存在せず，若し処分その他によってこれを喪いその管理処分事務の終了したときはここに財産区は消滅し，爾後は単なる市町村の一部として独立した人格を有しない（前段説示の組合類似の社団と認めるべきは別問題）こととなるから，最早財産権の主体となり得ない筋合である。従って爾後該部落民全員のため財産を取得しても法律上は部落民の共有若くは総有となるべきものであって，財産の取得によって新たに財産区なる法人が成立するものではない（世上往々部落住民の共有財産が区長その他の個人名義に登記せられるのはこれがためであって，財産区なる法人の新設が法律上許されないから，個人に信託し，その名義に登記するものと認められる。）これを本件について観るに，……本件物件はX区がX村と称して居た古来より，A区其の他の共有していた山林の一部であって，大正14年11月30日附をもって所有者B₁村大字A及Bとして保存登記を経由し，同日附をもって同月25日無償譲与を原因として取得者をB₁村として移転登記が為され，更に昭和25年5月15日附をもって大正14年12月1日合併を原因とし，取得者B₂村とする移転登記が為された事実を認定し得られ，これによると，X区は旧町村制施行後も本件物件の管理処分に関しては財産区であったものと認めるべきであるが，大正14年11月25日，本件物件をB₁村に無償譲渡し，その所有権を喪失したことによって右物件に関するかぎり財産区たるX区は消滅したものというべきことは叙上の説示によって明らかである。従って仮りにX主張の如く，その後昭和24年3月19日X区住民が一団として本件物件をB₂村から払下げを受けたとしても，これによってX区は財産区となるべきものではない。」（差戻審で和解成立，本判旨変更なし）

【84】 千葉地判昭 35・8・18 下民集 11・8・1721
（【119】【192】と同一事件）

[事実] 旧Y村等5カ村共同入会地は明治15年地券交付の示達があったにもかかわらず関係住民の間で意見がまとまらなかったため官有地に編入された。住民は入会稼ができなくなるのをおそれ協議の上国から売払いをうけ右土地は明治21年にY村等4カ村（1カ村脱落）名義で所有権取得登記が行なわれ、町村制の施行により旧村ごとに財産区が設けられ右土地の登記名義はYなど4財産区共有となった。昭和12年に関係財産区の間で土地を分割して入会権を解消するという協定が成立した。昭和16年右土地上の立木伐採権能につき財産区と住民との間に紛争を生じたので、Y区住民の大部分（選定当事者X）はY財産区を相手として、右土地にXらが共有の性質を有する入会権を有することの確認を、予備的に共有の性質を有しない入会権を有することの確認を求める本訴を提起し、係争地の国からの買受け代金を負担したのは住民であって当時の町村でないから売払いをうけたのは町村でなく住民であり、その後も住民が入会収益し公訴を負担してきたのであるから行政上の町村その後身である財産区は係争地の所有者となるいわれはない、と主張した。Y財産区は、入会権確認訴訟は固有必要的共同訴訟であるのにXらは部落住民全部ではないので本訴は不適法である、と抗弁し、係争地はいったん官有地に編入されたからその折住民の入会権は消滅したというべく、係争地の売払いをうけたのは4町村であり、その後住民が使用収益したのは当時の町村が認めた公権にもとづくものであり入会権を有するからではない、と主張した。

[判旨] 「三、よって前記当事者間に争いのない事実及び認定事実に基き払下後も前記510町歩の林野に入会権が存したかどうか、及び右林野の払下を受けた者は誰であったかの点を考えて見ることとする。但しここでは払下後明治22年町村制が実施され財産区の設置せられるまでの短期間について説明することとし、別に項を改めて財産区設置の時から民法施行の時まで及びその後について説明することとする。是くすることが事柄を明瞭ならしめるに役立つと思われるからである。

さて前項までの事実関係殊に、

㈠一旦民有地と査定せられY村に新地券を下附すべき旨の示達まであったものを関係町村間に紛争があったために官有地に編入してしまうことは元来無理で違法な処分であったこと、㈡関係町村住民等は古くから510町歩の林野（170町9反5畝歩のことは煩雑となるから省略する。）につき入会権を有していたが、官有地となり右権利を失っては死活に関するというので初め民有地にそのまま復帰するように運動したのであるが千葉県の方針に基き払下を受けることとなったもので、その目的は右林野につき従来の如く権利として入会山業したいためであったこと、㈢千葉県は払下に先ち共有山林管理方法規約書を徴し510町歩の一部78町歩は保存林とし、売木の際町村に分配される代金は町村において貯蓄すべき旨定めしめ且払下の通達書において毎年規約による山林管理の状況を報告すべき旨を命じたが、右保存林自体を山業の都合により廃止することを得る旨定めた右規約の条項及びX主張の如き内容の貫目木伐鑑札制度を定めた（この制度は入会権あることを前提として始めて理解し得べく、住民等の山業がY主張の如きものであるとしては理解し難い。）規約の条項を存置せしめた上払下をなしたこと、㈣払下代金をY村住民等に一戸当り均一の金額を出金せしめ且払下代金については町村会の議決を経た形跡がないこと。㈤右代金の納入は戸長によりなされず町村総代等によりなされたこと、㈥右林野の官有地名義であった期間は満6ケ月にも足らず、右全期間住民等の山業が継続したとの点については証拠がないが少なくとも町村総代等と県当局とは払下により民有地とすることの了解の成立した9月以

第5章　入会地盤所有権の帰属

降においては当時の状況から見て住民等が入会山業に従事したことを十分に推認できるから，住民等が山業を一時中止されたとしてもその期間は極めて短期間であったことを考えれば前記払下後においても4ケ町村住民等は権利として510町歩の林野に入会うことができたと見るのが無理のない自然な見方と言わなければならず，そして払下を受けたものはY村住民団体外3つの町村住民団体（学者により「実在的綜合人」「部落協同体」「部落民の総合的全員」「住民の統一的な綜合体たる部落」などと言われるもの）であると言わなければならない。当時町村は未だ自治体たる町村と右町村住民団体とに明白に分れる以前であり〈略〉両者共に町村と言われていたから，町村名義で払下げられ，町村名義で払下による所有権取得登記がなされた事によって，自治体たる町村が払下を受けたものと速断することはできない。又町村合併に際し払下林野につき財産区の設定されたことは（このことについては後に説明する）X等の自認するところであるが，このことのみより逆に払下を受けたものは自治体たる町村であると断定するのは正しくない。

〈略〉

四，次に明治22年町村制が実施せられた以後民法施行の時まで及びその後において右状態に変化があったかどうか及び民法により如何なる権利が認められたかの点につき検討するに，明治22年の町村制施行の際における町村合併により，〈略〉各財産区が設けられ，510町歩の林野の登記簿上の共有名義が右4財産区の共有名義に変更せられたこと，右林野も財産区に属する財産として取扱われ，財産区名義をもって右林野に対する公租公課が賦課せられ，納入された〈略〉明治21年6月13日内務大臣訓令第352号第8条において各町村の協議がととのわない場合の町村財産処分の基準として「民法上の権利は町村の合併を為すに就き関係を有せざるものとす。即各町村に於て若し町村たる資格を以て共有するに非ずして，町村住民又は土地所有者に於て共同して所有し又は維持共用せし営造物又は山林原野田畑等あるときは従来の儘たる可し」と命令したが，510町歩の林野を払下所有する者が住民団体であり，その土地につき入会権が存し所謂「数村持地入会」の状態にあったとすれば右林野についての権利は正に「民法上の権利」と言わなくてはならないから，右財産は町村の合併には関係なく，これについては財産区は設定すべきものではなかったと言わなくてはならない。それにも拘らず右510町歩の林野が財産区に属するとせられたのは右林野の性質に対する理解が乏しかったためであるという外はない。X等は住民等が財産区に管理を信託したに過ぎない旨を主張するが，住民等が財産区の性質を知り，これに財産の管理を信託したというような事実についてはこれを認むべき証拠がない。

〔略〕

ところで部落住民団体（「住民の統一的な綜合体たる部落」）なるものの存在は明治22年の町村制度実施以後殊に明治31年民法施行以後においても認められるかと言うに，民法第263条及び第294条において入会権については第1次に各地方の慣習に従う旨規定されたが，右は民法施行以前において認められていなかったことを民法において新たに創設したのではなく，民法施行以前においても認められていた原則をそのまま民法の規定として採用したに過ぎない。換言すれば民法施行の前後に拘らず入会権に関しては第1次に各地方の慣習に従うべきものと言わなければならないのであるが，古くから各地方に存する入会慣習中各地方に普遍的なものは，庄屋，総代等の代表者及び山業施行等に関する規約を持って入会住民等が一団となって入会山業を継続して居り，右団体を表現する村なる言葉を使用していた慣行であって，この現象を最も正確に把握するには明治初年の町村なる言葉のうちに自治体たる町村の外に部落住民団体なるものを認める必要があるとされるが，右必要は町村制が実施せられたことによって毫も減

少するものではなく，民法施行後現在に至っても全く同一である。とすると少くとも第1次に慣習に従うべき入会権に関する限り民法施行前は勿論民法施行後現在においても部落住民団体の存在を認めるのを相当とすべく，町村制施行後右団体の存在及び右団体の所有なる観念は認められず右団体の所有とされたものは法制の変遷に伴い自然に自治体たる町村の所有と観念されるに至ったとなすYの採用する見解には賛同することができない。そうとすれば前記の如く本来財産区の所有に属せしめらるべきものでなかった510町歩の林野が財産区に属せしめられ，前記の如く右林野に関する納税等の事務が財産区により執行されたことにより自然に右林野が財産区の所有と観念されるに至ったと解することはできず，又170町9反5畝歩についてのことはしばらく措き，510町歩の林野においては住民等が常に入会山業していたものであるから前記の程度の財産区の形式的管理により時効により財産区が右林野の地盤の所有権を取得したとなすことができないのは多言を要しないから，Yの時効取得の主張はこれを容れることができない。しかし右に説明するとおり民法施行当時において510町歩の林野はいわゆる「数村持地入会地」であったから，民法はY外3ケ部落住民団体に対し共有の性質を有する入会権を認めたと解しなければならない。」(本判旨確定)

【85】 鳥取地判昭38・9・27 下民集14・9・1881

[事実] A町のX区Y区両区共有に属する林野につきX区がY区を相手として共有物分割請求の訴を提起し，係争地はもとXY両村の共有に属していたが町村制施行後XY両村は町村の一部でかつ財産区でない区となったので，本訴は地方公共団体で財産区でないX区が同じくY区を相手にして共有物たる入会地の分割を請求する，と主張した。Y区は，係争地はXY両区住民の総有に属するものであって公共団体たる両村の所有物ではなく，仮に公共団体たる両村の所有に属するなら係争地はXY両財産区の共有となるべきであり，その管理処分は管理者たる町長がなすべきである，と抗弁した。

[判旨] 「A町大字X，同Yの地域は，明治初年頃は夫々独立した行政村たるB郡X村，Y村の区域をなし，その後明治22年の町村制施行によりA町の一部である大字X，Yとなり，更に旧C村次いでA町の一部たる大字の地域となり，現在に至っているが，古くより（おそくとも明治初年の頃から）現在に至るまで（途中入会地の一部について後記の分割後はその部分に限り独占入会の形態をとるが）右両地域に住む住民が各地域毎に集団を形成し農業協同生活を営み，両大字間には権益の差なく世帯単位で第1物件に慣行的に入会って来たもので，右住民は夫々長年月の共同生活を通じて形成された各地域単位の規約に基き，それぞれの農業協同生活体の1代表機関たる区長（Y区では更に副区長）その他の役員として伍長数名を設け，これを毎年初回の右地区単位の住民総員（但し世帯単位）の会合（町村制施行後は区会と呼ばれている）で互選し，その年の農事の方針計画，農業労働の労賃額，川魚の漁獲権の入札等を協議又は決定し，又この区会及び随時の区会で第1物件の入会に関する諸事項，即ち，入会地の道路の敷設，修繕，その他の役務の賦課に関する事項，入会山林の消防，山番，その他入会地の監視に関する事項（例えば，造林木窃取者に対する料金，発見者に対する報酬料金の積立）入会収益の分配方法に関する事項等を決定し，右両地区民が自らこれを守り，右入会に関して両部落で交渉の必要な場合には各団体の区長，伍長が団体構成員を代表して（例えば，後記認定の入会地分割或いは造林等の契約においては右区長，伍長が代表として契約書に連署捺印している）交渉に当る外，かかる集団的農耕入会地の管理に要する費用及び租税

は通常入会収益や諸種の入札収入の積立金でまかない、必要に応じ戸数割で徴収して来たことが認められ、この区長や区会は明治初年の行政単位たる旧村の行政機関たる村長、村会、戸長更には旧町村制第68条の行政区の区長、同第125条の財産区の区会とは明かに無関係なものと考えられる。そして明治初年の旧村の農民生活が一般に自給自足的農耕生活を主要部分とし、慣行に基く入会生活をその不可欠の補充手段としていた点を考え併せると、本件Y、X各地域にはおそくとも明治初年頃には既に前記農耕と入会生活を契機とする地域的農民生活協同体が行政村とは別に強固に存在していたものと認めることができ、その法律的性格は一種の権利能力なき社団であると解することができる。そして、……第1物件の土地台帳（これは地券制度を承継したものとされている）には権利者として「X村、Y村、村中」と記載され、地租の領収書の納税者として「Y、X入会」と記載されていること、後記の分割契約書にはその土地所有につき「前記の地所従来入会所有権の処……無期限地権分割を契約す」旨の記載があること、

〈略〉

その他入会地所に関しては両部落民は「住民みんなもち」の意識を有し、入札せり売境界確定、立木窃取者に対する科金決定、山番設置等を実施して今日に至ったこと（反面公共団体たる旧時代の村、旧町村制時代の村、自治法施行後現在に至るまでの村、又は町の各法制上の行政機関たる村会、町会、村長、町長等が旧村時代では公共団体の財産としてその後は旧町村制第124条、地方自治法第294条に基いて、第一物件を管理して来たった事が証拠上全く認められない）が認められ、これに本来慣行による入会権の内容はおおむね下刈りによる薪炭木の採取、牛馬の飼料の採取、肥料としての雑草木の採取等農耕生活の補充手段的なものを主として植林、立木の伐採売却、開墾、賃貸というような処分を附随的にも内容とするものでないことを併せ考えれば、むしろ第1物件は権利能力なき社団たる大字Y区大字X区が右両村村中持の名義で地券交付を受けた民有地であって右両団体の共有に属し、各団体においてはこの共有持分権をその構成員たる各世帯が講学上所謂総有の形態で共同所有するものと推認するを相当とする。

以上のとおり旧町村制施行前の独立行政単位たる原、被告の前身であるX村及びY村が財産又は営造物を有しないのであるから、X、Yは「旧財産区」ではない。」（本判旨確定）

【86】 山形地判昭46・2・24 戦後2・105

事実 甲市乙部落所在の係争地は昭和5年に縁故払下により国から乙部落住民Xら90名共有名義で所有権移転登記が行なわれ、部落住民の採草、採薪用に供されてきた。戦後採草等利用の減少により係争地は競馬場用地として甲市に賃貸されたが、右90名中の生存者Xら15名は、部落住民Yら6名（右90名の承継人ではない）が係争地の賃貸に反対しXらの使用収益権を妨害しているという理由で、Yらを相手として、Xらが係争地に各90分の1の持分を有することの確認とXらの使用収益権に対する妨害停止を求める本訴を提起した。Yらは、係争地は乙部落有地であってXら90名の共有地ではないと抗弁した。

判旨 「イ 事　実
（イ）明治21年市制町村制が公布され、我国に近代的地方自治制度が確立されたが、右法制の下では部落は新しい行政単位としての町村に吸収され、形式的には独自の存立性を失ったが、実質的にはなお自ら林野を所有したり、入会林野の主体として生活共同体としての存在が認められていた。

（ロ）その後明治政府の政治的基礎が確立し、その権力が強化するに伴い、同政府は、国政遂行の

末端機関としての町村も強化することを企図したところ，部落の存在がその障害となったので，明治43年10月以降部落有林野の所有権を町村に移転して部落の経済的基礎を弱体化すると同時に町村の財政的基礎の強化政策が進行され，更に明治44年町村制が大幅に改正（同年法律第69号）されるに及び，町村の国家機関としての性格の強化と，部落の弱体化が一層進められた。

（ハ）右(1)ニの町村制第124条1項の「町村ノ一部ニシテ財産ヲ有シ又ハ営造物ヲ設ケタルモノアルトキハ……」との規定の文言は，右(イ)(ロ)の施策を反映したもので，部落が財産又は営造物を既に設けている場合にはその所有が認められるが，新たに財産又は営造物を取得することはできない趣旨と解されており，従って，爾後部落が新たに財産，営造物を取得することは法律上否定されるところとなり，この制度は本件山林の払下当時（昭和5年）にも存続していた。

ロ　公知性

（イ）公知の事実とは，一般人に知れ亘っている事実に限定されず，一定の職業者間に普遍的に知れ亘っている事実も含まれると解するのが相当であるところ，右イの事実は，歴史研究者の間ではあまねく知れ亘っている歴史上著名な事実である（中川健蔵，宮内由太郎，阿部秀準，立花俊吉著『改正市制町村制釈義』（明治44年発行）574頁，中尾英俊著『林野法の研究』（昭和40年発行）67頁ないし74頁殊に73頁注(2)等参照）。

（ロ）従って，右イ認定の事実は，所謂公知の事実であるところ，それは証拠法制上の所謂間接事実に属するからこの点につき当事者間の主張立証がなくても主要事実存否の判断資料とすることができる。

(3)　本件払下に関する法令の趣旨

イ　本件山林の払下は，国有林野法第8条4号，不要存置国有林野整理処分規則第2条1項4号等に基づきなされたものであるところ，右規則第2条2項は，町村制第124条1項の趣旨（(2)イ(ハ)）

に鑑み，縁故者が部落である場合の払下の相手方は，第一順位がその部落を包含する当該市町村，第二順位がその部落の住民共同であり，部落自体はその払下の主体となり得ない趣旨であると解するのが相当である。

ロ　従って，右規則第2条2項は，部落が法人格を有しないため払下の出願手続や払下を受けた場合の登記手続上，便宜的に，市町村又は部落住民共同名義を使用することを許容した趣旨であると解することはできない。

3　右1，2によると，本件山林の払下を受けた者従ってその買受人はX外89名であり，本件山林は同人らの共有（持分各90分の1）に属したものと認めるのが相当である。」（本判旨確定）

【87】　大阪高判平 9・8・28 戦後 3・164

事実　甲町の乙部落有林は土地台帳上「乙（旧村名）持」と登載されていたが，Yが産業廃棄物処理場として買得を乙部落代表者Bに申入れ，乙部落住民全員売却に同意したので，売買契約は成立した。その契約書に，乙部落の代表Aは乙財産区代表Aと署名，Yは本件土地が財産区有地であるとして甲町長Xに売買の了解を求めた。Xは環境変化のおそれがあること，本件土地が甲財産区有であることを理由に売却に反対した。しかしYはBとの民事調停を経て所有権移転登記を経由したので，XはA財産区管理者として本件係争地が乙財産区に属すること，同財産区の代表者は甲町長であり乙集落の住民代表Bには代表権がないこと，本件売買には，地方自治法上必要とされる町議会の承認がなく無効であることを理由に，Y会社を被告として，同社名義となっている所有権移転登記等の抹消登記を訴求した。

第1審（神戸地豊岡支判平 6・8・8 戦後同）は，本件係争地が財産区有であることについて当事者間で基本的に争いがなかったため，本件売買は無

効であるという理由で原告X勝訴。

　Y会社は控訴し，乙集落には財産区固有の機関がないこと，本件係争地には固定資産税が賦課されてきたことを理由に本件係争地は財産区有ではなく（自白の撤回），乙住民の共有入会地であり，本件売買は，住民全員の同意を得ているから有効である，と主張した。

[判旨]　「㈠　甲部落は，もと村であったが，町村制の施行により，他の村と合併して丙村となった。

　㈡　本件土地を含む公有林野整理簿控えないし土地名寄帳に記載されている土地は，少数の例外を除いて，土地台帳……の備付の当初からその所有・質取主氏名欄に乙村と記載されているもの，所有者乙村として表示登記のみなされているもの（証拠略）が殆どである。このことと，……，村共有地の分筆に届出を要したことからみると，公有林野整理簿控えに記載されている土地は，沿革的にみて財産区有である可能性があるものと考えられる。

　㈢　しかし，公有林野整理簿控えに記載されている土地に関して，それが作成された大正10年ないしそれ以前に，町村制第114条（明治44年改正後は第125条）所定の，条例を発行したり，区会又は区総会を設けたりした形跡は窺われないし，その会計を分別した（右改正後の町村制第124条第3項）形跡も窺われない。また，前記1（略），本件土地はいずれも最近まで保存登記もなされないままで推移していた。そして，公有林野整理簿控え記載の各土地の当時の管理利用の実態は，〈略〉重要事項の決定は部落協議によってなされていたことが窺われるのである。

　㈣　右㈢の点を併せて考えれば，右㈠㈡の点のみから直ちに，公有林野整理簿控え記載の土地が財産区有であるということはできず，他にこれを肯認するに足りる事情の主張立証はない。

　3　㈠　時期的には前後するが，公有林野整理簿控えは，その記載項目が本件県訓令第17条所定の調査項目と一致しているところからみて，同訓令の方針にしたがって乙部落有の林野を市町村有に統一するための参考資料として作成提出されたものであると推認される。しかし，理由は定かではないが，結果において，公有林野整理簿控え記載の土地が市町村有として統一されることはなかった。公有林野整理簿控えの作成目的が右のようなものであることからすれば，そこに記載されたこと自体は，それらの土地が財産区有であることを意味するものということはできない。しかし，市町村有化を避けるためにその機会にこれを財産区有とした可能性も否定することはできないところである。

　㈡　しかし，前記2㈢で述べたような諸事情が，その時期ないしそれ以後に変わったこと，また，本件県訓令第14条が定める市町村による何らかの経営がなされたことを認めるに足りる証拠はないから，結局，この時期に当該土地が財産区有となったものと認めることは困難である。

　4　同じ甲町管内においては，明治年間に財産区となった丁財産区，また，昭和29年の町村合併を機会に財産区となった丙財産区ともに，明確に財産区有となった土地については，法律の定めに従って非課税とされているのに，土地名寄帳記載の土地については，従前から，そして右町村合併後も，引き続き課税されているのである。これらの点を併せて考えれば，甲町長の土地名寄帳記載の土地に対する固定資産税の課税行為は，そこに記載された土地が財産区有ではないという判断を自ら示す行為であると評価されても仕方のないものである。

　〈略〉

　8　以上述べてきたところからすれば，本件土地が財産区有であるか否かについては，要するに，そうであることを一応推測させる前記一3㈡で認定した「関係町村の現況」の丙村の財産区の欄に乙が記載されていることをどうみるか，そして，その推測を支持・補強する事実として，後日，そ

こに記載された土地を売却処分するに際して、財産区有であることを前提とした所有権移転登記手続がなされていることと、土地名寄帳に法人の記載があることの2点をどうみるかが問題となる。そして、右2点のうち前者の点は、他に（保存登記を経て）所有権移転登記手続をする方途がないままに、本件土地の売却に関するそれに至るまでには特に町長に拒否される等の不都合が生じなかったところから、乙部落の住民が、前記一8(四)④の登記官の認識・見解に表れたような見解に基づく町の指導に従って、あたかもそれが財産区有であることを前提とするような方法を採ってきたに過ぎないものとも考えられるところに鑑み、また後者の点は、当該町村合併申請者の一員である甲町長の、その記載の趣旨とは相容れない固定資産税課税の事実に照らして、いずれも決め手として評価することはできない。のみならず、右課税を継続してきたという事実は、財産区の管理者たるべき甲町長自身、それが財産区有ではないものと認識していたことを示すものであるというほかはない。

以上、述べたところを併せて考えれば、右「関係町村の現況」に丙村の財産区として「乙」が記載されていることから、本件土地が財産区有であると認めることはできない。」（最判平12・7・11上告棄却）

【88】 福岡地小倉支判平12・1・20 戦後3・328

事実 Y市大字甲所在の、甲共有林は土地台帳上「甲村人民共有惣代何某」と記載され（土地登記簿表題部も同様、所有権未登記）ている。この共有林の一部に県行造林を設定することになり、地上権設定登記のため、「大字甲」名義で所有権保存登記が行なわれ、同契約の地盤所有権者は「大字甲 管理者Y市長」とされた。県行造林の伐採代金分収金は一部事務経費を除き、すべて大字甲（入会集団）に支払われているが、この甲入会集団が入会林野整備事業に着手しようとしたところ、この「大字甲」名義が管理者Y市長となっているところから、本件係争地が財産区有ではないかと争いになり、甲入会権者288名がY市を相手として本件係争地が甲住民の共有の性質を有する入会地であることの確認を求めた（係争地中には官民有区分で官有地となったが明治40年に地元に払下げになった土地も含まれている）。

判旨 「2 本件係争地の地盤所有権の帰属について

(一) Y市は、本件係争地のうち、……の各土地について、町村制の施行により、財産区財産となった旨主張するので、まずこの点を検討する。

(1) 明治22年4月1日に施行された町村制（明治21年4月17日法律第1号）は、自然発生的な村を統合して「有力ノ町村タラシメル」ため内務省が主導的に強行した町村合併であるが、関係町村が保持する山林原野等の公有財産の格差が合併交渉の妨げとなるため、合併を円滑に推進するための便法として、合併後も市町村の一部で財産又は公の施設を有するものを新市町村に帰属させず、旧町村の区域を「財産を有する市町村の一部」として、従来の町村有財産を所有する権利を保障したのが財産区制度の起源である。すなわち、藩政時代以来の旧「村」は、公法関係と私法関係が未分化の状態で存在し、行政村的側面と生活共同体的側面とが渾然一体をなしていたが、町村制の施行に伴い、その法的性質を変えて純粋の行政村となり、従来行政対として所有していた財産は、法律上当然に新町村ないしその「一部」に引き継がれることとなった。

〈略〉

(4) 右のとおり、町村制の施行に伴い、旧「村」が有していた入会地は、全てが法律上当然に行政村に移行し、あるいは財産区財産となったのではなく、入会集団の総有に属する財産として残った

第5章　入会地盤所有権の帰属

ものがあるところ，当該入会地が財産区に属するのか，入会権の主体としての部落に属するのかは，土地台帳ないし不動産登記簿の記載，町村制施行前後の入会地の管理状態，区会ないし区総会の設置の有無等を総合して判断されるべきである。

　㈡　本件係争地の土地台帳の記載について

　本件係争地のうち，甲山5番，同2071番，同3851番の各土地（いずれも枝番を含む。）の土地台帳の最初の所有主氏名欄には，「人民共有持主惣代某」ないし「上甲組共有持主惣代某」と記載されており，その後，誤謬訂正として，「大字甲」名義に変更されていることは，前記認定のとおりである。

　Y市は，右各土地の誤謬訂正後の土地台帳の所有主氏名欄に「大字甲」と記載されていることから，本件係争地は財産区有であるとの推定が働くと主張する。町村制下において，「大字」に法人格が認められたのは「財産を有する町村の一部」の場合だけであるから，土地台帳の最初の所有主氏名欄に大字名義が記載されている場合には，土地台帳制度が確立された明治22年ころ，当該大字はすでに法人格を有していた蓋然性が高く，特段の事情がない限り，当該土地は財産区財産であることが推定される。しかしながら，右各土地にかかる土地台帳の「大字甲」名義は，いずれも最初の所有主氏名欄が誤謬訂正を理由に書き換えられたものであって，誤謬訂正を原因とする登記事項の変更が必ずしも文字どおり誤謬を訂正する場合だけでなく，実質的な変更のためにも便宜上使用されることがあるのは経験則上認められるところであるから，土地台帳の最初の所有主氏名欄に大字名義が記載されている場合と同視して，前記の推定を働かせることはできない。

　そして，本件において，入会地である甲山林野の範囲は必ずしも明確ではないものの，入会林野等整備の対象とされた本件係争地を含む約90筆の土地がその範囲であると推認されるところ，そのほとんどは，「人民共有持主惣代」ないし「〇〇組人民共有持主惣代」名義のまま現在に至っているのに対し，「大字甲」名義となっているのは，県行造林の対象とされた本件係争地13筆のみであること，県有造林契約を締結するにあたっては，地上権設定登記が必要であり，その前提として，所有権保存登記を経由する必要があったところ，大正2年当時，県行造林の対象地となった甲山5番の1，同2071番の3，同3851番の2の各土地の登記簿謄本の表題部はいずれも「人民共有持主惣代何某」ないし「上甲組共有持主惣代何某」となっており，共有者の氏名も人数も表示されていなかったため，そのまま所有権保存登記を申請することは不可能であったことに照らし，右所有主氏名欄の書き換えは，県行造林契約に基づく地上権設定登記を可能にするため，誤謬訂正に名を借りてなされた蓋然性が高いと認められる。

　そうすると，右各土地の土地台帳の最初の所有主欄に「人民共有持主惣代某」ないし「上甲組共有持主惣代」と記載されている事実は右各土地が甲地区の住民の共有の性質を有する入会地であったことを推認させるものということができる。

　㈢　入会地の管理について

　甲3か村は，町村制施行後もそれぞれ代表者として「区長」を置き，3区長の合議により，入山管理や入会団体の運営を行ってきたが，その後，全入会権者を構成員とする「甲入会林野組合」を組織して，入山管理等の事務を引き継ぎ，現在に至っていること，本件係争地の地租ないし固定資産税は，入会団体において，入会権者から徴収する分担金を主たる財源として納めてきたこと，昭和18年ころ，県行造林契約に基づいて県から支払われた分収金を入会権者において分配したことは前記認定のとおりであり，……，甲山林野の管理・利用は，町村制の施行の前後を通じ，一貫して，3区長の合議あるいは入会権者の決議に従って行われていたことが推認できる。

　そして，右にいう区長は，明治初年の行政単位たる旧村の行政機関としての村長，戸長，あるい

は，町村制にいう区長や区会とは明らかに無関係のものと考えられるから（町村制の施行にあたり，甲地区において，区会や区総会が設置されたと認めるに足りる証拠はない。），遅くとも町村制施行当時，行政上の村とは別個に，農業を中心とする生活共同体（入会団体）が確立しており，右共同体は，町村制の施行によって旧「村」が有していた行政上の組織単位としての側面が新町村に移行した後もなお，従前と同様存続していたと認められる。

（四）Y市は，本件係争地のうち乙山3番の土地は，不要存置林野として，甲財産区が払い下げを受けたと主張する。

(1) 山林原野土地官民区分において官有地とされたものの，行政上供用されず，国有林野経営上好適でない土地は，明治32年7月1日に施行された国有林野法（明治32年3月法律第85号）により，不要存置林野として，「特別ノ縁故アル林野ヲ其ノ縁故アル者」に随意契約をもって売り払われることとなった。

国有林野法及び同施行規則（明治32年8月省令第25号）によれば，「命令ノ定ムル所ニ依リ特別ノ縁故アル林野ヲ共ノ縁故アル者ニ売払フトキ」（法8条4号）にいうところの「縁故者」とは，「府県設置以前入会ノ慣行アリタル林野ニ在リテハ其ノ入会ヲ為シタル者」（施行規則7条1項4号）その他と定められ，「前項第1号乃至第4号及び第9号ノ縁故ノ関係市町村内ノ一部ニ係ルトキハ総テ其ノ市町村ヲ以テ縁故者トス（施行規則7条2項）」と規定されており，また，不要存置国有林野整理處分規則（大正4年7月24日省令第14号）には，払い下げを受ける縁故者について，「縁故カ市町村内ノ部落ニ係ルトキハ其ノ市町村ヲ以テ縁故者トス若シ市町村ニ於テ買受ケサルトキハ当該林区署長ハ其ノ縁故部落ノ住民共同ヲ以テ縁故者ト認ムルコトヲ得」(2条2項)と規定されている。

(2) 乙山3番の土地は，国有林野法に基づき，不要存置林野として，明治40年7月27日，「丙村」（Y市合併前の村）に払い下げられたと認められるところ，Y市は右土地につき所有権を承継しておらず，土地台帳には，「丙村」の記載の上に「甲」と付記されている上，明治42年9月16日，名義人更正として「大字甲」名義に改められていること，右土地が地元の祭神である甲大権現が祀られた乙山1番の土地に附属する入会地であり，甲山林野の一部を構成していることに照らし，右土地は，「丙村」が払い下げを受けた形となっているものの，実質的には「大字甲」の住民が金員を拠出するなどして買い受けた蓋然性が高いと認められる。

(3) これに対し，Yは，乙山3番の土地の払い下げがなされた明治37年当時，市町村が買い受けないときは「住民共同ヲ以テ縁故者」と認める旨を規定した不要存置国有林野整理処分規則が存在しないから，乙山3番の土地を大字甲の住民が買い受けることはあり得ない旨主張するが，右払い下げ当時，右条項がなかったとしても，入会権者である住民の共同で買い受けることが禁止されていたと認めるに足りる証拠はなく，入会団体が拠金して官有地の払い下げを受けた例はほかにも存在するから，Yの右主張は理由がない。」（本判旨確定）

【89】 大阪高判平16・1・16 戦後3・469

事実 乙市内土地の一部が土地登記簿上，「丙村ノ内甲村」と記載されており，乙市は地元部落およびY市議会役総委員会の了承のもとにこれら部落有財産の管理処分について「準財産区管理会設置基準」の規定を設け，準財産区管理会がその管理処分を行っている。

これについて乙市民Xが準財産区管理者である乙市長Yを相手に住民訴訟を提起し，本件土地が乙市の公有財産たる財産区財産であるのに，準財産区管理会という部落に管理利用させているのは，

第5章　入会地盤所有権の帰属

財産の管理を怠る事実に該当するとして違法確認並に損害賠償を求めた。

本件はこの「準財産区」が地方自治法上の財産区に該当するか否かの問題である。

第1審（神戸地判平14・3・14判自241・69）は，本件係争地は乙市の所有に属するものではなく，さらに乙市長が管理する財産でもなく，乙市内の1地域にすぎない甲地区住民の総有に属する部落有財産であり，したがって，本件請求は不適法であるとして却下した。

X控訴，控訴審ではほぼ第1審判示を認め控訴棄却。

判旨　「Xは，「本件全土地は，もともと旧財産区であったが，それに対応した手続上の措置が取られず，また，実体も失われているから，今や現行法においては乙市の公有財産である。」旨主張するけれども，本件全証拠によっても本件全土地が旧財産区であったことを認めることはできない。
〈略〉
①の土地の不動産登記簿の所有者名義に「丁郡」が付されていないことをもってしても，郡制が実施され明治29以前に①の土地が取得されたものであると認めることはできないし，前記認定の明治33年以降に払い下げになったものであるとの推認を左右するものともいえない。また，面積が広大であることや全市的に準財産区が存在することをもってしても，当時の村（部落）の住民が団体で出資して取得する理由はないということはできない。なお，乙市作成による説明文「準財産区について」〈略〉には，財産区の沿革について「財産区は，明治21年の町村制施行の際に，徳川時代の村が明治町村制のもとで作られた新しい町村に合併されてその当時の新町村になるにあたって，旧村有財産を当時の新町村にひきつぐことに住民が反対した結果，生じたものといわれている。」旨の記載や，乙市の事情について「本市においては今日に至るまでにこの財産区設置に関する協議が諸般の事情から十分やれなかった経過もあって，現状においては地方自治法上の財産区は存在しないが，実態として財産区のような取り扱いをしなければならないものを有するところとなった。」旨の記載がみられるけれども，上記のような記載内容から直ちに①の土地が旧財産区であると認めることはできない。したがって，控訴人の上記主張は採用するに由ないものである。

イ　Xは，「本件全土地は，公法上の旧財産区であったからこそ，広大で多数の土地が，長年にわたり大字名で登記できたのである。」旨主張する。

しかし，前記引用の原判決認定の①本件合併に際しての部落有財産の取扱（部落有財産は合併後の乙市に引き継がないことを特に言及していたこと），②本件合併時における土地所有名義の変更（不動産登記簿及び旧土地台帳に所有名義が「丙村」と記載されていた土地は，全て「乙市」に所有名義が移転されたが，本件各土地と同様の大字名義の土地は，部落有の土地として，乙市に所有名義の変更がされていないこと），③甲村という団体（部落）の存在及びその沿革，④不動産登記簿上の所有者の表示（明治22年の合併により丙村が成立したため，不動産登記簿上の所有者「丁郡丙村甲」及び「丙村ノ内甲村」は，地方公共団体として存在せず……⑤本件各土地が旧財産区所有の土地といえるためには，旧来の村（甲村）が明治22年の丙村発足以前から取得していた土地でなければならないところ，本件各土地の多くが丙村が発足した明治22年以後に取得されたものであること並びに⑥その余の土地についても丙村発足時に旧財産区として引き継がれた形跡がうかがえないこと，⑦不動産登記簿の表題部所有者欄に法人格なき社団名義が記載されている事例が存在すること（当裁判所に顕著な事実）などを総合考慮すると，本件各土地の不動産登記簿上の記載については，本件各土地が不動産登記簿に記載された当時，本件各土地は，一地域にすぎない甲地区住民の総有に属する部落有財産として認識されていたが，

部落（大字）構成員の総有に属するものであることを公示する明文の根拠規定がなかったことから、1つの便法として大字名義の所有権移転登記が経由され、あるいは不動産登記簿の表題部所有者欄に大字名が表示されたものと推認するのが相当であり、したがって、当時大字名で登記することができたのは旧財産区に該当とする場合のみであると即断することはできない。ちなみに、③の土地については、不動産登記簿の甲区欄に大字名で所有権移転登記がされているが、その不動産登記簿の各記載内容……によると、その取得時期は丙村が発足した明治22年以降に取得されたことが明かであるから、③の土地が旧財産区の所有であるとは認められないところ、このように③の土地が旧財産区の所有でないことが明らかであるにもかかわらず、明治22年の丙村の発足に伴いその一部の地区になったにすぎない甲あるいは甲村という大字名義で登記申請され、法務局で受理されていることに照らすと、登記簿上取得年月日が明らかではない①の土地の表題部所有者欄に大字名が記載されているからといって、そのことを根拠にして①の土地が旧財産区であると断定することはできない。」（最高不受理平16・6・25）

2　財産区有等公有と判示された例

【90】　青森地八戸支判昭26・11・14戦後2・21

事実　甲村X部落の原野で部落住民Yが区会の承諾なしに立木を伐採処分したので、X財産区がYを相手として係争地が財産区有に属しYが立木等の処分権を有しないことの確認を求めた。

判旨　「本件原野は幕政時代にはA氏の所有で山下住民が使用していたところ明治に入りて官民有未定地となりしも後に藩制時代の世話人の個人共有名義としたが名義人個人の所有でなく部落有であって総代及伍長会が管理したが明治30年頃には村条例によって助役が管理し区長がそれ迄の総代のように事実上の管理をしてきたが後に助役に代って村長が管理することになり昭和になって共有名義人であって本件原野を名義人個人の所有であると主張するものがでてきたので助役がそれらの者に訴訟を起し宮城控訴院での昭和7年6月9日の判決で本件原野が部落有であることが認められその後村条例を改めて村長が管理名義人となり事実上の管理はX区長が伍長会の承認を得てなし来り地方自治法の制定と共にX財産区の管理は甲村長がなすこゝなり昭和23年10月15日甲村財産区議会設置条例制定されるや村長は財産区に関する事項につきX財産区議会の議決により財産区財産を管理することになり同24年10月30日本件土地がX財産区の財産に編入されたことがわかる。

　Yは本件原野について登記名義人らが取得時効により所有権を取得したというが実質上所有権がないものが登記簿上所有権者として記載されて居ても取得時効により所有権者となることはない」（本判旨確定）

【91】　仙台高判昭33・12・16（【195】の原審、【116】と同一事件）

事実　本件はもと大字有であったが学区財産とされ、現在村有となっている土地に大字住民が土地の共同所有権あるいは入会権を有するかについての大字住民と村との間の紛争である。係争地はもと大字甲所有の入会地であったが明治42年に学区財産に編入され、昭和16年国民学校令の施行による学区制の廃止に伴いY村有とされた。昭和27年ごろ係争地につき紛争を生じ、同30年Y村は係争地をY村大字甲名義で保存登記をした上昭和16年承継を原因としてY村に所有権移転登記をした。大字甲住民XらはY村を相手として係争地につきXらへの所有権移転登記とY村への所有権移転登

第5章　入会地盤所有権の帰属

記の抹消登記手続を求める本訴を提起したが、第1審青森地八戸支判昭32・7・29（同民集）はこれを認めなかった。Xらは控訴して、原判決が大字有とされていた係争地の学区財産になった原因、手続を明らかにしていないのは不当であり、Xら住民は係争地の共同所有権を有する、と主張した。

なお入会権の存否については上告審【195】参照。

判旨　「Y村には第1学区（大字乙）、第2学区（大字甲）、第3学区（大字丙）の3学区があったこと、明治40年11月6日Y村役場調製の甲尋常高等小学校基本財産台帳には右……原野は、いずれも甲学区の基本財産として記載されてあること、右記載は明治42年10月30日旧帳から転記されたものであること、右旧帳は、これを見つけることができないので、右2筆の原野がいつどのような原因で学区有になったものであるかは、これを明らかにすることができないが、右台帳は明治43年から大正13年まではほとんど毎年村係員の検閲を経たが、右2筆の原野が甲学区の基本財産であるのに疑を抱く者なく、小学校令廃止の昭和16年まで区会、Y村議会、Y村長らがこれを右基本財産として処理してきたことが認められる。さらに右2筆の原野が第2学区有とされていたことは、……第2区会は、第2学区有原野約400町歩のうち約200町歩は村財産に統合し、残部の財産は財産区を設けて、元第2学区特別財産としてその管理はY村長にこれを任せることにしたいとの意見を記載した昭和16年3月18日付答申書をB県知事あてに提出したが、……第2学区有原野などの面積はほぼ402町9反4畝20歩であるから、……右2筆の原野も含まれているはずであること、……からしても明らかであるといわなければならない。

（4）　以上の次第で、右原野2筆がいつころ、どんな原因で第2学区有となったかは、これを明らかにすることはできない。しかし、明治23年勅令第215号小学校令明治33年勅令第344号小学校令の諸規定によれば、村を分画して数区とすることができ、村立小学校の設置に関する費用は、村またはその区の負担とされており村長は村に属する国の教育事務を管掌し、村立小学校を管理するものとされている。また明治23年法律第89号地方学事通則第2条第1、2項は、「市町村及町村学校組合ハ勅令ノ規程ニ依リ小学校教育事務ノ為之ヲ数区ニ分画ス、一区若クハ数区ヲシテ専ラ使用セシムル小学校ニ関シテハ……其区ノ所有財産アルトキハ其収入ヲ以テ先ッ其費用ニ充ツヘシ」と定め、第9条第1、4項は「府県郡市町村町村学校組合及市町村内若クハ町村学校組合内ノ区ハ学校基本財産ヲ設クルコトヲ得、学校基本財産ノ収入ヲ教育ニ関スル目的ノ外ニ使用スルトキハ監官庁ノ許可ヲ受クヘシ」と定め、基本財産の収入は原則として教育の目的だけに使用するものであることを明らかにしている。ところが……によれば、明治25年ころすでに甲学区のあったことが認められる。また……前記2筆の原野は『地主Y村大字甲持』となっており、Aら12名の甲部落民が右2筆をその管理人であるY村長から期間明治34年6月から明治54年6月まで20ケ年、使用料1ケ年12円の定めで使用許可を得た事実を認めることができる。右の「地主Y村、大字甲持」だけでは何のことか、その意味が必ずしも明らかではないが、当時すでに甲学区があったこと、学区はその基本財産を設けることができたこと、村長は村立小学校を管理するものであること、Aらが管理人であるY村長から使用許可を得たことなどを考え合わせると、右2筆の原野は明治34年当時すでに甲学区の基本財産とされていたものと認定するのが相当である。若し丙31番原野が大字甲有であり、また丙6番原野がAの所有であるとすれば、Y村長はその管理人となるはずがなく、Aらが同村長から右2筆の原野の使用許可を得る必要はないはずだからである。以上の各事実により、おそくとも明治34年6月ころ右31番原野は大字甲部落民の意思により、また右6番原野はAの意思によって、

甲学区の基本財産とされていたものと認めざるを得ないのであるから、これによって村中持とかAの所有とかという関係は消滅したものといわなければならない。

〈略〉

(5) 〈略〉国民学校令の制定に伴い、学区は昭和16年3月31日限り廃止されることになり、右廃止に伴い当該学区の財産を処分することになったので、第2区会は、青森県知事に対し先きに認定したような意見を答申し、(後右意見と異なる意見を答申) Y村は、学区の財産全部を村財産として編入することを望む旨の意見を答申したが、同県知事は、当時施行されていた大正3年法律第13号地方学事通則(昭和23年法律第170号教育委員会法第89条で廃止)。第4条の規定(学区ヲ廃止セシメントスル場合ニ於テ学区ノ財産ノ処分ニ付テハ関係アル市町村会及学区ノ区会又ハ区総会ノ意見ヲ徴シ府県参事会ノ議決ヲ経テ府県知事之ヲ定ム、前項ノ府県知事ノ処分ニ不服アル市町村又ハ学区ハ文部大臣ニ訴願スルコトヲ得)にしたがい、昭和16年4月28日第2学区の財産も第1、第3学区の財産も全部Y村に帰属するものと定めたことが明らかであり、右2筆の原野は第2学区の財産であったのであるから、右知事の処分によってY村の所有となったものといわなければならない。」

【92】 長崎地判昭36・11・27 判タ127・84

事実 甲町乙郷(郷は集落に該当する)有(郷名義で所有権登記されている)の土地に住民Xが個人で仕立てた立木を同郷の住民Y₂らが一部伐採したのでXが、Y₂らおよび郷に対して立木所有権を主張し、Y₂らに対して不法伐採による損害賠償を請求し、乙郷名義の土地の郷有名義は法律上認められないので町有地である、という理由で甲町(代表者町長—当時村長Y₁)を相手として土地が町有に属することの確認と立木所有の目的とする地上権の設定登記を請求した。

判旨 「本件各土地は、いずれも……甲村乙郷のため所有権保存登記がされ、その後における右所有権の移転登記は存在しないことが認められる。Xは、右乙郷は右甲村内の1部落(大字)にすぎないから、部落所有が法律上認められなくなった結果、本件各土地は当然右部落の属する地方公共団体たる被告甲村の所有に帰したのであり、右登記名義もその旨変更さるべきであると主張するが、1村内の部落であってもそれが財産を有する場合には、その部落は地方自治法に定める特別地方公共団体たる財産区に属し、独立の法人格(財産所有能力)を有するものであって、右財産区は、旧市制町村制(明治44年法律第68、69号)においても、「市町村の一部」と呼ばれて独立の法人格(財産所有能力)を認められてきたものであるから右甲町内の1部落たる前記乙郷が法人格(財産所有能力)を有する余地がないとして、本件各土地は右乙郷の所有たり得ないというXの主張は、とうていこれを採用することができない。

よって進んで判断するに、……つぎの各事実が認められる。

(1) 前記乙郷保存の「旧記」によれば、乙郷……の山林4町5反歩は、昔時藩主より乙郷丙₁および丙₂の地方百姓に与えられた旨の記載があること。

(2) 丙₁および丙₂住民は、右山林につき入会権を行使していたが、明治30年頃、右山林内に無断植杉をしていた他部落民の非をとがめ、詫証文を差し入れさせたこと。

(3) ところで、前記Y₁村長は、明治32年9月11日、右丙₁および丙₂住民が従来有していた乙郷有山林の入会権を、同郷丁らを含む同郷住民の全部において共有する旨の議案を同村議会に提出し、同議会は、翌12日、原案どおりこれを決議するに至ったけれども、この決議に対しては丙₁および丙₂住民が強い不満を表明したこと。

(4) その後，乙郷内の山林につき右丙₁住民と丙₂住民の間で入会権の帰属が争われたが，大正7年7月13日に至り，前記A郷内の6部落間において，(イ)乙郷持に属する山林，原野，畑宅地一切は，従来の慣行により各部落に使用区域が定められているところにしたがい使用収益すること。(ロ)右使用区域にかかる公課一切は，各持分に応じてその部落が分担すること。(ハ)丙₁住民は，……を丙₃住民に使用収益の権利全部を永遠に譲渡すること。等の条項を含む主として入会権に関する協定が成立して現在に至っていること。

(5) 前記乙村内には，本件各土地以外にも前記乙郷所有名義の土地が現存すること。

そこで，以上認定の各事実に前記旧制町村制施行中の昭和3年に本件土地がいずれも甲村乙郷の所有として登記されている事実をあわせ考慮すれば，他に特段の事由のない本件においては，前記甲村乙郷は，右市制町村制施行中から現在に至るまで，前記「市町村の一部」または財産区として独立の法人格（財産所有能力）を有しているものであり（ただ，同郷に固有の議決機関があるとは認められないので，その権能は，同郷の属する甲村の議会がこれを行使することとなる。），本件各土地は，おそくとも前記登記時たる昭和34年4月17日頃から現在に至るまで，右甲村乙郷の所有に属しているものと認めるを相当とする。」

なお地上権の設定登記請求は認めた。Xは町有地であることの確認を求めて控訴したが棄却（福岡高判昭45・3・31戦後1・179。最判昭46・11・26戦後1・175により本判旨確定）

【93】　大阪高判昭37・9・25判タ136・69

事実　甲区有の山林に区有財産管理者として村長が第三者Xに植林のための地上権を設定したが，同区住民Yがその土地上の立木を伐採したのでXがYを相手に立木伐採禁止請求の訴を提起した。第1審（奈良地判昭34・11・5戦後2・36）はこれを認めたのでY控訴して，(1)係争地は甲区住民の共有地であるのに村長が住民の同意なしに地上権を設定したのは無効である，(2)仮に係争地が住民共有でなく区有であるとしてもその土地上に住民の入会権が存在するから，入会権を侵害するが如き地上権の設定を村長が住民の同意なしにすることは許されない，と主張した。

判旨　「本件山林は，明治21年町村制の施行により，乙村の特別区としての大字甲区有林とされたので，同村長の稟請により丙郡参事会において，本件山林を管理処分するために準拠すべき規定として，同23年5月15日，町村制第114条により区会条例を制定し，同村内の甲外3大字にそれぞれ区会を設け，甲区会においては同34年3月8日区民一致をもって甲区共有山地管理規約書を作成し，爾来，右規約に基いて本件山林を管理処分してきたこと，乙村長A₁が甲区代表者として右管理規約の定めるところにより，本件地上権を設定したことがそれぞれ認められ，……他に右認定を覆えすに足る的確な証拠がない（なお，乙村長が本件山林について地上権を設定する権限を有したことについては，〈証拠〉認められる，Yの祖父A₂が，明治34年8月13日，乙村長から本件山林の内2町5反歩及び1町歩の山林について地上権の設定を受け，これを訴外A₃，A₄等に譲渡している事実からも窮地されるところである）。Yは，本件地上権の設定について，乙村々長が入会権者たるY等の同意を得ていないから本件地上権の設定は無効であると主張するけれども，同村長が前示管理規約に従い区有財産の管理処分をなし得ることはいうまでもなく，村長が右規約に従って処分をする場合に，入会権者に対し，新たに損害を蒙らせるような事情のない限り（本件においてはそのような事情が認められないことは後記認定の通りである。），入会権者の同意を要しないといわれ

ばならないから，右主張は採用しない。」（本判旨確定）

【94】 神戸地判昭41・8・16判時458・18

[事実] 係争地はもと甲村など13か村共有入会地であったが，13か村が明治町村制の施行により乙$_1$村，乙$_2$村，乙$_3$村となったのちも，13部落共有として，一定の資格を有する各部落住民の柴草，薪材，花類，浮石等の採取の用に供されていた。公簿上も13部落共有名義で所有権の登記がなされ，13部落の代表者からなる甲会がこの山林を管理し，町村がその使用収益に干渉することはなかった。昭和4年に乙$_1$村等3か村はY市に合併されたが係争地の管理帰すうには格別変化はなかった。しかしその後急激な都市化に伴ない，係争地の採取経済的な利用価値も減退してきたので，13部落（管理団体）では係争地を売却することとし，昭和15年に13部落連合協議会長AからY市の住民X（13部落内の住民ではない）に地上立木とともに係争地が売却されたが，所有権移転登記はされなかった。しかしその後，昭和20年8月にXとY市との間で係争地の所有権を取得する旨の覚書がかわされそれによってY市が係争地の所有権者として登記された。このような経過により現在Y市有とされている係争地につき，XはY市を相手として前記Y市との覚書が無効であることを理由に係争地がXの所有に属すること，および所有権移転登記手続ならびに明渡を求める本訴を提起した。

[判旨] 「本件土地を含む前記丙$_1$山，丙$_2$山の土地は徳川時代から訴外13部落（立会13ケ村，甲13ケ村と称した）の総有する入会地であり，右入会地において慣習に従い芝草，諸花類，用材，浮石等を採取する収益権は右部落民に帰属し，右収益権の管理は明治22年の町村制の実施に至るまで住民の生活協同体（住民団体）たる13部落に帰属する

第1節　区有・大字有

関係（数付持地入会）にあったものと認められる。〈略〉

そして，13部落の右入会慣行が明治22年の町村制の実施以後においても何等従前と変ることなく行われていたことは，前項までに認定したところなのであるから，慣習に基礎をおく入会権の主体者としての13部落は，明治初年における自然村落が有していた行政上の組織単位としての側面が町村制の実施により新町村に移された後においても，なお入会団体として存続していたものというべきである。

而して，明治22年町村制が施行されるに際し，内務省は，町村制の施行に伴う合併標準について訓令を発し（明治21年6月内務省訓令第351号），町村財産の処分について，「民法上ノ権利ハ町村ノ合併ニ就キ関係ヲ有セサルモノトス即各町村ニ於テ若シ町村タル資格ヲ以テ共有スルニ非スシテ町村住民又ハ土地所有者ニ於テ共同シテ所有シ又ハ維持共用セシ営造物又ハ山林原野田畑アルトキハ従来ノ儘タルヘシ」と言って居り，右の訓令に所謂民法上の権利というのは個人若しくは数人共有の財産を含むことは勿論であるが，「若シ町村タル資格ヲ以テ共有スルニアラスシテ町村住民ニ於テ共同シテ所有シ……」てゐる財産は正しく本件土地のやうな入会権に基く財産を指してゐるものと言はなければならない。前述のやうに，入会権は，住民たる身分の得喪により，その権利を取得又は喪失するものであって，一面所有権たる性質を有するとはいへ，個々の住民に於て売買，質入する事は出来ず又相続の目的ともならないが，所有権者としての処分権の行使は，住民団体たる部落（本件では13部落が共同して所有する関係にある）が行う所謂総有であって，団体所有権であるが，これは行政組合とは全く関係がない。その後10年を経て制定された民法に於て認められた入会権は右の既存事実を確定したものであって，民法上の制度から見れば本件土地の場合は共有の性質を有する入会権というに該当する。

第5章　入会地盤所有権の帰属

〈略〉

　そこで本件土地について之を見るに，明治22年，町村制が施行されて，13部落が〈略〉の3町村に所属することになった際，本件土地の取扱に関して特に協議した形せきは見られない。又部落有財産が右のやうに3つの町村にまたがっているのであるから，前記訓令に「1町村ヲ分チテ2個以上ノ町村ニ属スルトキハ其ノ共有財産ハ之ヲ各部分ニ分割スヘシ」と言っているが，本件の場合は斯様な事にも触れた形せきがないし，又区会，区総会を設けることもしていない所から，最初は，町村側に於ても本件土地を一部有財産（財産区）とは見ていなかったのではないかと考へられる，ところがその後大正12，3年頃から前記認定のやうに土地の賃貸，地上権の設定，一部土地の売却に見られるやうに3町村長が共同で，本件土地の管理者の資格で契約若くは登記手続を為しているが，これは，恐らくはX主張のやうに，登記手続には登記法上の必要から町村長名義で行ったとも考へられるが，又町村側として本件土地を一部有財産（財産区）として取扱うべきだとして行ったとも推測し得る。

　昭和4年，右の3町村がY市と合併したとき，その際の合併条件や，Y市の指導による協議会設置の協議会規定に見られるように，Y市は合併当初から本件土地を一部有財産（財産区）として取扱うべきものと考えて出発したものと思われるが別に「財産区」として区会を設ける事も為さず，又会計も単に，その一部の保管事務を行っていたに過ぎず13部落側の強固な組織に基く管理権の実行に対して，充分な行政権力は及ばず，僅かに前記3に於て認定した程度の介入しか為し得なかった。被告は，入会権に基く財産をも含めて，すべて部落有財産のうち，町村への統一に反対した分については之を一部有財産（財産区）とし，町村長の管理処分に服するものであると主張しているが民法に於て第1次的に慣習に従うべきものとされる入会権について直ちに右の如き立論は当てはまらない。

　要するに本件土地は，往古土地所有関係の未だ確立しなかった時代より，13部落の住民が，永年の間，育成，利用収益し，管理して来た入会山であってその管理処分権は住民団体たる13部落にあり，この13部落は行政組織とは別な入会団体である，従って本件土地は町村制には影響なく本来一部有財産（財産区）として取扱うべきではなかったと言う事が出来る。」

　しかしXとY市との昭和20年8月の覚書は有効であると判示し，Xが所有権を有することを認めなかった。X控訴したが。第2審は，次の如く，係争地が入会集団たる13部落の共同所有地であると解しながら13部落を財産区と解している。財産区の管理者たるY市長とX間の和解によりY市有となったと判示した。

（第2審）大阪高判昭45・3・16判タ246・214

「明治22年の町村制実施により，更に昭和4年右3カ町村がY市に合併されるような変遷があったのに伴い，本件山林も，当該所属市町村の建前としては，財産区たる13部落に帰属し，従ってその管理処分権も当然市町村長がその名においてこれを行使すべきものとして取扱い，その運用の実際面においても，入会の解体と相俟って（本件山林の原始的使用収益方法である入会慣習は次第に衰微し，専ら他に使用させて金銭収入を挙げ，地租公課等の公益費に充てるだけの管理がなされるようになり，遂には一部地盤の転売すらはかるようになったもので，少くとも昭和15年頃には，既に前記入会慣習は消滅していたと認められる），漸次右建前にそうようになり，現に昭和6年頃甲会が連合協議会と改称の上自ら制定した13大字連合協議会規定によると，同連合会は，住民の意思を代表し，本件山林等の管理処分につきその管理者たるY市長を「補佐する」立場にあることを明定し，（第1条）その運営は過半数をもって決することとし，その処分についても，いわゆる発案認可

制を採ることが確立され，訴訟，調停の進行，監督官庁等に対する各種の申請も，全て市長の名においてなし，毎年秋にある松茸の競売も丁区役所が主催し，13部落側にも異議はなかった。もっとも，Y市長は，旧来の沿革を極力尊重し，出来得る限り協議会の意思に沿って管理をなし，……例えば，賃料，地代等一部の収益金は連合協議会長または13区長なる名において，連合協議会が直接収納し，特にY市の予算収支に組入れることなく，別途，報告を受けて部落有財産台帳に記帳する程度にとどめ，また地租も部落の名において自らの計算で所在地町村に納付する仕組が続き，この限りにおいては，事実上往時の生活共同体たる13部落たる一面も残していた。

〈略〉

以上のような経過に照らして前記覚書による契約をみるに右覚書による契約は，本件山林につきY市と13部落協議会，Xとの間につとに利害の対立が存し，Y市は所有権の完全移譲を期するのに対し，13部落側はXへの売却換金の実現を固執していたのに鑑み（但し，13部落側でも，当時は必ずしも独自の処分権能が部落に確保されているとの主張をしていたのではなく，専ら当時の規約，慣行に照らし，Y市がこれを許可することを希望していたもので，現に，本訴でもXは当初13部落をY市長管理にかかる財産区と理解し，そのように主張していた），右紛争をこれら関係人の間で，一挙に解決すべく，互いに譲歩の上，締結されたもので」（ある）（最判昭47・12・21戦後1・189により本判旨確定）。

【95】　最判昭42・3・17民集21・3・388（【172】と同一事件）

(事実)　本判旨は区有とされている土地に対する住民の共有の性質を有する入会権確認請求についての【172】の事案中地盤所有権の帰属に関するものである。

(判旨)　「原判決は，X村が他の村と合併してA₁村となり，明治21年町村制が施行されたのに伴い，同法114条により，旧X村の特有財産管理のため，A₁村にX区会が設置されたのであるから，従来X村に属していた本件土地の所有権はX区に帰属したと判断しているのであって，右判断は是認できる。これに理論的根拠が明示されてないとの論旨，ならびに右判断が町村制114条に違反するとの論旨はともに理由がない。また，原判決は，本件土地所有権がX区に帰属したことによって，旧X村民の本件土地に入り会う権利そのものは消滅したものではないと判断していること明らかであるから，前記判断が論旨引用の大審院判例および内務省訓令に反するところもない。」

【96】　松江地判昭43・2・7判時531・53（【173】と同一事件）

(事実)　本判旨は村名義を経て財産区有とされている土地の入会権の存否についての【173】の事案中地盤所有権の帰属に関するものである。

(判旨)　「町村制の施行が，従来の村を制度的に否定するものであることはいうまでもない。しかし，旧村の生活協同体としての実体は町村制施行後も部落或は大字として存続し得た（現に本件においても前認定のとおり，造林が実施されるまでは，町村施行前と同じ形態で入会慣行は続いている）。従って，当時の政府の方針が町村制施行に伴い，従来の部落有財産を町村有財産に統一するものであったことは疑いないが，町村制施行により，直ちに，旧村の総有に属した財産が町村の公有財産に編入されたものと考えるのは妥当でない。このことは，明治21年6月13日内務省訓令が新町村に統合されなかった旧村持林野をほぼ従来の形態で所有することを承認していたことからも明らかである。

ただ，この時期における部落有財産に対する理

第5章　入会地盤所有権の帰属

解は不充分であったからその取扱いも曖昧で，町村に統一されたもの，1部落有財産（財産区）として町村長の管理におかれたもの，部落の私有財産と異ならない形態で存続したものなどその内容はさまざまである（全国的に，部落有財産が町村有財産に統一されるのを嫌い，これを防ぐため，財産区を設定するもの，部落代表者，或は部落民全員の記名共有として台帳に登録し，保存登記をするなど，種々の運用がなされた。）。

従って，本件山林における右の区別は結局，町村制施行后の入会慣行の態様，山林の管理利用形態によって決する他ない。してみると，本件山林は町村制施行の際，その取扱いについて論議があった形跡はなく，もとより，当時既に制度化した財産区を設立したわけでもなく，大正年間に至り，村名で保存登記をしたこと，村は前認定のとおり明治34年以来，村有財産として管理し，造林しており，山林の賃貸し，処分をいずれも村会の議決により行い，これら山林の使用方法について，村民に異議はなかったこと，又村民らにおいては，本件山林を公有のものとして認識していたとも推認でき，斯様な事実を考慮すると，本件山林はY村発足の際，同村有財産に編入されたものと考えるのが相当である。」

（最判昭52・4・15戦後1・332により本判旨確定）

【97】　東京高判昭53・3・22判時882・14（【178】の第2審判決）

事実　いわゆる新島ミサイル基地明渡請求事件において入会権の存否とともに（この点に関しては【193】参照）入会地盤の帰属が争われ，第1審判決は次の如く係争地は住民総有に属すると判示した。

（第1審判旨）東京地判昭41・4・27判時444・5

「本件山林は古くからA村村民により『村山』として薪や椿の実の採取に利用されていたためその下渡し申請がなされたことは前述したとおりであり，しかも，本件山林は右申請に応じA村に『1島又ハ1村共有トシテ』下げ渡されたことも前に述べたとおりであるが，『1村共有』とは当時使用されていた言葉で，これを法律的にいえば，村という団体の所有であると同時にその内容が村民たる資格に伴って村民各自に分属し，各自の特別個人権として表現するところの権利すなわち1村の『総有』を意味したという有力な学説が存することはY村も明らかに争わないところである。そして，前記のような本件山林下渡し当時におけるA村の法的性質と本件山林下渡しの経緯に照らせば本件における『1村共有』の意味も右学説がいうような意味であったことを推認できる。そうであるとすれば，本件山林は東京府知事によるA村への前記下渡しにより実在的綜合人としてのA村の総有に帰し，A村村民（具体的には，生活協同体としての村を構成する単位である『家』（世帯）の代表者すなわち世帯主たる村民）は，共有の性質を有する入会権を行使する権利を取得したものというべきである。そして，本件山林下渡し後の本件山林等の管理利用状況をみると，A村が入会団体として機能を示し，その村民が本件山林につき共有の性質を有する入会権を行使してきたとみられる次のような事実がある。

〈略〉

もっとも，入会権は部落民の総有に属するから入会権の廃止や部分林の設定，廃止等の重要行為については本来入会団体の総会で入会権者たる部落民の全員の合意をもって決すべきものである（もとより，公用徴収の方法により入会権を消滅させることはできる。）とはいえ，A村は，前記のように，昭和29年にB村と合併するまでは1村1部落であり，部落の生活共同体としての権利についても通常の管理行為は行政村たる村の機関に処理させていたので，行政村の組織と機能が整備強化されるに従い，村の機関はもちろん村民一般としても行政村の権利と生活共同体としての村の権利

との区別の意識が稀薄となり，前記部分林の設定等の行為についてはもとより，右村有椿林貸付規則，A村部分林貸付規則等の制定についても村寄合ないし村会の議決のほかに特に部落民の総会を開いてその合意を得るような手続をとった形跡はなく，しかも，これらの規則等の内容は本件山林の地盤の所有権が行政村たる村の所有に属し，この村有林を村民に貸し付ける形式をとっているにもかかわらず，部落民は，前記石山事件の場合を除き，これらのことにつき格別異議を述べることもなく今回の本件山林売却に伴う紛争発生まで経過してきたこと……からすれば，入会権者たる部落民は村の機関に対しこれらの行為を委任していたか又はこれを承認しており，本件山林の地盤の所有権が行政村に属することを認め右規則等に従って貸付を受けたもので，したがってこの規則等に基づき行政村の機関より……貸付契約を解除されてもやむを得ないのではないかと考えられないではない。

しかしながら，行政村たる村の機関は，本来，生活共同体としての部落の権利の処分等の重要な行為をする権限を与えられているものではなく，権利者たる部落民全員の委任ないし承認のもとにのみそのような行為をなしうるものと解すべきであるから，部落民全員の委任ないし承認のない限り入会権の処分等の行為についてはその権限を有しないものというべく，前記認定の事実関係に徴すれば，右(一)(二)の部分林の設定，割当てについては入会権者たる部落民全員がこれを異議なく承認したものと推認されるけれども，右貸付規則等の内容が，本件山林が行政村の所有たることを前提とし，これを村有財産として貸付をする形式をとっているとはいえ，入会権者たる部落民全員が部落共同体としての村の所有と行政村たる村の所有との区別を明確に認識して部落民の有する右山林の地盤に対する総有権を放棄し行政村たる村の所有とすることを認めて右規則等に基づきその貸付を受けたものとは到底認められず，……少なくともXらないしその先代らは，そのようなことを認めて貸付を受け，ないし割当てを受けたものではないことが認められるから，他に入会権者たる部落民全員による権利の放棄または村の機関に対する放棄の権限の委任ないし村の機関のした放棄行為を承認等のあったことの認められない以上，原告ら部落民はいまだ右山林の地盤の総有権を失っておらず，したがって行政村たる村の所有財産の貸付を受けている関係にはないものといわなければならない。」

しかしながら第2審は次のとおり，地盤は住民総有ではなく行政体たるA村の所有に属する，と判示した。

判旨「本件山林を含む山林原野は，東京府知事により下渡される以前から村山と称せられ，A村の村民が薪や椿の実の採取等に利用していたことが認められるが，しかしその当時右土地が村民全体の総有に属し，その結果村民が右山林を右のように利用していたものであった事実は，これを認めるに足りる証拠はない。

〈略〉

A村の名主及び年寄は明治16年4月6日連名で，東京府知事に対し『官有地御下附願』と題する書面を提出し，本件山林を含む山林原野の下渡を申請したところ，東京府知事は同19年9月24日A村に対し「1島又ハ1村ノ共有トシテ」右土地を下渡したことが認められる。

〈略〉

よって案ずるに，入会団体たる部落共同体が行政村とは別個に存在し，独自の強制権能を有する地域団体であることは論をまたないが，町村制の施行に伴い，従前の村がそのまま新しい行政村に移行したのか，あるいはまた行政村と入会団体たる部落共同体に分離したのかは，事実上の問題であって，必ずしも町村制の施行によって，従前の村が行政村と部落共同体に分離するという原則が存在するものではない。

第5章　入会地盤所有権の帰属

〈略〉

A村は島嶼町村制の施行に伴い同制度の村となったところ，他の町村と合併することなく，従前の村がそのまま同制度下の行政村となったのであり，その間に団体として実質上何ら変異はなく，村民の生活共同体としての連続性に欠けるところはないから，従前のA村の所有する財産が，すべて新制度下のY村の所有財産に帰属したとしても，村民にとって何らの利害関係の変化を来さないのである。」（なお右判旨は，上告審たる最判昭57・1・22【178】で確定。）

以上10余の判決中【97】を除けば（【97】は財産区有か否かを争っていないので除外する），約半数が住民共有と判示し，他は財産区有又は村有に属すると判示している。【83】の財産区有地であっても一たび町村有に移転されて財産区がなくなればその土地が再び部落住民に反戻されても財産区有地とはならない，【84】の国有に編入された旧入会地の売払をうけるのにその代金を入会部落住民が負担しておればその土地は村有でなく住民共有となる，という判示はきわめて説得的である。これに対し，区有または村有と判示したものは，いつごろ，どんな理由で学区財産となったかは明らかにすることができない【91】，部落が財産を有するときは財産区【92】，旧村の財産管理のため区会が設置されたから財産区財産【95】（原審ではこの土地につき固定資産税を納付してきた事実を認めている），Y村発足の際，村有財産に編入されたものと考えるのが相当【96】（村有財産に編入されたという事実は認定されない），とすべて区有または村有財産とされたいきさつが十分に説明されていない。とくに【97】は，第1審が入会地を国から住民が下渡をうけ行政村の所有となった事実はないから住民総有に属すると判示しているのに，これを破棄し，住民は入会集団を構成しえなかったという理由で下渡をうけたのは行政体たる村（旧村）である，と判示している。住民共有に属するという判旨の理由づけが説得的であるのに対し，区有または村有に属するという判決の理由づけはおしなべて粗雑である。

ちなみに，戦後このように入会地が市町村または財産区有か，住民共有か，が争われるのは入会利用の変化に伴う住民の管理形態の変化と，地盤所有者たる市町村，財産区の管理機能の強化によるものである。その故に，次章で見るように市町村・財産区有地における入会権の存否が争われるのである。

入会地盤は，部落（住民集団）共有かそれとも特定の者の所有に属するか，が争われることも少なくない。これは登記制度と密接な関係があり，入会地盤所有権の登記は，原則として部落集団名義ではすることができないので，入会権者（集団構成員）全員，または代表者の名ですることが多い。全員共有名義にせよ代表者名義にせよ時の経過や慣習の変化等により登記上の所有権者または共有権者が自らの所有権または共有持分権を主張し，部落住民集団とその地盤所有権の帰属を争うことがある。

【98】　東京高判昭59・1・30（東高判民35・18）

事実　本件は甲大字有（表示登記）の土地の所有

権の帰属にかんするもので、住民Xが、長年の排他的支配を理由に甲大字に対して所有権確認、所有移転登記を求めた事件である。被告大字の管理者代表者は甲大字の属するY町長である。第1審は次のように判示。

(第1審) 千葉地佐倉支昭55・6・30 戦後2・207
「「甲区持」という表示と「大字甲持」という表示は異なっており、証拠上もその区別は明確でないけれども、丙地も本件土地ももともと「村中持」であり、それがその後右二通りの表示に分かれたのであるが、本件土地の「甲」はより古い呼称であったところ、明治26年に大字甲持となったのに対し、丙地の方は大正元年に甲区持になったことが窺えるので、結局年代によって呼称が異なったものであるにすぎず、実質は同じであると推認するのが相当である。」X控訴。

[判旨]「1、本件土地は、明治の早い時期には、当時の公的帳簿において「斃馬捨場九畝一八歩村中持、地主総代A」とされており、もとは全体として村ないし部落の住民のための農耕馬の埋葬場所であったと推認されるが、その目的のための用地は、後に本件土地のうち西北方に突き出た、俗に「そうまんど」といわれる草や灌木の生えた細長い部分に限られるようになり、その余の部分は、一部に既に防風林等の用をなす樹木が存在していたので、明治二六年ころ土地台帳に山林九畝一八歩大字甲として登録され、同年六月一日有租地となった。これによれば、本件土地全体は、元来、大字甲の住民の総有に属し、その共同の用に供されていたと認められる。
〈略〉
1、Xは……本件土地については右のような所有権移転登記をしていないことはもちろん、何人にも所有権移転登記の請求をしたことがなく、また、本件土地につき後に非課税措置がとられる以前、公租公課を一切納付していない（部落民が負担し て納付していたと推認される。）。
3、〈略〉
4、以上認定の事実に、前記（一）記載の事実をあわせて考えると、本件土地は大字甲の共益地であったところ、明治時代にX₂、X₁が村ないし右大字から管理をゆだねられ、以来X家が代々管理（他主占有）をして来たものと認めるのが相当である。もっとも、Xの代になると、前記「そうまんど」を除くその余の部分については、植林、伐採による私益的利用面が強くなり、管理の域を逸脱したと見られるが、部落民としては、植林自体は部落のためにもなり、有力者が負担を伴う管理をしていることに格別異議もなく、そのうち農村の状況の変化に伴い、特に農耕馬が用いられなくなり、本件土地の共益性への関心も薄れた戦後には、事実上放任状態となって、X家の単独利用の様相になったにすぎないとみるべきである。」

【99】 高松高判平5・1・28 判タ849・217

[事実] 本件は甲集落（旧甲村）持の墓地の一部が売却され、また同墓地の使用権者が檀家であるY₂寺（檀那寺）が、墓地使用者と新たに永代借地権を設定し、一定の金員を収受したことにつき、墓地の管理者（と称する）甲町内会（代表者X）が、右売却当却の会長Y₁に対し前記売却による損害と、Y₂の永代借地料収受による甲町内会の墓地管理権侵害に対する損害の賠償を求めた事件である。旧甲村持の本件土地は同集落が乙市に合併後、乙市長が財産管理者として「大字甲」と所有権保存登記した。これについて第1審（徳島地判昭62・3・17判タ同）は、「登記手続上のものにとどまり」「本件土地を地方自治法上の財産区財産とみていない」と判示しているが控訴審ではこれを市所有と判示している。

[判旨]「本件土地が江戸時代から旧甲村の部落民

(以下「旧甲村」を「旧部落」といい、同部落住民を「旧部落民」という。）の共同墓地に供され、同村（部落）が丙村となって以後も右使用関係に変化はなく、更に同村が乙市に併合された後においても、以前と同様、旧部落民を主体とする墓地として使用されていたこと、昭和46年、原判決別紙物件目録記載の土地が徳島県によって買収されたとき、市長が財産管理者として、本件土地についてその所有者を「大字甲」として保存登記をしたが、これは右④の土地を売却するにあたり、県が本件土地を地方自治法上の財産区所有財産として扱うように指導したことによるものにすぎず、その後も乙市は本件土地を地方自治法上の財産区所有財産として扱っていないこと、並びに、旧部落は丙村が誕生したとき丙村甲部落となり、同村が乙市に併合された際には「丙町甲地区」となり、昭和44年にはこれが「甲町内会」となった。〈略〉

右認定の事実関係によって判断すると、旧部落所有であった本件土地が、丙市誕生の際、及び、同村が乙市に併合されたとき、旧部落所有として特に同部落に残地されたものとは認められず、また、地方自治法294条の財産区として旧部落所有とされたとも認められないから、旧部落が丙村となり、更に乙市に合併されたことに伴って、本件土地の所有権も旧部落から丙村へ、同村から乙市に順次移転したものと認めざるを得ない。

〈略〉

本件土地が右のように丙村の所有となり、更に乙市の所有となった後も依然として旧部落民が墓地として使用し、墓地の使用者の交代等を含めその使用関係全般については、村や市が干渉することなく、旧部落民の自主管理に委ねられてきたことは前掲各証拠〈略〉に照らし明らかなところであるから、昭和44年、旧部落を甲町内会（X）が承継した……以後は控訴人町内会が管理にあたるべき権限を有するものとなったというべきである。
〈略〉

Y₁が徴収した本件墓地使用料は、Y₂寺が旧部落民から委託されて墓地の管理をすることへの報酬や費用の弁償等として取得することを部落民が許容していた少額の金銭とは程度の異る多額のものであって、これが処置については最早旧来の慣行のみでは律し難いものであるというべきである。そして、このような事態は、墓地使用に係る地域社会の変容すなわち、旧部落内外の住民の急激な増加、地価の高騰に影響された墓地に対する経済的価値観の変化等に基因して生じたものであって、Y₂寺住職である私利私欲に基づくもの又はXに損害を与える目的をもって行われたものとは認められないから、Y₂の本件墓地使用料の徴収をもって直ちに委託者である控訴人町内会に対する債務不履行ないしは不法行為を構成するものと断ずることはできない。もともと旧部落民とY₂寺との間には内容の明確な管理委託契約が締結されていたものではない（この契約の存在を認める証拠はない）のであるから、社会情勢の変化に応じて生ずる新しい事態に対処するためには、旧部落民の地位を承継したX町内会と宗教法人Y₂との間で近代的な契約という形において管理委託の内容を明確にすべき必要がある。」

【100】 青森地判平8・2・13判自154・18

事実 本件は大字有地が財産区有か共有かではなく財産区有か町有かにかんするものである。

甲町では町内大字乙所有の土地を町有にするため乙財産区から買受けて代金を支払った。これに対して甲町民Xが、大字有財産は町有財産と同一であるからこの支出は違法であるという理由で、甲町長Yを相手として支出した代金相当額を甲町に支払うよう求めた。

判旨 「本件土地……は、明治時代の土地台帳の最初の所有主氏名欄に「甲村大字乙」と記載されており、ここから、当時、「大字乙」はすでに法人

格を有していたこと，右土地は土地台帳が作成された以前から「大字乙」所有であったことになる……。ところで，前記のとおり，旧財産区とは，明治22年の市制・町村制施行に際して市町村の一部（町村内の部落または合併前の旧町村）が財産を有するに至ったものであるところ，大字は旧村または町村内の部落を表すものと考えられ，市制・町村制下において，当時大字に法人格が認められたのは「財産を有する市町村の一部」としてのみのであるから，このような明治時代の土地台帳の最初の所有主氏名欄に「大字有」と記載されている財産は，特段の事情がない限り，これを（旧）財産区所有であると認めるのが相当である。なお，この点につき，原告は，「大字有」の財産は部落管理の町有財産であると主張するが，これは不動産登記実務とも矛盾し，そのように解釈する根拠は存在しないといわざるを得ない。

2　右のとおり，いわゆる「大字有」の財産である本件土地は，特段の事情のない限り財産区と認められるところ，本件全証拠を精査しても，本件において，このような特段の事情は認められない。

なお，原告は，甲町が本件土地を「公有財産」として旧慣廃止をするなど公有財産として扱ってきたこと，本件土地には財産区の登記がなされている訳ではなく，予算，決算も議会の議決を経ていないことなどを根拠に，本件土地は財産区所有ではなく町有財産であると主張する。しかし，（旧）財産区であるかどうかは，前記のとおり市制・町村制施行に際して市町村の一部が財産を有していたかどうかによって決せられるのであって，その後における町の取り扱い方や予算，決算の議決の有無，登記などによって影響を受けるものではない。たとえ，運用上財産区としての取扱いを受けていなかったとしても，そのことから直ちに法律上財産区としての性質が失われるはずはない。」
（仙台高判平8・6・27（戦後3・217）控訴棄却，最判平9・7・211上告棄却）

【101】　大分地判昭57・7・19戦後2・254

事実　本件は溜池の底地所有権の帰属をめぐる紛争である。

Y市甲地区所在の溜池は土地台帳上単に「共有地」とのみ記載されていたが，それと異なる筆跡で「Y町」と記入され，それがのちに登記簿表題部に「Y町共有地」と登記された（所有権未登記，Y町はY市となる）。この溜池は甲地区住民の農業用水として利用されてきたが昭和40年代から観光用（ボート）として利用されるようになり，その使用料支払等をめぐって甲地区住民Xら16名とY市との間で底地所有権の帰属について争を生じ（農業用水利権については争はない），XらはY市を相手として本件溜池所有権確認の訴を提起した。

判旨　「Xらが甲地区に水田を所有していること，本件溜池の水が右水田の灌漑用水に利用されていること，Xらが甲地区（以下甲部落という）に居住し，本件池沼から湧出する水を飲用等の生活用水として利用していること，右溜池および池沼はその起源は定かでないが，かなり古くから存在し，本件溜池は〈略〉甲部落に居住していたXらの先祖が代々本件溜池の水を水下水田の灌漑用水として，また，本件池沼の湧水を生活用水としてそれぞれ使用し，右溜池の堤防，用水路を改修し，池沼の周辺の整備等を行つてその維持管理にあたつてきたこと（右のうち本件溜池の水が水田の灌漑用水として利用されてきたことは当事者間に争いがない），寛延4年には，本件溜池の余水を利用していた隣村から甲部落に対し，右溜池の修理普請について加勢を申し出たことがあること，明治22年頃作成されたものとみられる本件溜池および本件池沼の旧土地台帳の所有質取主氏名欄には，「Y町共有地」と記載されているが，右記載は，当初「共有地」とのみ記載されていたものが後に「Y町」が書き加えられて「Y町共有地」となつたも

のであること，昭和35年，土地台帳制度の廃止に伴い右土地台帳の記載に基づいて作成された本件溜池および本件池沼の登記簿の表題部の所有者欄にも「Y市共有地」と記載されていること，以上の事実が認められる。

Xらは，本件溜池自体についてもXらの先祖が構築したものであるかの如く主張するが，前記のように，Xらの先祖が堤防や用水路の改修等を行つてきたことは認められるものの，本件溜池そのものを構築したことを認めるに足りる証拠はない。

二 〈略〉本件溜池および本件池沼については，既に明治22年の土地台帳制度創設当時において旧土地台帳が作成されていることを併せ考えると，これらの土地はいずれも明治初年の地租改正に伴う官民有区分の際，民有地として地券が発行されたものとみられる。しかしながら，前記のように原告らの先祖が本件溜池および本件池沼の水を使用し，堤防，用水路その他付帯施設等の修理を行つていたことが用水に対する支配を有していたといえるとしても，右支配が地盤に対する支配までも伴つていたといえるものであつたかいささか疑問があるのみならず，この点を措くとしても，右地租改正に伴う官民有区分にあたつて，本件各土地が甲部落民たる原告らの先祖の所有地とされたとみるのは次のことに照らしてなお疑念があり，躊躇せざるをえない。

(一) ……本件溜池および本件池沼は市町村制実施（明治22年）以前より既にY町の所有とされていたもので，……明治33年には甲部落ほか近隣の部落からなるY町枝郷の代表者が，当時のY町に対し，本件溜池の堤塘の増築と周辺土地に水路を開設することの承認を求める内容の書面を提出したが，この書面は，本件溜池がY町の所有であることを認める内容となつている。また，大正時代になつてからも，近隣部落においてY町に対し養魚のため本件溜池の使用許可を申請し，Y町においてこれを許可したことがあり，これらの事実によれば，本件溜池は市町村制施行以前からY町有地として管理され，原告らの甲部落および近隣の部落においてもY市の所有であると考えていたことが窺われるのである。

……Xらは昭和31年から大分県観光協会およびYとの間で，本件溜池に観光用貸ボートを浮上させることに関しXらにおいて協力し，Y市らから金員の支払いを受けることを内容とする契約を締結したことが認められる……が，右各証拠によれば，右の金員は，Xらが本件溜池の水を灌漑用水として使用していることからY市としてもこれを尊重し，貸ボートを浮上させるために必要とする水量確保に原告らが協力することの謝礼として交付されるものであつて，本件溜池使用の対価として交付されるものではないと認められるので，右金員交付の約束がなされたことは前記認定の妨げとはならない。

(二) また，……Xらは甲部落共有地として……芝地14,379平方メートルを所有しているが，この土地の旧土地台帳の所有質取主氏名欄には「甲組共有地」と記載されていて，甲部落民の所有地であることが明確にされている。したがつて，本件溜池および本件池沼が明治初年の地租改正に伴う官民有区分の際甲部落民の所有であるとされたものであるならば，これらの土地についても旧土地台帳上の表示は右と同様「甲組共有地」とされて然るべきであつたと考えられるのであるが，前記のように，単に「共有地」としか表示されていないのは，本件溜池および本件池沼が甲部落所有地とされなかつたからであるとも考えられるのである。

この点についてXらは，旧土地台帳に右のような記載がなされているのは，地券の名請（所有名義）は自由であつたので，甲部落は単に「共有地」名義で地券の交付を受け，これを引継いだ旧土地台帳に同様の記載がなされたからである旨主張する。……，地租改正に伴う官民有区分で民有地とされた土地の名請については申請者の任意とされ，村持の土地については村民全員の共有名義とされたり，或いは村民中2，3の単独所有又は

共有名義で名請されたりしたことが認められるが，同一所有者について異なる所有名義で名請がなされたとは考え難い。

（三）さらに，……本件溜池および本件池沼の近くには，これらの土地と同様旧土地台帳上「共有地」とのみ表示されていた土地が多数あるが（もっとも，本件各土地と同様後にY町共有地と改められている），これらの土地はいずれも従前からY市（町）有地として管理され，甲部落を初め近隣部落においてもこのことを当然のことと受けとめ，右土地を造林等の目的でY市から借り受けていることが認められ，このことからすれば，本件溜池および本件池沼の旧土地台帳上の「共有地」なる表示をもって甲部落民の所有を意味すると考えるのは困難であり，かえって，本件溜池および本件池沼についても右のY市所有の土地と同様Y市の所有であると考えることが十分に可能である。」
（Xら控訴。福岡高判昭63・9・29（戦後同）同旨，最判平3・11・19上告棄却）

【102】　大阪高判昭60・8・29判タ584・74

[事実]　甲大字名義で所有権登記がされている溜池の一部を，同地区住民Xが，自己の先々代が取得したものであるという理由でその所有権移転登記とこれまでの使用料の支払を，同大字（総代Y_1）に対して求めた。第1審（奈良地葛城支判昭59・3・29（戦後2・315）は，係争地は耕地整理による換地処分によって登記簿が閉鎖され，Xはその所有権を有しない，と判示したのでX控訴。
第2審は，大字有財産は地方自治法上の財産区に当たり，従ってその代表者は市長であるのに，Xは大字総代Y_1を相手とし，のち本訴で被告を市長Y_2に訂正したが，Y_2はY_1の訴訟行為を追認しない旨意思表示しているので，代表権のない者によってなされたものというべく，原審の訴訟手続に法律違背がある，という理由で原審へ差戻した。

[判旨]　「Xの右分筆及び移転登記手続請求は本件ため池につき登記簿上所有名義を有する乙市大字甲を相手方とするものであるところ，このような場合，乙市の一部である被告同市大字甲は，本件ため池の登記簿上の所有主体ないしは設置主体として地方自治法第294条第1項にいう財産区に当たり，したがって，財産区として訴訟上の地位を有するものと解すべく，また，未払賃料請求も，右財産区の保有する財産ないし公の施設である本件ため池の管理処分に関する事項をいうべきであるから，同請求についても前記移転登記手続等請求と同様，乙市大字甲は財産区として訴訟上の地位を有するものと解するのが相当である。してみると，原審における本訴各請求については，本来，乙市長が財産区である被告を代表して訴訟行為を行うべきものといわざるを得ない」

Xが市長Y_2を相手とした差戻審奈良地判昭62・4・30はXの所有を認めず（大阪高判昭63・1・28，最判平1・5・26上告棄却）。

ただこれは本件係争地が甲財産区所有であるという意味には解されない。

【103】　大阪地判平7・9・25戦後3・202

[事実]　係争地である溜池は古くから乙市甲集落住民たる水下水田所有者の灌漑用に供され，同集落治水部が管理してきた。昭和30年に溜池一部改修のための補助金受給のため，甲土地改良区が設立された。本件溜池は「大字甲」名義であったが，同44年に溜池の一部を処分するとき「甲財産区」と所有権登記された。

近隣の土地が開発されるに伴い，溜池地盤所有権の帰属が問題となり，X水利集団は，甲財産区（Y）を相手として，本件溜池はもともと水下農民集団の共有であって財産区有たるべきものではないとして，X土地改良区（X）の所有に属することの確認を求めた。本訴において，係争溜池がX

第5章　入会地盤所有権の帰属

水利集団の総有に属することの確認請求ではなく，公共組合として法人格を有する土地改良区の所有であることの確認請求という形がとられたのは，X水利集団が法人格を有しないために所有権登記請求が認容されないという判断があったためと推測される。

判決は，係争溜池が，もともと甲村持ち，そして大字持ちであることを認めた。しかし，それが住民集団の総有を意味するか財産区有を意味するかについて判示することなく，土地改良区Xには係争溜池の水系に属しない小池の所有者・管理者も組合員として含まれているのでXは甲地区の水利集団の法人化されたものとはいえない，という理由でXの訴えを棄却した。

[判旨]「土地改良区の組合員は，地区内にある土地について土地改良法3条所定の資格のある者であるから（土地改良法11条），原告の組合員は甲区治水部の構成員である本件の水下水田所有者ばかりでなく，乙市大字甲一円の田の所有者も含まれ，したがって，甲区治水部とは，その事業目的も，構成員も全く同じではなかったから，単純に右治水部の法人化されたのが原告であるということはできない。

しかし，Xは，右治水部が行っていた本件各池の維持，管理をし，その費用を本件の水下水田所有者から徴収してこれを管理し，甲耕地整理組合が本件大池の前記拡張のために取得した土地の譲渡を受け，本件各池のうち，$A_1 A_2 A_3$池の堤……の各一部を売却するのに同意し，その売却代金の一部を補償金として受領しており，また，本件各池とその隣接地との境界の立会いをしている……。

6　これらの事実によると，Xは，前認定のように補助金を受けるための便宜的なものとして設立されたものではあるが，設立後は，もともと甲区の治水部が行っていた本件各池の維持，管理を少なくとも肩代わりして行ってきているものと認めることができる。

7　ところで，水田について耕作権原を有する複数の者が，灌漑用の池から引水をしている場合の池の利用権原については，右水田の耕作者らが右池を所有していることに基づく場合と，池の所有権は有しないが，池を利用する権原を有する場合の2通りが考えられる。そして，原告が本件において主張するように，土地について，近代的所有権が確立する以前の古くから水田耕作者が本件土地を利用し，しかも，本件水下水田の耕作者がいずれも本件各池全部から引水をしていたのではないような場合であって，しかも，本件各池を利用しはじめた古い時代に，一定の地域では，現在のように土地の宅地化が進行せず，水田耕作者が多数であったような場合には，池の開設，維持，管理の費用は時には多額にのぼり，他方，水田の生産性や農家の収入があまり高くない時代があったはずであるから，本件各池の利用開始の時期が古ければ古いほど，右池の利用権原は，水下水田の耕作者の集団に帰属していたというよりも，右村落共同体に帰属していた可能性が高いと理解するのが当を得ていると考える。

8　旧甲村のその後の変遷は，前認定のとおりであり，その後も旧甲村は大字として存続していて……，旧甲村の中の特定のある纏まりを持った地域，例えば部落が，右水利権原を有していたことが一応考えられるが，本件各池の水利を受けている耕作者がほぼその部落の者に限られていたとの証拠はなく，その他右水利権原が右のような部落に帰属していたと認めうる証拠はない。

そして，本件においては，甲地区には，治水部の他に山林部があり……，区長が治水部を代表していた（前認定）のであるから，本件各池の利用権原は，もともと旧甲村に帰属していたものというべきであり，治水部の会計が地区の会計とは独立していた……とか，水利費用を水下水田の耕作者からのみ徴収していたという事実は，受益者負担の原則をとっていれば，当然ありうることであって，本件各土地の利用権原が旧甲村にあった

ことと何ら矛盾するものではない。なお，右〈証拠略〉も表題も「昭和24年度重要書類綴甲区」となっている……。

9　そうすると，本件各池の水下水田耕作者が水利の利益を享受してはいたが，この水利権原が，前記の所有権に基づくものかあるいは単なる利用権かはともかく，本件各池の水下水田耕作者の水利集団に帰属していたとの原告の主張は認めることができない。」

X控訴したが，大阪高判平10・11・17（戦後同）も控訴棄却。本判旨確定

【104】　大阪地判平16・1・20 戦後3・540

[事実]　乙市甲地区は大都市に近く早期に開けたところで明治初期から個人有地が多く，ごく一部が旧甲村地となり土地台帳上「村持」または「共有地と登載されていた。乙市は昭和60年ころから土地区画整理事業を開始しこれらの土地を「甲財産区」名義で所有権登記を行い，一部の土地を処分した。しかし甲地区の在来からの住民（入会権者）からの申入れにより，乙市長Yはこれに応じて甲財産区名義の保存登記を抹消し，甲区住民代表者$Z_1Z_2$2名の名義で所有権保存登記した。

ところが，甲地区住民の一部が乙市の施行する土地区画整理事業に反対し，乙市長Yに対し所有権保存登記を，甲財産区名義に回復するよう，監査請求を行った。監査委員はこれを認めたが，Y市長はこれに応じなかったので住民（いずれも他から転住者で入会権者ではない）19名は，Y市長を相手として，本件土地につき，甲財産区名義での保存登記を行うこと，住民Z_1ら2名の名義による所有権保存登記の抹消登記手続請求等の措置をとらないことの違法確認等を求めて住民訴訟を提起した。なお，本訴には，甲地区の入会権者（207名）が被告乙市に補助参加し，本件係争地は甲住民の共有の性質を有する入会地であると主張した。

[判旨]　「甲村では，甲村に占有的利用権が認められた山林が荒廃し，領主から治山対策を命じられたため，天和4年（1684年）ころから，数名を1組とした組を組織し，山林を組分けに分割し，その管理と利用を組の経営に任せ，さらに，組分けされた組山を組員に対して個人割りし，個人の管理と利用を認めることで，山林の植林及びその育成を図るようになった。

このような山林の経営方法を実施していた甲村では，特に組山経営の中心が個人の分割経営に置かれたために，次第に個人の占有的観念が高められ，山林の私有地的観念と私有的利用がもたらされるようになった（……）。明治6年地租改正によって近代的所有権制度が導入されたところ，甲村においては，山林原野についても大部分が個人持とされた。しかしながら，本件各土地は，後記のとおり，旧土地台帳上「村持」，「共有地」等と記載された

〈略〉。

エ　昭和58年5月，甲地区自治会の役員会において甲財産管理委員会が設立された（……）。甲財産管理委員会規約には「この規約は，甲部落有財産として，別紙共有者名簿記載の者が旧来から引継ぎ共有する本規約附属書財産目録に掲げる土地，建物（以下共有物件という。）の財産管理を適正に行うために定める。但し共有地については，地方自治法に規定される財産区財産として管理しなければならない。」と規定され，本件各土地を含む財産目録が添付されている。

甲財産管理委員会の構成員は，平成14年4月1日，甲共有財産管理委員会を改めて設立した。

オ　課税

(ア)　別紙物件目録1①ないし⑦記載の各土地は，明治17年12月16日から昭和46年までの間，課税対象地とされていたが，昭和47年以降，市町村は財産区に対して固定資産税を課することができないと定めた地方税法（昭和25年法律第226号）348条1項により課税対象地から除外された。

第5章　入会地盤所有権の帰属

別紙物件目録1⑧記載の土地は，明治17年12月16日から明治30年2月28日まで墓地として非課税地とされていたが，同日，原野と組み換えとなり，昭和47年に地方税法348条1項により課税対象地から除外されるまでの間，課税対象地とされた。

別紙物件目録1⑨及び⑩記載の各土地は墓地であるため，明治17年12月16日以来非課税地とされている。

(イ)　昭和31年度の乙市の固定資産課税台帳には，上記の各土地の納税義務者として乙共有地と記載があり，他に〈略〉各土地が存在した。

(ウ)　上記のように課税対象地であった当時の税金や管理経費については，甲地区の住民から徴収する道徳と呼ばれる会費により賄われていた。

カ　旧土地台帳，登記簿

(ア)　別紙物件目録1⑨及び⑩記載の各土地について，明治22年7月1日の「土地台帳様式調製方」（大蔵省訓令第49号）により示された法務局保管の旧土地台帳の所有主氏名欄及び明治17年12月16日の「地租ニ関スル諸帳簿様式」（明治17年大蔵省達第89号）により備えられた乙市保管の旧土地台帳の所有者氏名欄には共有地と記載されている。

〈略〉

(3)　以上の認定事実を総合すると，甲財産区が存在し，本件各土地は甲財産区の財産であるというべきである。〈略〉

村持，共有地，大字甲といった名義で旧土地台帳に記載された本件各土地を含む土地については，農林省及び大阪府による買収を除いて，所有権の帰属が特に問題となるような処分が長年にわたって行われなかったことから，乙市においても，甲地区の住民においても，本件各土地の所有権の帰属や課税対象地か否かといった点について不明確なまま取り扱われてきたものと推測できる。昭和42年以降，乙市は大阪府より財産区財産の管理処分に関する指導を受け，乙市内の財産区財産に関する調査を行い，本件各土地についても財産区財産であることを確認して，地方税法348条1項により本件各土地を非課税対象地とすることにした。乙市は，以後，共有地，村持，大字甲名義の土地について，財産区財産であることを前提に，それらの処分に関与し，必要に応じて，順次，登記名義を甲財産区名義に変更していった。これに対して，甲地区の住民は，特段異議を述べることもなく，むしろ，法に定める財産区管理会ではないものの，財産管理委員会を設置したほか，財産管理委員会委員が中心となって，共有地，村持，大字甲名義の土地について，財産区財産であることを前提に，その処分管理について乙市と交渉を行ってきたものである。

以上によれば，甲財産区は，明治22年4月の町村制施行により甲村を含む5村が合併して丙村が成立した際に，旧甲村が有していた本件各土地を含む部落有財産をそのまま「町村の一部」が保有するものと認められて生じた旧財産区（法294条1項前段）であって，本件各土地は乙財産区の財産であるというべきである。

昭和47年以前においては，地区住民や行政においても，住民が総有する入会地であるか財産区財産であるか明確に区別した認識があったとはいえず，このような状況の下で，大阪府による財産管理についての指導〈証拠略〉がされたものであり，旧土地台帳に共有地等の記載がされ，課税対象となっていたことをもって，本件各土地が住民が総有する入会地であると認めることはできない。本件各土地は，財産区財産と住民が総有する私有地との区別を明確にすべき上記大阪府の指導を踏まえた上で，財産区財産として管理されたものであり，これは当時の地区住民を含む関係者が，本件各土地を財産区財産と認識していたことを裏付けるものというべきである。Y及びZらは，甲財産区名義に保存登記等が行われたのは，本件各土地を含む共有財産について処分等の必要があったため，形式上名義を利用したものにすぎない旨主

張するが，上記財産を甲財産区名義で処分することは，当該財産が住民らが総有する財産として全権利者の合意がなければ処分できない総有的規制に服するものではないと認識していたことを示すものであって，甲財産区が本件各土地を所有するとの認定を覆すことはできない。」

本判旨は土地台帳上共有地と登載されているにもかかわらず墓地等の非課税地を除き固定資産税が賦課されていた（財産区名義で登記したことにより非課税地となった）にもかかわらず財産区有と認めたのは，全く財産区に対する無理解を示すものである。本件はY市長控訴せず，確定。

第2節　社寺有・個人有名義の土地

入会地盤所有権は入会集団名で登記することができず，法人もしくは個人の名を借りて登記することしかできない。記名共有・代表者名，市町村や財産区名のほかしばしば見られるのは神社，寺院名義での登記である。集落住民たる入会権者がその集落の産土神である神社の氏子と一致することが多いから，いわば神社の名を借りて所有権登記することがある。寺院についてもほぼ同様なことがいえる。ただ，神社については社格維持，または格上げ，廃止統合政策（部落財産と同様社寺の廃止統合政策が行なわれた）に対応して，神社や寺院に土地を寄進したことも少なくなかった。そのためその土地が社寺の所有地か住民の入会地かが争われることがある。ここ

ではいずれも住民の共有入会地と判示しているがほかに【42】や【179】は集落から寄進された神社有地であると判示している。

社寺以外の法人名義の入会地は公益法人，協同組合名義のものが少なくない。【143】は漁業会（漁業協同組合）名義で登記されている。

個人所有名義で登記上所有権（多くは共有持分権）者がその共有持分を主張することがある，それは第8章で取り上げるが，ここでは法人（社寺しかない）所有名義の土地が入会地か法人（社寺）有地かが争われた数少ない例を掲げる。

【105】　甲府地判昭43・7・19下民集19・7〜8・419

事実　本判旨は，国から県，さらに村を経て神社名義所有地となった土地についての地盤所有権の帰属が行われた【121】の事案に関するものである。

判旨　「2　本件土地所有の変遷経緯

少くとも明治初年時には，既に本件土地は当時の甲部落民にとっては，いわゆる村持ちの土地と意識され，他部落の者からもこれを認められていた。〈略〉しかし間もなく本件土地は官有地に編入されるに至り，その為土地の管理が厳しくなり，甲部落民の草，小柴，やといもや，転石の採取等も自由になし得ないようになってきた。これが為，官有地編入当時は，右草等の採取さえ自由になしうれば良いとして格別本件土地の官有地編入を問題視しなかった甲部落民も，その生活の大部分を右部分を右採取した産物によって支えていたことから，官有地とされたままでは生活が危くなるとして不安を抱くに至り，そこで山梨県知事に対し本件土地の払い下げを強く求めるに至った。これに対し，……山梨県知事は，明治16年11月2日，

第5章　入会地盤所有権の帰属

丁第99号をもって，郡役所に対し，従前数村又は一村入会小物成官有山林原野の内，従前御詮議地とされていた土地は，国土保安に必要な部分以外はその入会っていた村に払い下げる旨の通知をなした。そこで甲部落住民は直ちに総代を選出して，翌明治17年，本件土地を含めて約583町歩の土地につき江戸時代から部落民が入会っていた土地であるとして県宛に払い下げ出願をなした。……その後明治22年に至って始めて代価714円余の払い下げ価格の出願が受理せられたが，同年中に本件土地は他の土地と共にすべて御料地として御料局の管理に移され，払い下げ手続きは中断された。そこで甲部落民は御料局静岡支庁に対し引続いて明治24，26，27年と払下げ出願をなしたが，御料局は払下げの為の規定の存しないこと，御料林草木払下規則により，本件土地生立草木については，従前丙県から草木の払下げをうけた入会団体は，本規則に基づき，旧来のとおり永世払い下げを受け得られること等の理由から，右土地自体の払い下げ出願はその必要なしとしてこれを却下した。しかし前回同様の理由から甲部落民はその払い下げ出願を続けたところ，明治44年3月に至り，不時の災害をきっかけに本件土地を含めて山梨県下の入会御料林は山梨県に下賜されることになった。そして山梨県は大正4年11月に本件土地を含む不要存置恩賜県有財産の売払公告を行うに至ったので，払い下げ出願を続けていた甲部落民も直ちに本件土地をその周辺土地と共に売払いを受けることとしたが，当時甲村は既に他の村と合併して丁村の一行政区劃となっていた為右買受け資格が認められず，そこで本件土地は一旦丁村名義で買受けることにし，丁村もこれを了承した。ところが右丁村が本件土地を買受けた後，甲部落民自体がいなかる方法で本件土地につき権利を有することを表示するかについては甲部落民の間でも意見が分れ，その内には右買受けの為には甲部落住民各戸20円宛の拠金をしなければならないのであるから右拠金者の共有名義にするか，もしくは部落有として他の何らかの方法でこれを表示するか等の意見も出されたが，結局部落有とし将来土地が分散したりせず，税金の問題解決にも有利であり，且つ部落の公共事業の為に用いやすい神社財産名義とすることに意見が一致した。そこで当時甲部落民の氏神であった乙神社が選ばれ，丁村議会も，買受け後には『本村丙組乙神社ニ転売セントス』との決議をするに至った。そこで甲住民は各戸平等20円の割合で買受け代金を拠出したが，当時裕福ではなかった甲部落民中には右拠出金が払えない者も出，その者達は皆村外に去り，結局拠出金のみ約120戸が残るに至った。そこで本件土地は他の周辺土地と共に丁村が大正6年5月21日に払い下げを受け，その後前記決議に従って同年12月19日代価2,348円80銭をもって丁村から乙神社に転売され，同日付で所有権移転登記がなされるに至った。その際本件土地周辺の農耕可能な土地は2反程度ずつ右拠出者に分割してその使用を許すことにした。〈略〉

　右事実からは一見本件土地は右払い下げ代金拠出者らの共有に属したのではないかとの疑念も生じ得るが，前記認定のとおり，右周辺土地も含めてわざわざ共有名義を避けて神社所有名義にしていること，及び代金拠出者らも，本件土地については分割請求権をもっているとは意識しておらず，ただ部落により将来土地が分割される際には優先的にその割当てをうけ得る権能を有していると考えているに過ぎないことからしても（これは拠出金への代償と思われる），本件土地を右代金拠出者らの共有に属しているとみることは相当でないというべきである。

　以上の次第であって，本件土地は払い下げによって乙神社所有でも，代金拠出者らの共有になったものでもなく，従前と同様の性格たる実在的総合人たる甲部落が所有するに至ったものと認めるべきである。そうすると甲部落民の有する入会権も従前と同様甲部落民が甲部落とともに主体性を有していること，しかも昭和15，6年頃迄は，

草，小柴，やといもや，転石の採取を継続していたことからして，右利用行為に関する限りは従前と同様に部落民に固有な権利として存続していたものといわなければならない。ただ右入会権の基礎となる部落の有する利用権能が，所有権へと変化したことによって，部落民の入会権は，いわゆる共有の性質を有する入会権になったものといわなければならない。」（東京控判昭50・12・16，最判昭57・7・1により本判旨確定）

【106】 名古屋高判昭46・11・30判時658・42

事実　甲部落所在の本件山林は古くから旧甲村住民が慣習により共同利用してきた入会地であったが，明治22年に旧甲村から当時部落代表者であったA名義に移転登記し，のちAの死亡後その相続人名義を経て，昭和18年寄附を原因としてY₁寺名義に所有権移転登記を経由した。その後も一定の管理規約のもとに植林その他甲部落住民の入会利用に供されてきたが，昭和36年Y₁寺は係争地上の立木所有権保存登記をなし，同年Y₂に係争山林および立木所有権移転登記が行なわれ，さらにZにその所有権移転登記が行なわれた。甲部落住民Xほか80名は，Y₁寺およびY₂を相手としてXらが係争地上に共有の性質を有する入会権を有することの確認を求めるとともに，AからY₁寺への土地所有権移転登記，Y₁の立木所有権保存登記ならびにY₁からY₂への所有権移転登記の抹消登記手続を求める本訴を提起した。YらはY₁寺がAから係争地の譲渡を受けたものであるから右各登記手続は有効なものであると抗弁し，またZは当事者参加し，XおよびY₁Y₂らに対して係争山林および地上立木所有権を有することの確認を求めた。

第1審は本件山林が，Xらの共有の性質を有する入会地であることを確認し，Xらの抹消登記請求を認めた。

第2節　社寺有・個人有名義の土地

（第1審）岐阜地大垣支判昭44・11・17下民集20・830

「本件山林についての，登記原因を証する書面として作成されたA名義の寄付証書も単に登記上の所有名義をY₁寺に移すための便宜上形式的に作成されたものにすぎず，実際に右のような寄付が行われたものではなく，またY₁寺に本件山林の管理を委ねたものでもなく，その後同寺にいわゆる入山料を支払ったり，またその指図，支配を受けるというようなこともなく，本件山林の管理，利用の形態はその前後を通じ全く変らなかったものであって，右登記に要した経費や税金等もすべて当時の組員に割当てて負担したものであり，右登記上の所有名義の移転は前記のような事情から単に名目だけを移したものにすぎなかったのである。そしてその後昭和34年ごろに至るまで本件山林に対する組員の植樹，立入り，用材の伐採についてY₁寺は何ら異議を申立てるということもなく，乙山林に至る林道の開設，整備も昭和32年ころ部落民の負担で行われており，本件紛争の生じた後である昭和36年，同40年の2回にわたり，全組員とB神社との間において，B神社名義に移した前記山林についてB神社は何ら実質的権利を有しないことを確認する旨の覚書を作成している。

6，昭和21年2月ころ，盗材事件を契機として，主として共同植樹地の管理，統制を強化し，かつ従来の慣行規範を確認するため『乙山管理規約』（略）を作成し，組員全員において承認したのであるが，組員中，許可なくして共同植樹地において立木を伐採したり，土石を採掘した者があるときは総会の決議を経てその権利を剥奪又は入山を停止し，損害賠償若しくは没収するものとすること。各組に割当てられた区域といえども許可なくして土石の採掘をなした時も同様とすることが決められ，又乙山林に対して権利を有するものは組員（戸主を改め世帯主という表現になっている。）に限られ組員の有する権利は他人に譲渡することができず，住居を有せざるに至ったときはその権利

第5章 入会地盤所有権の帰属

は消滅することなどが確認され，文書化されている。〈略〉

二，右認定の各事実に基づいて判断すると遅くとも明治22年7月1日の町村制施行による町村合併当時において，いわゆる実在的綜合人の性格を有する生活協同体としての甲村（部落）が徳川時代から次第に形成された慣行によって，乙山林について，地盤所有権を取得し（法的には入会部落の総有），同部落の構成員である部落民がそれに対して共有の性質を有する入会権を取得するに至っていたものと認めうべく，その後も，少くとも乙山林に対する関係においては実在的綜合人としての甲部落は存続し現在に至っているものであって，登記簿上は前記の如く亡A_2名義，その後本件山林についてはY寺名義に移されているが，これは前項認定の事情によるものであって名義だけのものにすぎず，また大正12年には一部地域において割山が行われたが，これはいわゆる古典的共同利用形態から組単位或は個人分割利用形態に移したにすぎず，地盤は依然として同部落の総有に属し，その構成員はそれについて共有の性質を有する入会権を有する点については何ら変ることなく，構成員の資格についても，前記認定のような慣行規範が存し，現在原告らはそれによって構成員の資格を取得した部落民の全員であることが認められるのである。もっとも，……明治22年6月30日甲村村会の議決がなされて同村管理者戸長Cから所有権がAに移されたかの如く記載されているが，当時においては，行政単位としての村の機能と生活協同体としての村の機能とは劃然とは区別されておらず，村民の意識においても，登記官吏の意識においても，行政単位としての村（部落）所有財産の移転については村会の議決を要し，生活協同体としての村（部落）総有財産の移転については，その議決を要しないというような明確な区別意識や取扱を期待することは無理であったと思われるし，生活協同体としての村（部落）総有財産を行う行政単位としての村（部落）所有財産と適

確に区別して登記する方法もなかったので，実際に右の村会議決がなされて前記のような登記簿の記載がなされたものとしても，（この点当時の関係者で生存しているものが判らないので明らかでないのであるが）それをもって行政単位としての甲村（部落）の所有（専有）財産であるとみることはできないのであって，そのいずれに属するものであるかについてはその実体関係に着眼してそれによって決めるべきであると考えるべきであるから前記認定の妨げとならない。」

$Y_1Y_2Z_3$は控訴して原判決の取消を求めるとともに，旧甲村からAに所有権移転登記をしたのは甲部落住民とXとの通謀虚偽表示に相当し，Y_1らは善意の第三者であるから，民法94条2項によりXらはY_1らに対抗することができず登記の無効を主張できない，と主張した。

判旨 「不動産の物権の得喪変更は登記を以て対抗要件としているわが法制上，入会権がその例外をなし登記なくして第三者に対抗できるとしていることが取引の安全を害し，一面入会権者の権利の証明をも困難にさせているというY_3の主張は傾聴に値し，当裁判所も不動産登記法の改正又は解釈の補充で登記簿上，入会権の存在を公示した方がよくないかと考えることもあるが入会権の内容は慣行上から来ていて種々様々で権利者の出入りもありその凡てを公示するのが不適当，かつ不可能でないかと考えられるのと入会権というのは取引も余り頻繁でない地方農村にあるものが多く，地域も広大なものが多いから，かかるものを取引せんとする第三者が取引に当りよく注意すれば不測の損害を免れる場合が多いしその程度の注意をこの第三者に要求することはそれ程酷でないと考えられるので登記なくして第三者に対抗できるという取扱は必ずしも不合理ではない。このことは通謀虚偽表示の無効を善意の第三者に対抗できないと規定した民法94条2項はこの場合に適用がないという原裁判所並に当裁判所の考え方に通ず

るもので，Xら又はその先代が，入会権という権利の実体の表現とは異る普通の所有権の移転登記をＡ，従って又その相続人或はＹ₁寺のためになしたことは一種の通謀虚偽表示となり，それが取引の安全を害することがないとはいえないが入会権の取引は今でもそれ程頻繁でない特殊事情に鑑み当裁判所の引用する原判決が説明しているように現行法制上，本件のような登記が広く行われている登記面上のことでなく，現地等においてより積極的に通謀虚偽表示を作為した場合に限り民法94条2項を適用するというのは妥当なことであり，こうしたものを取引する第三者は単に登記面のみでなく，それ以外の事情があってその実体を見抜けず取引に参加したのは無理でなく，保護させるべきだという場合に限って民法94条2項を適用してよいのである。これを本件について見るに〈略〉現地においてＹ₁Ｙ₂Ｚらの判断を誤らせるような積極的な行為をなした事実は認められないのであるから，むしろこれを取引せんとするＹ₂やＺの方でより慎重に調査して取引に入ってよいと要求することは決して無理でないというべく，本件は民法94条2項が適用さるべき場合でないというのを相当とするといわねばならない。」(本判旨確定)

入会地盤所有権の帰属が争われるのはそのほとんどが，住民共有か財産区有か，であってそれらの土地は当然のことながら未登記の（表示登記のみ）のものが多い。

一般に住民共有と判示したものは，当該土地および集落の沿革等を十分に検討した上で判示しているが，他方財産区有と判示したものは，その沿革等の検討が不十分で，単に区や集落は市町村の一部であるという理由だけで，中には土地台帳上「共有」と登載され公租負担したことのあるものを財産区有とした判決もある。本来地方公共団体たる財産区有の財産であるならば然るべく市町村長が（市町村有地に準じて）管理しているはずであるが，それがされていない，事実上公有財産たる財産区有として取扱われていなかったからこそ争いになったのであって，財産区有と判示したものはいずれも理由づけが不明確である，そして財産区有と判示したもので入会権は消滅した判示したものがあるけれども，入会権が存在しないならば財産区の存在は否定されるのではなかろうか。

第6章　入会権と地盤所有権

入会権は入会集団構成員が共同で土地を管理し使用する権利で、入会地盤所有権の帰属とは直接関係ないが、地盤が入会集団以外の第三者に帰属するとき、その入会権は「共有の性質を有しない入会権」すなわち他物権たる入会権になるので、その性格上地盤所有権による若干の制約をうけることがある（他村持入会地は共有の性質を有しない入会地であり、自村持入会地と異なりいくつかの制約があった）。とくに、国有地や公有地の場合それぞれ国有財産、公有財産とされ、国有財産法や地方自治法による制約を伴うことがある。だが何らかの制約を伴うことがあっても入会権が民法上の物権である以上、地盤が国有あるいは公有に属するという理由で入会権の存在が否定されることはないはずである。

しかしながら、国有地、公有地上の入会権はきわめて政策的な理由により、とくに行政庁はこれを否認する態度をとってきたため、その存在が争われることが多かった。

第1節　公有（市町村・財産区有）地上の入会権

市町村、財産区有地上の入会権については旧市制110条、旧町村制90条（現地方自治法238条の6がこれに該当する）の規定を理由に、政策上、また法解釈上その存否が争われてきた。すなわち、旧町村制90条は「旧来ノ慣行ニ依リ町村住民中特ニ財産又ハ営造物ヲ使用スル権利ヲ有スル者アルトキハ其ノ旧慣ニ依ル旧慣ヲ変更又は廃止セムトスルトキハ町村会ノ議決ヲ経ヘシ」と規定しており、市制110条も同趣旨であり、またいわゆる財産区財産についてはそれぞれ市、町村の一部の財産として90条、110条の規定を準用すべきものとしていた（市制144条、町村制124条）。この規定を根拠として、行政庁は、市町村住民が市町村有地あるいは財産区有地を、旧来の慣習により使用する権利は公権であって、市町村議会の議決によって改廃できるものであり、したがって民法上の入会権ではない、

第6章　入会権と地盤所有権

市町村，財産区有地上には入会権は存在しない，という見解をとってきた。この見解を俗に入会公権論というが，政府，市町村はこの見解のもとに，市町村有地や財産区有（部落有）地上の住民の入会権を公権と解してこれを市町村会で廃止の議決を経た上で施業を実施しようとしたのである。いわゆる部落有財産統一や入会整理事業はこのようにして行なわれたのであるが，入会権者たる住民はこのような施業や入会整理に反対し，入会権を有することの確認を求めて裁判上争うことが少なくなかった。したがって，この種の裁判は明治末期から昭和初期に多い。

　なお，ここで取り上げるのは，市町村，財産区有地であるために公法上の事由もしくは行政上の取り扱いによって入会権の存否が問題とされたものだけであって，市町村，財産区有地であっても，集団外の第三者による使用や集団の管理機能の喪失等による入会権の存否については第9章参照。

【107】　大判明39・2・5民録12・165（【56】【187】と同一事件）

(事実)　甲県Y_1郡A村大字Y_2の住民は大字Y_2所有の林野で古くから柴草樹木等を採取してきたが，大字Y_2がY_1郡のためその所有地上に造林目的で地上権を設定したので，住民の柴草樹木等採取の入会稼が妨害される結果となり，住民Xら88名がY_1郡および大字Y_2を相手として入会権存在確認の訴を提起した。原審（名古屋控判明38・4・17）は$Y_1$$Y_2$らの抗弁を容れ次のように判示した。

　「他町村住民カ他町村有ノ山林原野ニ対スル場合ハ多クハ入会権ナリト云フモ町村住民カ其町村有山林原野ニ立入ル如キハ直チニ入会権ナリト云フヲ得ス何トナレハ町村住民カ其町村有ノ財産ヲ共用又ハ使用スル権利ハ町村制ニ於テ制定セラレタルモノニアラス同制発布前已ニ町村住民カ此権利ヲ行使シ来リ町村制ハ唯タ之ヲ明確ニ為シタルニ過キサレハナリ」（上告理由による）

　Xら上告して，(1)住民の権利を町村制上の公権と断定するには入会権および町村制上の公権がいかなる権利であり，住民の権利がなぜ入会権でないか，を説明すべきである。(2)入会権については町村の住民がその町村の山林を利用する場合と他町村の住民がその山林を使用する場合とを区別すべきでないと主張した。

(判旨)　「町村制ニ掲クル町村又ハ区ノ営造物其他ノ財産ニ対スル行政法上ノ共用又ハ使用ノ権利ニ関スル規定中ニハ住民カ其ノ山林ノ天産物即樹木柴草等ヲ各自採取スル権利ハ之ヲ包含セス然レハX等カ原院ニ於テ主張セシ請求ノ原因タル事実即X等所属ノA村大字Y_2ノ住民一般ニ住古ヨリ係争山林ニ於テ其樹木柴草等ヲ採取シ来リタル事実アリトセハX等ノ請求ハ正当ニシテ入会権アリト認ムヘク町村制ノ規定ニ依リ其権利ヲ失フヘキモノニアラス」

【108】　大判昭9・2・3法学3・6・88（【58】【190】と同一事件）

(事実)　Y_1村が村有林において石材を採掘する権利をY_2に認めたため，同山林において古くから採草，採薪，採石等入会稼をしてきた地元部落住民Xらが，右山林に入会権を有することの確認を求めた。原審はXらの入会権を認めたのでY_1村およびY_2は上告してXら住民の有する権利は入会権ではなく町村制90条にいう公権である，と主張した。

(判旨)　「町村制ニ掲クル町村又ハ町村ノ一部一区ノ有スル営造物其ノ他ノ財産ニ対スル行政法上ノ使用権ニ関スル規定中ニハ町村ノ住民カ其ノ山林ノ天産物即雑木秣又ハ石灰石等ヲ各自採取スルノ

権利ハ之ヲ包含セサルモノト解スルヲ相当トスルカ故ニ（明治38年第（オ）319号明治39年2月5日当院ノ判決参照）本件ノ入会権ニ付町村制第90条ノ適用アルコトヲ前提トスル所論ノ採ル可ラサルヤ云フ迄モナシ」

【109】 大判昭11・1・21 新聞3941・10

事実 甲村大字Yの大字有林に入会稼をする住民Xらが大字Y（管理者甲村長）を相手として，その入会稼の権原が民法上の入会権であることの確認を求めて本訴を提起。原審はこれを認め，住民の権利は町村制の施行後も依然として私法上の権利として存続する，と判示した。大字Yは上告して佐藤百喜著「入会公権論」を援用し，また町村制が民法の施行に先立って入会地たる村有財産の利用権を公法上の権利として規定したのであるから，入会地が村の所有に帰した以上，村中入会における村民の権利は町村制上の公権と解すべきである，と主張した。

判旨 「入会権ハ共有ノ性質ヲ有スルモノト否ラサルモノトヲ問ハス各地方ノ慣行ニ従ヘキモノナルコトハ民法第263条第294条ノ規定ニ依リ明カニシテ此権利ハ町村又ハ部落其者ニ属シ当該地域ノ住民ハ該権利ノ下ニ於テ現実ノ収益ヲ為ス場合アルト共ニ町村又ハ部落ノ住民各自ニ属スル場合アリテ其ノ何レニ属スルヤハ各地方ノ慣習ニ依リ確定スヘキモノナルコトハ当院ノ判例トスル所ニシテ（明治41年（オ）第99号同年6月9日言渡判決参照）此判例ハ之ヲ変更スルノ要ヲ見サル所ナリ故ニYノ所謂惣村入会ノ場合ニ於テモ常ニ必スシモ入会権カ町村又ハ部落其者ニ属スルモノト為シ難ク又村民ノ入会地ヲ利用スル関係ヲ公法上ノ関係ナリト断定シ難シ要ハ当該地方ニ行ハルル慣習ニ依リテ其権利ノ性質ヲ判断スヘキモノトス原判決カ諸般ノ証拠ニ依リテ確定シタル所ニ依レ

第1節 公有（市町村・財産区有）地上の入会権

ハX等部落民ハ多年ノ慣行上現時Yノ所有ニ属スル本件山林ニ於テ柴草等ヲ採取シ来リタルモノナレハ共有ノ性質ヲ有セサル入会権ヲ有スルコト勿論ニシテ此権利ハX等部落民カ部落民タル資格ヲ喪失セサル限リ享有シ得ヘキ私権ナリ而シテ前示民法法条ハ此権利ニ適用セラルヘキ法規ヲ定メ其ノ権利関係ヲ整頓シタルニ止マリ固ヨリ之ヲ創設シタルモノニアラス民法施行以前ヨリ私権トシテ認メラレ来リタルモノナルコト言ヲ俟タサル所ナリ又町村制ニ掲クル町村又ハ町村ノ一部ノ有スル営造物其他ノ財産ニ対スル行政法上ノ使用権ハ本件入会権ノ如ク町村有山林ノ天産物ヲ其住民ニ於テ各自採取スル権利ヲ包含セサルモノト解スヘキヲ以テ（明治38年（オ）第319号明治39年2月5日言渡判決及昭和7年（オ）第3482号昭和9年2月3日言渡判決参照）町村制ノ施行ニ依リ以上ノ入会権ハ其ノ性質ヲ変更スルコトナキハ勿論ニシテ各論旨ハ理由ナシ」

【110】 岡山地判昭11・3・6 新聞3970・11

事実 甲部落等4部落共有入会地がY町有となり，Y町は施業案にもとづいて造林事業を実施したことにより住民の従来の入会収益行為が侵害されたので，4部落の住民XらはY町を相手として右土地上に入会権を有することの確認を求めて本訴を提起した。第1審で裁判上の和解が成立したがXら控訴して，右和解は入会権者の一部しか参加していないから無効であり，Y町が官行造林事業を行ない管理区分の施業に着手するのはXらの入会権を侵害するものである，と主張した。これに対しY町は，Xらは元来入会権を有せず町住民たることにより町村制上の公権を有するにすぎず，その公権は林野をY町に統一する際町会の議決により消滅しており，従って甲部落住民は入会権を有していないのであるから前記和解に住民の全員が参加していなくても右和解は有効である，と抗弁

した。

判旨　「前記4部落ノ住民カ本件山林原野ヲ利用シ来リタルハ単ニ該部落ノ住民タル資格ニ伴フ公法上ノ権利ニ非ス古来ノ慣習ニ因リ右4部落ノ住民カ其住民タルコトヲ要件トシテ総有スル私法上ノ入会権ニ基クモノニシテ該権利ノ処分，変更，制限等ニ付テハ4部落ノ住民全員ノ同意ヲ要スルモノナルトコロ昭和6年中Y町会ノ決議ニヨリ本件山林原野ノ所有権カY町ニ移転スルニ際シテモ右4部落住民全員ノ同意ナク寧ロ其ノ大多数ハ之ニ反対ナリシ事実ヲ認ムルニ足リ〈略〉然ラハ右4部落ノ住民ハ現ニ本件山林原野ニ対スル入会権ヲ総有スルモノト認ム」

【111】　大判昭19・6・22 新聞4917～4918・15

事実　甲部落の乙山林では割山利用が行なわれ，割山利用権は一定の制約のもとに譲渡が行なわれていた。部落住民$A_1A_2A_3$の3人は右割山の権利を取得し，A_1は自己の持分の半分をX_2に，A_2A_3はその持分を全部Yに譲渡した。Yが右割山の立木全部を第三者に伐採処分したので，A_1の相続人X_1およびX_2は，Yの立木売却処分がX_1X_2の割山利用権を侵害したという理由で損害賠償請求の訴を提起した。原審はX_1らの主張を認めなかったのでX_1らは上告して次のように主張した。(1)甲部落では個々の部落住民に山林の使用収益権を譲渡し（つまり割山の権利を認め）かつその権利移転を認めこれを部落の伍長が保管する台帳に記載するという慣習があり，この慣習は町村制90条に云うところの旧来の慣習であるから尊重されるべきである。(2)本件係争地は土地台帳上大字共有地と記載されているので，部落住民の共有の性質を有する入会地である。甲部落の有する入会権は町村制90条にいう権利に該当し，本件土地の使用収益権は部落役員会の決議によって個人に譲渡されているから村会の議決は不要である（この主張では入会権と町村制上の権利との関係が不明である）。

判旨　「原審ハ其ノ挙示ノ証拠資料ヲ綜合シ乙村大字甲部落ハ大正12年頃同区有ニ係ル本件係争地域ノ所有権ヲX_1先代A_1及訴外A_2A_3ノ3名ニ売却シタルモノナルトコロ甲部落ハ町村制ニ所謂財産区ニ該当シ不動産ノ処分ニ付テハ町村制ノ規定ニ依リ村会ノ決議ヲ要スルニ拘ラス斯ル決議ヲ経タル事実ナキヨ以テ右処分行為ハ無効ナリト謂フヘク従テ更ニA_1ヨリ係争地域ノ持分権ヲ譲受ケタリトスルX_1等ニ於テモ亦其ノ地上立木ニ対シ何等ノ権利ヲ取得スルモノニアラサル旨ヲ判定シ以テ甲部落ニハ旧来部落有地ノ処分ヲ為スニ当リ土地所有権ハ之ヲ部落ニ留保シ其ノ使用収益権ノミヲ移転スルコトノ慣習アリテ本件原野ノ処分亦此ノ慣習ニ依リ土地ノ使用収益権ヲ処分シタルニ過キサル旨ノX_1等ノ主張事実ヲ排斥シタルモノナルコト原判文ニ徴シ明瞭ニシテ右挙示ノ証拠資料ニ就テ観レハ斯ル認定ヲ為シ得サルニ非スサレハ叙上慣習ノ有無及該慣習ニ基ク処分行為ノ効力等ニ関スル原判示ハ畢竟不要ノ説明ヲ附加シタルニ外ナラサルヲ以テ此ノ説明ニ所論ノ如キ不法アリトスルモ以テ原判決ヲ破棄スルノ理由トナスニ足ラス尚町村制第90条ニ所謂旧来ノ慣行ニ依リ町村住民中特ニ財産又ハ営造物ヲ使用スル権利トハ町村有財産ヲ使用スル行政法上ノ権利ヲ指称シ所論毛上草木ノ採取伐採殖林等ノ為土地ヲ使用収益スルカ如キ町村ノ私有財産ヲ目的トスル純然タル民法上ノ権利ハ同条ノ規定ニ包含セサルモノト解スヘキニヨリ右法条ニ依拠シテ係争地域ニ対スル使用収益権ノ処分ニ付村会ノ決議ヲ不要ナリトスル論旨ハ採容スルニ由ナキノミナラス斯ル使用収益権ノ設定ヲ目的トスル行為亦不動産ノ管理処分ニ外ナラサレハ其ノ有効ナルカ為ニハ原判示ノ如ク町村制ノ規定ニ従ヒ村会ノ決議ヲ要スルモノト做スヲ相当トス」

本判決はきわめて意味不明の判決である。まず係争地は台帳上「大字共有地」と記載されているのであるから財産区有地ではなく，ほんらい大字住民共有（総有）地だと解すべきである。仮に，係争地が財産区有地であるとしても，Xは係争地上に入会権を有すると解すべきであろう。本判旨は，町村有地や財産区有地上にも入会権の存在することを認めた大審院明治39年2月5日判決（前掲【107】）の，町村制に所謂町村又は区の営造物を使用する権利には民法上の権利を包含しない，という判旨を援用しXの入会権を否認しているが，本件において，上告人は，係争地が，大字共有の入会地であること，部落住民は町村制の旧慣使用権を有すること（この趣旨や動機はよく分らない），を主張しているのであるから，大審院としては，原審に差戻して，上告人が係争地上に入会権（又は旧慣使用権）を有するか否かを判断させるべきであった。

これらの判決のうち【111】の判旨には若干疑問があるけれども，いずれも【107】を先例として，市町村，財産区有地を住民が慣習的，集団的に使用する権利は町村制上の公権ではなく民法上の入会権である，と判示している。ただこの判旨では町村制にいう旧来の慣行により公有財産を使用する権利とは何なのか，それと入会権との関係がどうなのか，が不明であるが，ともかくも判例は戦前一貫して入会公権論を否定し，市町村有地，財産区有地上に入会権の存在することを認めている。

市町村，財産区有地上の入会権につき，判例は戦前一貫して入会権の存在を承認し，町

第1節　公有（市町村・財産区有）地上の入会権

村制，市制上の権利たることを否定したにもかかわらず，町村制90条，市制110条の規定がほぼそのまま地方自治法にもちこまれた（現238条の6，財産区財産につき294条）。そのため理論上，入会権と地方自治法上の権利（俗に旧慣使用権という）との関係が問題となりうる。しかしながら，戦後市町村，財産区有地上の入会権の存否にかんする訴訟で，市町村側が地方自治法上の規定を理由に住民の入会権を否認した例もなく，またその規定を理由に入会権の存在を否定した判決もない。

【112】　仙台高判昭35・8・22 戦後1・30

[事実]　Y村甲部落有林は大正13年にY村有に統一され，統一と同時に当時の入会権者35名（旧戸）に貸付けあるいは地上権を設定するという形式がとられた。部落の慣習にもとづき旧戸のみが係争地を独占的に使用し分家した新戸にその使用が認められなかったので，新戸XらがY村を相手として，自らも係争地上に旧戸と同様の入会権を有することの確認を求めた。第1審（福島地会津若松支判昭34・8・17 戦後同）は，係争地がY村有に統一されたとき従来の入会慣行を廃止して旧戸のために地上権設定あるいは貸付したのであるから入会権はすでに存在しないという理由でXらの請求を認めなかったので，Xらは控訴して甲部落には分家して一戸を構えた者は入会権を取得する慣習があるのでその慣習にもとづき入会権を有する，と主張した。第2審は，甲部落には分家を入会権者として認める慣習の存在しないことを理由にXらの控訴を棄却したが，係争地の村有統一後の入会権の存否については次のとおり判示した。

[判旨]　「一．本件山林19筆は，Y村に合併となったもと甲部落の所有であり，この山林については

右部落の各戸において，その必要とする立木，薪炭材の伐採，製炭や，秣草，蕨，茸，栗等の産出物を採取し得る慣習が存してきたのであるが，大正13年3月林野庁の指示による林野統一により右部落から寄附の形式をとってY村の所有に帰したものであること

二，Y村においては，統一山林に関する従来の部落の利用状況等を考慮し，その山林を一部直営地とするほか，各部落（林野統一は甲部落以外数部落についてあった）のため貸付地，地上権設定地，特売地等として処理することとしたのであるが，右統一，処理のためには従来の入会等の慣習で廃止し得るものは一応これを廃止することを便宜としたため，村当局においても各部落民と協議を重ね，甲部落に関しても同様部落民と協議し，その承認を得て，特売地については部落民の入山収益することを廃止し，村直営地については従来のとおり部落に管理をさせ，その反面秣草，木の実，茸等の産出物は同部落に無償でこれを附与することとしたこと

三，ただ従来部落の各戸において入山し収益してきた慣習はこれを無視し得ないものがあり，これを全部廃止することは困難であったため，前示の立木，薪炭材の伐採，製炭や地上産出物の採取等のため特に貸付地と地上権設定地を設け，この土地については従来の慣習を存続させることとし，その扱いについてはそれぞれ甲部落その他の各部落の自治に委ねることとしたこと，この扱いは前記の直営地の産出物の採取についても同様であること，これに基きY村においては甲部落の当時の右慣習上の権利者である全戸主35名を対象として前記六筆を貸付け，同九筆に地上権を設定し，また直営地の管理を委託したもので，右35名においても以上の処理に何等異議のなかったこと

以上の事実が推認できる。

右によると大正13年3月本件山林がY村の所有に帰した後においても，前記貸付地，地上権設定地については，甲部落の各戸主はその必要とする〈略〉産出物を採取し得る権限が慣習として存続していたものであり，結局本件土地全部につき甲部落の各戸主は，前記の借受に基く権限や地上権に基く権限などのほかに，土地により態様は異にするも，共有の性質を有しない入会権を有していたものと推認するのを相当とする。」

（最判昭和37・11・2 上告棄却）

【113】 秋田地大曲支判昭36・4・12下民集12・4・794

事実 本判旨は部落有から村有に統一され，旧戸88名名義に売り払われた林野に新戸が入会権を有することの確認をもとめた【33】の事案で，もともと旧戸88名の共有地で村有統一後は88名に賃貸されたのであるから入会権の存在する余地はない，という旧戸の抗弁に対するものである。

判旨 「㈡ 部落有財産統一後の状態

本件土地が，部落有財産統一事業の一環として，大正12年8月10日村有化され，部落民88名に賃貸されたことは前述のとおりである。そこで問題となるのは，この措置により従前の入会権が消滅したか否かである。近代法的観点から見れば，これによって入会的利用関係は賃貸借による利用関係に切りかえられ，入会権は消滅したものと見られるであろう。しかし，もともと封建時代の遺物である入会権の問題をかかる近代法的観念によってのみ割り切ることは許されない。民法第263条及び第294条が，入会権に関する第1次的規制を「各地方の慣習」に一任したのはこのためである。

従って，この場合入会権が消滅したかどうかは法概念の操作により決せられるべきではなく，部落内において公認された入会の慣習が消滅したかどうかという事実に対する判断により決せられるべきである。

そして，次の理由によりそれは消滅しなかったものと認められる。……によれば，『日用の薪炭材

秣及び副産物等の採草並に放牧其他旧来の慣行はこれを認め，各部落相侵さざらしめ使用せしむること。』と定められているところから見ても，部落有財産統一の措置が，直ちに入会の廃止を意味しなかったことは明らかである。

〈略—この間の判示【33】参照〉

以上の考察により，本件土地に対する入会権は，村有となった後も地役の性質を有する入会権として存続したものと認められる。

(二) Yらに対する払下後の状態

本件土地が，昭和29年8月29日甲村議会の議決により本件土地について賃借名義を有する前記88名に払下げられ所有権移転登記がなされたことは，当事者間に争いがない。Xは，右88名の一部が右村議会の議決に参与していたから右議決は無効であると主張する。しかし，市町村議会の議決はそれだけの理由で無効となるものでなく，従って，一応有効に所有権移転が行われたものと認められる。

そして，地役の性質を有する入会権は所有者の変動により消長を来すものでなく，又慣習上の権利であって登記を対抗要件としないからそのまま存続していることは明らかである。」

（控訴審で和解）

ただごくわずかであるが次のように入会権者または町村有地上に利用権を有する個人がその権利を主張した例がある。しかし【114】の公権の主張は予備的なものにすぎない上判決もこれを否定しており，【112】の第1審は公権であると判示したものの，最高裁判決はよりその権利が公権であるか否かは本来の争点でない，と判示しているので，これらの判決が公権論的な見解をとったものといえず，判例の態度には変更がないというべきである。

第1節 公有（市町村・財産区有）地上の入会権

【114】 福島地会津若松支判昭35・1・26戦後1・61

事実 甲村乙部落には部落共有山林があり，古くから区会がおかれ，Yら9名の住民が共同利用してきた。X_1X_2は大正年間に分家した新戸で，分家も一定の負担をすることにより一部の山林を除き平等の入会権が認められた。昭和30年甲村が丙村に合併される前に係争地がX_1X_2Yら11名に昭和23年の売買を原因とする所有権移転登記がなされたが，それより前，昭和27年に区会の決議により係争地立木が売却され，その代金がYら旧戸9名にのみ配分されたので，X_1X_2は右所有権移転登記後，係争地上にYらと同等の入会権を有することを理由にYら9名中2名を相手として右配分金相当額の不当利得金の返還請求する本訴を提起した。Yらは，係争地は昭和30年XYら11名共有となる以前は甲村有地で，分家に入会権を認めた土地に含まれず，Yらは町村制90条により旧慣による使用権を有していたのであり，甲村会もX_1らの使用権取得の許可をしていないので，X_1らは昭和27年当時係争地に権利を有しなかった，と抗弁した。

判旨 「本件土地はもと甲村の村有に属していたが，旧幕府時代からの慣行により同村乙部落民中の9名が代々使用収益を認められていたところ，同部落には他に部落民の数名または全員が共同して使用収益していた山林原野等が数十筆存したので，同部落民はこれらの土地をその所有形態にかかわりなく一括して共有地，乙共有分または部落共有地と呼びならわし，毎年定期または臨時に乙区会または常会と称する集会を開き会計簿を設備し，区長を選挙し当番による世話係を置いて部落共同の利益のためにこれらの土地を管理し，これらの土地に関する公租公課はもとより，部落民共同の寄附金，鎮守神社の維持費等の支出もみぎの区会によって運営されていたものであり，その間

第6章 入会権と地盤所有権

X₁らの先代が大正年間に分家して新戸を構えた際金15円宛の加入金の支払を条件として前記共有分に対する使用収益権を与えられることを定められたが，その支払をなし得ないでいたところ，〈略〉昭和30年3月17日甲村長名義による土地所有権移転登記嘱託書の受付により甲村大字丙乙分共有としての所有権保存登記ならびにX₁らおよびYらを含む11名に対する昭和23年7月3日の売買を原因とする所有権移転登記がなされるに至ったが，甲村会または甲村議会において本件土地の売却につき決議をしたことはなかった事実を認めることができ，これらの事実によれば，本件土地は町村制（明治44年法律第69号）第90条および地方自治法第209条の規定するいわゆる旧慣使用地に該当するものと解すべきであるから，X₁らの先代が昭和3年頃本件土地を新たに使用するに際しては同条第2項の規定により甲村の許可を必要としたところ，かかる許可の存在しないことは前記認定のとおりであるから，X₁らが昭和27年当時本件土地につき利用権を有したということはできない。もっとも，みぎ認定事実および前記登記嘱託書中甲村長の肩書として「乙分共有管理者」との記載の存する事実によれば，旧乙部落に財産区が存在し本件土地は該財産区の所有に属し前記乙区会は町村制第125条の規定する区総会にあたるかのような一応の外観を呈しているが，同条の規定による区総会設置条例の設定，同法第124条第1項第40条第72条に基く歳入出予算の議決，村長の収支命令等の存した事実を認めるに足りる何らの証拠もないのみならず，〈略〉前記乙区の収支会計は甲村長の命令監督を受けることなく全く独自に行われていた事実を認めることができるから，財産区の存在を認めることはできない。」

本件第2審（仙台高判昭37・11・27戦後1・61）は，係争地がXYらに売払われる昭和30年より以前にはXらは共同使用権を有しなかったという理由で控訴を棄却した（最判昭39・9・22上告棄却）。

【115】 山形地判昭37・9・3下民集13・1793

事実 本件は町有地上に部落が独占的な支配権を有するかそれとも個人が植林を目的とする地上権を有するかが争われたものである。X部落会が部落会の排他的な支配権（賃借権）を主張するのに対し，個人Yは，その先代が当該部落住民から植林を目的とする割山利用の地上権の譲渡をうけたものでこの地上権は地方自治法にいう旧慣による土地使用権であり，この権利を変更した村議会の議決も，また部落に係争地の使用権を設定した議決もないので，Yの権利＝地上権は何の影響もうけない，と抗弁した。

判旨 「右の事実によれば，Yが本件土地につき植林を目的とする借地権を有することが明らかである。そこで，更に進んでYが亡父より承継した本件土地に対する「手入権」「松林手入権」「地上権」「共有地手入場」等と称する権利の性質について考察を加えるに，一般に借地権の設定者が通俗に「地上権」と言っている場合でも賃借権の締結である場合が多いのであるから，Yの亡父の譲受けた権利が「地上権」と表示されていたり，前記公有林実台帳，公有林台帳，公有林名寄帳等に夫々Yの権利が「地上権」と記載されているからと言って一概に之を地上権であると認定することが出来ないこと当然であるが，然し，Yの亡父が譲受けた権利は植林の目的で土地を使用する性質のものであって，その譲受けが明治38年1月27日頃より大正11年12月31日頃迄に亘るものとすると，譲渡人及びその前主の権利は更にその数十年以前に設定されたことが推認されるものと言うべく，若しそうだとするとYの亡父が譲受けた権利は明治33年3月27日法律第72号「地上権ニ関スル法律」が適用されて「地上権」と推定される公算が極めて強く，このことはYの借地権の性質を決定する上に重要な意味を持つと考えるべきで

ある。之に，右借地権の譲渡について本件土地の所有者たるＡ区に承諾を求めた形跡がなく譲渡の自由が許される点や譲受人が存続期間の制限をうけずに長期に亘って使用出来る点等を併せ考えれば，その物権的性質は益々増加すると言わざるを得ぬこととなり，結局，Ｙの借地権は賃借権に非らずしてその主張の如く地上権であると認めるのを相当とする。

〈略〉

右の通り，Ｙの地上権は消滅していないので，Ｙの地方自治法第209条に関する主張に対しては判断の必要がなくなった訳であるが，念のため右の主張につき一言するに，同法同条に言う「旧来の慣行による使用権」とは，市町村の住民たることにより認められる権利であってその性質は公法上の権利であり，当該市町村の住民でなくなれば当然その権利を喪失するもので私権とはその性質を異にすると解すべきである」（本判旨確定）

【116】 仙台高判昭33・12・16（【195】の原審，【91】と同一事件）

事実 本判旨はもと大字有であったが学区財産とされのち村有とされた土地についての【91】の大字住民の共有の性質を有する入会権もしくは共有の性質を有しない入会権の存否に関するものである。

判旨「民法は，古くから存していた入会権を認めただけのことであって，その施行後に新たに入会権の発生することを認めたものではないと解される。ところが，Ｘらの主張は，明治42年以後Ｘらが新たに入会権を取得したというもののようであるから，このような入会権を認める余地は全くないのである。かりにＸらの主張は古くからあった入会権の確認を求めるにあるものとしても，字甲31番原野は地券では村中持，土地台帳では大字甲有となっており，……，右原野は古くはまぐさ場であって，乙部落の住民だけが，これを放牧，採草地として使用していたことが明らかであるから，右原野は甲村（甲部落）の所有であって，乙部落民が右原野に共有の性質を有する入会権を持っていたように認められる。しかし字丙6番原野は，地券でも土地台帳でもＡの所有となっており，前記Ｂの供述によれば，Ａは恩恵的に，無償で，これを使用収益することを乙部落民に許可していたことが認められるから，右原野に入会権があるはずがない。……，31番，6番原野とも小学校令による第2学区（公法人）の基本財産であり，大正3年法律第13号地方学事通則第1条第2項明治44年法律第69号町村制第124条，72条2号の規定によれば，右基本財産はＹ村長の管理すべきものであり，……第2学区には第2区会があって，（前記学事通則第2条）本件係争地の維持管理に必要な議決をしていたのであるから，これらの事実と対照すると，14名の組長で本件係争地を管理使用してきたものとは認めがたく，したがって前記供述部分は採用しない。ところで，学区の基本財産を設けるわけは，その収入で，当該学区の小学校の設立維持に関する費用に充てようとするにあるのであるから無償で無制限に使用収益することを内容とする入会権の付いている原野を学区の基本財産とすることは，全く意味のないことである。それゆえ31番原野を第2学区の基本財産とするとき乙部落民全員は右原野に対する入会権を廃止したものと認めるべきであり，これによって右入会権は消滅したものといわなければならない。もっとも甲第9号証の11によれば，青森県当局は昭和16年5月10日付丁村長に対する通牒で，丁村内の学区の財産は村に帰属するものとしたが，「之が使用収益に付ては原則として旧学区域の部落民に従来通りなさしめる」といっているので，これを一読すれば，乙部落民は，本件係争地が第2学区の財産であったときもこれを使用収益することができたし，これがＹ村の財産に編入されても，これまでどおり甲部落民に使用収益させなければならないというように解されないでもないので，あ

るいは，甲部落民は本件係争地が学区の財産であったときもなおこれについて入会権を有していたのではなかろうかと考えさせる余地がないでもない。しかし，右通牒がこれに引きつづき「収入は旧学区学校経費に充当し……」といっているところからみると，これまでも右係争地を有償で使用させたり，係争地上の草木などを売却するときは，その行為の相手方を部落民に限っていたのであるから，それが村有財産になった後も従来どおり原則として部落民に優先的に使用させたり売却したりしなければならないとしたものと解されるから，同号証は，控訴人ら乙部落民が本件係争地について入会権を有することの資料とはしがたく，他に控訴人らが現在なお入会権を有するものと確認させるに足りる証左がない」

この判決は，村有財産であるからという理由で入会権を否定しているのでなく，その前提として学区財産に編入されたことを理由に入会権の存在を否定しているのである。すなわち，学区財産はそれからの収入を学校の維持運営の費用に充てることを目的として設けられるもので，その土地は無償無制限に使用さるべきものではないから，学区財産編入と同時に入会権は消滅した，というのである。学区財産に無償無制限の使用収益権を認めることは意味のないことであろうが，入会権は必ずしも無償無制限であるとはかぎらず，学区財産に編入されればその入会権は共有の性質を有しないものとなるから，むしろ何らかの制約を伴うのが一般的である。しかも学区財産編入後30余年経て係争地を村有に移転するにあたり，県から部落住民の使用収益権を認める旨の通牒が出されており，判決も「係争地が学区の財産であったときもなおこれについて入会権を有していたのではなかろうか」といっているのであるから，学区財産編入と同時に入会権が消滅した，という判示は全くの独断でしかない。

このほかに市町村・財産区有地であることを理由に入会権の存在を否定したものはないが，しかし市町村有，財産区有財産ということで地盤所有者または管理者たる市町村や財産区の入会地に対する管理権能が次第に強大なものになりその反射として入会集団の機能が次第に弛緩，縮少し，とくにそれが利用形態の変化と結びつき集団の管理統制機能の喪失を理由に入会権の解体消滅を判示するものがあらわれている（第9章参照）。

第2節　国有地上の入会権

国有地上に入会権の存在を否定する成文上の根拠は何もない。国有林野法には入会権に関する条項は全くなく，国有財産法に行政財産には私権の設定を禁止する旨の規定がある（18条）。しかし，通常の国有林野は行政財産たる企業用財産とされるが，公用財産でも公共用財産でもなく，地元住民に慣習的に入会利用されている国有林野は直接行政目的に供されているわけではない。国有林野を行政財産と解してもこの規定は行政財産に新たな私権の設定すなわちたとえば地上権の設定を禁止するにとどまるものであって国有財産法成

立前から存在していた入会権まで否定する趣旨のものではない。

裁判所ははじめは国有地上に入会権の存在することを承認していた。

大判明 31・5・18（民録 4・5・35）は官有地上の入会権の存在を決めていたし，また，行政裁判明 34・10・4（行録 110）も官有地上の入会権を肯定していた。しかし明治 32 年に国有林野法が施行されて国有林野経営事業が開始されるに伴って国有林野の入会排除がきびしくなった。そしてそのような行政庁の政策をうらづけるように，大審院は次のとおり国有地上入会権の存在を否定した。

【117】　大判大 4・3・16 民録 21・3・328

[事実] 本件は，国有林野内における入会権の存否を，地元村と国との間で正面から争った事件に関するものである。$X_1 X_2$ 村は古くから数村共有地に入会っていたが，その土地が地租改正処分により国有に編入された。国有編入後も $X_1 X_2$ 村民は入会利用していたが次第に国の取締がきびしくなり，下戻申請も聞き届けられなかったので，$X_1 X_2$ 村（明治町村制の村）が国を相手として国有林野である土地上に入会権を有することの確認を求める本訴を提起した。第1審判決は $X_1 X_2$ 村が国有林野内に入会権を有することを認めたが，敗訴した国が控訴，第2審は原判決を破棄し，地租改正処分によって官有地に編入された土地については所有権に絶対的な効力を与え，従前他の権利が付着したものはみなこれを消滅させるのが改租処分の方針であったから係争地上の入会権は消滅した，と判示した。$X_1 X_2$ 両村上告し，明治初年の地租改正による土地官有編入処分は，土地所有権の帰属を定めるための処分でその土地上に存する入会権の有無については関知するものでなく，そのような法令もない。原判決は当時の条例通達を根拠に官地上の入会権が消滅したと解しているが，これはすべて条例通達等の内容を誤解したものである，と主張した。

[判旨]「仍テ按スルニ明治7年乃至9年ノ地租改正処分ニ関スル諸法令ニ依レハ其改租処分ニ於テハ一般ノ土地ヲ官有ト民有トニ区分シ其区分ヲ実行スル為メ従前人民カ土地ニ付テ入会利用進退シ来リタル状況ヲ考査シ其状況ニ依リ民有ニ帰属セシムルヲ相当認ムルニ足ル可キ実跡アルモノハ総テ之ヲ民有地ニ編入シ然ラサルモノハ慣行上村民ノ入会利用シ来リタル土地ト雖モ皆之ヲ官有地ニ編入シ官有地ニ編入シタルモノニ付テハ従前之ニ対シ慣行上村民ノ入会利用シ来リタル関係ハ編入ト同時ニ当然廃止セシメ斯ノ如キ私権関係ノ存続ヲ全然認許セサル趣旨ヲ以テ改租処分ノ行ハレタルコト明白ニシテ其官有地編入処分ニ関スル法意ノ存スル所亦之ニ外ナラス殊ニ明治8年6月地租改正事務局乙第3号達ニハ従来数村入会又ハ一村持等積年ノ慣行存在スル地所ハ仮令簿冊ニ明記ナキモ其慣行ヲ以テ民有ノ証ト認メ之ヲ民有地ニ編入スヘキ旨ヲ規定シ明治9年1月地租改正事務局議定山林原野等官民所有区分処分方法第1条ニハ口碑ト雖何村持ト唱ヘ樹木草茅等其村ニテ自由ニシ来リタルカ如キ山野ノ類ハ旧慣ニ依リ其村持ト定メ民有地ニ編入スヘキ旨規定シ同第2条ニハ従来村山村林ト唱ヘ樹木植付或ハ焼払等其村所有地ノ如ク進退シ他ノ普通其地ヲ利用シテ天生ノ草木等伐刈シ来リタルモノト異ル類ハ従前租税ノ有無ト簿冊ノ記否トニ拘ラス前顕ノ成績ヲ視認シ民有地ト定ムヘシ云云同第3条ニハ従前秣永山永下草銭冥加永等ヲ納ムルモ曾テ培養ノ労費ナク全ク自然生ノ草木ヲ採伐シ来リタルノミナルモノハ云云官有地ト定ムヘシ但其伐採ヲ止ムルトキハ忽チ支吾ヲ生スヘキ分ヲ払下或ハ拝借地等ニナスハ内務省ノ管掌ニ付キ地方官ノ意見ニ任スヘシトアリ

第6章　入会権と地盤所有権

此等ノ規定ニ徴スルニ従来村民入会利用ノ慣行アリタル土地モ亦総テ之ヲ官民有ニ区分シ其慣行ノ証跡ニ照シテ実質上之ヲ村ノ所有地ト同視スルニ足ルモノ又ハ村民カ之ニ付テ樹木等ヲ自由ニスルコト土地ノ所有者ト異ナラサルカ如キ重キ関係ヲ有シタルモノハ悉ク之ヲ民有地ト定メ村民カ之ニ付テ単ニ天生草木等ヲ伐採ノミヲ為スカ如キ軽キ関係ヲ有シタルモノハ皆之ヲ官有地ト定メ既ニ之ヲ官有地ト定メテ編入シタルトキハ従前其土地ニ於テ慣行上村民カ草木等ヲ伐採シ来リタル関係ハ当然廃止セラルルヲ以テ之カ為メ村民ニ忽チ支吾ヲ生シ損害ヲ及ホスヘキコトヲ慮リ特ニ其村民ニ地所払又ハ貸渡等ヲ許ス趣旨ヲ以テ改租処分ノ行ハレタルコトヲ知ルヘク其注意ノ存スル所ヲ推尋スレハ官有ニ編入シタル土地ニ対シ従前慣行ニ依リ村民ノ入会利用シ来リタル関係ハ入会権ナルト否トヲ問ハス改租処分ニ依リ編入ト同時ニ当然消滅セシメ一切斯ノ如キ私権関係ノ存続ヲ認メサルモノト解セサルヲ得ス且官有地ニ編入シタル土地ニ付テハ爾後其払下貸渡等ニ関シ従前其土地ニ於テ草木伐採等入会ノ慣行アリタル村民ヲ眷顧シ殊ニ国有林野法第8条第4号及同法施行規則第7条第4号ヲ以テ府県設置以前入会ノ慣行アリタル林野ニ在リテハ其入会ヲ為シタル者ヲ縁故者トシ其者ニ国有林野ノ売払ヲ許シタル趣旨等ニ照シ之ヲ考フレハ改租処分ニ於テ官有ニ編入シタル土地ニ対シ如上私権関係ノ存続ヲ認許セサリシ注意ヲ推知スルコトヲ得ヘシ故ニ地租改正処分ニ於テ官有地ニ編入セラレタル土地ニ対シ従前慣行ニ依リ村民ノ有シタル入会権ノ如キ私権関係ハ改租処分ニ依リ官有地編入ト同時ニ当然消滅ニ帰シタルモノニシテ斯ノ如キ私権関係ノ存続ハ法律上全然認許セラレサルモノトス然レハ原院カ改租処分ニ依リ官有地ニ編入セラレタル本件土地ニ付キ古来 $X_1 X_2$ ノ有シタル入会権ハ官有編入処分ニ因リ既ニ消滅ニ帰シタル旨ヲ以テ $X_1 X_2$ ノ請求ヲ排斥シタルハ正当ニシテ本訴請求ノ到底維持ス可カラサルコト明白ナリ上告論旨ハ数項ニ分レタルモ皆

原院カ引用諸法令ニ対シ為シタル解釈並ニ其解釈ニ付加ヘタル説明及ヒ事実認定ヲ非難スルモノニ過キス然ルニ根本タル右改租処分ニ関スル法令ノ趣旨叙上ノ如クニシテ本訴請求ノ到底維持ス可カラサル以上ハ原判決ハ結局正当ナルヲ以テ他ノ法令ニ付キ原院ノ与ヘタル解釈又ハ其解釈ニ付キ加ヘタル説明若クハ事実認定ノ当否ハ毫モ原判決ノ主文ニ影響ヲ及ホスコトナシ故ニ上告論旨ハ何レモ原判決破毀ノ理由ト為スニ足ラサルモノトス」

このほか上記判決と同じく，国有林野所在部落住民が国を相手に入会権を有することの確認を求め，同様にこれを否認した判決として次の判決がある。

東京控判大4・5・13新聞1025・22（上告審，大判大4・11・3同旨）

盛岡地判昭6・10・21新聞3344・5，6-19（上告審，大判昭8・11・20同旨）

上記2判決とも，【117】の判旨同様，地租改正処分による官地編入はすべてその土地上の私権関係を廃絶させるものである，という理由で入会権の存在を否認している。

その後国有地上の入会権を取り扱った事件は終戦時まであらわれていないが，国はこの大審院判決とくに【117】を錦の御旗に公然と住民の入会権を否認していった。これらの判決に対する当時の学者の見解は賛否両論あったが，昭和18年，戒能博士が明治初年の法令等を詳細に検討し（戒能通孝『入会の研究』93頁以下），官民有区分に関する法令は地盤所有権の帰属に関するものでその土地上の入会権等については何らふれていないことを明らかにして【117】判決を批判してから，この判決は学者の支持を失ない，その不

当性が強調された。それでも行政庁は戦後もなおこの判例を理由として国有地上の入会権を否認する態度をかえなかった。

最高裁がこの態度を変更し，国有地上入会権の存在を認めるのは昭和48年【120】においてであるが，しかし下級審判決では【117】の判旨を事実上否定し国有地上入会権の存在を認めるものがあらわれた。

【118】 青森地判昭33・2・25下民集9・2・308 (【32】と同一事件)

[事実] 本判旨は【32】の事案で新戸の入会持分権確認に対して旧戸側の，係争地はもと官有地であって入会権は消滅した，という抗弁に関するものである。

[判旨] 「なお，官有地については従前入会権が存在していたとしても明治初年の地租改正に伴う官民有所有区分の際の官有編入処分により消滅し，後の部落民による該地の使用，収益は従来の入会権の継続ではなく，別個新なる事実的法律的関係に基くものとし官有地に対する入会権の存在を否定する見解もないではないが，右地租改正及び官地編入処分の目的並びにその運営の実際を仔細に検討するときは右見解は必ずしも理論的ないしは実際的な根拠に乏しく，むしろ慣行による入会権利関係は官地編入後においてもその儘存続するものと解する。」

【119】 千葉地判昭35・8・18下民集11・8・1721 (【84】と同一判例)

[事実] 本判旨は，【84】の事案で財産区住民からの入会権確認請求におけるY財産区の，係争地は官有地に編入されたからその折入会権が消滅した，

という主張に関するものである。

[判旨] 「Yは大審院大正4年3月16日判決を引用して『入会林野が官有地に編入されると同時に旧来の慣習による入会関係は一旦切断され，払下なる全然別個の法律事実によって何らの負担または瑕疵の伴わない単純新鮮な所有権の対象となり，その使用収益は入会とは別個の新たな権利関係によって行われるものといわなければならない』と主張するが，右判決は入会林野が官有地に編入されて民法施行後も官有地たることを継続した場合の秣刈行為等に関するものであるところ，本件の場合は官有地たる期間は極めて短くしかもその時期は民法施行前10年以上の前のことであるから，右判決は本件の場合に適切ではない。民法施行後新たに入会権を取得し得るや否やについては議論の存するところであるし，本件の場合の如く極めて短期間官有地たることがあって，右期間中右林野で入会山業することが当時の法制上権利としては許されなかった場合において払下の前の入会権が払下後まで引続いたと見得るかどうかについても議論の存するところと思うが，前記払下に至る事情より見て払下により4ケ町村住民団体が入会権者たり得たことは明らかであると言わなければならない。」

これらの判決はいずれも現に国有である土地上の入会権の存否が争われているのではなく，現に入会権の存否を争う土地が官有地であった時期の入会権の存否が問題となっているのである。そしていずれも官有であった時期の入会権の存在を承認し，【117】の官地編入によって入会権が消滅したという判旨を否定しているが，その否定ないし判旨適用の排除のしかたに多少の相違がある。【118】「官有地に対する入会権の存在を否定する見解」と名指しはしていないが事実上【117】に示

第6章 入会権と地盤所有権

される判旨であることは明らかであり，それを正面から否定している。ただしそれに対する詳細な理由づけはない。【119】(1)本件土地を国有に編入したことが「元来無理で違法」であった，(2)県が本件国有地上に入会権を有することを認めていた，(3)本件土地の国有であった期間が6か月足らずでかつ民法施行前に民有となったこと，等の点から入会権は存続していたと解すべきである，として【117】の判旨の適用を排除している。【121】は【117】の判旨は，「単に天然生草木等の伐採だけするような軽い関係を有した」土地に限って適用さるべきものであって，村民が土地所有者と同じように樹木を自由にすることができるような重い関係のある土地には適用ないと解すべきであり，本件土地は村の所有地と同視できる重い関係にあるという理由で右判例の適用を排除している。

このように，戦後国有地上の入会権を取扱った事件はいずれも下級審であるが，すべてその存在を認めており，これを否定した【117】判決は事実上先例的価値を失っていた。ただ【117】の判例を正面から否定していなかったが，間もなく，【117】を名指しで正面から否定する下級審判決があらわれ，最高裁もこれを支持し，これによって国有地上に入会権の存在を否認する，という判例の態度は変更された。

【120】 最判昭48・3・13 民集27・2・271

事実 本件は入会権の存否をめぐって入会集団と国とが争った事件ではなく，国有地上に入会稼の権能を有する部落集団内部で新戸と旧戸との紛争に関するものである。甲部落住民が藩制時代から入会ってきた山林（海岸防風林）は明治初年の官民有土地区分で国有地に編入されたけれども住民は一貫してその土地上に樹木を植栽しまたは伐採したりして入会利用してきた。昭和28年頃伐採木の帰属をめぐって旧戸と新戸との間で紛争を生じ，新戸Xらは旧戸Yらを相手として旧戸と同等の入会権を有することの確認を求める本訴を提起した。

第1審は次のように判示して，XらがYらとともに，国有地たる係争地上に入会権を有することを認めた。

(第1審) 青森地鰺ヶ沢支判昭32・1・18 民集27・2・312

「部落住民一般に古くより繋争山林に立入りその樹木等の生産物を採取してきた事実があるときは入会権があるものと認むべきであり，本件山林の地盤は国の所有であるからその入会権は所謂官有地入会にあたり地役権的な性質をもち，土地を利用する権利そのものは部落協同体に属し，部落の住民各自はその部落の一員である限りに於て収益にあずかる権能を有するものと解するを相当とする。」

右判示は前掲大判にはふれていないが，国有地上に入会権の存在を認めた画期的な判決である。旧戸Yらは控訴して，前掲大判を根拠に係争地上に存在した入会権は官地編入処分により消滅し，Yらは共同借地権により係争地上に立木を有しているのである，と主張したが，第2審判決仙台高秋田支判昭41・10・12は，前掲大判を正面から批判し，地租改正当時官有地に編入された土地につき入会権を消滅させる旨の法規がなく，民法が入会権の存在を認めこれについて民有地と国有地を区別していないことを理由に入会権の存在を認め控訴を棄却した。Yら上告して，原判決は藩政時代における入会慣行の証明が不十分で，明治以降旧戸Yらが係争地上に有する借地権を入会権である

と判示したが，これは審理不尽の疑がある，と主張した。

[判旨]「明治初年の山林原野等官民有区分処分によって官有地に編入された土地につき，村民が従前慣行による入会権を有していたときは，その入会権は，右処分によって当然には消滅しなかったものと解すべきである。その理由は，つぎのとおりである。

明治7年太政官布告第120号地所名称区別が制定されることによって，それまでの公有地の名称は廃止され，土地は，すべて官有地と民有地のいずれかに編入されることになり，ついで，明治8年6月地租改正事務局乙第3号達によって，官民有の区別は，証拠とすべき書類のある場合はそれによるが，村持山林，入会林野については，積年の慣行と比隣郡村の保証の2要件があれば，書類がなくても民有とすべきことが定められ，比較的大幅な民有化が意図され，この方針は，同年7月地租改正事務局議定地所処分仮規則に引き継がれたが，同年12月地租改正事務局乙第11号達によってこの方針は変更され，入会林野等については，従来の成跡上所有すべき道理のあるものを民有と定めるのであって，薪秣を刈伐し，秣永山永下草銭冥加永等を納入していたというだけでは民有とすべきではないと解釈すべき旨を明らかにし，さらにこれに基づき同9年1月地租改正事務局議定山林原野等官民所有区分処分派出官員心得書をもって具体的な区分の基準を示し，その3条として従前秣永山永下草銭冥加永等を納めていても，かつて培養の労費を負担することなく，全く自然生の草木を採取して来た者は地盤を所有する者とはいえないことを理由として官有地と定めるべき旨が明らかにされている。これらの規定によると，村民に入会慣行のある場合においても，所有すべき道理のない場合には，その地盤は官有地に編入されるべきものとなっているのであるが，その場合に，村民の有した入会権が当然に消滅するか否かに関する規定は置かれていなかった。右心得書3条但書の趣旨も，右入会権の当然消滅を規定したものとみることは困難である。そもそも，官民有区分処分は，従来地租が土地の年間収穫量を標準とした租税であったのを地価を標準とする租税に改め，民有地である耕宅地や山林原野に従前に引き続きまたは新たに課税するため，その課税の基礎となる地盤の所有権の帰属を明確にし，その租税負担者を確定する必要上，地租改正事業の基本政策として行なわれたもので，民有地に編入された土地上に従前入会慣行があった場合には，その入会権は，所有権の確定とは関係なく従前どおり存続することを当然の前提としていたのであるから，官有地に編入された土地についても，入会権の消滅が明文をもって規定されていないかぎり，その編入によって，入会権が当然に消滅したものと解することはできないというべきである。もっとも，その後官有地上の入会権を整理し，近代的な権利関係を樹立しようとする改策に基づいて，従前入会権を有していた村民の官有地への立入りを制限し，あるいは相当の借地料を支払わせて入山を認めることとした地域があり，このような地域においては，従前の入会権が事実上消滅し，あるいはその形態を異にする権利関係に移行したとみられるが，一方，官有地に編入されたとはいえ，その地上に村民の植栽，培養を伴う明確な入会慣行があるため，これが尊重され，従前の慣行がそのまま容認されていた地域もあり，このような地域においては，その後も官有地上に入会権が存続していたものと解されるのである。そして，このような解釈をするにあたって，旧国有林野法（明治32年法律第85号），同法施行規則（明治32年農商務省令第25号），国有土地森林原野下戻法（明治32年法律第99号），旧国有財産法（大正10年法律第43号），現行国有林野法，現行国有財産法の各規定は，その妨げとなるものではない。以上の解釈と異なる大審院判例（大正3年(オ)第572号同4年3月16日判決・民録21輯328頁，

第6章 入会権と地盤所有権

大正4年(オ)第602号同年11月3日判決，昭和8年(オ)第1106号同年11月20日判決）は，変更されるべきである。

　そこで，本件において，官民有区分処分後入会権が消滅したか否かについてみるに，原審が適法に確定したところによれば，明治9年頃本件土地が官有地に編入されるにあたって，本件土地上に借地権は設定されなかったこと，明治13年に乙山に関係している地元66か村の総代A_1外数名より青森県令に対し，乙山保護取締のために乙山を永代世無代価で拝借したき旨願い出ていること，その後明治22年に乙山の管理が郡長に委託されていること，そして，これは委託願委員A_2外11名が取締規約を作って青森県知事に願い出た結果，許可を受けたもので，以来，関係11か村より総代，取締役を選び，乙山の保護取締にあたっていたこと，右11か村よりなる組合は明治40年過ぎに解散したこと，右は，乙山に関係する地元11か村よりなる組合ともいうべきものに対し，乙山の保護取締を委託したものであった等の事実が認められるというのであり，この認定事実のもとにおいては，右委託のあったことをもって，従前の入会権が消滅し，あるいは入会権以外の権利関係に移行したものと解することはできない。しかも，すすんで原審が適法に確定した事実，すなわち，本件土地が，官有地に編入されたのち，その地上の松立木は甲部落が労力を投じて植栽保護してきた功により甲部落有のものと認められたこと，しかし，すでに甲部落は，右合併により行政村たる資格を失い単なる自然村として俗称されるにとどまっていたので，植林後に分家したため植林に参加していない分家の者も含めて当時の部落の戸主全員を仕立人とすることによって，対外的に村中仕立であり甲部落総有のものであることを表示するようにしたため，現在の乙山官地民木林台帳には仕立人として記名共有の形式で記載されていること，右仕立人名義人となっている者は勿論，その後分家して甲部落に一戸を構えるようになった者は，村山と呼ばれている本件土地の補植，根払，伐採等に参加するとともに当然本件土地の毛上物一切の収益に参与してきたもので，戸主あるいは世帯主は旧戸，分家を問わずその権利者となり，昭和7年の調停の際の紛争を除き，本件紛争に至るまで山委員（右調停前は分家側からも選出されていた。）の連絡により各戸1人ずつ本件土地に出て共同して松立木，新たに植栽した杉立木，風倒木，害虫木，老齢木，雑木等を伐採し，各戸ほぼ平等に分配していたが，時には学校，消防屯所，火の見櫓，防火用貯水池，神社，共同墓地の休憩所等の資材や農道，農道の橋等の改修，あるいは学校の薪炭材にあて，売却した代金を消防屯所等の建築費にあてたり消防ポンプやホース等を購入したりして部落の公共的事業等に使用して来たこと，前記台帳に共有名義人として記載されている者も他村に移転した場合には，権利者でなくなること，権利者は，本件土地上に伐採後も植栽できること，使用収益の範囲は松立木のみならず，雑木等毛上物一切に及んでいること等が認められるというのであり，これらの事実関係のもとにおいては，本件土地が官有地に編入されたのちにおいても，依然として従前どおりの入会権が存続していたものであり，その後今日まで原審の認定した範囲内で入会権が存続している旨の原審の判断は，正当として是認することができ，その判断の過程の所論の違法は認められない。」

　以上のように，国有地上に入会権の存在を否定する実定法上，判例上の根拠は全くない。

【121】 甲府地判昭43・7・19下民集19・7〜8・419（【105】と同一事件，【197】の下級審）

事実　係争地は古くから甲部落の入会地であって明治初年の土地官民有区分により官有地に編入されたが明治44年県有となったので甲部落住民は山

第2節　国有地上の入会権

梨県に払下申請をし，その許可をうけ各戸拠金してその売払いをうけた。しかし登記上はいったん丙村有としたのち甲部落にある乙神社所有とされた。甲部落住民はこの土地上に入会収益を行なってきたが，昭和36年，乙神社代表者Yと村外の第三者Xとの間で，工場建設等を目的とする地上権設定契約が締結された。ところが住民がこれに異議を唱えたためYはXの地上権設定登記と土地の引渡に応じなかったので，Xは仮登記の上Yを相手として係争地上の地上権確認とその登記手続および土地の引渡を請求する本訴を提起した。係争地の一部を国が賃借しているため国がYのため補助参加し，地元住民Zら（選定当事者）はXおよびYに対して入会権にもとづく土地使用収益権の確認，Xのみに対し妨害予防，地上権設定仮登記の抹消を求めて当事者参加をした。Xは契約の成立を主張するとともに，Zらが入会権を有すると主張するが仮に江戸時代に入会慣行があったとしても明治初年の官地編入とともに入会権は消滅しており，また乙らは係争地上に採草等の行為をしていないので入会慣行は存在しない，と主張した。

なお，国有地上の入会権の存否については前掲【120】最高裁判決より以前の判決である。

[判旨]「次に本件土地が官有地に編入されたことによって，甲部落民の右の如き利用権能がいかなる影響を被ったかについて検討する。この点につきXはまず仮に甲部落民が入会権を有していたとしても，右官有地編入によって消滅したとして大正4年3月16日の大審院判決を引用する。

しかしながら，右判決は，当時の諸法令からすれば，村民が当該土地に対して『慣行証跡ニ照シ』て『単ニ天生草木等伐採ノミヲ為スカ如キ軽キ関係ヲ有シタル』だけの場合でその土地が官有地に編入されたならば，右村民の入会権は消滅するべきことを判示したものと解すべきであって，右判決にいわゆる『村ノ所有地ト同視スルニ足ルモノ又ハ村民カ之ニ付テ樹木等ヲ自由ニスルコト土地ノ所有者ト異ナラサルカ如キ重キ関係ヲ有シタル』土地が官有地に編入された場合については何ら触れていないものと解すべきである。ところでまず本件土地に対して甲部落の有していた利用権能は，上記認定のとおり所有権に類似する程の強い排他的支配権能を包含していたものと認めるべきであるから，甲部落は本件土地に対し，右判決にいう『村ノ所有地ト同視スルニ足ル』重き関係を有していたものというべきであり，甲部落民もまた，前記認定のとおり本件土地において古くから火入れをして，良質の草を継続的に採取できるように努め，その採取も独占的になしていたものと認められるのであるから，その利用関係もやはり右判決にいう『土地ノ所有者ト異ナラサルカ如キ』ものであったということができるのであって，従って，本件に前記大正4年の大審院の判決を引用することは妥当ではないというべきである。そこで次に，右の如き利用対象たる土地が官有地に編入された場合の部落民の入会権の消長について考えるに，当時の諸法令からすれば本来右の如き利用関係のもとにおかれた土地は，民有地となるべきであるが，これを誤り官有地となした場合，その土地上の入会権の存廃について，何ら法令には触れるところがないこと，土地の利用権たる入会権は本来地盤所有権の有無，もしくはその帰属者の変化とは直接関係がないこと，土地が官有となったとしても，その土地が特別な行政目的に使用される為私人の利用を排するものでない限り，当該官有地上に私権たる入会権の存続を許さないとする合理的理由は見当らないこと，以上の諸点を併せ考えれば，甲部落の本件土地上の利用権能は右官有地編入によって影響を受けず，有効に存続したと解するのが相当であり，また甲部落民の有する前記入会権も消滅しなかったものと認めるのを相当とする。もっとも本件土地が官有地とされていた間前記のとおり県及び御料局によって草木払い下げを規定されたが，右規定中には前示のとおり入会権者への払い下げについて種々言及されている個

第6章　入会権と地盤所有権

所が多くあり，且つ前記認定のとおり甲部落民が官有地編入後も右規定に従って本件土地上で草の採取等の利用行為を続けていたことからすれば，右は地盤が官有とされたのに，甲部落民の入会権を無視できないため，事実上これを尊重せざるを得なくなり，形式的規制を加えて，部落民に権利の実質を得せしめたものと解するのが相当である。」

本件はXから控訴したが，控訴審（東京高判昭50・12・17）もほぼ同旨，最判昭57・7・1により本判旨確定．【197】参照。

入会権は民法上の物権であり土地所有権の帰属いかんによってその存否が左右されるものではない。国有地，公有地といえども道路，河川等の公共用建物その施設のための用地など公共用に供される土地を除いて入会権の存在を否定する理由はない。ただその入会権は共有の性質を有しない入会権であり，国有財産法，地方自治法（公有財産）の制約を受ける。ただ現実に国有地上の入会権がどの程度存在するかは疑問であり（国有林の契約による入会的利用地は存在する），また都道府県有地入会地はきわめて限られており，実際に多く存在するのは，市町村，財産区有の入会地である。これについては地方自治法238条の6に規定がおかれており，この権利を実務上旧慣使用権などと呼ぶことがあるけれども，単に名称だけで入会権であることに変わる別異の権利ではない。同条の規定は市町村有地等の入会権を処分・変更するには入会権者の意思のほか，市町村議会の議決を必要とする，ということである。

第7章　入会権と登記

第1節　対抗要件としての登記

民法177条は不動産物権の得喪変更には「登記法ノ定ムル所ニ従ヒ其登記」が対抗要件であると規定している。しかしながら不動産登記法には入会権が登記しうる権利となっていないので、入会権は登記することができないが、判例は早くから入会権の対抗要件としての登記は不要と判示している。

【122】　大判明36・6・19民録9・759

[事実]　甲村住民XらがYらを相手として乙ほか2ヵ村共有地に入会権を有することの確認を求めた。第1審（宇都宮地判明34・2・11新聞29・10）はXらの入会権の存在を認めたがその対抗要件につき次のように判示した。

「民法第263条及び第294条に依れば共有の性質を有する入会権には所有権の規定を準用し共有の性質を有せざる入会権には地役権の規定を準用するを以て入会権は共有の性質を有すると否とに因りて之を区別し不動産登記法第1条の規定に従ひ所有権若くは地上権に準じて之が登記を為すべきものとす〈略〉而して民法は登記を以て不動産上の物権を第三者に対抗する絶対条件となして敢て第三者の善意悪意を問はざるものなれば苟くも登記なき以上は仮令Y等に悪意ありとするも之をY等に対抗するを得ざるものとす」

第2審（東京控判明36・2・23民録同）はXらの入会権の存在を認め、かつ入会権には登記不要と判示したので、Yら上告して、原判決は、入会権の如く登記法上登記手続の規定のないものは登記なくして第三者に対抗しうると判示しているが、登記法に入会権を掲げなかったのは民法263条および294条により共有権又は地役権として登記することにしているからであって、不動産物権たる入会権を登記なくして第三者に対抗しうると解するのは法の適用を誤った不法がある、と主張した。

[判旨]　「不動産登記法第1条ハ列記法ニシテ例示法ニアラサルニ依リ他ニ之ヲ適用スヘキ特別ノ規定アラサル限リハ登記法ニ列挙セサル入会権ハ之ヲ登記スヘカラス然ルニ民法第294条ハ入会権ニ付地方慣習ニ従フノ外地役権ニ関スル第6章中ノ規定ヲ準用スルニ止マリ登記法ヲモ準用スヘキコトヲ包含セス其他入会権ニ付登記ニ関スル規定ハ存セサルヲ以テ登記法ハ之ヲ適用スルヲ得ス而シテ民法第177条ハ登記法ニ列記シタル物権ニ付テハ登記ヲ為スニアラサレハ第三者ニ対抗スルヲ得サルコトヲ規定シタルニ過キスシテ登記ナキ物権

ハ絶対ニ対抗力ナシト為シタル法意ニアラサルコトハ原判決ノ説明スル如クナリ然レハ民法ニ於テ既ニ入会権ヲ物権ト認メタル以上ハ其権利ノ性質上登記ナキモ当然第三者ニ対抗スルヲ得ヘキモノト為ササルヘカラサルノミナラス登記法施行以前ニ在テモ他ノ物権タル所有権若クハ抵当権等ト異ナリ戸長ノ公証ヲ要セスシテ第三者ニ対抗スルヲ得タル慣習アリタルモノナレハ民法施行法第37条ノ法意ニ拠ルモ亦入会権ノ如キ登記ノ規定ナキ物権ハ登記ナキニ拘ハラス第三者ニ対抗スルヲ得ヘキモノト為スヲ当然ナリトス」

【123】 大判大6・11・28民録23・2018

事実 本判旨は、Xら部落住民に石材採取の入会権を認めた原判決に対し、Yの、Xらが入会権を有するとしても登記がないので地盤取得者たるYに対抗できない、という上告理由に関するものである。

判旨「然レトモ入会権カ不動産ニ関スル物権ナルモ其権利ノ性質上登記ナクシテ当然第三者ニ対抗スルコトヲ得ルハ当院判例ノ存スル所（明治36年6月19日第2民事部判決参照）ナルヲ以テ本論旨ハ理由ナシ」

上記2つの判決はいずれも共有の性質を有しない入会権に関するものである。次の判決も、事案は共有の性質を有しない入会権に関するものであるが、入会権は共有の性質を有すると否とにかかわらず登記なくして第三者に対抗しうる旨判示している。

【124】 大判大10・11・18民録27・2045

事実 A所有の山林が強制競売され、Xが競落したが、この山林上に甲部落住民Yらが周囲4尺未満の毛上物を採取しうる入会権を有していたので、XがYらを相手として入会権不存在確認の訴を提起した。原審でXが敗訴したのでX上告し、Yらの入会権には登記がないから第三者たるXに対抗しえない、と主張した。

判旨「民法第177条ニハ不動産ニ関スル物権ノ得喪及ヒ変更ハ登記法ノ定ムル所ニ従ヒ其登記ヲ為スニ非サレハ之ヲ以テ第三者ニ対抗スルコトヲ得ストノ規定アリテ物権ノ存在ヲ対抗セシムルニ登記ヲ必要トスルヤ否ヤハ全然登記法ノ規定ニ依リテ之ヲ定ムルヘキ趣旨ヲ明ニセリ而シテ不動産登記法ニハ入会権ニ付キテハ共有ノ性質ヲ有スルト地役ノ性質ヲ有スルトヲ問ハス総テ登記ヲ以テ其対抗条件ト為シタル規定存セサルヲ以テ入会権ハ之ヲ登記スルコトヲ要セスシテ第三者ニ対抗セシムルコトヲ得ルモノト解スルヲ相当トス」

入会権の対抗要件が問題となるのは、通常共有の性質を有しない入会権である。すなわち、共有の性質を有しない入会地の地盤所有権の第三取得者又は用益権者と入会権者（＝入会集団）との間で入会権の存否が問題となるのである。もっとも共有の性質を有する入会権においても全く問題がないとはいえない。それは共有の性質を有する入会地の登記上の地盤所有（共有）者から登記上所有（共有）権あるいは用益権を取得した者と入会集団との間である。しかし、この場合、入会集団の承諾のない所有（共有持分）権の移転自体が有効か、という問題がある。それが無効であるならばこの問題は対抗力の問題でなく公信力の問題となる。

入会権が共有の性質を有すると否とを問わず登記なくして対抗力を有する、ということ

は，結論的には入会権は登記と無関係だ，ということになる。入会権が登記できない以上当然であろう。入会権が登記できない，とは入会権という権利を登記することができない，というだけでなく，現在の登記実務では登記権利者を自然人および法人に限っているので，法人でない入会集団は登記上権利主体となりえないということである（ここでいう登記とは，不登法2条4号にいう「権利に関する登記」のことである）。

入会権は登記することができないが入会地盤所有権は登記することができる。だが入会地盤所有者が入会集団である場合（共有の性質を有する入会地の場合）には入会集団の名では登記することができない。したがって，共有の性質を有する入会地の地盤所有権の登記は個人，数名の共有名義でされているものが多い。

これらの個人名の登記は，これらの登記名義人のみの所（共）有地でなく，入会集落のいわば代表者として委任されて名義人となったものである。もともとは村の総代とか，いわゆる区長などの代表者である者が多かった（個人名に肩書きをつけることはできない）。しかし登記上の所有者＝登記名義人は必ずしも入会集落の代表者や役員である必要はなく入会集団から登記名義となることを委任された（選ばれた）者であれば誰でもよい。また入会権者全員の記名共有名義の登記も同じく全員が集落から委任されて登記名義人となったのであって，入会地が全権利者の共有（登記上の表示は民法上の個人的共有者）となるわけではない。

入会地盤の所有権登記を個人名にし難いとき（土地台帳＝表示登記に大字○○，○○区等と登載されているとき，あるいは個人財産と混同されるおそれがあるときなど）は可能な法人名義で登記することがある。町村名義（町村の名を借りる）の場合もあるが多いのは財産区（いわゆる旧財産区）である。財産区は町村制施行後新たに設けることはできないので，財産区名義の土地がほんらいの財産区かそれとも財産区の名を借りた入会地であるかがしばしば問われることは以下に見るとおりである。そのほか神社や寺院の名義で登記されることもあるが，これら登記名義をめぐって入会地盤所有権の帰属，さらには入会権の存否が争われることが少なくない。

入会＝総有にあっては持分の譲渡ができないにもかかわらず登記上共有持分権の譲渡は自由であるから，入会権の実体にそぐわないものでしかない。それ故に入会地盤所有権の登記は実体を反映しないものであり（ただし表示登記には大字名や部落名で表示されているものがありこれは実体を反映していることがある），その登記は記名共有も代表者名義もすべて便宜的なものといわざるをえないのである。

【125】　最判昭43・11・15判時544・33

[事実]　甲部落の入会地は明治41年に，代表者Y_1の先代A_1，Y_2の先代A_2および$Y_3$3名の名義で登記されたが，登記名義人Y_1は部落外のY_4 Y_5に対して自己の共有持分の一部を売り所有権移転登記を，一部に抵当権を設定しその登記を完了した。

第7章　入会権と登記

Y₁ら3名を除く甲部落の入会権者住民Xらは、Y₁ら3名およびY₄Y₅を相手として、右土地は甲部落の入会地であってY₁らは代表名義人にすぎず、3分の1の共有持分を有するものでないから共有持分を部落外の者に売ったり抵当権を設定することは慣習によって禁止されているという理由で、Y₄Y₅が実体上何の権利も有しないことの確認と所有権移転登記および抵当権設定登記の抹消を請求する本訴を提起した。第1審（名古屋地岡崎支判昭和41・3・22【194】）はXらの請求を認めたので、Y₄Y₅控訴し、係争地は甲部落の総有に属する入会地でなく、Y₁ら3名の共有地であったのであり、Y₄は右土地をY₁ら3名の共有地と信じて所有権移転および抵当権設定をしたのであるから善意の第三者であり、甲部落住民総有の土地をY₁らに売買による所有権移転登記をしたのはXらとY₁らとの間の通謀虚偽表示行為に該当するから、民法94条2項により、XらはY₄Y₅に対しその登記の無効を主張しえない、と主張した。第2審（名古屋高判昭42・1・27（【76】参照）はこれを認めなかったので、Y₄Y₅上告してXら部落住民がその総有に属する財産をA₁A₂Y₃に売買による所有権移転登記をしたことは通謀虚偽表示に該当し、民法94条2項により、Xらは係争地がY₃ら3名の共有でないことを善意の第三者たるY₄Y₅に対抗できない、と主張した。

判旨　「原審が適法に確定したところによれば、右(甲)(乙)の土地については古くから原判示の入会権が存在し、その地盤である右土地は、いわゆる村中入会の土地として大字甲の部落民全員の総有に属して現在にいたったのであるが、部落名義の保存登記では登記権利者としての資格を欠如するため、当時の乙村の所有名義にするか、あるいは部落民全員の名義にするかの岐路に立たされ、登記の必要上、当時の部落の区長ないし区長代理をしていた前記A₁ら3名の代表者名義で、右のとおり本件共有登記を経由したというのである。

そうすれば、総有の対象である右(甲)(乙)の土地については、もともと共有持分というものは存在しないものであるにもかかわらず、あえて本件共有登記が経由されるにいたったのは、前示のように、部落民全員が入会権者として登記の必要に迫られながら、共有の性質を有する入会権における総有関係を登記する方法がないため、単に登記の便宜から登記簿上前記3名の共有名義にしたにすぎないのであって、これを捉えて入会権者と前記3名との間に仮装の売買契約があったものと解し、あるいはこれと同視すべきものとすることは、相当でないというべきである。したがって、民法94条2項の適用または類推適用がないとした原審の判断は是認できる」

この判決のほか【106】（名古屋高判昭46・11・30）も同様に入会権に民法94条2項の適用がないと判示している。それは、入会地の共有持分権の登記は自由に譲渡処分できるものではないから、その規範に反して共有持分権の移転、持分権に対する抵当権の設定等はそもそもできない性質のものであり、したがってそれらの移転登記や設定登記は無効だからである。登記に公信力のないこと、入会地の所有権登記が必ずしも実質を反映しない以上当然であろうが、この判旨はきわめて重要な意義を有する。

第2節　入会地盤所有権の登記

入会権は登記に左右されない、関係がない

第2節　入会地盤所有権の登記

権利ともいえるのであるが，いわゆる開発が行われると登記が問題となってくる。たとえば分収造林を設定するとき地上権設定登記が，あるいは入会地の一部を道路その他の用途で売却する場合に所有権移転登記がそれぞれ要求されるがそのためには現在の地盤所有権者名での所有権登記が必要である。ところが，前述の理由で入会地には未登記（表題部登記のみ）もしくは，所有権登記がされていても現在の権利者と一致しない場合がきわめて多く，そのため現在の権利者（主に代表者）名に所有権移転登記を求めることが多い。それは入会権の存否が登記と関係なく，また入会地が取引の対象となることがきわめて少ないため，入会地盤所有権者の変動があってもそれによって所有権移転登記が行われることがきわめて少なく，事実登記上の所有権者が死亡あるいは転出等によって入会権利者としての地位を失っても所有権移転登記手続がされないままであることが多いからである。

登記は公信力を有せず，したがって登記上入会地盤所有者であっても入会権者でなければ権利はないのであるが，登記の物神性により，所有権（共有持分権であることが多い）を主張し，ときには登記上の所有権が第三者に移転し，その第三者が所有権を主張することがあり，そのため入会地盤所有権の登記をめぐって入会集団と紛争を生ずることが少なくない。

以下これに関する判決を掲げるが，登記請求を提訴する入会集団もしくは個人（おおむね代表者）の訴訟当事者能力もしくは適格が問題とされることが少なくない。なお同種の訴訟で集団の地盤所有権を有することのみの確認を求め移転登記等の請求をしていない判決については第3章に取り上げた。

入会地盤所有権の確認のみならず，入会集団構成員（主に代表者）への所有権移転登記を求める訴訟において，判決はこれを認める前提として集団の当事者能力について判示しているものが多い。第10章に示すとおりであるが，【83】は，入会集団を「実在的総合人」と判示しており，まことに正確な表現である。その他はすべて「社団」と判示しているがこれは訴訟当事者能力を有することの前提として，民訴法29条（旧46条）の法人でない社団に該当する旨を判示しているのであって入会集団が本質的には社団であると解しているわけではない。

【126】　福岡高判昭47・7・24 判時 700・104

事実　本件は溜池の流水を使用する農民と溜池の登記上の所有権者との間の溜池所有権の帰属をめぐる紛争にかんするものである。溜池はY_1（県外居住）Y_2（同一町内居住）2名の名義で所有権登記がされている。溜池の流水使用者たる水下農民X_1ら36名は，係争地たる溜池はX_1ら水下農民の祖先が造成したものであり，仮にそうでなくともX_1らが水下組合員として共同で管理してきた以上時効取得したという理由でY_1Y_2に対して溜池がX_1ら水下組合員の所有に属することの確認と，所有権移転登記を求める本訴を提起した。Y_1Y_2は，本件溜池はともにY_1Y_2らの先祖に当たるA_1A_2が造成したもので，Y_1Y_2はそれぞれ相続によってその所有権を取得し，Xら水下農民に無償で流水を利用させていたものであり，Xらは溜池保持の

ため労力や費用を提供したとしても，無償で流水利用しているのであるから当然であり，かつ溜池は水田に水を要するときのみ利用していたのであるからXらが常時占有していたとはいえない，と抗弁し，時効取得の主張を否定した。

第1審判決（長崎地佐世保支判昭45・7・27戦後2・99）は，係争地を水下農民が造成しあるいは所有した事実がなく，土地台帳の登載やA₃らがこの地区で数十町歩に及ぶ田を係争地の近くに所有していたことから判断して係争地はA₃の所有地でそれをY₁Y₂が贈与ないし相続によって取得したものであると判示し，またXらの時効取得の主張に対しては，水下農民が維持管理してきたとしても溜池所有の意思の存在を裏付けられないとしてこれを認めなかった。Xら控訴。

[判旨]「いわゆる水下農民らは先祖の伝承によって本件(一)，(二)のため池が自分たちの共有であると信じ，いつの時代からは判然としないが，水下農民の総体を水下組合と称し，共同して右ため池および前記三角の破れ堤ならびにこれに付帯する水利諸施設を支配し，その用水を水下水田の灌漑に利用してきたこと，そして，水下農民は，水下組合の規制のもとに各自修理費，水番費等の各種の費用を負担し，あるいは種々の賦役に服して，右ため池その他水利施設の修理，改修，維持管理に当たってきたこと，水下農民は，水下水田の所有権を喪失することにより水下組合の構成員たる地位，したがって，また，ため池に対する権利を喪い，他方，新たに水下水田の所有権を取得したものは，これによって当然に水下組合の構成員となると共に右ため池に対する権利を取得すること，以上のような慣行が現在に至るまで存在することを認めることができる。

(3) 以上(1)，(2)の事実によれば，右水下組合は構成員たる水下農民から独立した権利主体ではなく，農民が個人としての地位を失わずにその集合体がそのまま単一体としての団体を構成していたもので，個人と団体とが不可分の一体をなす総合的団体であったものと認められ，前記ため池および用水に関する権利は右水下組合員の総有的支配に属し，その性質は入会団体員の入会地に対する総有的支配に類似したものと考えられる。したがって，水下農民はこのような団体関係において本件(一)，(二)のため池および用水に対し共有の性質を有する入会権類似の権利を有するものと解するのが相当であるから，現在水下農民の地位を承継している本訴選定者全員および控訴人らは本件(一)，(二)のため池を共有（総有）しているものといわなければならない。

なお，……，昭和5年7月7日，水下農民らが長崎県知事の許可を得て甲耕地整理組合を設立し，右農民らの所有する田および右ため池がその施行地区に編入されたこと，昭和26年4月10日右耕地整理組合は法定の手続を経て組織を変更し，甲土地改良区となっていることが認められるが，このことによって水下農民が古来から有する前記ため池の所有権が当然に消滅したり，あるいは右各法人に移転するいわれはないから，右各法人の設立は控訴人らの前記ため池所有権取得の認定を何ら妨げるものではない。〈略〉

明治初年地租改正の当時，政府が地券発行の際に，当時右ため池の水下付近にかなり広範囲に亘って水田を所有し土地の有力者であったA₁〈略〉らに対し，水下農民の代表者として右ため池の地券が発行され，その後これに基づいて土地台帳に右両名名義の登録がなされたものと推認することができるから，右土地台帳の登録をもって本件(一)，(二)のため池が水下農民の共有に属する旨の前記認定を覆すことはできない。

〈略〉

四 そして，《証拠略》によれば，前述のとおりA₁，A₂は水下農民の一員として本件(一)，(二)のため池を共有していたものであるが，右両名はともに……一代の間にそれぞれ所有田地を全部売払ったため水下農民としての地位を喪失したことが認

められ，その後その子孫であるY₁らにおいて右ため池の水下に水田を取得して水下農民となったことを認めるに足る証拠もない。

したがって，本件㈠，㈡のため池が水下農民の総体である水下組合の総有的支配のもとに水下農民の共有に属するものである以上，A₁，A₂は水下農民の地位を喪失したことによって右ため池に対する権利を失ったものであり，その相続人であるY₁らも右ため池に対しては何らの権利を有しないといわなければならない。

そして，現在本件㈠のため池についてはY₁が本件㈡のため池についてはY₂がそれぞれ自己名義に所有権保存登記を経由していることは当事者間に争いがないので，Y₁らは実体に符合しない右各登記を抹消すべき義務があること明らかである。」

（最判昭48・6・25上告棄却）

【127】 大阪高判昭48・11・16 判時750・60

[事実] A′ら4人共有名義の甲集落入会地につき，A′の死亡によりその法定相続人Y₁らに対し甲集落の代表者Xが，この土地が甲集落の所有地であることの確認と，同集落へのY₁らの共有持分権の移転登記を請求した。第1審（大阪地岸和田支判昭46・7・19戦後2・114）はこれを認めた。Y₁（その承継人）のみ控訴。

控訴審でXは，甲集落による所有権確認請求に加え，甲集落は法人格なき社団であるから本件土地は集落住民の総有に属し，所有権移転登記については，甲集落代表者にされるべきものであるとして，訴をXへの移転登記請求に変更した。

[判旨]「二，〈証拠略〉によれば，甲集落が部落居住者により構成され，部落の資産を有し，区長を代表者と定める社団たる実体を有するものであり，現在Xがその代表者であることを認めることができる。〈略〉

㈡ このように権利能力なき社団の資産たる不動産が構成員全員の総有に属する場合には，……構成員全員が共同して，第三者に対し，当該不動産を収益する権能を有することの確認を求める趣旨の訴を提起することができるが，また，右の収益および管理処分の権能を合わせた総体としての権利が構成員全員を包摂する団体に究極的に帰属しているものと見て，社団自体が原告となり，当該不動産が構成員全員の総有に属する旨の確認の訴を提起することも可能というべきであり，民訴法46条が法人にあらざる社団で代表者の定めのあるものはその名において訴えることができる旨を定めた法意に徴しても，社団自体にかかる訴を提起する利益および適格を認めるのが相当である。したがって，本件確認の訴は適法とすべきである。

㈢ 〈略〉

四 ㈠ 前記のとおり，社団の資産たる不動産が構成員全員に総有的に帰属しているとされる場合であっても，総有の内容をなす収益および管理処分の権能を合わせた総体としての権利は社団自体に究極的に帰属しているものとみるべきであって，実質的には社団が所有権を有するのと異ならないものということができる。そして，法人格を付与されていない社団であっても，その団体としての社会的実在を承認する以上，社団の有する実質的権利を法律上も権利として承認し，できるかぎり一般の権利能力者がこれを有する場合に近い法的効果を認めてその保護をはかることが適切であることも，多言を要しない。このような見地においては，社団の資産につき社団自体に第三者に対する妨害排除請求権等を認めることにも何ら支障はないのであり，無権原の第三者名義に所有権の登記がなされている不動産については，社団は，自己の権利に基づき，右第三者に対し，登記を実体に符合させるよう請求することができるものと解すべきである。ただ，〈略〉権利能力なき社団の資産たる不動産については，社団の代表者の個人名義に登記がなされるべきであり，したがって，

第7章　入会権と登記

代表者がみずから第三者に対して登記手続を請求することができるのであるから、その反面、社団自体は登記簿上の所有名義人たりえないものと解されるのであるが、これは、現行登記制度の手続面における技術的な制約によるにすぎないのであって、そのために社団の実体上の権利がただちに左右されるものではなく、社団が自己のため手続上可能な登記すなわち、社団の資産たる不動産につき代表者個人を登記権利者とする登記手続を第三者に対して求めることができ、これまた登記請求権の一形態であると解すべきである。社団がかかる登記請求権を訴訟上行使しうるものと解することは、もとより民訴法46条の趣旨にも合致するところであり、社団が訴を提起した場合に、これを斥けて、代表者個人による訴の提起をまつべき実益も存しないのである。〈略〉

したがって、社団は、権原なく登記名義を有する第三者に対しては、自己の登記請求権の行使として、右登記の抹消またはこれに代わる代表者個人名義への所有権移転登記手続を請求することができるものと解するのが相当である。

なお、代表者は、自己の名をもって、しかしもっぱら社団のために、その資産を管理するものであるから、右のように社団移転登記手続をなすべき旨を命ずる判決が確定したときは、代表者は、民訴法201条1項にいう当事者のため請求の目的物を所持する者に準じて判決の効力を受け、右判決に基づきみずから登記申請をすることができるものと解すべきである。また、社団を当事者とする前記確認および登記手続請求の訴訟における判決の既判力は、社団の構成員に及ぶものではないが、社団勝訴の確定判決があれば、これによって構成員の権利は対外的に確保されるのであるから、重ねて構成員が第三者に対して各自の収益機能の確認を求める前記のような訴等を提起する必要はなくなるのである。

（二）　本件土地がXの資産に属することおよびその登記名義は前記のとおりであり、……Y₁はXに対し真正の登記名義の回復のため、持分12分の1につきXへの移転登記手続をなすべき義務を負うものというべきであ」（る）。

【128】　福岡地判昭58・12・27判タ521・206

事実　明治年代に甲集落住民317名共有名義で登記された、集落所有の山林、宅地につき、登記名義人がすでに死亡したため、集落で協議の上Xら5名の共有名義とすることを決議し、持分権移転登記を行ってきたが、登記名義人Y₁の相続人（孫）Yは町外に転出し、自己の持分を主張して移転登記に応じなかったためXがYを相手として、集団の所有権の時効取得を理由に共有持分権の移転登記を求めた。

判旨　「1　本件土地は登記簿によると明治39年3月12日の売買を原因として同月14日Y′ほか316名の共有名義に登記されているが、その維持管理は区有地として甲区各部落の割宛制でなされ、公租公課は区費から支出されてきたこと、共有登記名義人である317名は本件土地買受当時区費を納入していた区民の全員であり、当時区の有力者名義にしておくと勝手に処分されるおそれがあるということで共有名義にしたといわれており、現在では誰も本件土地が区有地であることを疑うものはいないこと、

2　終戦後区は乙町の要請をうけて本件土地の一部を町営住宅の敷地として町に売却し、代金の決済も済んでいるが、その後町営住宅が払下げられ、その払下げをうけた者から町を介して敷地所有権移転登記の要求が強くなったこと、本件土地については既に当初の共有名義人317名は死亡し、現在では3代目、4代目に当り、その数も約1,400名に及んでおり、居住地も様々であるため、区では登記名義を区の代表者5名の共有に整理したうえ、前記移転登記の要求に応ずべく、昭和56年4

月29日区民総会を開いて原告ほか4名の代表者に登記名義人となって貰うよう決議したこと，ところが被告のように今迄知らなかったのに移転登記の交渉からこれを知り，登記名義の存することを奇貨として区有地であることを知りながら法外な要求をするものが17，8名はいること，

3　本件土地については登記簿上317名の共有登記がなされているだけで区所有を裏付ける資料は大正11年以降分しかなく，それ以前のものはないが，明治42年7月15日生れの原告の物心のついた頃からの記憶でも甲区所有として区の各部落の割宛制で維持監理がなされてきたこと

以上のとおり認められ，他にこれに反する証拠はない。

右認定の事実によると，本件土地はYら317名の共有にはなっているが，明治39年3月12日の売買以降区は所有の意思をもって善意，無過失に占有をはじめ，以後平穏且つ公然に占有を継続したものと推認するのが相当であり，したがって区は以後10年を数える大正5年3月12日の経過とともに本件土地の所有権を時効取得したものというべきである。

しかるところ権利能力なき社団である甲区名義で所有権移転登記をうけるすべはないから，受託者であるX名義で本件土地につき明治39年3月12日に遡り時効取得を原因として被告に対し所有権（持分）移転登記手続の履行を求める原告の本訴請求は〈略〉，正当である。」

（本判旨確定）

【129】　名古屋地岡崎支判昭60・11・27戦後2・378

[事実]　大字甲所在の山林は古くから集落住民共有の入会地で最近は割山利用が行われるようになった。Aほか数名の名義で所有権登記されていたが，Aの相続人Y（同一町内居住）がその一部を相続による移転登記をしたため，甲集落（山林組合，代表者X）はYを相手としてこれらの土地が甲集落住民の入会地であることの確認と，AY名義の所有権登記を集団代表者Xへの移転登記とを求める本訴を提起した。Yは，係争地は分割利用により入会権は消滅した，と抗弁した。

[判旨]　「一　本件㈠ないし㈣の土地が，本件入会山林の一部であつて，実在的総合人たる性格を有する甲地区の部落民が，慣習により，徳川時代から，共同で管理し，同山林から，草，柴，薪を採取し，地盤所有権を含めた入会権を取得していたことは当事者間に争いがない。

二　Yは，明治の中頃にいわゆる分山制度が採用されたことにより，入会権は消滅し，当該分山を割当てられた各人が単独または複数で土地を所有（共有）するようになつて，その旨の登記がなされた旨主張……する。しかしながら，……明治の中頃に，本件入会山林のある部分を部落民各人（一家の戸主で慣習により資格を認められた部落民）に区切つて指定して立木，下草等の使用収益権ないしは利用権を独占的に与えたが，その所有権は甲部落民全員の総有に属していたこと，そして，2，30年毎に右配分の区域割を改めることにしていたが，大正時代になってから配分し直すことは中止し，部落民各人に割当てられた区域については半永久的なものにしたが，依然として地盤所有権については甲部落民全員の総有に属し，部落民各人が分山を譲渡，処分することは認めていなかったこと，各入会山林の登記名義人と分山に配分された部落民各人とは必ずしも一致したものではなかったことが認められ，この事実に照らすと，Yの右供述はたやすく措信でき〈略〉ない。

三　〈証拠〉によれば，分山を与えられた甲部落民全員82戸（戸主）は，昭和25年1月15日，「治山治水を旨とし，森林の荒廃を防ぎ，乱伐を防ぎ，植林事業を施し専ら愛林思想を涵養する」目的で甲山林施業協同組合を設立し，後に甲山林組

合（原告）と改称したこと，同組合には定款があり，……組合員は甲部落から移住するなどして廃戸した場合はその資格を喪失し，権利を放棄することになること，したがつて，現在では設立当初から4名が減り，78名の組合員であることを認めることができ，右認定に反するYの供述はたやすく措信できず，他に右認定を妨げる証拠はない。右認定事実によると，原告組合はいわゆる権利能力なき社団であることが認められる。

四　本件㈠，㈡の土地につきYの，本件㈢，㈣の土地につき亡Aの，……右各持分登記は，不動産登記簿上，甲部落もしくは原告組合名義で登記出来ないため，便宜上やむをえず甲部落民であつたA及びその相続人であるYの名義を使用して登記されているに過ぎないもので，真実は，本件㈠ないし㈣の土地を含む本件入会山林の地盤所有権は組合員（分山の権利者）全員の総有に属していたものであるが，右組合員全員は，原告組合が設立されると同時にこれを原告組合に移転したこと，不動産登記法上，権利能力なき社団である甲組合名義では登記することができないため，甲組合は昭和58年12月11日，臨時総会を開催し，定款21条の「共有山林の代表登記名義を変更すべき必要があるときは，総会の決議により新名義人を指定して変更することができる。」との規定に基づき，被告に対し，亡Aの名義で原告ら主張の持分登記が経由されている本件㈢，㈣の土地及びAが昭和33年3月10日死亡したためY名義でその持分移転登記が経由されている本件㈠，㈡の土地につき，原告Xに持分移転登記手続をなすことを求める旨の決議をしたことを認めることができ，右認定を妨げる証拠はない。

〈略〉

六　そうすると，原告組合は，本件㈠，㈡の土地の被告の各持分及び同㈢，㈣の土地の亡Aの各持分につき，共有の性質を有する入会権を有するものであるからこれを確認することとし，Yは，原告Xに対し，本件㈠，㈡の土地のYの各持分及

び同㈢，㈣の土地の亡Aの各持分につき，持分所有権移転登記手続をなす義務がある。」

（名古屋高判昭62・4・13控訴棄却，本判旨確定）

【130】　大阪地判昭61・7・14判時1225・82

事実　甲乙丙3集落共有の入会地は，甲乙丙の共有名義で所有権保存登記されていたが，甲集落の持分をYが譲受け共有持分移転登記を経由。その持分が3分の1とされた。もともと3集落の持分が平等でなく（各集落の戸数割に比例していた）甲の持分が3分の1より少なかったので，乙丙集落の代表者X_1X_2らが，それぞれの集落の持分に相当するようYの相続人Y_1ら3名に対しての本来入会地としての持分を超える分につき，登記上の共有持分の移転登記を求めた。

判旨　「甲乙丙各部落住民のうち入会地に対し入会権を有する者は，原則として明治時代以来当該部落に居住している住民で，かつ当該部落内において一戸を構える世帯主たる者に限られる。従って従来入会権を有していなかった者も分家によって世帯主となれば新たに入会権を取得して右各町内会の構成員となるし，反面右各部落から転出して当該部落に居住しなくなった者は入会権を喪失して同時に右各町内会の構成員たる資格を失ってしまう。

〈略〉

右認定の事実によれば甲町内会及び乙町内会はいずれも管理委員を代表者とする入会団体であり，かつ権利能力なき社団であると認められる。

〈略〉

三　そこで，入会団体でありかつ権利能力なき社団である乙，丙各町内会の代表者である原告らが，右各町内会の構成員らの共同して有する入会地たる本件土地の共有持分に基づいて被告らに対し本件土地の共有持分移転登記の更正手続を求め

る本件訴訟につき。当事者たる適格を有するか否かにつき考察する。

　入会団体の構成員が入会地盤を共同所有する場合には，当該入会地に対する入会権は共有の性質を有する入会権であって，当該入会地の所有権または共有持分は当該入会団体の構成員全員に総有的に帰属するものと考えられるので，右所有権または共有持分に基づいて発生する登記請求権もまた右入会団体構成員全員に総有的に帰属すべきものと考えられる。従って本来的には右登記請求権は入会団体構成員全員が共同して行使すべきものであると解される。しかし，常にこれを構成員全員が共同して行使しなければならないとするのは実際上極めて煩瑣であるうえ，不動産登記法上右のような総有的所有関係を公示する登記方法が準備されていないので実務上入会団体の代表者個人を登記名義人とする登記をもって右総有的所有関係を公示することが行われていることを併せ考えれば，入会慣習上当該入会団体の代表者が構成員らの総有に属する入会地を管理する権限を有する場合には，当該入会団体構成員全員に総有的に帰属する登記請求権は，右入会団体の代表者個人が，入会団体構成員全員から委託された財産管理権限に基づき，自己の名においてこれを行使し，訴訟を追行することができるものと解するのが相当である。〈略〉

　そこでこれを本件について見るに，本件訴訟は，入会団体である甲及び乙町内会の構成員らが入会地たる本件土地に対して各々共同して有する共有の性質を有する入会権たる共有持分に基づき，本件土地につき更正登記手続を請求する訴訟であるところ，$X_1 X_2 X_3$は乙町内会の代表者であり慣習上同町内会の構成員らの総有に属する入会地を管理する権限を有しており，$X_4 X_5 X_6$は丙町内会の代表者であり慣習上同町内会の構成員らの総有に属する入会地を管理する権限を有しているのであるから，原告らには，入会団体たる右各町内会の構成員らから委託された本件土地の管理権限に基づき，本件訴訟の当事者たる適格があるというべきである。
〈略〉

　2　右認定の事実によれば，本件土地は，遅くとも明治初年頃には甲，乙，丙，3部落の住民らが共有の性質を有する入会権をもつ入会地となり，本件土地の所有権は右3部落の住民らに総有的に帰属するに至ったものであると認められる。

　3　この点につき，本件土地につき昭和34年8月15日に現甲部落であるA町甲，現乙部落である同町乙及びB市丙を共有者とする保存登記が経由されていることは当事者間に争いがなく，権利能力なき社団は不動産登記簿上の権利の名義人となる資格がないと解すべきであるから，右のような登記は，右3部落自体が法人格を有しかつ本件土地を共同所有していることを前提としてなされているものと思われる。そして，市町村の一部である部落が法人格を有する場合には明治21年法律第1号町村制114条（明治44年法律第69号による改正後は同法124条）に規定する公法人たる「町村の一部」として法人格を取得し，同法廃止後も地方自治法294条1項により特別地方公共団体たる財産区として法人格を維持している場合と同法施行後に同条項の規定により財産区として法人格を取得した場合との二とおりしかないので，右保存登記は財産区としての右3部落を登記名義人とする登記であると解するほかない。しかし，前記1で認定したところによれば，本件土地については一貫して右3部落の住民らによって選出された管理委員がこれを管理し，本件土地の地租又は固定資産税も右管理委員がこれを納入していたことが認められ（なお，地方税法によれば財産区財産は非課税である。）他方本件土地を財産区管理人たる市町村長が管理したことを窺わせる証拠はないので，右のような登記の存在は前記2の認定の妨げとはならない。

〈略〉

前記3部落住民は本件土地に対して各別に管理

第7章　入会権と登記

委員を選任し，右各管理委員は本件土地以外の自己の所属する各部落固有の他の入会地の管理も行っていたこと，本件土地の立木売却の収益は各部落の管理委員に分配された後に各部落における諸費用等を控除して各部落住民に分配されていたこと，右各部落管理員に対する収益の分配割合は各部落住民の数の変動にかかわらず一定であったことの各事実を総合すれば本件土地の所有権は，直接右3部落住民らに総有的に帰属するものではなく，右3部落住民らが各部落住民ら毎に共有持分を有し，各部落住民らに各々の共有持分が総有的に帰属する関係にあったものと解するのが相当である。

〈略〉

ところで，数村入会において，当該入会地の収益を各部落住民らに分配し，費用を右各部落住民に負担させる割合が入会慣行上一定している場合には，各部落住民らの有する右入会地に対する共有持分の割合は，特段の事情のない限り右収益分配の割合と一致するものと解するのが相当である。Yらは，収益分配の割合と共有持分の割合とは全く別個の問題であると主張する。しかし，民法上共有物の使用収益の取得及びその管理費用負担の各割合は，原則としてその持分の割合に対応することになっているばかりか，各地方の慣習に従うべき入会権は，本来使用収益を主たる目的とする権利であって，数村入会において入会慣行上各村の使用収益の割合が定まっている場合には，これをもって各村の保有する入会権の割合であると意識されてきたものと考えられるから，観念的な地盤所有権の持分割合もまた，右使用収益の割合に従うものと解するのが妥当である。〈略〉

五　以上の事実によれば，甲からYに対する右移転登記は，甲部落住民らの本件土地に対する持分436分の57を1308分の265だけ超えており，少なくともこの範囲において右登記が実体に合致せず，乙丙各町内会の構成員らの持分を侵害しているものである。」

【131】福岡高宮崎支判昭62・4・13戦後2・373

事実　甲集落所在の墓地で，土地登記簿表題部に集落住民であったY′名義で登載されていたがY′の相続人Y（同集落在住）が自己の名で相続人として所有権保存登記した。甲集落代表者Xは，本墓地は甲集落住民の総有に属するという理由で，甲集落代表（同公民館長）Xの名でYに対して所有権保存登記の抹消登記と表題部登記をY′からXへの更正登記の手続を求めた。

第1審は次のように判示してXの請求を認めた

（第1審）鹿児島地判昭60・10・31判タ578・71

「甲部落には古くから各戸の世帯主で構成される「郷中寄」と呼ばれる集落内の問題を処理決定する機関があり，右機関は昭和20年代以降「公民館」と呼ばれる組織に変わり，その代表者は「公民館長」又は「公民会長」と呼ばれるようになり，昭和33年1月従前の慣行を規約化した「甲公民館会則」が制定された。甲部落は明治初年頃から部落全住民の共同所有にかかる土地建物等の財産を有しており，財産等の管理のため「大帳面」と呼ばれる帳簿が作成されてきた。甲部落は江戸期より本件墓地及び〈略〉「歩道の墓地」を部落住民の共同墓地として使用し，部落住民が右墓地の予め決められた持分ないし区画部分に埋葬する限り誰の承諾も必要はなく部落に居住する者は当然の権利として使用してきた。本件墓地は明治22年3月土地台帳制度が発足した頃，土地台帳にはY′の，歩道の墓地はA′の各所有名義に登録されたが，その後においても前記のように部落の共同墓地として使用され部落住民全員の共同財産と認識され，甲部落所有の他の財産とともに前記大帳面に登載され管理がなされてきた。〈略〉

甲部落には江戸時代より墓地として本件墓地の外に歩道の墓地が存するが，右墓地もA′の所有名

義とされているがその子孫であるAらは同墓地について個人に所有権があると考えたことがなく，A′が部落の代表者名義人となって登記されたものと認識していること……これに前記認定事実，すなわち，本件墓地は部落住民全員の共同財産と認識され共同墓地として使用され，甲部落所有の他の財産とともに大帳面に記載されその後作成された方限財産目録にも登載された事実をあわせ考えると，本件墓地がY′の名義で表示登記されているからといって本件墓地が個人の所有に属するとは認め難い。

二　〈略〉右両墓地は明治以前より部落の共同墓地として使用されてきたが，甲部落の住民は右墓地内の一定の区画内に死者を埋葬し墓石を建立し墓地として使用を継続してきた結果，自ら各戸毎に一応の持分の形で区画割が確定し，各自の持分ないし区画された箇所に埋葬する限り，誰の許可も承諾も必要でなかった，本件墓地内に空地がある間は分家した者等は祖先の墓の周囲の土地を埋葬地として利用し，新たに部落住民として他から移住してきた者も右両墓地の自由な使用が認められてきた，ところが昭和の時代に入り世帯数の増加及び人口増に伴い，右両墓地には空地が殆んどなくなり新たに部落住民として他から移住した者は墓地を利用することができなくなり，既に持分ないし区画の割当を受けている者の承諾を得てその一部に埋葬したり，祖先の墓を改葬してそこに新たに埋葬することもあったが，持分に埋葬する場合には何人の承諾も要せず自由な使用が認められていた，甲の部落住民が部落を出て区域外に移転した場合でも墓の使用を廃止しない以上，墓として使用する権利は依然として認められていた。
〈略〉

六　以上検討してきたところを総合すると，本件土地は甲部落という権利能力なき社団の所有に属し，権利能力なき社団の資産は甲部落の構成員全員に総有的に帰属するものと認めるのが相当である。

権利能力なき社団は代表者によって社団の名において構成員全体のため権利を取得し義務を負担するが，登記する場合権利者自体の名を登記することを要するところ，権利能力なき社団においては権利者たる構成員全部の名を登記できない結果として代表者名義をもって不動産登記簿に登記することになる。

〈略〉すでに認定したとおり，Yには本件土地の所有権が認められないのでYの保存登記は無効であり，登記の表題部中，所有者欄に「Y′」とあるのは，正しい権利者名の表とはいえず，原告の代表者であるXと表示するのが正しい権利者の表示であると認められる。

七　以上によれば，XがYに対し，本件土地が甲部落の所有（同部落構成員全員の総有）に属することの確認を求める請求，所有権にもとづきYに対し所有権保存登記の抹消を求める請求及び登記簿の表題部中，所有者欄に「Y′」とあるのを原告の代表者である「X」に更正登記手続をなすことの承諾を求める請求はいずれも理由がある」
Y控訴。

控訴審は法人でない社団としての甲集落の訴訟当事者能力は認めたが，本件では集落構成員が特定されておらずかつ構成員からの授権についての立証がないという理由で原判決を取り消し，Xの登記請求を認めなかった。

判旨　「二　法人格なき社団であるXの名において本件墓地がX構成員の総有に属することの確認を求める請求について

そもそも法人格なき社団は，社団の実質は有していても実体法上の法人格はなく，当該社団自体が権利の主体となることはできず，その財産は社団構成員（以下「構成員」という）の総有に属するものであるから，社団は右構成員の総有財産につき所有権の主体となって独自にこれを行使する権限を有しないというべきところ，このような社団自体がその名において総有財産の所有権を訴求

することを認めるについては，その確定判決の効力が構成員にも及ぶものとすることが必要であると解さざるを得ない。なぜならば，判決の効力が及ばないとすると，結局他人の権利の確認（あるいは単なる事実の確認）を求めるに帰し，そのような請求を認める法律上の利益は見いだし難いからである。ところがそうすると，社団が敗訴した時には構成員はその財産に対する権利を失うことになるので，所有権（総有権）確認訴訟の提起はその財産の処分行為と同視すべきものと考えられ，権利の帰属主体である構成員全員の合意によることなく，多数決に基づいて運営される法人格なき社団独自にこれを成し得るとすることは相当でないものと言わざるを得ない。そして，このように考えると元来総有財産の所有権確認請求は構成員全員が一致して原告となるべきもの（もっとも，構成員の一部の者との間で争いがある場合はその者は除かれる。）が，しいて社団（あるいは代表者個人）を訴訟担当者としようとする場合には，権利の帰属主体である構成員全員からのその旨の訴訟法上の特別の授権があってはじめて当事者適格を具備するものと解するのが相当である。

したがって，右の構成員からの授権あること（その前提として全構成員の特定も必要である。）の主張立証のない本件においては，被控訴人の本訴請求は不適法と言わざるを得ない。」

【132】 千葉地館山支判昭62・7・28戦後2・402

[事実] 甲集落所在の林野・田畑で同集落の管理下におかれた土地10筆余につき，登記名義人またはその相続人Yら16名に対し，甲集団の代表者Xが真正なる登記名義の回復を原因とする所有権移転登記を求めた。Yらは本案前の抗弁として次のように主張した。甲集団が権利能力なき社団であるとしても，本件訴訟のように，社団構成員全員の総有に属する不動産について代表者個人（原告）名義への所有権移転登記又は共有持分移転登記を求める訴訟を提起することは，社団財産を処分する行為ないしこれに準ずる行為であるから，その構成員たる本件訴訟の被告からも個別的委任（信託）を要するものであり，それがなされていない以上，原告は当事者適格を有しない。

これに対する判示は次のとおりであり，本案については甲集団の社団性を認め，所有権移転登記請求を認めた。

[判旨] 「本件訴訟は，本件記録から明らかなように，社団の代表者たる原告が，社団の不動産について不当にその登記名義人となっているとされる被告らに対し，その登記名義を回復することを内容とするものであって，右回復請求をなすことはいわば保存行為に該当するもので，何ら処分性を有するものではないから，処分行為ないしこれに準ずる行為に当たるとする被告らの主張が失当であることは明らかというべきである。のみならず，権利能力なき社団の代表者となっている以上，自ら原告となって右のような内容の訴訟を提起追行する権限は当然にこれを有しているというべきであり（最判昭和47年6月2日民集26巻5号957頁参照），その構成員ではあるが被告となっている者からの個別的委任がないからといってXに右訴訟についての当事者適格がないとは到底いえないものである。」

（東京高判平5・3・25控訴棄却確定）

【133】 名古屋地判昭62・7・31判時1268・85

[事実] 本件は灌漑用溜池用地およびその附属土地が，「共有惣代A」名義で地券が交付され，Aの法定相続人A_1から第三者を経て，冠水田の所有者Yら名義に所有権登記がされているのに対し，AがX寺の住職であったため，宗教法人X寺がYら

およびYらで組織されている水利権者の組織「株式会社甲池」を相手として溜池がX寺の所有に属することの確認とその保存登記の抹消登記を請求した事件である。これに対してAから共有持分を買受けたと称するZ_1Z_2も当事者参加して共有持分権を有することの確認を求めた。

判旨　「明治維新以前は，甲池の管理について尾張藩或は村民らの負担による修理がなされており，また大正期以降は，X寺もしくはA家を除いた甲池の水利を利用する農民らによって，田子総代，田子寄合，甲池水利組合という形で管理されてきたが，乙の区費から管理費用が支出されたり，国，県，市からの補助金を受けていたこともあるのであって，X寺またはA家が甲池を独占的に管理を行なっていたということはできない。

従って甲の池の管理の面から検討しても，X寺またはA家が甲池を築造し，その所持進退または所有権を有していたものと認めることはできない。

〈略〉

「共有惣代A」とされたのは甲池が乙村付近の土地の灌漑に利用されていたという利用形態が認められたためであり，また「共有惣代」の肩書きにAの名前が用いられたのは，同人が乙村内において群を抜く大地主であり，またX寺院の住職としての社会的地位を有していたためであるとの点で見解が一致している。

前述のとおり地租改正における官民有の区分及び地券の発行はその土地の従前の支配進退の実績に照らし，官民公知の中でその手続が行われたと認められるところ，すでに検討したように甲池の築造以来，附近の農民らは，自作農と小作農とを問わず，これを共同利用していたことは疑いがなく，そして地租改正当時Aが乙村内において大地主で，X寺院の住職としての社会的地位を有していたことからすると，右各鑑定，鑑定書の見解は十分な根拠があるということができる。

(四)　ところで，「共有惣代」における「共有」の観念については，福島鑑定によると，右「共有」は民法でいう持分があり，分割請求権のある「共有」とは異なり，総体として所有し，使用収益する「総有」であるとの見解であるが，他の各鑑定及び鑑定書もこれに反する見解はない。

しかし，右「総有」の構成員の範囲については甲池の池敷の提供者及び水利の利用者と関連して問題を有するが，本件訴訟における直接の争点ではないからその検討には立入らない。

四　以上の検討は本件雑種地についても甲池と同一であるが，いずれにしても地租改正に関し，甲池及び本件雑種地がX寺またはA家の単独の所有とする取扱いがなされたことを認めるに足るということはできない。

そして，X寺またはA家が甲池及び本件雑種地の総有の構成員の一員であるとしても，総有であるとすれば持分はなく，また総有ではなく，或はそれが解体し，民法上の共有となっていたとしてもその持分を具体的に認定するに足る証拠はない。

第6　以上のとおりいずれの面からの検討によっても原告が甲池及び本件雑種地の所有権を有することを原因とするX寺の請求はいずれも理由がなく，またAが右所有権を有し，これを承継したことを前提とするZ_1らの請求もその余の点をみるまでもなく理由がない。」

(本判旨確定)

【134】　金沢地七尾支判昭62・9・30判時1272・123

事実　甲区（集落）が実質所有している土地は，明治年間甲区との売買によりYの先々代Y′の名で所有権保存登記されているが，YがY′の他の共同相続人から登記上持分の贈与を受けY単独所有名義としたので，集団から代表者として選出されたXがYを相手に真正な登記名義の回復を原因とす

る所有権移転登記を求めた。

[判旨]「一　（被告の本案前の主張について）

1　《証拠略》によれば，甲区は石川県乙町に属する一字であり，甲地内に居住する住民でこれを形成し，現在は25世帯あること，甲区の役員には区長1名，区長代理1名，書記1名，班長4名がおり，これらの役員は選挙で決め，区長の任期は2年で，区長と書記には区から報酬が支払われること，区の運営は役員が行ない，区長が区を代表すること，毎年2月に区民総会（初寄り）を開催し，その他必要に応じ臨時会を開催することがあること，区に必要な経費は甲区に居住する各世帯から万雑と呼ばれる金員の拠出を受けてこれに充て，万雑は毎年初寄りにおいて決定されるが，その2分の1は世帯平均割で，2分の1は耕作反別割によって各世帯の負担が決定されること及び甲区は本件各土地及び件外各土地を除外しても，その他に火葬場及び溜池等の土地を所有してこれを区長が管理していることの各事実が認められ，右認定を左右するに足りる証拠はない。

以上に認定した事実によれば，確かに甲地区は市町村のような行政区画ではなくまた財産区でないことも明らかであるが，甲区は区の構成員，役員，区の運営，経費の負担及び不動産の管理等団体としての主要な点が定められていることが認められる。

そうすると甲区は独立の存在を有する権利能力のない社団としての実体を有し，代表者又は管理人の定めのあるものと認められ，民事訴訟法46条により当事者能力を有するものというべきである。
〈略〉

3　以上によれば，甲区区長Xが原告として提起した本訴は適法というべきであるから，被告の本案前の主張には理由がない。〈略〉

(五)〈略〉本件各土地及び件外各土地については地租あるいは固定資産税を甲部落において支払ってきたことが認められる。

(六)(1)〈略〉江戸時代甲村と乙村との間で本件1の土地（通称海替地山）の所有権の帰属について紛争が生じ，加賀藩の改作所（藩の農政及び収納をとりしきる役所）及び公事場（藩の最高裁判所）において弘化3年（西暦1846年）に裁判がなされ，甲村は古くから乙村の領海で漁業をする代償として海替地山の利用権を乙村に渡したが，その所有権は甲村に帰属する旨決定されたこと及びその後現在まで右のような権利関係が継続し，甲部落の者は海替地山を全く使用収益してこなかったことが認められる。

〈略〉

2　Yは，本件売買の具体的な内容や本件売買がなされるに至った経緯等については何ら主張をせずまたY本人及び証人Aも供述しないのであるが，確かに本件売買がなされたのが明治27年というかなり以前のことであってみれば売買の詳細な内容についてこれを明らかにできないとしてもあるいは無理からぬことと考えられないでもない。しかしながら，特に本件1の土地はかなり広大な山林であり，しかもその利用権は前記1六(1)に認定したような事情により乙村が有していたのであるから，このような土地を甲村から買い受けたというのであれば，売買がなされるに至った経緯等については何らかの言い伝えがあってもよさそうであるが，前記のとおりそのような言い伝えがあるとの主張や供述はない。〈略〉

以上によれば，Xの本訴請求は理由があるから，これを認容する。」（控訴審で和解）

【135】　高知地判平3・9・18戦後3・54

[事実]　本件係争地は甲集落海岸の保安林（自然海岸防風林）および近隣の畑地で，甲集落管理の共有地であったがかつての代表者A₁ら3名の名義で登記されていた。この土地について甲区長XがA₁ら3名の相続人Y₁ら13名を相手に，係争地が実

質甲部落有財産であることを理由にX名義に所有権移転登記を求める訴を提起した。

　Y₁らの中には甲部落に居住し，現に入会権者である者もいるのであるが，みな係争地が部落有であることを否認し，個人所有を主張した。それは，Xが係争地をリゾート開発のため（県知事に保安林解除の申請をしている）第三者に賃貸する目的でXの所有名義にしようとしていることを知っていたからである。X側は，係争地が部落有であることを確認し，多数決によって賃貸することが可能と考えていたのであるが，Y₁側は予備的に住民総有であることを主張した。裁判所は部落住民の総有であることを認めた上で，Xの所有権移転登記を認めた。

[判旨]「1　当事者適格について

　本件各土地は，後に判示するとおり，甲部落構成員（入会団体構成員）の総有と認められ，したがって，登記請求権も甲部落構成員（入会団体構成員）に総有的に帰属するというべきであるから，本来的には右登記請求権は，右構成員全員が共同して行使すべきであると考えられる。

　しかしながら，本件は，甲部落構成員（入会団体構成員）による1名の代表者であるX……の相続人に対する移転登記請求にかかる訴訟であり，Xの本訴請求は，甲部落構成員（入会団体構成員）の信託を受けたXの義務と認められること，Y₁らは，現在の登記名義人のみの共有を主張するものではなく，大岐部落構成員全員による共有を主張しているものであり，仮にXにおいて本訴に敗訴しても，甲部落構成員（入会団体構成員）において本件各土地に対する権利を失うものではない事案であること，本件のような場合に，構成員全員が共同して登記請求権を行使しなければならないとすれば，その権利の行使は不可能になり，不動産登記法上総有的所有関係を公示する登記方法が準備されていない現状によれば，全く当を得ない結果になるのであり，これらを総合考慮すれば，Xの当事者適格は肯定されるというべきである。

　〈略〉

　本件濱林の払い下げ申請は，A₁外80名でなされたにもかかわらず，払い下げ代金や費用については当時の甲部落戸数（143ないし145戸）の大部分である141人（入会団体構成員，141戸の各代表者）においてほぼ平等に費用を分担し合い，その結果ほぼ平等に株を分け合い，その収益金については持株数に応じて分配していること，払い下げを受ける際の約束事として，払い下げ濱山林の半額はいかなる理由があっても存置することとし，濱保安林共有者中で将来共有を永続し難き場合でも，他町村民共有者中の外には決して売買，譲渡等をしないこととし，右半額の存置の精神は昭和14年における持株制度の廃止の際にも確認されていること，本件濱林についてA₁外80名の共有名義で所有権移転登記手続がなされ，その後，本件各土地についてA₂A₃A₄名義に各所有権移転登記手続がなされた経緯及び持株制度の廃止は，利用形態の変更に過ぎず，共有の性質の変更を伴うものとは認め難いが，構成員の権利性を若干弱めるものとして，Y₁らの主張する共有の性質には反するものであること等を総合すれば，本件各土地は，狭義の共有とは大きく性質が異なっており，むしろ，甲部落構成員（入会団体構成員）の総有というべきである。

　4　当事者の主張についての検討

　(一)　Xは，本件各土地は甲部落の所有であり，総有ではない旨釈明しているが，入会団体構成員によって構成された甲部落は権利能力のない社団であるから，甲部落の所有すなわち甲部落構成員（入会構成員）の総有というべきであり，また，歴史上の経過からも右は肯定され，したがって，右主張は失当である。

　(二)　Y₁らは，(1)本件濱林の払い下げ申請は，明治40年3月26日付けでA₁外80名でなされ，その出願の理由は，「田畑諸作及び家屋の風潮防害に直接の関係を有する必要の保安林」とするもので

あり，これに対し，翌41年8月27日付けで，Bら136名から甲字乙山の払い下げ申請がなされたが，〈略〉その出願の理由等が明らかに異っているうえ，その人数も大差があるなど，両者は同一でなく，前者は共有で後者は総有である。(2)本件濱林の払い下げ出願の理由は，「田畑諸作及び家屋の風潮防衛に直接の関係を有する必要の保安林」ということになっているが，払い下げ後間もなく一部について保安林の解除を受け，これを開墾後関係者で分配していることからすれば，その目的は開墾にあり，個人的な利益につながるものとして，個人が払い下げを受けたものである。(3)本件濱林の払い下げ申請は，A_1外80名でなされ，出資者は141人であるが，これは当時の甲部落の戸数143ないし145戸に一致していないが，部落構成員全員が払い下げを受けたとすると，その代金は部落全員から徴収される筈である。(4)本件濱林払い下げに関する書類中に存在する権利者間の特約を定めた規約中には，没収，除名をうたっており，右規約は部落規則とは別のものであって，組合契約の実質を有するものである等と主張している。

しかしながら，(1)については，本件濱林等の払い下げ書類についてY_1ら主張のような相違があったとしても，その書類の記載によって共有の性質が決定されるのではなく，その実質から判定されるべきであるし，(2)については，本件濱林の一部について個人所有として分配したことと，残地である本件各土地がY_1ら主張のように関連するものとは認め難く，(3)については，甲部落の住民と入会団体構成員としての甲部落民とは観念的に異なるのであるから，必ずしも一致する必要はなく，(4)についても同様であって，部落規則そのものとは異なっていても不思議ではない（ただし，実際上は，入会団体構成員と甲部落住民とはほぼ一致している。）。したがってY_1らの主張は採用できない。」（本判旨確定）

【136】 最判平6・5・31民集48・4・1065

事実 甲集落住民共有の入会地はAら24名共有名義で所有権登記されていたがAが死亡し，その共有持分は相続の原因としてY'名義に登記された。Y'の共有持分に対しY_3会社の持分移転請求権仮登記および抵当権設定登記がされている。甲集落（甲財産管理組合）では組合員総会を開き，この土地が組合員の総有に属する入会地であることを確認するとともに登記名義を是正することを全員で決議し，甲組合代表者X_1の名で本件土地が甲組合の総有に属することの確認と，組合員X_2の名でY'の相続人Y_1Y_2に対し共有持分権の移転登記と，Y_3会社に対して抵当権設定登記の抹消登記を求める本訴を提起した。第1審（名古屋地判平元・3・24民集48・4・1075）はX_1らの請求をすべて認めたが，第2審は次のような理由で原判決を取り消した。

(第2審) 名古屋高判平3・7・18民集48・4・1095頁
「本件土地の総有確認請求は，甲町部落有財産の入会権者である甲組合の組合員53名全員が共同してのみ提起し得る固有必要的共同訴訟であると解さざるを得ない（最高裁昭和41年11月25日判決・2小・民集20巻9号1921頁参照）。けだし，右の訴えで請求されている入会権は，権利者である甲町の一定の部落民即ち組合員に総有的に帰属するものであるから，その権利の確認を，対外的に非権利者であるY_1Y_2に対して請求するには，権利者全員が共同して行うことが当然であり，かつ必要であること，一部の権利者によって提起された確認訴訟の確定判決の効力が，団体的権利である入会権の性質上当事者とならなかった他の権利者にも及ぶこととなり，特に敗訴判決の場合には甘受し難い不利益を蒙る結果となるからである。

この理は，甲組合に組合規約があり，意思決定機関である総会，代表者たる組合長が置かれ，かつ総会において本件総有確認の訴えの提起につき

組合員全員の一致による決議があった場合でもなお同様で，甲組合には当事者適格はないものと解される。

これは甲組合が，……甲町部落有財産の管理体制を整え，部落住民の福祉に供することを目的として設置された管理機構にすぎず，入会権を有する構成員ではないから，当事者とならなかった組合員である権利者との関係では，既判力の及ぶ当事者の範囲が依然として不明確とならざるを得ず，万一甲組合が敗訴した場合でも，団体的権利である入会権の確認を，組合員である入会権者の名前で再訴できる結果となってしまうからであり，甲組合が，民訴法201条2項の他人のため原告となった者にあたらないからでもある。

以上のとおり，本件総有確認訴訟は，本件土地に対する入会権の確認を，対外的に権利者でない$Y_1 Y_2$両名に対し訴求するものであって，入会部落の構成員が有する使用収益権の確認を請求する訴えとは根本的に異なるから，入会部落の構成員である組合員全員が共同して提起しない限り当事者適格を欠く不適法なものであって，被控訴人組合が提起した本訴も同様であるというべきである。

2　被控訴人X_2の控訴人$Y_2 Y_3$に対する共有持分移転登記及び控訴人Y_3に対する持分抵当権設定登記抹消登記の各請求について

前記1で認定したとおり，本件土地についてはA他23名の共有名義の所有権移転登記が経由されているが，その権利の実体は，入会部落である甲の部落民たる構成員53名全体に帰属する入会権であるから，各構成員はもともと持分を有せず，これを処分することもできないものである。そして入会部落の構成員である右53名は，本件土地について使用収益権を有するにすぎないから，右収益権と無関係な本件土地の持分登記の移転，抹消を求める登記請求権は，入会権者たる右構成員全員に総有的に帰属するものというべく，従ってこれを訴訟上行使する右各請求も右構成員全員において提起することを要する固有必要的共同訴訟であ

るといわなければならない。

X_1は，甲組合の組合員の1人であり，一時期その組合長，甲部落の区長を勤めた者であるが，昭和52年8月14日の総会において組合員全員の同意を以て処分禁止の仮処分申請の申請人となってこれを提起遂行することの委託を受けた者にすぎない（略）から，もとより右登記請求権に基づく本件訴訟の提起遂行につき当事者適格を有するものではない。〈略〉

従って，X_2のYら3名に対する持分権移転登記および持分抵当権抹消登記請求の訴えもまた不適法である。」

Xらは上告して入会集団構成員全員の総意によって選出されたXらの入会権確認，移転登記請求は適法であると主張した。最高裁は次のように破棄差戻した。

判旨　「1　入会権は権利者である一定の村落住民の総有に属するものであるが（最高裁昭和41年11月25日判決），村落住民が入会団体を形成し，それが権利能力のない社団に当たる場合には，当該入会団体は，構成員全員の総有に属する不動産につき，これを争う者を被告とする総有権確認請求訴訟を追行する原告適格を有するものと解するのが相当である。けだし，訴訟における当事者適格は，特定の訴訟物について，誰が当事者として訴訟を追行し，また，誰に対して本案判決をするのが紛争の解決のために必要で有意義であるかという観点から決せられるべき事柄であるところ，入会権は，村落住民各自が共有におけるような持分権を有するものではなく，村落において形成されてきた慣習等の規律に服する団体的色彩の濃い共同所有の権利形態であることに鑑み，入会権の帰属する村落住民が権利能力のない社団である入会団体を形成している場合には，当該入会団体が当事者として入会権の帰属に関する訴訟を追行し，本案判決を受けることを認めるのが，このような紛争を複雑化，長期化させることなく解決するた

めに適切であるからである。

　2　そして、権利能力のない社団である入会団体の代表者が構成員全員の総有に属する不動産について総有権確認請求訴訟を原告の代表者として追行するには、当該入会団体の規約等において当該不動産を処分するのに必要とされる総会の議決等の手続による授権を要するものと解するのが相当である。けだし、右の総有権確認請求訴訟についてされた確定判決の効力は構成員全員に対して及ぶものであり、入会団体が敗訴した場合には構成員全員の総有権を失わせる処分をしたのと事実上同じ結果をもたらすことになる上、入会団体の代表者の有する代表権の範囲は、団体ごとに異なり、当然に一切の裁判上又は裁判外の行為に及ぶものとは考えられないからである。

　3　以上を本件についてみるのに、記録によると、上告人甲町部落有財産管理組合は、甲町の地域に居住する一定の資格を有する者によって構成される入会団体であって、規約により代表の方法、総会の運営、財産の管理等団体としての主要な点が確定しており、組織を備え、多数決の原則が行われ、構成員の変更にかかわらず存続することが認められるから、甲組合は権利能力のない社団に当たるというべきである。したがって、甲組合は、本件各土地が甲組合の構成員全員の総有に属することの確認を求める訴えの原告適格を有することになる。また、甲組合の代表者である組合長X_1は、訴えの提起に先立って、本件訴訟を追行することにつき、財産処分をするのに規約上必要とされる総会における議決による承認を得たことが記録上明らかであるから、前記の授権の要件をも満たしているものということができる。前記判例は、村落住民の一部の者のみが全員の総有に属する入会権確認の訴え等を提起した場合に関するものであって、事案を異にし本件に適切でない。

　そうすると、右と異なる見解に立ち、甲組合が原告適格を欠くとして本件総有権確認の訴えを却下した原判決には、法令の解釈適用を誤った違法

があり、論旨は理由がある。

　二　同第2点について

　1　権利能力のない社団である入会団体において、規約等に定められた手続により、構成員全員の総有に属する不動産につきある構成員個人を登記名義人とすることとされた場合には、当該構成員は、入会団体の代表者でなくても、自己の名で右不動産についての登記手続請求訴訟を追行する原告適格を有するものと解するのが相当である。けだし、権利能力のない社団である入会団体において右のような措置を採ることが必要になるのは入会団体の名義をもって登記をすることができないためであるが、任期の定めのある代表者を登記名義人として表示し、その交代に伴って所有名義を変更するという手続を採ることなく、別途、当該入会団体において適切であるとされた構成員を所有者として登記簿上表示する場合であっても、そのような登記が公示の機能を果たさないとはいえないのであって、右構成員は構成員全員のために登記名義人になることができるのであり、右のような措置が採られた場合には、右構成員は、入会団体から、登記名義人になることを委ねられるとともに登記手続請求訴訟を追行する権限を授与されたものとみるのが当事者の意思にそうものと解されるからである。このように解したとしても、民訴法が訴訟代理人を原則として弁護士に限り、信託法11条が訴訟行為をさせることを主たる目的とする信託を禁止している趣旨を潜脱するものということはできない。

　2　これを本件についてみるのに、記録によると、上告人X_2は、訴えの提起に先立って、上告人甲部落有財産管理組合の総会における構成員全員一致の議決によって本件各土地の登記名義人とすることとされたことが認められるから、本件登記手続請求訴訟の原告適格を有するものというべきである。」

　差戻審名古屋高判平7・1・27（判タ905・189）は前控訴審に対する控訴を棄却し、X_1らの請求をみ

とめた。

【137】 名古屋地判平 8・6・18 戦後 3・241

[事実] 本件は土地登記簿表題部に「共有総代 Y′」名義で登載されている土地につき、Y′ の相続人 Y（ひ孫、他町村在住）を相手として、X 自治会（甲地区内住民ほぼ全員を構成員とする、法人化された）が、実質所有者であるとして所有権確認を求めた。

[判旨]「1 甲区には 6 つの部落があり、甲区は、右部落内に居住する個人を構成員とし、地域的な共同活動を行うこと等を目的とした団体であり、年 1 回各部落毎に選出された役員により構成された役員会によって区長が選出されていた。甲区の財産等の管理、運営は、適宜開催される役員会によって決定され、また必要に応じて総会が開催されていた。甲区は、平成 5 年ころ、土地の一部の払下げを受けることになったのがきっかけで法人化することになり、規約を定めて原告 X が設立され、認可された。

〈略〉

本件各土地と同じく旧土地台帳上「共有惣代 Y′」名義となっていた大字甲 2038 番の 3 の土地が、甲区の所有地であるとして第三者に売却され被告もこれを認めていた事実によれば、本件各土地は、登記簿上は「共有惣代 Y′」名義であったものの、もともと甲区総構成員の総有の土地であったものであり、その後甲区の法人化により原告が右各土地を所有するに至ったものというべきである。

三 Y は、抗弁として取得時効の主張をするが、証拠（略）、本件土地 1 は乙池の北側の土地で、甲区民が薪を取ったり、同池の池ざらいをした際に本件土地 1 にその土を埋めたり、昭和 59 年には、甲区が区民の協力で右土地の一部を運動場として利用したりしており、また本件土地 2 についても、古くから「天王様」のほこらのある敷地として甲区が管理していたこと、Y は昭和 19 年位には甲区を転出していることが認められ、右事実によると、Y が、その先代を家督相続した昭和 16 年以降、本件各土地を占有していた事実を認めることはできず、他にこれを認めるに足りる証拠はない。」（名古屋高判平 8・6・27 控訴棄却、最判平 9・7・11 上告棄却）

【138】 福岡地飯塚支判平 16・9・1 （判例集未登載）

[事実] 甲集落の 5 筆の溜池は Y_1 ら 6 名共有名義で登録されているが、$Y_1 Y_2$ 以外はすべて死亡、その相続人らはすべて町外に転出、Y_2 ももと共有名義人で町外に転出した A から持分を買受けた者で溜池の水利権者（農家ないし農地所有者）でもない。甲集落水利組合は組合総会の決議（現に権利者である組合員である Y_1 は欠席）により代表 $X_1 X_2$ の所有名義とすることに決定し、同組合が本件溜池を所有することの確認と $X_1 X_2$ への移転登記を求めて、$Y_1 Y_2$ および Y_3 らの法定相続人を相手に訴を提起した。

[判旨]「従来の農業生産は、共同利用の池沼井堰や山林原野の存在に依拠していたが、それらは、村民共同体の入会地として存続することになるものの、明治初年に地所名称区別や地租改正により近代的所有権制度が確立していく過程では、実在的総合人と称される村民共同体に法人格がないため、権利者を確定して登記、登録する方法がなく、特定の個人名義でそれがなされたことは公知の事実である。甲地区でも、他の地方と同様に、入会地が存在したと考えられ、本件ため池についても、そのため、地券の発行の際「村持」の入会地ではあるが、「共有総代」である 3 人の名義で登録され、明治 22 年に地券が廃止されるとともに始まった土

地台帳規則に基づく同台帳への登録の際に，同人らを含む6人の名義で変更登録されたものと認められる。また，このことは，昭和22年8月に，入会慣習や，入会地であることを確認した確認証書に，本件ため池が含まれていること，昭和50年1月に，その対象物件のうち，ため池など数筆を除く物件が入会林野整備事業で，入会地として整備の対象となったことなどその後の事実に照らしても，裏付けられるものである。

これに対して，Y_2から，確認証書の土地共有の目的に，かんがい目的は含まれないから，本件ため池は入会地ではないとの主張がある。〈略〉ため池は，特に水田耕作などの農業生産を考えた場合，最も共同利用，共同所有が必要な施設であって，その底地の所有権は重要な権利であり，その水の利用について，他の地区の利用があっても，水利権とため池の底地の所有権とは別であり，……甲地区がその地区から床敷料という料金をもらっていること，家督相続登記があることは，登記名義が個人にあり，登記簿上，通常の共有と区別が付かないため，登記名義人が単独で登記できることから，いずれも本件ため池が入会地であるとの認定を妨げる事情とはならない。

次に，甲組合がその入会権者であるかについて判断する。かつて，甲村住民より対象物件の泥池や本件ため池が築かれて以来，同地区で農地を所有して農業を営み，その水をかんがい用水として利用してきた者らの団体がその入会権を有していたことは当然として，確認証書を作成嘱託してそれを確認した58名の農業者団体がそれを承継していることは容易に推認できる。問題は，その団体と原告組合とが連続性を有するかであるが，原告組合の構成員が，甲地区に農地を所有し，本件ため池の水をかんがい用水として利用するとともに，本件ため池のごみの清掃，土手の草刈り，水門の調整などの管理をしている点から，外形的に入会権者の要件を満たしており，その相続関係上のつながりについても，原告組合の構成員の半数は，住所や氏で関係が確認できる範囲で，確認証書の当事者の関係者であり，その他の者も上記のように現に甲地区で農業に従事していることからその関係者と推認できること，甲地区に，他にその権利を主張する団体がある形跡はないことからすると，現在，原告組合が，本件ため池の共有の性質を有する入会権者であると認めるのが相当である。

3　争点(3)について

上記1，2で判断したとおり，甲組合は，本件ため池について，共有の性質を有する入会権を持っているから，その入会権に基づく物上請求権を行使して，その実体と齟齬する登記名義を有し，又はその相続人として登記義務を負う被告らに対して，その所有権移転登記や抹消登記手続を求めることができるというべきである。ただ，甲組合は，自らは法人ではない社団であるため，登記名義人となることはできないものの，……その行使を原告組合の構成員である原告$X_1 X_2$にさせる旨を決議したのであるから，被告らは，原告組合の委任を受けた同原告らに対して，上記各登記手続をする義務を履行する責任がある。」（Y_2のみ控訴，福岡高判平17・5・17控訴棄却，最高不受理平19・11・29）

入会権は登記と関係がないといっても，現在入会地盤所有権の登記名義を入会集団にとってふさわしい（地盤の処分変更に応じ得るような）状態におくことが望まれている。転出または死亡により権利を失った登記上の所有名義人（またはその相続人）を相手として，集団によって新たに登記上所有権者となることを委任された者（必ずしも集団の代表者である必要はなく，その数は何名でも差支えない）が所有権移転登記等の請求をすればよいのであるが，その前提として，その土地が集団の入会地であることが確認され，新たな

登記上所有権者となることについて全員の委任が必要とされる。ただ【138】（福岡地飯塚支判平16・9・1）の場合，相手方となった登記名義人中現に集団構成員である者がいるけれども，このように集団の内部で登記名義人の変更を決めたが構成員たる登記名義人がこれに応じない場合には訴訟によるしかない。その場合，集団全員の意見の一致がないことは明らか（その名義人以外にも賛成しない者がいる可能性は高い）である。しかしこのように入会地の所有名義人となることは集団の委任によるものであるから，実質上管理行為に該当し，必ずしも全員の意思の一致を必要としない（多数決でよい）と解される。

第8章　入会権の発生，変更，処分

入会権のうち構成員として有する持分権の発生，消滅は入会集団構成員としての地位の取得，喪失と同一であり，当該入会集団の慣習によって決められる。したがって入会権の発生，消滅で特に問題となるのは集団として有する入会権である。

第1節　入会権の発生

入会権が新たに発生するかについてふれた判決はきわめて少ない。一般に否定的な見解が多く，その主たる理由は，民法は従前存在していた入会慣習を権利として認めたのであって新たな入会権の発生を予想していない，というのである。しかし，これは別に根拠のない独断であって，民法制定当時新たな入会権の発生が予想されていたのである。

【139】　高知地判昭42・7・19戦後1・233

事実　甲部落は明治初年から実質部落有入会林野を有していたが戦後その一部が開拓用地として国に買収され，その代替として国有林野の一部（本件山林）の売払いをうけた。この林野の買受代金は部落の貯金および借入金で支払われ，当時の部落入会権者196名の共有名義で登記された。その後，部落の総会で本件山林の立木を売却することが決議され，競売の結果 Y₂ が落札した。この総会に出席しなかった部落住民で前記記名共有者である X ら5名は，右の立木処分を不当とし，甲部落代表 Y₁ および落札人 Y₂ を相手として，本件山林は甲部落住民196名の共有に属するものであるから，その立木処分は196名の同意によって行なうべきものであるにもかかわらず部落の総会で行なったが，この総会の決議には共有者196名以外の者も加わっており，実際上196名の過半数の同意を得ていないからその決議は無効であり立木処分は違法であるという理由で損害賠償請求の訴を提起した。これに対し Y₁ らは，本件山林は入会地が国に買収された代替として部落が国から買受けたもので，形式上は196名の共有となっているが実際は部落の財産である入会地であり，本件立木処分も部落の慣習にもとづいて行なったものであるから違法な点はない，と抗弁した。

判旨　「まず，本件山林が，X 等を含めた196名

の共有であるとの点については，……藩政時代から，甲村旧郷分は1つの独立した村であって，藩主の命によって住民が労役に服した報償として山林を貰ったのが始まりで，旧郷分の管理所有のもとに，本村郷分と称して住民の薪炭，肥料の採取に供せられていたところ，明治26年と同31年に，従来の慣習を成文化して甲村旧郷分規約なるものが作成されたこと，それによると，その内容は郷分共有の不動産は明治5年丙山を購入した当時の戸籍により，郷分居住者に共有権があること，〈略〉ところが明治42年頃旧郷分の財産が町有財産に統合されるとの噂があったことから，若しそうなると，従来の共有者は薪炭用，肥料用の木草の採取が不可能となって，子孫が困ることがあってはと懸念し，今までどおり旧郷分の財産として保存すべき対策として，甲村郷区会という財産区を仮装し，土地台帳も従来甲村郷分とあったのを甲村郷分「持」を改め，従来の共有者A外224名が右財産区である甲村郷分から地上権の設定を受けたことにして登記がなされ，その点に関して規約の改正がなされたこと，しかしながら，その管理運営については，その骨子は従前の規約と異ならず，〈略〉その後，昭和22年以降はマッカーサー司令部の指令による農地改革に伴い，区会が解散して，財産区の形式も立消えとなったこと，昭和21年頃，県から120町歩を開拓地として提供するよう申込みを受け，その結果，郷分の山林中71町歩位の県の開拓地として買収され，これに対して昭和22年から同24年までの間，通常総会，臨時総会等61回も開いて協議を重ね，ようやくその交換として，51町7畝25歩の国有林（本件山林）を昭和24年2月1日払下げて貰うことになったこと，そして郷分として郷分持ということで登記したかったけれども，国の方ではそれでは登記の対象にならないから，権利者として構成員個人個人を選定するようにということで，会を開いてA外195名を選定した結果登記が完了したこと，払下げの条件として，払下げた山林は部落薪炭林として共有すること，定められた用途以外に利用しないこと，他に転貸を行なわないこと等であったこと，右の代金47万余円の支払いは，郷分の貯金41万円と訴外AがY₁保証のもとに，農業協同組合及びBから計6万円を借り受け，これを合して充当したもので，当時の共有者各人は何等右支払いの負担はしていないこと，又本件山林については，その以前にも立木を総会の決議によって売却し，代金中から各構成員に対して配分がなされたこともあったが，これについては何等の異議もなかったことを認めることができる。そして右の事実から見れば，甲町旧郷分即ち，甲郷分という1つの住民の団体が山林等を所有管理し，その薪炭，肥料等の採取は，郷分の住民のみが慣習に基づいてこれをなし得る点から考えて右郷分とは入会であるということができる。

ところで，右認定の規約中に共有或は共有者という言葉があるけれども，ここにいう共有とは共有の性質を有する入会権（民法第263条）の意味の共有であって，民法上の単なる共有とはその性質が異なるものである。」（高松高判昭45・9・17控訴棄却，最判昭48・4・6により本判旨確定）

【140】　千葉地判平元・12・20戦後3・9

事実　本件は明治31年民法施行後生れた集落に入会権の成立と，かつ墓地上の入会権の存在を認めた，きわめて注目すべき判決である。ちなみに係争地は東京国際空港の拡張予定地である。

Y（空港公団）は既存の空港に隣接する墓地を空港の一部とするため土地所有名義人Aら6名（いずれも当地に墓碑等を所有せず集落外居住）から買受け所有権移転登記終了後，墓地使用権者に明渡の請求をした。この墓地は甲集落の墓地で，墓地使用権者は甲集落住民約50名のほとんどであった。甲集落は明治35，6年ころ近郊から入植してきた人々によって形成され大正末期には30戸

太平洋戦争末期は40戸を数えた。空港設置後，しかも土地買収要求がはじまると多くの住民（農家）は主として空港の騒音等のために住居そのものを移転，それに伴い墓碑も撤去した（Y公団は移転補償費を支払い）。しかし4戸は墓地撤去，移転を拒否，本件土地は実費集落住民の共有入会地であるという理由でXら4名はY公団を相手としてXら4名に所有権移転登記を求める訴を提起。Y公団は本件土地はY公団所有地で，Xらは使用貸借の権利を有するにすぎない，と主張した。

本判決は，本件墓地が甲集落の共有の性質を有する入会地である（あった）ことを認めたが，集落の住民（構成員）がわずか2名で（結審時には2名が転出，最終的に原告は2名となった）あるため，入会権は解体消滅した，と判示した。が，本判決はきわめて重要な判示をしている。

まず，特筆に値するのは，明治民法施行後生まれた集落が入会権の主体たりうること，つまり民法施行後も入会権が新たに発生することを認めた点である。民法施行後の明治大正期も農業生産方式，農村共同体の実態が明治初期のそれと基本的に変わっていないのであるから，新たに生まれたむら（集落）が入会地を取得するのは当然であり，従って入会権の新たな発生は当然のことである。そして共同墓地をいわゆる「村墓」と認めこれを共有の性質を有する入会地と解している。本判決はこのような重要な判示をしながら結論は全く不明確である。入会集団構成員が2名となったから入会権は消滅したというが，入会集団とは何をいうかをさておき，共有入会権が解体消滅すれば，民法上の共有地となる。しかし本判旨はその点全く不明である。

[判旨]「一　請求原因1のうち甲部落の現在の所帯数が原告らの2世帯になつていること，原告らが甲部落に居住していること，甲部落が開拓者により形成されてきたこと，同部落に開墾記念碑が建てられていること，空港問題が起つてからは甲部落から大多数の者が移転したこと，甲部落が所在する乙町に54の区があり区長が選出され，甲部落の区長が同町区長会に入つていることは当事者間に争いがない。

また，同2のうち甲墓地が本件土地にあり，甲部落，丙$_1$部落，丙$_2$部落により使用されてきたこと，(1)の土地の旧土地台帳上の地目が墓地であり，……登記簿上はA$_1$名義で保存登記されたうえA$_1$とA$_2$5名との共有名義になつていること，(2)の土地について墓地が大正時代ころから事実上拡張されたが分筆登記はなされなかつたこと。昭和38年12月23日共同墓地拡張申請がB外31名からなされ許可処分は同39年7月24日B個人にされていること，空港問題が起こつて以降原告ら（取下げ前原告X$_3$X$_4$を含む。）以外の墓地使用者らが改葬したことについては当事者間に争いがない。

二　そこで，甲部落が甲墓地を所有しているかどうか検討するため，まず甲部落及び甲墓地の歴史的形成過程と現在の状況についてみることとする。

〈略〉

㈠　甲部落は，明治後期から主に埼玉方面の農家の二，三男である入植者及び現在の乙町の一部である丙$_3$の出身者により開拓された。

〈略〉

㈣　明治の終わりころには甲部落の中から死者が出始めたので，墓地が必要になり，(1)の土地を墓地用地に使用し始めた。〈略〉

このようにして形成された甲墓地を，人々は「共同墓地」又は「甲のお墓」と呼び，甲部落構成員の共有のものと考えていた。

㈤　甲部落では，定期的に部落民が全員で墓地の清掃を行つたり，盆や彼岸の宗教的，習俗的儀式を行い，葬式の際にも以下のとおり部落全体で助けあつて行つた。すなわち，「帳場」と呼ばれるいわば葬儀委員として葬式の采配をとる人を葬式のある家の所属する班の中から決め，また「組」ないし「働き」と呼ばれる葬式の手伝いをする人

第8章 入会権の発生，変更，処分

(手伝いをする人は「かます」と呼ばれる米を持参して来た。) も同じ班の中から出し，さらに帳場が他の班に行つて「地取り」又は「大役」，「六道」という遺体を収めた棺を墓地まで運んで埋葬する役目をする人を頼んだ。

甲部落は従来から慣習的に土葬であり，また，戦後軍人として死亡した人が墓石を建てるようになるまでは全体的に貧しくて墓石も建てられない家がほとんどであつたので，一応目印の塚は建てたものの，次に埋葬する際に誤つて隣の遺骨を掘り出してしまうようなこともあつた。

(六) 甲墓地には，区長等の部落の役職とは別に墓地管理人が置かれていた。……墓地管理人は，埋葬の慣習等に通じている必要から，部落の役職と異なり1年ごとに改選するのではなく1人の任期はかなり長いものであつた。

(略)

(九) 甲部落では，他から転入して来た世帯や独立して新たに世帯をかまえた世帯の世帯主（通常は夫，父である男性）は，部落に対して墓地の権利を申し込み，区長及び墓地管理人から区画の割り当てを受けることによつて権利を取得する。権利は世帯単位に世帯主に対して与えられる。そして権利を得た世帯は，以後前記のとおりの墓地に対する労務を提供したり各種の儀式に参加するようになる。

甲部落から転出する世帯がまだ墓は残してある場合に，盆や彼岸に家族が供養に来たり，残つている親戚が墓の清掃等を行つている場合にはまだ墓に対する権利があるものとしてその世帯も考え，部落もその使用を容認している。しかし新たな埋葬は行わない。そして既に埋葬してある分についても転出先に墓地を見つけて改葬すると最終的に権利はなくなる。その跡を誰か使いたい者がいる場合には区長及び墓地管理者の承認を得て使うようになる。

(一〇) 昭和41年に甲部落は新東京国際空港用地となることとなり，Y空港公団と甲部落民（戦後は戦争直後の混乱期を除いてほぼ37世帯であつた。）との間に移転交渉が始まつた。甲部落は空港建設絶対反対派と条件付賛成派とに分かれて激しい議論が行われたが，結局昭和46年終わりころから同52年8月ころまでにはほとんどの部落民が補償交渉に応じて部落を去り，同じころ墓地についても移転先に新たにみつけて改葬した。昭和51年には(2)の土地の名義人であつたCも部落を去り，同52年7月に墓地の移転先をみつけて改葬した。

〈略〉

三 前記認定の事実に照らし，甲部落と入会権との関係について考察する。

1 甲部落は，大正時代ころには近隣の部落とは区別された共同体としての独立性を有し，開拓によつて開かれた歴史的背景から共同体としての結合が強固であり，30世帯前後の部落民が居住して主に農業を営み，部落全体の集会を開き，役員を選出し，4つの班に分かれる等の組織を有し，部落全体に必要な費用を集めてそれを支出し，部落民全員で部落のための労働に従事する等の活動を行つており，権利能力なき社団としての実体を備えたものと認めることができる。

そして本件土地については各名義人名の登記がされているが，前記認定のとおり，甲部落は部落としての墓地の必要性から順次本件土地を取得したものであつて，登記名義人については，部落民から墓地使用の対価が支払われたり労役が免除される等の特権は一切認められておらず，部落では人々が甲墓地は甲部落の共同墓地であるとの認識を有し，区長が中心になつて移転登記手続関係の事務を行つたり，毎年改選される部落の役員とは別に有力者の中から墓地管理人が選出され，区長と共に墓地の区画の決定，変更及び譲渡をし，名義人を含む部落民が自分の使用する区画を勝手に処分することは空港問題が起きるまでは皆無であり，部落民が共同して毎年定期的に清掃を行い，葬式や盆等の儀式を行つてきた等の事実が認められるので，部落の統制下に墓地の管理使用を行つ

第1節 入会権の発生

てきたものと考えるのが相当である。したがつて，各登記名義は部落名での登記ができなかつたことから便宜的に部落の代表者という趣旨でなされたに過ぎず，本件土地の所有権を取得したのは各登記名義人ではなく甲部落であり，右部落が権利能力なき社団であるため所有権はその構成員に総有的に帰属し，構成員が入会団体としての甲部落の統制下に使用収益を行つたものであつて，大正の終わりころまでには甲墓地の存する本件土地の大部分については共有（総有）の性質を有する入会権（民法263条）が成立し，以後昭和27年ころまでに右入会権が本件土地全体に拡がつたものとみるべきである。

2　なお，前記認定によると，甲部落から転出した者は，遅かれ早かれ転出先に墓地をみつけて改葬しているが，それまでは盆や彼岸に墓参りにくる等の行動をして墓地を使用し続け，部落もこれを容認しているので，これは部落の構成員となることによつて権利を取得し，転出等により構成員でなくなることによつて権利を喪失する入会権の性質（最判昭和40年5月20日民集19巻4号822頁参照）に背かないかが問題となる。

しかし，山林原野に対する入会権の場合には，部落からの転出は，直ちに部落の統制下にあつての入会地に対する一定の労務提供ができなくなることを意味することが多いため失権につながりやすいが，墓地に対する入会権の場合には，入会地に対する労務提供が必要とされるのは盆や彼岸等1年のうちのわずかの期間であるため部落を離れた後も比較的提供しやすいこと，また既に遺体が埋葬されている場合には，部落側も心情的に早期の改葬を要求しにくいこと，転出した者の側も遺体や遺骨がある限りにおいてはその供養をするという限度においてまだ権利があるという意識を持ちやすいこと等の墓地の特殊性からいつて，部落の構成員でなくなることによつて入会権を喪失するという失権効果は部落との関係が完全に断たれる改葬時にまで遷延されるだけであるとみるべきであり，右入会墓地の特殊性をもつて本件土地に対する権利を入会権とみることの障害とはなり得ないと考える。

3　しかしながら，甲部落は昭和40年代初めまでは前記認定のとおりの実体を有して，甲墓地も管理統制してきたものと認められるが，前記認定のとおり空港問題が起きた昭和40年代の後半以降同52年ころまでに，37世帯中33世帯のほとんどの住民が部落を離れ，現在残つているのは原告ら2世帯のみである事実が認められ，これは昭和52年の時点で旧来の部落の約9割の住民がいなくなつたものであつて，伝統的な入会集団の崩壊現象であると考えられるし，また，前記認定のとおり，部落を離れた者が移転先に墓地をみつけて改葬しながら，その後に甲部落との連絡なしに本件土地について個別にY空港公団との「使用権消滅契約」に応じている事実があるが，これは部落を離れた者らが法律上の形式について熟知していないとしても，少なくとも部落を離れても自己の持分は有しており，その自己の持分については自由に処分してもよいとの認識を持つに至つたものであつて，右の使用権消滅契約に対し部落残存者から格別異議の申し出もなかつたことを併せると，墓地に対する部落の統制がなくなつた1つの証左と考えられる。このように甲部落は，右の昭和40年代後半以降同52年ころまでの間において甲墓地を管理統制する入会集団たる部落としての実体が徐々に消滅していき，したがつてまた，同墓地に対する入会権がまた右時点までに消滅したものとみざるをえない（最判昭和32年9月13日民集11巻9号1518頁，甲府地判昭和59年1月30日訟務月報30巻7号1140頁，岐阜地裁高山支判昭和60年1月22日判時1166号132頁参照）。

四　そこで，原告らの請求の当否について検討する。

1　原告らは，本件土地につき所有権（入会権）を有する甲部落の構成員として同土地が原告らの総有に属するとして，同土地の登記簿上の名義人

である被告空港公団，その余の登記名義人の相続人であるその余の被告らに対して所有権移転登記手続を請求している。

2　しかしながら，前記認定のとおり，甲部落が昭和40年代後半以降昭和52年ころにかけての時点で甲墓地の本件土地に対する管理統制を及ぼすに足りる入会集団としての実体を喪失し，同土地に対する入会権を失つた以上，原告らが，甲部落が本件土地につき入会権を有していることを前提として，同土地がその構成員である原告らの総有に属することを主張することは最早理由なきに帰したものといわねばならない。」

共有の性質を有する入会権が解体消滅すれば解体時に入会権者であった者の共有（民法上の共有）となるが，本判示でいうと本件土地はXら2名の共有地になったということになる。その点判示は明らかでないためXら控訴。控訴審では本件土地を2分し，XY双方が土地所有権を取得する（Xらと空港公団で2分する），という和解が成立した。

入会集団（共同体的集落）が集団として共同で土地を取得すればその土地は共有の性質を有する入会地である。この土地が入会地でなく共有地（入会権でなく通常の共有権）であるとすればその持分譲渡や分別が自由ということになるが，集団として維持管理するかぎりその権利は入会権である。また集落所有以外の土地に草木採取目的で入山契約を結ぶ例は少なくなかったが，これは共有の性質を有しない入会権を設定した，ということができる（もっともそれが借地契約である場合もある）。いずれにせよ入会集団が新に土地を取得すればその土地に対してその集団の入会権が新たに発生することについては問題ない。それで は新たに共同体集落が生れて土地を取得すればそれは入会権といえるのか，それについての判示が【140】であるが，この判決は民法施行後明治35年ころ生れた集落が農業共同体であってそれが取得した土地（墓地）が入会地であることを認めている（ただし，現在においてはそれが解体した，と判示している）。事実，明治以降も分村や集団入植等により新しく農村共同体集落が生れ，その必要上入会地を取得（国有林の売払など）した例は少なくない。民法が入会権を民法制定前から存在するもののみを認めた，というのは全く根拠のない偏見だといわざるをえない。

今後新たに入会権が発生することはありうるとしても，新たに共同体的集団が生れることは考えられないので新たな入会集団が生れることはないであろう。

第2節　入会地の変更，処分

入会地は利用目的や利用形態が変化するに伴い，これを他に貸付けたり，その一部を売却したり，また財産を全部処分することもある。これらの処分や変更が入会権者構成員全員の意思にもとづいて行なわれるならば（法律的には）問題ないが，構成員の生活の多様化に伴い，必ずしも全員の意思が一致しない場合がある。入会集団も団体であるから数の論理で（多数の意見で）処理されることがあ

り，そのため紛争を生ずることが少なくない。

入会権の変更，処分といわれるものは，入会地の売却，貸付のほか入会利用目的や形態の変更，さらに入会集団の解散（全財産の処分）等が該当する。また担保権の設定，また地盤所有権のみ移転（たとえば市町村有への移転）は入会権の変更に該当する，といえるが法的手続等は事実上処分行為と同様である。

なおここでいう抵当権設定とは入会集団が造林その他のため融資を受けるために集団の総意にもとづく行為をいうので，個々の共有持分権者が設定しうるものではない。

1 入会権の変更

入会権の変更とは共有の性質を有しない入会地の地盤を取得して共有の性質を有する入会地にするとか，数村共有地を分割して一村単独入会地にする場合などのほか，古典的共同利用地を団体直轄利用地にするとか，個人分割利用地を第三者の契約利用地にするなど入会権行使形態の変更も入会権の変更に該当する。

入会地の全部または一部を第三者に売却し，あるいはこれを分割して個人有地にするのは入会権の処分もしくは入会権の解体消滅である。ここでは入会権の変更・処分に関する判決を取り上げる（消滅に関するものは「第9章」で取扱うが，処分，消滅等の手続に関するものはここで取扱う）。

【141】 東京高判昭 52・4・13 判時 857・79

事実 係争地は古くから甲区住民の入会地であったが，いったん国有になり，明治年間国有土地森林原野下戻法により地元住民に下戻されA_1ら175名の共有となったが，一貫して秣草や自然木の採取等が行なわれてきた。しかし太平洋戦争の始まるころから開こんが行なわれ，各共有者は区から一定面積の土地の割当をうけ（区長から賃貸する，という形式をとった），各自食糧増産を行なった。その後社会事情の変化に伴い，他の作物をつくり，あるいは建物を建てるなど割当地の利用方法も変化したが，その後この割当地を分割して各共有者の個人有地にしようとする意見が出され，共有者Xら5名が発起人となって共有地を分割する目的をもって甲共有地管理組合を組織し共有者95名が参加した。しかし，この組合に参加せず，分割に賛成しない者が30余名いるので，右共有地組合（代表者X）は右分割に賛成しない共有者Y_1ら35名を相手としてそれぞれ占有している割当地の明渡，返還を請求する本訴を提起した。第1審（千葉地八日市場支判昭 43・11・22 戦後 1・362）はY_1らが適法に土地の使用収益権を有するという理由でXら組合の明渡請求を認めなかったので組合側は控訴して，Y_1らの賃借権は賃料不払を理由に解除の申入がしてあるのでその権利を有しない，と主張した。

判旨 「1．本件土地は江戸時代から現在の甲区の地域の住民のための入会地として慣行的に利用され，生育する松立木は，道路・橋梁の補修に用いられ，秣草，落葉，茸等は，営農生活の需要を満たすために用いられ，この入会慣行は，明治年間A_1外174名の住民が国有土地森林原野下戻法に基づいて国から払下を受け，共有地となった後も，もとより，変更されることなく継続されてきた。
〈略〉

第8章　入会権の発生，変更，処分

　本件土地は，区長の統制の下に，部落民のため，入会地として利用されてきた。区長による管理の慣行が何時から行われたかを明らかにする資料はないが，本件にあらわれた資料によるも，明治44年当時には，右慣行が存在したことは明らかである。

〈略〉

　4．本件土地は，太平洋戦争開始前は，Bが本件土地の一部を宅地として区長から賃借するなど数少ない例外を除き，その大部分が山林・原野のままであったが，戦後は，保安林も開墾されて田畑と化し，本件土地の様相は，戦前と大きく変るにいたった。右の開墾は，戦後の食糧事情悪化のため，政府において保安林の開墾を許容して食糧増産を奨励し，区長A₂（戦前から昭和21年12月まで区長）が政府の方針に応え，従前からの部落民のほか戦災を受けて帰郷した部落出身者及び引揚者らに本件土地を賃貸することにより行われた。

〈略〉

　㈠　Y₁Y₂Y₃は，前認定の各占有地を太平洋戦争開始前に当時の区長から賃借し，その余の被控訴人ら（被控訴人のうち訴訟承継人はその被訴訟承継人）は，戦後区長A₂から前認定の占有地の全部あるいは一部を賃借し，一部を賃借した者は，その後無断開墾により占有地を拡大し，現在の占有地になった。

　㈡　A₃は，昭和21年12月20日区長に就任し，新規開墾のため本件土地を賃貸することはしなかったが，前区長時代の賃借人が賃借地を越えて無断開墾した土地につき右賃借人から賃料を徴し，正規の賃貸地とした。戦後の賃料は，1反当り，耕地は年400円，宅地は年500円の割合で定められ，耕地の場合は賃貸後3年間は賃料を免除された。A₃が区長に就任してから賃料領収証を発行したが，それまではかかることをせず，区備付の帳簿にその旨を記載するにとどめた。

〈略〉

　3．Xは，右賃借権が解除・解約により終了したと主張するが，賃料不払を理由とする解除は，催告なしになされたものであるから無効というべく，宅地に関する賃貸借契約は，借地法の適用を受けるのであるが，（別紙第2物件目録㈠及び㈢記載の建物が朽廃したとの主張は，これを認める証拠がなく）Xは，各賃貸借契約の期間満了時を明示せず，また，正当事由についてなんら主張立証しないのであるから，解約の申入により，宅地に関する賃貸借契約が終了したと認めることはできず，農地に関する賃貸借契約は，農地法の適用を受けるのであるから，1片の解約申入により賃貸借契約を終了させうるものでないことはいうをまたない。」（最判昭53・3・2戦後1・364により本判旨確定）

　この【141】は，Yらの借地権終了の時期が明らかでないという理由でXらの明渡請求を棄却しているが，その前提として，割地利用を廃止して個人有地に分割するという，いわば入会権の廃止に関する事項を相当の反対者（130名中35名）がいるにもかかわらず，これを実行しようとするXらの行為が適法でない，という判断があったものと思われる。

　この判決は共有の性質を有する入会権に関するものであるが，共有の性質を有しない入会権についても基本的にはかわりない。ただ入会権の変更や処分（放棄を除く）につき地盤所有者の同意を要するのは当然であるが入会権行使形態の変更にもその同意を要すると思われるけれども，それについての判決はほとんどない。

【142】 大阪高判昭37・9・25 判タ136・89

事実 甲区有の山林に区有財産管理者として村長が第三者Xに植林のための地上権を設定したが、同区住民Yがその土地上の立木を伐採したのでXがYを相手に立木伐採禁止請求の訴を提起した。第1審はこれを認めたのでY控訴して、(1)係争地は甲区住民の共有地であるのに村長が住民の同意なしに地上権を設定したのは無効である、(2)仮に係争地が住民共有でなく区有であるとしてもその土地上に住民の入会権が存在するから、入会権を侵害するが如き地上権の設定を村長が住民の同意なしにすることは許されない、と主張した。

判旨「本件山林は、明治21年町村制の施行により、乙村の特別区としての大字甲区有林とされたので、同村長の稟請により丙郡参事会において、本件山林を管理処分するために準拠すべき規定として、同23年5月15日、町村制第114条により区会条例を制定し、同村内の甲外3大字にそれぞれ区会を設け、甲区会においては同34年3月8日区民一致をもって甲区共有山地管理規約書を作成し、爾来、右規約に基いて本件山林を管理処分してきたこと、乙村長A_1が甲区代表者として右管理規約の定めるところにより、本件地上権を設定したことがそれぞれ認められ、……。Yは、本件地上権の設定について、乙村々長が入会権者たるY等の同意を得ていないから本件地上権の設定は無効であると主張するけれども、同村長が前示管理規約に従い区有財産の管理処分をなし得ることはいうまでもなく、村長が右規約に従って処分をする場合に、入会権者に対し、新たに損害を蒙らせるような事情のない限り（本件においてはそのような事情が認められないことは後記認定の通りである。）、入会権者の同意を要しないといわねばならないから、右主張は採用しない。」(本判旨確定)

共有の性質を有しない入会権でも、その権利行使は地盤所有者に特別の損害を与えるものでないかぎり制限はないのであるから、現に入会権者がある土地を使用していなくとも近い将来に使用する可能性はある。それを現在使用していないから地盤所有者が入会権者の同意なしに第三者に使用させうるとした右判旨は入会権の侵害をまねくことになり、正当とはいい難い。

2 入会地の貸付

【143】 東京高判昭50・9・10 下民集26・9～12・769

事実 係争地は甲部落所在の海浜の一部で甲漁業会名義で所有権登記されているが、部落の管理統制のもとに部落住民の漁網や海藻等の干場として利用されまた防風目的で松の植林が行なわれてきた。甲部落代表者AがY会社とホテルおよび関連施設建設のため右土地の一部につき賃貸借契約を締結したので、甲部落住民で入会権者たるXら3名はY会社を相手として、本件賃貸借は住民の有する入会権の内容を異質なものに変更するものであるから入会権者全員の同意を要するにかかわらず、全員の同意を得ていないから有効に成立していない、という理由で本件賃借権不存在の確認とYの係争地への立入禁止を求める本訴を提起した。

第1審は次のように判示してXの請求を認めなかった。

第1審（東京地判昭43・5・10 下民集19・5・247）
「入会権を全く消滅させてしまうのでない限り、入会団体が入会地の利用形態を変更するについては入会権の性質上当然にその構成員全員の同意を

第8章　入会権の発生，変更，処分

要すると解すべきではなく，当該入会団体の管理処分についての慣習にもとづいてなされた団体の意思決定によって有効にその利用形態を変更できるというべきである。」

Xらは控訴して入会財産を処分または従来の利用形態を変更するには入会権者全員の合意を要するというのが甲部落の慣習である，と主張した。

[判旨]「ホテル等の施設の建設のため本件土地を他に賃貸することはその入会利用形態の変更を来たすものであるから，原則として，これにつき入会権者全員の同意が必要とされるのは入会権の性質上当然のことであり，そして，本件土地を含む浜の入会集団を包摂する甲区においては，入会地に関する事項のうち，常務的管理事務のような比較的重要でないものについては区長及び評議員らの役員（これらは，吉例と呼ばれる甲区の定時総会において選出されるものであるが，実質的には入会団体の機関としての機能をも併有している。）がこれを決定処理しているけれども，その他の事項については入会権者である住民の全員の了承のもとにこれを決定実施しており，例えば，昭和32年2月に浜のうち本件土地に隣接する部分を訴外B会社に賃貸した際も，区長は，区内の各班の班長を通じて入会権者である住民に対する説明，説得を行い，ほぼその同意が得られる見通しがついたところで同年1月15日開催された吉例において右賃貸の件を付議したが，なお一部の反対者があったところから，更に同人らに対する説得を重ね，これを納得してもらい，結局入会権者全員の同意を得ているのであって，従って，本件入会集団における慣習は，前記原則を何ら修正，変更するものでなく，本件賃貸借契約の締結のような行為については入会権者全員の同意を必要とするものであることが認められ，これに反する……証拠はない。

しかるに，本件賃貸借契約の締結につき本件入会権者の全員の同意があったことについてはこれを認めるに足りる証拠がなく，却って，……臨時総会のみならず吉例においても一部の反対者があったことが明らかであるから，本件賃貸借契約は無効のものといわなければならない。」（本判旨確定）

このように入会権の行使形態の変更は入会持分権者全員の同意を要する。したがって共有物の変更行為（民法251条）と同一である。入会権者全員の同意を得ることは，必ずしもその総会等の会合で全員一致の決議を必要とするものではない。とくに入会集団構成員の多い場合は全員が会合することは不可能に近いので，いかなる形態であれ，全員がその処分・変更に同意すればよい。

【144】　広島地福山支判平6・6・2戦後3・155

[事実]　甲集落住民共有名義の入会地は利用者が減少したという理由で権利者総会多数の賛成によりゴルフ場としてY会社に貸付けられることになり賃貸借契約が締結され，Yは造成工事をはじめた。ところが，当初から入会地のゴルフ場造成に反対していた入会権者Xら9名は，右の賃貸借契約締結に土地所有者である入会権者全員の同意を得ていないから同契約は無効である，という理由で，Yを相手に土地明渡，入会権行使に対する妨害の排除を求める訴を提起した。

[判旨]「㈠　本件賃貸借契約を締結することは，右賃貸期間内は入会権行使が事実上不可能な状態となるのみならず，入会地たる本件山林の原状に根本的な変化をもたらし，原状回復困難にし，入会地に変更を加えるものであるから，入会権者全員の同意を要し，また，他地区に転居して一旦入会権を喪失したが，再度転入して入会権を復活す

る可能性を有する者の意見をも聞くことが相当というべきである。〈略〉

現在、入会山林の利用も、年2回行われる神社の斎灯で焼く木材として切るか、松食い虫の防伐をした木材を捨て値で売却するぐらいで、入会権者に作業等の役務や山税、固定資産税負担金、出不足金等の負担だけを強いている状態で、本件山林の入会的利用はほとんどなされない状況にあったことが認められる。

従って、右の入会権行使の状況にあっては、要求すべき入会権者の同意の形式、態様についてもおのずから緩和して考えざるをえないところであるし、入会団体への復帰可能性を有する者の意見聴取がなされなかったことが、処分行為の効力に影響すべきことにはならないものと言わざるを得ない。

(二) 〈略〉

① 平成元年1月28日午後6時、甲老人集会所で本件山林の入会権者の臨時総会が開催され、別紙権利者名簿に記載のとおり、当時の入会権者164名中Xら……を含む108名が出席し、51名が委任状を提出し、5名が欠席した。

③ 総会では、総代のA₁が、本件山林につき、ゴルフ場と賃貸借契約を結ぶことについてこれまでの交渉の経過、ゴルフ場の従業員については地元優先で採用することになること、賃料額について説明した。これに対し、出席者から、ゴルフ場建設に伴う水害への対策について質問があり、調整池・堤防により対処するが行政機関と折衝中である旨答弁され、農薬による公害の懸念の質問があり、これに対してはゴルフ場と町で構成される調査機関が定期的に検査する旨の答弁があり、固定資産税の負担増の質問があって、ゴルフ場が負担するとの答弁があったほか、賃料が安いとの意見が述べられた。しかし、ゴルフ場と賃貸借契約を結ぶことについての反対意見はなく、出席者のA₂が再度検討すべきである旨発言したが、議事として採用されることなく進行し、出席者の中から質

疑なしとの声があがり、これを受けて議長が、「質疑がないようですから、決をとりますが、全員賛成したものと認めてよろしいでしょうか」との趣旨の発言をし、多数の拍手があって議事を終えた。

④ その後、再度総会を開くべきであるとの提案、申し出はなく、ゴルフ場建設に反対する動きも窺えないまま、ゴルフ場建設計画が進められ、甲共有林役員総会の協議がなされたうえ、本件賃貸借契約締結に至った。

(三) 以上認定したとおり、総会招集通知の内容も万全でなく、総会の議決方法も杜撰であり（前示(一)のとおりもともと多数決で決しうる事項ではなかった）、ゴルフ場建設に伴い、通常指摘される保水能力の低下や農薬による生活環境破壊についてはもちろん、賃貸借期間についても入会権者の間で吟味がなされる機会が与えられないまま、本件賃貸借契約締結に至ったことが認められる。

しかしながら、(一)及び(二)に認定したところによれば、各入会権者において、本件山林につき相当期間、農薬等による生活環境破壊がなされない方法でゴルフ場として使用する目的で賃貸することにつき検討する機会あるいは総会に出席して意見表明する機会を与えられながら、何等反対意見も表明することなく、異議のない態度を示してきたものであり、右の限度では同意したものと評価されてもやむを得ないものと言うべきである（従って、Yにおいては、本件山林の貸借使用に当たっては、農薬等による生活環境破壊をもたらさない措置を講ずべき義務がある）。

而して、本件において、本件山林につき、右の同意の限度を超えて農薬等による生活環境破壊をなすような使用方法を是認する賃貸がなされていることを認めるに足る証拠はない。」

Xら控訴したが、控訴審広島高判平8・3・28（戦後3・160）も、やはり議長の発言に反対がなかったという理由で、これを棄却した。

第8章　入会権の発生，変更，処分

【145】　鹿児島地名瀬支判平16·2·20 戦後3·555

[事実]　南西諸島のY町甲集落の共有入会地の一部（Xら9名共有名義）を，集落の総会の多数決で塵芥処理施設のためにY町に貸付けることにした。ところが集落の入会権者Xら9名（登記名義人はXのほか1名で他は登記名義と関係ない）が，環境悪化を招くという理由でこの貸付に反対，Y町が現地林野の伐開をはじめたので，その工事禁止の仮処分申立をするとともに，入会権者全員の同意のない本件貸付契約は無効であるとして工事禁止を求める本訴を提起した（仮処分申請は同裁判所平成2年5月18日決定で認容）。

[判旨]　「1）　本件賃貸借契約の締結が処分・変更行為ではないといえるか否か

　そもそも，本件賃貸借契約は，本件土地上に本件施設を建設するために締結されたものであり，期間が25年で延長される可能性もあることに加え，本件施設には埋立処分場も含まれており……，本件施設が本件土地に建設された場合，入会権者である原告らが，本件建設予定地を使用収益することは将来にわたって困難になることが予測されるから（弁論の全趣旨），たとえ被告が指摘する本件建設予定地の本件土地に占める面積割合や本件土地の使用収益の実績（略）を考慮したとしても，本件賃貸借契約の締結が，本件土地の入会地としての利用形態を大きく変更するものであることは明らかである。

　よって，本件賃貸借契約の締結が処分・変更行為（以下では，単に「処分行為」という。）ではないとはいえないから，この点に関する被告の主張は理由がない（したがって，入会地である本件土地に対する処分行為には，その方法・要件について特段の慣習が存在しない限り，入会権の性質上，入会権者全員の同意が必要ということになる。）。

　2）　多数決の同意で足りるとする慣習の存否

ア　そこで，次に，抗弁……（多数決の同意で足りるとする慣習の存在）について検討する。

　Yは，甲集落においては，重要事項を総会において決する慣習があり，この慣習上の議決成立要件は，世帯主の過半数の出席のもとに，出席者の過半数の同意を得ることであるから，その全員の同意は必要ではないと主張する。甲集落では，古くから，集落の重要事項を総会に諮って処理してきており，このことは，確立した慣習である（この点は，原告らも特に争っていないものと解される）。そこで，その議決（意思決定）の方法・要件について検討するに，……，以下の事実が認められる。

　(ｱ)　甲集落（代表者A₁）は，丙パルプ株式会社に対し，本件土地の立木の一部を，昭和41，42，44年に……，それぞれ売却した。……上記売却に先立つ，昭和40年ころ，甲集落の総会において，上記立木の売却が議題となり，A₂は，上記立木が伐採されると，せっかく植林した杉が風で倒れてしまうと述べて反対したが，賛成多数で売却する旨議決された。しかしながら，A₂は結局，この多数決の決議に従わなければならないと考えて我慢し，この決議に対しては，反対意思を表明しなかった。

　(ｲ)　甲集落（代表者A₃）は，昭和44年10月20日，A₂に対し，本件土地の立木の一部を，代金60万円で売却した。……上記売却に先立つ，甲集落の総会において，上記立木の売却が問題となり，A₃は，上記立木が伐採されると，せっかく植林した杉が風で倒れてしまうと述べて反対したが，賛成多数で売却する旨議決された（上記議決後も，A₃が反対意思を貫いたことを示す証拠はない。）。

　(ｳ)　甲集落（代表者A₃）は，昭和60年2月18日，Y……に対し，昭和59年度林道乙中央線開設工事のため本件土地の一部を，代金232万8,450円で売却した。……この売却については，中央林道のルート変更を被告に申し入れたり，甲集落の役員以外の人々にも現場で説明したりするなど，

反対者の意見にも配慮した上で議決された（上記議決後も，反対者が反対意思を貫いたことを示す証拠はない。）。

イ　ところで，前示のとおり，特段の慣習が存在しない限り，入会地の処分行為に対する同意は，その性質上，入会権者全員の同意が必要であるが，ここでいう全員の同意とは，総会決議で反対した者，あるいは，総会には欠席したものの反対の意思を有していたことが明らかであった者が，総会後説得に応じ，あるいは，反対意思を表明しなくなったことにより，全員が同意したものと合理的に推認される場合を含むというべきであるから，全員の同意ではなく，総会の多数決で処理されたといえるためには，総会で決議に反対した者が存在し，その者が総会後も反対の意思を有していたことが明らかであったにもかかわらず，その存在を無視して決議に従った処理がなされたと評価できることが必要である。

してみると，以上認定の甲集落で過去に行われた本件土地上の立木の売却や本件土地の一部の土地の売却は，甲集落の総会において，賛成多数の議決を経ているものではあるが，いずれも，反対者の存在を無視して，多数決による議決により処理した事例であるとまではいえないというべきである。なぜならば，これらの売却事例は，反対者が最終的には多数決により議決に従わなければならないと考えて同意したものと推認される事例（前記(ｱ)の事例）か，あるいは，反対者が最後まで反対意思を維持していたものか不明で，結局，反対者の存在を無視して，多数決で議決して処理したことが明確でない事例（前記(ｲ)，(ｳ)の事例）に関するものだからである。

したがって，上記各事例を根拠に，重要事項を総会において多数決で処理する慣習があったと推認することはできない。

また，Yが，前記以外にも，総会の多数決による議決で処理してきたとして指摘する事例〈略〉は，処分行為ではなく，管理行為の事例であるか，あるいは，処分行為であったとしても，反対者が最後まで反対意思を維持していたものか不明な事例に関するものであるから，このような事例の存在をもって，上記判断が左右されるものではない。

仮に，入会地の処分につき，入会権者全員の同意が得られたとまではいえない事例が存在したとしても，結果的に多数意見に押し切られて処分したとみる余地もあり，全員同意の原則から多数決（過半数）の原則にその慣習が変更されたとまでは認め難い（後記3）の説示に照らすと，平成2年4月の本件規約の施行後，入会地の処分を含めて，甲集落の重要事項については，すべて総会の多数決の議決によるとする慣習が生じたとはいえないことも明らかである。）。

なお，Yは，多数決の議決で足りるとする慣習は，甲集落のみならず，その周辺集落にも及んでいると主張し，その周辺集落の規約等……を提出する。確かに，集落有財産の処分を総会の議決事項として明示している集落もいくつか存在するが，その一方で，これまで集落所有の山林の処分を行ったことがない集落や，説得により反対者に同意してもらうようにしていた集落も存在するところであり，被告主張の慣習が周辺集落に及んでいるものと断言することはできない。

〈略〉

3）　多数決で議決をなし得る規約の正否

ア　さらに，抗弁その一の(ｵ)（多数決で議決をなし得る規約の成立）について検討する。〈略〉

〈略〉

(ｱ)　甲集落には，古くから，各世帯の代表者（世帯主）によって組織される総会（寄り合い）があり，総会は，甲集落会の最高議決機関であった。集落内の決まり事については，口伝えによる規約があったが，平成元年ころ，従来の慣習を含めて規約を明文化することとなった。〈略〉

本件規約上の「会議」には，総会と役員会があり（11条1項），会議の成立要件（同条3項）及び可決要件（同条5項）の規定は，総会の手続に

第8章　入会権の発生，変更，処分

適用されることが予定されているといえ，Y主張のような12条2項7号の解釈を前提にすると，集落所有の山林（集落有財産）の処分行為も，総会の多数決による議決で処理し得ると解する余地がある。

　しかしながら，そもそも，甲集落にとって，最も基本的かつ重要な事項である集落所有の山林（集落有財産）の処分につき，本件規約で明文の規定を置かなかったということは，そのような事項は，別途慣習に委ねる趣旨であったと解するのが自然である。〈略〉

　そして，本件規約12条2項7号の「その他」の文言に照らすと，これは，同項1号ないし6号に準ずる程度の事項を想定しているものと解すべきところ，同項1号ないし6号に定めのある事項はいずれも甲集落の管理運営事項であると認められるから，同項7号に，この管理運営事項とは異質の，集落所有の山林（集落有財産）の処分のような基本的かつ重要な事項を含むと解することは困難であるといわざるを得ない（略）。

　また，上記認定の本件規約制定に至る経過にかんがみても，その制定の過程で，本件規約12条2項7号に集落所有の山林（集落有財産）の処分が含まれるか否かにつき，全く議論がなされていない（A_4は，役員会においても，総会においても，同項7号に集落所有の山林〔集落有財産〕の処分が含まれることを何ら説明していない。）。

　さらに，Y主張の解釈を前提にすると，入会地である集落所有の山林（集落有財産）の処分に関して，入会権者の過半数が出席し（本件規約11条3項），その過半数の賛成（同条5項），つまり，全入会権者の4分の1強の人数が賛成すれば，その処分が可能となり，極めて不合理な結果を生ずることとなる。

　上記のことに加えて，本件規約制定前後の集落有財産の処分事例……をみても，必ずしも多数決で処理されてきたものか明確ではない点があることをも併せ考慮すると，本件規約12条2項7号の「その他総会に提案を必要と認める事項」に集落所有の山林（集落有財産）の処分も含まれるとするYの主張は，採用し難いといわなければならない。

　4）　全員の同意の存否
　ア　〈略〉
　イ　以上の認定事実によれば，平成10年11月29日の甲集落の総会において，本件施設の建設に反対する者が少なくとも5名はいたこと，同総会以降，原告X_1らは，本件土地における立て看板掲出等により反対意思を明確に表明していたこと，平成12年2月14日の甲集落の総会において，原告X_1らが本件施設の建設に反対意見を表明して退席したこと，その後，同年3月1日，本件賃貸借契約が締結されたが，同年4月16日の甲集落の総会では，この点についての新たな決議はなされておらず，その総会の直後，原告らは，弁護士を通じて本件施設の建設計画の白紙撤回を求めていることが認められる。

　前示のとおり，入会地の処分行為に対する入会権者全員の同意は，総会決議で反対した者，あるいは，総会には欠席したものの反対の意思を有していたことが明らかであった者が，総会後説得に応じ，あるいは，反対意思を表明しなくなったことにより，同意したものと合理的に推認される場合を含むというべきであるが，以上の事実にかんがみると，本件賃貸借契約締結の前後を通じて，原告らが本件賃貸借契約の締結（本件施設の設置）に反対していたことは明白であり，これに同意（追認）したことを推認判断することはできない。

　入会権者全員の同意（追認）をいう被告の主張は，以上の判断に反するものであり，採用することができない。

　また，Yは，平成2年に甲集落の総会出席者の全員一致によって明文化され，その後も，誰も異議申立てをしないで今日に至っている本件規約に基づいて，決議がなされたのであるから，その決議の後に，原告らが反対意思を表明してこの決議

の効力を否定することは許されないとも主張する。しかしながら、本件規約に甲集落の集落所有の山林（集落有財産）を多数決で処理しうる効力を認めることができないことは、先に説示したとおりであるから、上記決議に原告らが拘束されるいわれはなく、この点に関する被告の主張は理由がない。」

本判決は入会権者全員の同意がなかったことを理由に土地貸付が無効である、と判示したが、本判決は入会地の貸付には入会権者全員の同意が必要で多数決では不可という重要な判示をしているほか、多数決がときには（構成員の過半数の出席する集会で出席者の過半数の賛成では）全体の4分の1の強の賛成（したがって少数意見）になることもある、という、常識的なかつきわめて重要な判示をしている。またXらの反対意思の表明を単に会合での発言のみに限らず、現地での立看板等による反対の表明、また仮処分申請等の法的手段等をとったことを含めて認定している点も注目される。

3　入会地の売却

入会慣習を成文化することは古くから行なわれてきたが必ずしも普遍的ではなかった。しかし利用形態の変化や集団構成員の変動に伴い紛争を生じやすくなったため、入会慣習を成文化する集団が多くなった。ところが入会集団の形式的近代化と、多くは行政庁等の指導により、その規約の中に集団の意思決定機関たる総会（その他諸会議）の議事を多数決（絶対多数決を含む）による旨規定している場合がきわめて多い。その場合でも、土地の売却など入会権の処分または変更について特別の規定があれば問題はないが、そうでない場合には多数決で入会権の行使形態の変更や処分ができるのか、が貸付などの場合と同様問題となる。次の判決はこれに関するものである。

【146】　岡山地倉敷支判昭51・9・24判時858・94

事実　本件係争地は古くから甲村持入会地で明治以降も甲部落入会財産とされ登記上は代表者7名の共有名義となっていたが、部落住民協議の上、Y会社に売却され、同会社名義に所有権移転登記が行なわれた。ところが甲部落住民Xはこの売却を不服として、係争地はXを含む甲部落住民45名の共有地であり、Xほか共有者6名が本件売却に賛成していないからこの売却は無効であるという理由でY会社を相手に所有権移転登記抹消登記を求める本訴を提起した。Y会社は甲部落共有財産管理規約にもとづいて甲部落住民の同意を得て係争地の売買契約を締結したのであるから本件売買は有効でありかつ本件登記は適法である、と抗弁した。

判旨　「本件土地は、乙町大字甲の地域に、〈略〉7つの組合から構成される甲部落と呼ばれる村落共同体が総有して支配する客体であって、共有の性質を有する入会権の対象であり、登記簿上、部落代表者有から神社有へ、さらに記名共有の所有権登記が行なわれていたが、それは共有の性質を有する入会権そのものを不動産登記の制度上表示する方法はなかったからにすぎず、右村落共同体を構成する7つの組合に属する各「家」ないし「世帯」の代表者（世帯主）個人がそれぞれ入会権者である慣習により、入会権者全員の総有に属す

第8章 入会権の発生，変更，処分

るものと認めるのが相当である。民法263条によると，共有の性質を有する入会権については，各地方の慣習に従う外共有の規定を適用すると規定されているが，本件土地に対する入会集団の慣習を知る部落の有識者が衆知を集め，慣習に則りその主要な部分を成文化したものが，乙町甲部落共有財産管理会会則であると解することができる（換言すると，右会則によって在来の慣習を認知することができるといってよいであろう）。

もっとも，各地方の入会権に関する慣習上の一般原則によると，入会権の管理及び処分については，入会権者の総員の同意を要するのであり，この要件を変更し，入会権者中一定の者（本件でいえば総会や管理委員会）の同意さえあれば利用形態を変更したり，入会権を処分したりすることができるものとするにも入会権者全員の同意を要することもちろんであり，本件入会権についても在来の慣習は同様であったと認められる。したがって，右会則15条，19条，20条の規定が，入会権の処分についても，総会定足数を会員の3分の2以上とし，総会出席会員の3分の2以上の賛成によりこれを行なうことができる旨多数決の原則を採用するにあたっては，右会則につき入会権者全員の同意がなければならないというべきであるが，右会則5条所定の会員の範囲は，本件土地の入会権全員を含める趣旨に解することができるばかりでなく，前示7組合の各組合員全員が入会して会員となっているから，右全員が入会した時点から右多数決の採用が本件入会権においては爾来慣習になったということができ」（る。）（広島高岡山支昭和52・10・31控訴棄却，最判昭53・6・6戦後1・367により本判旨確定）

【146】判決は，共有の性質を有する入会地の売却に反対した入会権者の1人が，本件土地は数10名の民法上の共有地であって共有権者の1人である自分が売却に反対であることを理由に移転登記の抹消登記（その者は登記上の共有権者ではない）を請求したもので，判決は本件土地は数名の共有地でなく入会地であるから共有権にもとづく請求は失当である，と判示しているのであって，多数決についての判示は全くの傍論にすぎない。

この傍論は，従来入会権行使形態の変更等は全員の同意を要する，というのが慣習であったが，入会権の処分等につき入会権者総会定足数の3分の2以上の多数決により行なう旨の規約を全員の賛成で採用したのであるから，入会権の変更や処分については多数決によるのが当該入会集団の慣習となった，というのであるが，きわめて不当である。仮にこの傍論のように，入会権の変更，処分をその多数決でしうることになれば，入会権者の過半数が脱農化して入会地の農林業的利用を必要としなくなりこれを観光地として第三者に売却することを有利と考えた場合，入会地の農林業利用をしている少数の者の反対を押切って多数決でその入会地を売却処分しうる，という不都合な結果を生ずることになる（その反対する入会権者が共有の性質を有する入会地の地盤所有登記名義人である場合には自らの意思に反して売渡証書又は地上権設定契約書等に記名押印しなければならないことになる）。これは明らかに不当である。共同で所有する財産を将来自分の意思に反して——多数の意見で——売却処分してもよいとまともに考える者はいないはずである。入会地は入会集団構成員全員の共同所有財産である（共有の性質を有しない入会権においては地上の収益権ならびに収益物件が全員に帰属する）のであるからその変更，処分については当然全員の合意

を必要とする，と解すべきである。

【147】 新潟地判平元・3・14 判時 1325・122

事実 本件係争地は池沼およびその附属地で甲集落住民共有の性質を有する土地（総有地）であった。この土地（2筆）が集落の権利者79名の同意を得てX会社に売却されたので，X会社は集落の権利者に対して所有権移転登記の請求をした。しかし甲集落の権利者はYら125名であり，本件土地の売却には共有者全員が同意してはいないので無効であるという理由でこれを拒否したので，X会社はYら125名を相手として本件土地所有権確認，所有権移転登記請求の訴を提起した。

判旨 「(一) まず甲部落の部落構成員としての資格要件について検討するに，……次の事実を認めることができる。
　(1) 甲部落内に本籍を置き，部落内に居住する戸主（家制度の廃止後は世帯主）は構成員となる。
　(2) 部落内に出生して部落内に分籍し，部落内に居住する者も構成員の資格を取得する。
　(3) 他から部落内に本籍を定めて移住し，部落内の土地を所有した者も構成員の資格を取得する。
　(4) 部落外に本籍又は住所を移した者は構成員の資格を失う。
　Xは，右(1)，(2)についても部落内の土地を所有することが部落構成員となるための資格要件であると主張し，……には「本村ノ産ニシテ向後本村ニ分籍スルモノハ村中共有地ノ所持権ヲ有スルモノトス」との規定と「他ヨリ本村ニ本籍ヲ定メ住居スル人ニハ村中共有地ノ所持権ヲ毫モ付与セザル者トス但本村ノ土地ヲ所有スルモノハ此限ニアラズ」との規定とがあり，ここにいう「村」とは当然甲部落を意味すると解されるところ，これらの規定を対比して考えるならば，部落内の土地所有は他からの移住者（(3)）につてのみ資格要件であり，部落の出身者（(1)，(2)）については資格要件でないと解される。
　〈略〉
　(四) 結局，……記載の79名以外に少なくとも前記 $A_1 A_2 A_3 A_4$ の4名が甲部落の構成員であった可能性が強く，従って本件土地1，2の売買時である昭和35年における構成員が原告主張にかかる79名のみであったとの事実を認めることはできない。
　(五) そうすると，甲部落が本件土地1，2を売却するについて，右79名の同意を得たというのみでは部落構成員全員の同意を得たことにならないのは明らかであって，少なくとも A_1 ら4名の同意をも要することになるところ，その同意のあった旨の主張，立証はない。
　〈略〉
　昭和31年6月ころ，甲部落において，部落の構成員を別紙(六)記載の79名として，本件土地1，2を含む部落総有財産の管理に関し甲共有財産議定書（いわゆる昭和議定書。作成名義は乙市甲共有財産管理委員会）を作成し，その第2条には「共有財産に関し協議議決する場合は権利者の3分の2以上の賛成を必要とする」との定めのあることが認められるが，当時……，部落の構成員として右の79名以外に前記 A_1 ら4名も存在していた可能性の強いことは前記のとおりであるところ，右4名がその作成に関与していなかった（このことは原告も自認している。）のであるから，右議定書（昭和議定書）のうち少なくとも総有に属する土地（本件土地1，2も含まれる。）の処分に関する定めは，総有者全員の同意ないし承諾がなく作成されたものとして，効力を生じないものと解するほかはない。
　(六) よってその余の点について検討するまでもなく，請求の原因4の売買契約は無効と言わざるを得ない。」

第8章　入会権の発生，変更，処分

【148】　神戸地豊岡支判平6・2・21 戦後3・128

[事実]　本件係争地は丘陵状の記名共有地で，兵庫県はここに空港設置の目的でこの土地を地元甲集落の共有入会地と判断し，集落の責任者をつうじて集落の集会で用地買収の話合いを行い，その承諾を得た。ただそのうちY₁は，この土地が集落の入会地でなく先祖伝来Y′家の所有地であったと主張し，買収に応じなかった。仮に入会地であるとしても自己の所有する土地（持分）の売却を拒否したので，県はY₁を含む係争地の登記名義人（またはその法定相続人）24名を相手として土地売買契約の締結を理由に土地所有権移転登記を求めた。

[判旨]　「甲地区は，その地区構成員らにより形成されている1個の入会集団であり，本件土地は，いずれも同地区の入会地として，同地区構成員の総有に属すると解すべきで，したがって，右各土地を処分するためには，同地区の不文律たる慣習に従って常会の決議等による構成員ら総員の同意を要するというのが相当である。

（略）

　Y₁らは，本件各土地を含む甲地区のすべての山林が同人等の先祖の所有に属し，したがって本件土地が同Yらの共有に属する旨主張し，Y₃，Y₄は，右に副う供述をするところ，Y₁ら及びその先祖が本件各土地を含む村山につき各土地を占有使用している構成員らから，賃料を徴取した形跡はないこと，その管理，収益，処分に関する取り決めが甲地区の初寄（初総会）によってなされており，Y₁らの承諾を得てなされた形跡はないこと，前記認定のとおり乙地については，他地区の者への売却あるいは公売処分にあった為いずれも地区の出捐において買戻した上最終的にはすべて地区代表者6名の共有名義に移転登記していること，個人名義の分け山については，租税を各名義人が納付しているものの，これは地区に対する賃料の意味を有すること，反面，野山と分け山のうち共有名義の土地については，地区の会計から租税が払われていること，Y₁が昭和63年10月頃甲地区役員から飛行場設置許可申請書の添付書類である同意書の用紙……に押印するよう求められた時には，本件土地を含む入会山林がY₁家の所有に属する旨の主張は一切しておらず，後日平成元年2月23日の定例常会のかなり後になってから，初めて原告兵庫県の担当者に対して，右主張をなし，Y₂Y₃が平成元年11月27，28日の2回にわたり原告宛に書面で右主張をなすに至ったこと……などから，右各Y₁らの供述部分は，にわかに採用し難い。

〈略〉

　二　次に，甲地区が本件土地をXに売却した事実の有無及び右売却に先立ち，同地区総会による構成員全員の同意があったか否かについて検討する。

〈略〉

　(4)　平成元年2月23日，甲地区定例常会が，本件地区構成員全員に対する招集通知の上，同地区構成員中A₇A₈を除く全員及び入会権者以外の住民B₁B₂が出席して開催され，冒頭に選出された議長A₁が司会を行い，本件土地を含む同地区の入会林野の一部を乙空港用地としてXへ売却すること及び右売買については代表者Ｃ区長のA₂に一任すること及び買収金は後日入会権者全員で協議し分配することを図ったところ，Y₁を除く2名の者から，重要案件であり，前記のとおりB₁B₂も欠席しているので，もう少し延期してはどうかとの意見が出されたものの，同人らに対しては，後日同地区役員が出向いて各別に承認して貰うことで，右決議をなすにつき全員が納得した。そこでA₁は，右決議事項について，数回にわたり繰り返し反対する者はないかを問うたところ，Y₁を含めだれからも反対の意見がなかったので，右承認があったものと認める旨宣言して閉会した（以下「本件常会の決議」という）。

そして，当日欠席したA₇についてはその所属する組の組長B₃が同月24日定例常会の決議事項を説明した上，右決議どおりの承諾を得，A₈についても，同じく組長B₄が同月25日同様説明した上右承諾を得た。
〈略〉
右で認定した右決議に至る，X，甲地区役員による地区住民への説明の経緯，右決議状況，その後の欠席者に対する地区役員の対応の状況などによると，本件土地について同地区からXに売却すること及び右売却につき同地区区長（代表者）であるAに一任することに関し，当日の定例常会において入会権者たる出席構成員全員の承認決議があったものであり，かつ，欠席者のA₇A₈も又右決議につき承諾し，ここに右構成員全員の承認があったものというのが相当である。」
（大阪高判平12・1・28（戦後3・139）控訴棄却，最判平13・9・26上告棄却）

【149】 大阪高判平13・10・5 戦後3・365

〔事実〕甲集落では，その所有する共有入会山林（乙山）の一部を，土木業者X会社の求めに応じ，同集落の総会の決議により売却することになり，甲集落の代表AとX会社との間で売買契約が締結された。係争地は115名（組合員のほか転出者を含む）共有名義となっているので，X会社は各名義人に共有持分権の移転登記を請求し，大多数はこれに応じたが，係争地の直下山麓に住むYら17名は当初から売却に反対し，応じなかったので，X会社はYらを相手とし，共有権移転登記請求の本訴を提起した。
これに対してYらは，入会地の売却には入会権者全員の同意が必要であるにもかかわらず，Yらは本件売却に賛成していないし，またAは組合代表として適法に選出されていないから，本件土地売買契約は無効であると主張し，なお別訴でYらはXおよび乙山組合を相手として本件土地上に使用収益権を有することの確認を求めた。
第1審は，要旨以下の理由でAが適法に選出された組合の代表でなく，したがって本件売買契約は代表権限のないものがしたのであるから無効であると判示し，多数決による売買が有効か否かにふれることなくXの訴を棄却し，またYらの収益権確認も土地共有権を有することを理由にその必要なし，と却下した。

（第1審）和歌山地判平12・3・28 戦後3・365
「乙山の組合長（代表者）は，総会で選出すべきところ，Yらが主張する平成4年11月15日，平成5年8月6日開催された各会合は，総会ではないから組合長選出の効果が発生していないことが明らかであるし，同年9月23日開催された総会は，その招集者はAであるところ，その以前に同人が組合長に就任していないことが明らかであるから，乙山組合の総会ということができない。もっとも，招集権者によらない集会であっても，組合員全員が出席している場合は有効な総会と解する余地もあるが，右総会には，組合員全員が出席していないことが明らかである。
4 右のとおりであり，Aが乙山組合の組合長に就任したことを認めるに足りる証拠はないといわざるを得ない。
四 そうすると，甲事件のうち，乙山組合に対する訴えは，その代表者をAとしており，代表権限のない者を代表者としてなした訴えであり，不適法なものとして，却下すべきものである。
また，前提事実5記載の本件売買契約は，代表権限のない者が乙山組合を代表して締結されたものであり，その効果は発生しないから，被告柏栄不動産の乙ないし丁事件の請求は理由がない。」

第2審判決は，次のようにAが組合代表として適法に選出されたと認定し，乙山組合定款（昭和16年制定）に，組合総会は組合員の過半数の出席

で成立し，議事はその過半数で決しうる，とされ，総会の審議事項中に財産の処分の項目が掲げられているところから，これまで多数決で入会地を売却してきたという慣行（その事実は示されていない）を理由に，多数決による財産処分は違法でないとし，Yらは共有権移転登記義務を負う，と判示した。

判旨「3　入会地の売却に係る入会慣行
〈略〉弁論の全趣旨によれば，昭和49年全国山林原野入会慣行調査において，入会地の売却手続に関し，①近畿地方全般をみると，総会や部落常会を重視する傾向は残っているが，満場一致で決めるか多数決で決めるかという点では組合員の多数決主義を採っている所がかなり多く残っていること，②和歌山地方においては，総会や部落常会が多く残っているけれども，議決方法としては多数決がむしろ多く採られていることが報告されていることが認められる。

この認定を左右するに足りる確たる証拠はない。
4　以上認定の事実と弁論の全趣旨を総合すると，次のとおり判断するのが相当である。
〈略〉
イ　しかし，本件の乙山組合は，約30年もの間休眠状態にあったために，総会を開催しようにも，招集権者と考えられる（定款7条）組合長すら存在しないような状況にあった。このような場合に，総会を招集すべき組合長を総会で選任しなければならないと解するならば不可能を強いることになる（このことは，組合長を推薦すべき理事，監事の選出についても同様である。）。

確かに，招集権者によらない集会でも組合員全員が出席していれば有効な総会と解する余地がないではない。しかし，乙山組合のように134名規模の入会集団が約30年間も休眠状態にあった場合，総会を開催するのに，散逸した組合員全員が出席しなければならないとするならば，組合再建の途を閉ざすことになりかねない。このような解釈は，

乙山組合において，その意思決定に多数決原理が導入されていること（定款16条，17条）とも相容れないものというべきである。

そして，入会集団の規範を考えるに当たっては，地域の入会慣行も考慮すべきところ，乙山と場所的に近接して利用形態も類似し，その構成員や役員の多くを共通にしていた共有山組合においては，管理委員長は各小字から選ばれた管理委員により選出されてきている。

このような事情の下では，定款の合理的な解釈としては，各小字の組合員の代表者の集まりに理事監事会としての機能を認め，その推薦に組合長選任（少なくとも総会招集権者として）の効果を付与した上で，後日，総会の決議によってこれが確定的なものになると解するのが相当である。

ウ　これを本件についてみると，平成5年8月6日の「山地開発役員会」においては，これに先立つ「相談会」で出席組合員77名（委任状を提出した者を含む。）全員の承認を受けた組合長以下12名の役員全員が集まり，定款6条に準拠して組合長以下，副組合長，理事，監事を割り当てている。これら一連の手続をみると，山地開発役員会を構成する12名はいずれも各小字の組合員の意を受けた代表者として行動していたとみるべきであるから，組合長に選出されたAには，理事監事会により組合長に推薦されたのと同様の効果を認めるのが相当である。

そして，Aは，平成5年9月23日，乙山組合の組合長として総会を招集し，出席組合員93名（委任状を提出した者を含む。）により平成5年度の組合長がAであることが確認されている。

エ　以上によれば，Aは，平成5年8月6日の山地開発役員会において各小字の代表者から推薦を受けて組合長（少なくとも総会の招集権者）とされた後，同年9月23日の総会における出席組合員全員の確認により，名実ともに乙山組合の代表者（組合長）として適法に選出されたものと認めるのが相当である。

〈略〉

ア　Yらは，本件売買契約が成立したとしても，乙山は入会権者である甲地区の住民の総有であるから（共有の性質を有する入会権），これを売却するためには組合員全員の合意が必要であると主張する。

イ　ところで，前記説示のとおり，乙山組合は，従前の乙山の入会集団が発展的に移行したもので，乙山の所有は乙山組合（組合員の総有）であって，その組合員は，従前有していた入会権を乙山組合の定款を遵守しながら，その権利を行使できる旨を全員で合意したものである。そして，定款は，当時の入会権者134名全員の合意の下で成立したものと認められるところ，定款19条において1条の山林土地を売却したときは組合は解散する旨が規定されていることを併せ読むならば，その文理解釈としては，1条ただし書の処分には入会地自体を売却することも含まれるものと解するのが相当である。

ウ　これに対し，Yらは，たとえ入会集団が，規約において入会地の処分について多数決原理を定めているとしても，そのような規定は無効であると主張し，甲号証及び証人中尾英俊の証言（原審）中にはこれに沿う部分がある。

しかし，入会集団の規範を考えるに当たっては，地域の入会慣行も考慮すべきところ，前記説示のとおり，乙山組合の母集団ともいうべき共有山組合においては，従前，多数決原理に従い入会地を売却してきたし，ひろく和歌山地方における入会慣行をみても，意思決定機関として総会や部落常会を重視する傾向は残っているが，議決方法としては満場一致よりは多数決がむしろ多く採用されている。そして，その実情も，乙山組合の活動は，昭和28年1月から約30年の長きにわたって休眠状態にあり，昭和30年代後半からは現実に組合員が山に薪を採りに入ることも次第に少なくなり，組合の再建話のころにはほとんど利用されなくなっていた。したがって，乙山組合の組合員同士の間に入会集団としての古典的，村落共同体的な結びつきを認めることも困難であるから，入会地自体の処分に多数決原理を導入したとしても格別の不都合はないというべきである。

〈略〉

エ　以上によれば，乙山の売却についても，その意思決定に当たり，組合の多数決原理を妨げるものではなく，したがって，定款所定（16条，17条）の多数の組合員が，乙山の売却に賛成している以上，入会権者全員の合意がなくても，乙山の所有権は，本件売買によりX会社に有効に移転したものと認めるのが相当である。」

（最高裁不受理，平17・2・22）

第2審は，乙組合が約30年間休眠状態にあったから，組合の代表者選出が組合規定にもとづくものでなく多数の者が認めたものであればよい，という判断のもとにAが乙組合長としての資格を取得した，と判示している。それはそれでよいとしても本件の争点は，乙組合の多数決で土地売却を決定しているのにこれに反対したYらがその所有権移転に応じないことの是非である。判旨は，このような土地の処分は多数決で足りるというのであって，その根拠は第1に乙組合定款である。判示中ごくわずかしかふれていないが「定款19条において1条の山林土地を売却したときは……1条ただし書の処分には入会地自体を売却することも含まれる」というのがその理由づけである。これだけでは第三者には理解し難いが，同組合定款というのは昭和16年につくられたものであって，その第1条には「本組合は郷土保護する為各自出費し植林をなし財産より出ずる利益を積立つるを以て目的とす但総会の決議により処分する事を得」，19条は「第1条の前記山林土地売却したるときは本組合は解散する者なり」（原文は片仮名）と規定されている。この1条と19条がどのように結びつくのか不明であるが，第16条に総会は組合員の2分の1以上の出席をもって成立し，第17条に総会出席者の3分の2以上の同意によって決議する，

と規定している。この昭和16年につくられた定款を根拠に多数決を理由としてＹらの権利を認めなかったと思われるが，この定款のつくられた昭和16年当時はいわゆる全体主義で個よりも全体が優先された時代である（それでも自らの意見によらず所有権を侵害するのは憲法違反であった――旧憲法第27条）。このような現憲法に反する定款は30年以上にわたる組合の休眠中に廃棄されたはずであるが，組合役員の選出時は休眠中に不明確になったと受け止めた本件裁判官は，この違憲と思われる定款のみ休眠していなかったと思ったのであろう。

さらに多数決を合理化する理由の1つとして『昭和49年全国山林原野入会慣行調査』（1975年，青甲社刊）の記述を挙げている。たしかに同書は，和歌山県では入会集団の意思決定として多数決が多いと述べているが（27頁），そこに掲げられている県下50集落には和歌山市およびその近郊はほとんどなく，また多数決で入会地を処分した例も示されていない。むしろ判旨の主たる理由は，同組合における，総会の決議で財産の処分ができる（1条），総会は組合員の過半数の出席で成立し（16条），その3分の2以上の賛成をもって決する（17条）という規約にある。そして，その規約の正当性を裏付けるため，「従来，多数決原理に従い入会地を処分してきた」というが，多数決原理とは，少数意見の否定である。同組合では，これまで少数の意見＝少数者の利害を無視して財産処分したことは一度もない。

たしかに，これまで組合の総会は多数決で処理してきた。それはほとんどが組合の運営にかんする事項で，立木の処分はあったが土地の処分はほとんどない。それらの処分行為が総会の多数で決められたものであるにせよ，その多数決の結果を全員が反対することもなく承認したからこそ，それが有効となったのである。つまり，これまでは多数決でことが行われたのは，少数の反対を無視したからではなく，結果として全員賛成ということだったのである。

本判旨のように，共同所有財産の持分を自己の意思に反して処分しなければならないというのは，財産権を保障した憲法29条の趣旨に反する（本件では特に公共目的があるわけではない），といわざるをえない。

入会地の貸付，売却の当否を扱った判決（貸付【143】【144】【145】・売却【146】【147】【148】【149】）をみると，【149】以外はすべて入会地の売却，貸付には入会権者全員の同意が必要である，と判示している。なおこのほか，貸付については【214】売却については【179】【198】判決があるけれども，いずれも提訴者が入会権者全員でないため当事者適格性を有しないという理由で本案審理をしていない（第10章参照）。

これらの判決はいずれも共有の性質を有する入会地にかんするものであるが，民法は「共有の性質を有する入会権に付ては各地方の慣習に従うほか，この節の規定を適用する」（263条）と規定している。各地方の慣習とは，前述のように持分の自由な譲渡，分別請求の禁止をいうのであるから，共有物分割に関する256条以下の規定は適用されない。したがって共同所有財産の変更については共同所有者全員の同意が必要（251条），ただしその管理については過半数の同意でよくその保全，保存行為は各自することができる（252条）と規定されているのであり，それ故に多数決による共有物の処分は明らかに強行法規違反となる。

ところが，この各地方の慣習とは単に共有持分の譲渡分別禁止だけでなく，権利の得喪

第2節　入会地の変更, 処分

や財産管理等も含まれる。そこでしばしばいわれるのは「多数決の慣習」である。とくに判決には集団の規約（定款）として議事の多数決が明文化されている場合これが慣習にほかならないと、解しているものがある。事実全国的に入会集団には成文化された規約の中に「多数決」を定めたものはきわめて多い。事実集団の慣習として多数決で行なわれてきたと思われるが、それはほとんどが入会財産の管理にかんすることである。従来一般に入会地を売却、貸付することはきわめて少なく、その一部を林道として処分するとか分収造林を設定する場合等を除いてはほとんど予想しないことであったし、売却や貸付が多くなったのは昭和40年代以降であり、それ以前は利用形態の変更等を除いては入会地の処分変更等についての事実もほとんどなく、したがってそれについての慣習もなかったのである。【149】が、同集団では従前、多数決原理に従い入会地を売却してきた」と判示しているがそのような事例は全く示されていない。多数決で処理してきた、ということは少数の反対意見があったにもかかわらず売却してきた、ということなのであるが果して事実であろうか。

この点に関し【146】は傍論であるが、入会権者全員で多数決による売却等という規約を全員の意思によって決定した場合は以後それが入会慣習となり、多数決で売却処分できる、と云っている。しかし、集団にとって全く価値のない土地であればともかく、それ以外の共同所有の財産を、自分の意思に反してでも（自分が売却処分等に反対の場合でも）売却してもよろしい、という議決をすることがあるであろうか。

この多数決につき、【145】の構成員の過半数が出席する総会でその過半数の賛成ということは実質全体の4分の1をこえる者の賛成にとどまるので、過半数での処分変更は不合理である、という判示はきわめて注目される。つまり形式的な過半数は必ずしも多数決を意味しないのである。

なおいうまでもないことであるが多数決にせよ過半数にせよ総会等の会議での決定である必要はなく、たとえば総会に構成員全員が出席しなかった場合でも、後から非出席者の同意が得られればよいわけで、要は反対者がいない、ということが必要なのである。

なお前掲判決中、【144】【148】の2判決は事実全員の同意があったか否か疑わしい。入会地の処分に反対する者が裁判に訴えてその不同意、無効を主張しているのに、集落の総会で反対（の発言を）しなかった、という理由で同意した、と判示しているが甚だ疑問である。集団の中で反対意思を表明することが難しいという日本の社会（とくに村社会）の実情を十分に考慮する必要があろう。

4　処分変更反対の理由と態度

入会地の貸付や売却には入会権者全員の同意が必要であるが、同意が得られない場合はどうするか。一般にそれらの変更や処分に反対するのは、環境の悪化を招くとか、自分の割地利用が侵害されるとかそれなりの理由があるのだが、その反対の理由が正当でない場

合がある（たとえば売却収益金の配分が少ないなど）。そのような反対の理由が正当といえない場合は次の判決のように権利乱用として認められない。

【150】 福島地会津若松支判昭50・10・29 判時812・96

〔事実〕 係争地はY₁市Y₂村にわたる53部落共有の入会地で，入会管理団体としてA組合が組織されその管理のもとに入会権者996名が採草，採薪等に使用収益してきた。昭和35年ころから採草等の利用が減少したため係争地の一部が各部落の総代をもって構成されるA組合の総代会の決定によりY₃ら7名に売却されることになり，係争地をY₁市およびY₂村名義で所有権保存登記をしたのちY₃ら7名に所有権移転登記が行なわれた。この売却処分に反対する入会権者Xら64名は，入会財産の処分は入会権者全員の同意が必要であるにもかかわらず総代会のみでなしうるという組合の規定は無効であり，Xらはこの処分に反対であったから当然Y₃らへの売買を無効である，という理由でY₁～Y₉がした所有権保存ならびに移転登記の抹消を請求する本訴を提起した。

〔判旨〕「A組合においては総会は開催されず，前記組合規約に従い総会に代わる総代会において本件土地に関する処分を行う慣行が存していたものと認められる。

総有関係にある財産の処分については原則として権利者全員の同意を要することは民法263条により同法251条が準用されていることからも明らかである。

従って，財産の処分に際し権利者全員が一堂に会した上全員の同意を得ることが望ましいことは言うまでもないが，本件のように権利者が996名という多数にのぼる場合においては全権利者が一堂に会するいわゆる総会を開催することは社会的物理的に困難なものであり，また構成員全員の同意は必ずしも権利者が一堂に会した上でなされることを要しないものと考えられる。そうしてみると，次善の策として各権利者を代表する者による間接的な形での一定の意思決定について各権利者が事前又は事後に同意するという形式で各権利者の意思が自由にかつ確実に反映される限り権利者全体の意思決定があったものということができるから，これをもって，総会での決定でないとの一事だけでその効力を否定すべきものではないと解するのが相当である。従って前記慣行が，少くとも右の要件を満している限りにおいてはその効力を否定すべきではないのである。なお，右の場合，事後における権利者の同意は民法113条1項の無権代理行為の追認の法理が準用ないし類推適用されるものと解されよう。

〈略〉

(1) Y₁らは，……陳情書の送付により右送付者は事前に同意していたと主張するが右陳述書の送付は昭和38年5月から7月にかけてであり右譲渡行為が昭和41年8月及び昭和42年9月であり右陳情書の送付から直ちに事前に同意があったものと解することはできない。

しかしながら，前記のように売買代金が2回に亘り配分されたのであるからこの受領によって少なくとも事後的に承諾したものと解することができる。

〈略〉

Xら4名が配分金，記念時計をいずれも受領しなかったのは，同人らがいずれも現金でなく土地の配分を望んでいたこと，土地売買価格が安過ぎること，右時計の配分先が不明であることが主たる理由であったが，右4名連名で昭和44年2月2日付でA組合理事長に対し前記通知書と同文の土地処分は越権行為であり認められない旨の通知書を発していることもあって，右4名とY₂村村長，Y₄らとの間で昭和45年5月10日過ぎと同月16日の2回に亘り右土地の処分問題について話がも

たれた。

　右会合において当初Xら4名は組合幹部のB等に対し前記受領拒否の理由としている事実について質問していたが，……結局Xら4名は右土地の取得で組合の前記土地処分に同意することとし，同日右4名はY₅の案内で右土地を見分した後組合側の人もまじえ3者で手打式を行った。

〈略〉

　また，仮にXらはその主張のように前記疑問が解明されない限り組合の譲渡につき同意する意思がなかったとすれば，同人らが，Y₅の案内で土地を見分した後手打式を行いY₅らが前記のように未受領であった配分金を代理受領することを認め，既に受領した配分金を右Y₅らに支払った行為は理解できず，右事実はむしろ昭和45年5月16日にXらとY₅らとの間で甲4394番の27同番37の土地につき代金20万円で売買契約が締結され，その時点でXらはY₂村，Y₃に対する前記土地売買に同意したものであり，Y₅らの右配分金の受領はXらの右債務の履行の受領であると解するのが相当である。

〈略〉

　(6)　以上のように，A組合のY₂村，Y₃に対する前記土地売買行為につきXらはいずれも追認しており被告がこれを認めている以上右売買行為はいずれも有効である。」

　Xらのうち13名が所有権移転登記の抹消登記を求めて控訴，仙台高裁昭53・7・31控訴棄却（戦後2・149），最判57・10・7上告棄却。

【151】　甲府地判昭63・5・16判時1294・118

[事実]　本件係争地は富士山麓所在の甲集落の所有（総有）に属する土地であるが，Yは，同土地を管理する組合を通じてその一部を有料道路「乙道路」用地として買受けた。Xらは，同部落の一員で共同所有権利者の1人であるが，右組合の規約中には，同入会地の処分については所有権利者全員の同意と，全共同権利者5分の4以上が出席した総寄合でその5分の4以上の同意を得なければならない旨の規定があるところ，Yの右売買にはその手続がとられていないから無効であると主張して，Yの行う道路建設工事の中止等を求めた。これに対し，Yは，右規定の趣旨は，従前の慣行と同様，総寄合における出席者全員の同意で足りるとするものであり，本件においては右の同意が得られたから売買は有効である，仮に然らずとしても，当初明確な反対意思を表明しなかったXらが今さら無効を主張することは禁反言の法理に照らし不同意権の濫用で許されない旨主張して，全面的に争った。

[判旨]　「総有関係においては共有と異なり構成員からの分割請求は認められないこと，個人の権利意識が向上し民主主義の理念が浸透した現代において，総有財産の処分の具体的内容につき，190名にのぼる所有権利者（しかも，前記所有権利者の一部には部落との関係が希薄な者も含まれることは前記のとおりである。）の文字どおりの全員一致を得ることは不可能に近いことを総合すると，組合規約31条1項は，財産処分について従前の甲部落の慣行以上に厳格な要件を定めたものではなく，同項の規定にいう「所有権利者全員の同意」は，やむを得ない事由により総寄合に出席することのできない者が事前に反対の意思を表示していた等の特段の事情がない限り，総寄合に出席した所有権利者全員の同意をもって足りると解すべきである。

　そこで，次に，本件土地の売却につき，右同意が得られたか否かについて判断する。

〈略〉

　3　次に，組合規約31条1項にいう「所有権利者全員の同意」についてみると，この規定の意味は前記二で判断のとおりであるところ，昭和59年11月12日の総寄合において，Xら4名の所有権

第8章 入会権の発生，変更，処分

利者が退場した後，全員一致で原案を可決したことは前記認定のとおりである。しかし，右4名が退場に先立ち本件契約に反対の意思を明示したことも前記認定のとおりであって，このように総寄合に出席した所有権利者から明確な反対の意思の表明があり，その翻意がなかった以上，その者が自らの意思で退場し，その後に残余の者の全員一致で可決したとしても，これをもって，前記説示の「総寄合に出席した所有権利者全員の同意」があったものとはいえないと解すべきである。

もっとも，昭和57年12月16日の総寄合において，出席者全員一致で乙道路の路線を承認し，用地の処分に同意したことは前記認定のとおりであるが，その当時は，いまだ神社有地のうち処分すべき土地の範囲・面積及びその対価は具体的に決定していなかったから，右承認及び同意の決議のみをもって組合規約31条1項の同意とみることはできない。

そこで更に，昭和59年11月12日にXら4名の所有権利者が本件契約の締結に同意しなかったことをもって権利の濫用といい得るか否かにつき判断する。

4　道路用地の買収は，路線の決定，測量に基づく対象土地の確定，代金額の交渉と，順次段階をふんで売買契約に至るものであり，買収の相手方としても，これらの段階に応じ順次意思決定をすべきことはいうまでもないところ，①昭和57年12月16日の総寄合は，そこに債務者の路線案の承認が諮られることが事前に有力新聞各紙に報道された中で開催され，同総寄合においては，議事の過程において反対論もあったものの，最終的には全員一致で乙道路の路線を承認し，用地の処分に同意したこと，②従って，管理組合としては，神社有地の一部を道路用地としてYに売却することに関しては，その範囲・面積の確定及び代金額の交渉・決定をすべき段階になり，右総寄合において，以後の設計協議については乙道路対策協議会に交渉を一任する旨の決議がされたこと，③右

総総寄合後に右路線に対する反対行動をとった債権者$X_2 X_3 X_4$らは，いずれも右総寄合には出席せず，X_1は，代理人を出席させたにとどまったこと，④Xらはいずれも乙道路の建設自体には賛成し，またその反対の理由が，代金額等，昭和59年11月12日の総寄合において初めて明らかにされた事項に関するものではないことは前記認定のとおりである。

他方，……①乙道路は，富士箱根伊豆国立公園並びに北富士及び東富士各演習場を通過するため，その路線位置及び道路構造に関し，環境庁，防衛庁及び防衛施設庁との協議が必要であること，②神社有地西側（富士山寄り）には演習場の飛行場及び着弾地があり，道路建設にあたってはそれらとの間に一定の保安距離をおかなければならないこと，③自動車の安全走行のためには，その勾配及び最小曲線半径について一定の制限があり，また，熔岩流（丸尾）の保護のため神社有地付近において乙道路は盛土構造をとることが要求されるが，同道路を同付近において標高の高い富士山寄りを通過させると丙トンネルまでの間の勾配が大きくなり，〈略〉⑤従って，昭和58年又は59年の時点において，甲道路の位置を，神社有地付近において前記路線より更に富士山寄りに変更することは，全く不可能とはいえないとしても，極めて困難であったこと，以上の事実を認めることができ，右認定を左右するに足りる疎明はない。

以上の諸点及び前記……組合規約作成の経緯を総合考慮すると，Xら4名の所有権利者が，昭和59年11月12日の総寄合において本件契約締結につき同意を拒んだことは，所有権利者としての権利を濫用するものというべきである。

5　そうすると，本件契約については，右総寄合において所有権利者全員の同意があったものと同視すべきであり，結局，組合規約31条1項の手続が履践されたことになるから，本件土地は，本件契約に基づきYの所有に帰したことになる。」

入会権利者中の一部の者が入会地の一部を処分した（多くの場合は共有権者移転登記を伴う）場合，他の権利者がその無効を争うのでなくそれによって蒙った損害の賠償を請求することもある。

【152】　東京高判昭47・8・31判時681・37

[事実]　係争地はY₁Y₂Y₃B₁4名の共有名義で登記されていたが，Y₁Y₂Y₃が共有持分各4分の1をAに売却した。甲部落住民Xらは，係争地はY₁ら4名を含む甲部落住民20名の共有の性質を有する入会地で，Y₁ら4名の甲部落の4つの組の代表として所有名義人となっているのであって実質上4名の共有地でないにもかかわらずその共有持分を売却したのは他の入会権者たるXらの共有持分を侵害したものであるという理由でY₁Y₂Y₃を相手として損害賠償請求の提起した。

第1審（横浜地横須賀支判昭44・9・30戦後1・304）は，係争地が「仲間山」「共同山」とよばれ部落内で茅刈取の無尽が行なわれていた事実を認めながらそれは地盤所有者に対する無尽加入者の権利に止まり共有入会権の存在は認められない，とXらの請求を棄却したので，Xらは控訴して，係争地は甲の名主名義で地券が交付されその名主から各小部落代表者4名の共有名義となったもので実質は当時の居住者31戸の共有の性質を有する入会地である，と主張した。

[判旨]　「近代的所有権概念の成立する以前は，農村共同生活における，いわゆる入会権の対象とされた山林などの入会地は，入会部落の共同所有形態がとられていた場合が多く，村中入会，惣山などと呼ばれていた。個人持の場合も絶無ではなかったけれども，前記明治初年の土地改革の際に，地租徴収の便宜から部落持の山林などにつき個人名義にしたものも多くあったが，この場合の実質的所有権は部落民の共有又は総有であったと解するのが相当である。

（三）　そこで本件の場合につき按ずるに，……をあわせると次のように認めることができる。すなわち本件山林の当初の所有名義人であったB₂B₃は明治5年地券制度が施行せられる当時名主であって，右制度が施行せられるに及び，政府から右両名に対し本件山林の地券が交付されたものである。〈略〉

本件山林は当初B₂B₃の所有名義となってから間もなく，部落民相談のうえ明治10年ごろより里内の各戸の屋根葺用の茅場として利用することに決め，2，3年間は手入れを要し，漸く同13年頃から茅の刈取りに適するに至ったので当時の甲部落民31戸が，無尽の形式により順次これを抽せん取得し，その採取にあたっては部落民総出でこれに従事した。その後明治35年にいたり，本件山林は訴外B₁の先々代B₄，Y₁の先々代B₅，Y₂の先代B₆，Y₃の先代B₇の4名の共有名義とされたが，その形式としてはB₂及びB₃からの売買ということにし，右4名共有の所有権取得登記がなされた。

本件山林についての税金（地租）がB₂B₃時代にはいかに支払われていたかは必ずしも判然としないけれども，前記茅取無尽のさいに適当に解決されていたものと推認するに難くなく，少くともB₄ら4名の共有名義とされた明治35年以降は右B₄が代表として名義上負担するものとされ，無尽金のうちから，又後記のとおり無尽解消後は本件山林の一部立木の伐採代金によって支払われ，そのため右納税名義人のB₄が本件山林の立木を伐採することを部落民によって認められていた。右B₄は右甲部落の中の乙₁部落の代表としてえらばれていたものであり，B₅は乙₂部落の，B₆は乙₃部落の，B₇は乙₄部落の各代表者として，共有者名義に名を連ねられたのであり，とくにB₄を除く他の3名は納税代表者のB₄が単独で本件山林を処分することのないよう目付役的なものであったから，同人らやその相続人ら（Y₁らをも含めて）は

第8章 入会権の発生，変更，処分

本件山林について自ら税金は納入することもなかった。その後世態の変化とともに次第に住家の屋根用に茅を必要としなくなって，昭和年代に入ってからは前記のような無尽形式による茅採取も自然行われることもなくなったが，前記のように納税代表者のB₄方では納税資金のため一部本件山林の木を伐って処分したようなことはあるが，その他には右名義人らにおいて本件処分にいたるまで特にこれに植林したり，開墾したりするような使用収益の実を及ぼしたことは見るべきものがない。その後本件山林の所有権の帰属について部落民が問題としてとりあげるようになった昭和39年の末頃になって右B₄を除くY₁らの始めて，右B₄方に8,000円位を持参したが，その受領を拒絶せられたこともある。〈略〉

本件附近の他の村落にも登記簿上は個人所有名義だが事実は部落民の共有の土地の例があり，本件甲部落でも本件山林以外にも，いわゆる里持の山があり，これを処分して部落のポンプを購入したり，会館を建てたりしたことがある。

〈略〉

以上の事実によって考えれば本件山林は，地券交付当時いわゆる部落持の山として，その地盤は当時の部落民の共有（但しその権利は居住者1戸につきその家長ないし世帯主につき1個であり，その各自の持分は平等のもので，住民たることをやめたものは当然にその権利を失うという形におけるものと解される）に属したものと認めるのが相当であり，したがってXらの先代は，単に本件山林を開こんして無尽契約によって茅を採取する権利を有するにすぎないものではなく，右地券交付当時に部落民であり，かつ引き続いてこれに居住している者においてその地盤を共有し，その共有権の行使として茅採取を一定の規律によって行って来たものであり，これをいわゆる共有の性質を有する入会権と呼ぶかどうかはともかくとして，名義人であるY₁らがほしいままに本件山林を処分すればその共有権自体に損害を及ぼすこととなるものというべきことは明らかである。」（最判昭50・10・23戦後1・306により本判旨確定）

入会地の変更，処分（貸付，売却など）についての最高裁判決は現在ない。したがって現在，入会地の貸付（変更）には入会権者全員の同意を要する，という【143】（東京高判昭50・9・10）の判旨が事実上判例となっているといってよいであろう。これに対し，【149】（大阪高判平13・10・5）は，入会集団の多数決の慣習があるから，入会地の売却は多数決でよい，といっているが，その多数決の慣習とは，変更，処分行為でなく入会地の管理行為である。多数決で入会地を処分した例などない。このいわゆる多数決につき【145】（鹿児島地名瀬支判平16・2・20）が事実上入会権者中少数意見にとどまることが多い，と指摘していることに注目すべきであろう。

第9章 入会権の存否（入会権の解体，消滅）

ここで存否が問題とされる入会権は集団として有する入会権である。ある土地上に存していた集団の入会権がなお存在するかそれとも消滅したかの問題であって，集団構成員として有する入会権（入会持分権）の存否は第3章に述べたように構成員としての地位の得喪にほかならない。

集団としての入会権の存否が問題となるのは，主として集団外の第三者（地盤所有者も含む）が地盤を使用しようとする場合と，共有の性質を有する入会地において登記上の共有権者の権利が入会権としての持分権か個人的共有権であるか否か争われる場合である。

企業（国や地方公共団体等を含む）がその事業のために必要な土地を求めるとき，通常はある程度まとまった土地が望まれる。そのような土地は一般にもとの村持地すなわち入会地であることが多い。入会権者（集団構成員）全員が売買や貸付に応ずれば別に問題はない（法律上）が，そうでない場合は問題となる。入会地として売買，貸付が行なわれるのであれば，それは入会地の処分もしくは変更行為となり，その効果等については前述のとおりである。しかし，収益行為のないことや管理状態が十分でないことを理由に入会権の存否が否認されることがある。

共有の性質を有する入会権は土地の共同所有権であるから（土地が滅失しないかぎり）消滅することはない。ただその土地にたいする管理機能が失なわれれば入会権は解体し，通常（民法上）の共有権となる。一方，共有の性質を有しない入会権は他物権（用益物権）とされているから消滅することがある。入会権者の合意による場合を除き，いかなる場合が入会権の消滅を来たしたかが問題となる。またこの入会権も集団の管理機能が失なわれれば解体する。ただ入会権者住民中少数の者がその土地を使用収益している場合入会集団構成員の大多数が管理権能を放棄したときそれらの者の権利はどうなるのか，という問題がある。

いうまでもないが入会権も入会集団が放棄すれば消滅する。共有の性質を有する入会権の場合，入会地盤の売却が直ちに入会権の消滅を来たすとは限らない。部落有財産統一のように無償で贈与する場合は単に入会権の性格が共有の性質を有しない入会権に変容するだけである。しかし売買のように対価を伴う場合は土地の買主も何らかの使用する目的での買受けであろうから，従来の入会権行使

第9章 入会権の存否（入会権の解体，消滅）

権能が全くそのままということはないであろう。ダム，発電所，工場，空港など固定的な施設のためであればまず入会権は放棄したと解すべきであるし，浸冠水池，狩猟場にするための売買であれば，それらの使用に支障のない範囲での入会権の行使は可能である。したがって土地売買の目的，条件によって入会権の全面放棄か一部放棄が決定される。共有の性質を有しない入会権においても基本的には同様に解すべきであろう。入会権の放棄について入会権者全員の同意を必要とすることはいうまでもない。

第1節　入会権者の合意による解体

入会権を集団構成員たる入会権者の合意によって解体消滅させることはもとより可能でありまた自由である。共有の性質を有する入会権ならば解体により各自民法上の共有権となり，共有の性質を有しない入会権ならば地盤所有権者との合意により各個人ごとに地上権や借地権等の権利を設定することになる。入会権者全員の合意による解体については入会林野整備事業（入会林野近代化法〈通称〉昭41法126に基づく）によることができる。ただし農林業に供される土地に限られるが，入会権者全員からの申請により都道府県知事が認可すれば入会権は解体する（その結果各人への所有権移転登記は知事の嘱託登記となる）。

第2節　入会権の解体
——入会集団の解散

共有の性質を有する入会地を各権利者の個人所（共）有地にすることや，共有の性質を有しない入会権の放棄は，入会権の処分行為となるので当然全員の同意を要する。

【153】　青森地判昭33・2・25下民集9・2・308
（【32】【153】と同一事件）

【事実】　本判旨は【32】の事案中，係争地が国又は村から当時の住民（＝旧戸）に売払われてその共有となったとき入会権は消滅した，という主張に対するものである。

【判旨】　「一旦確定した入会権は地盤の所有権の移転により当然消滅し或は存続し得ないものとはいい難く，その廃絶のためには入会権能を有する部落民全員の合意に俟たなければならないものと解すべきである。従って斯る手続の履践された……立証のない本件では……部落民全員による使用収益が共有者の恩恵的措置に基くものとは認められない。」

また入会集団を解散，入会権の解体には全員の同意を要する。

【154】　福岡高判昭58・3・23戦後2・239

【事実】　本件土地は北九州旧炭鉱地帯にある甲集落

のもと草刈場であったが，大正初期にボタ（石炭の鉱滓）捨場として炭鉱に貸付けられた。昭和30年以降炭鉱会社の閉鎖により集落に返還され，一部住宅地となっているほかは雑種地で，住民集団たるY財産組合が管理しており，この土地は組合員41名共有名義で登記されているが登記名義を有しない組合員も約10名おり，炭鉱のあった時期には本件土地の貸付料は全員に配分されていた。昭和41年，登記上の共有権者だけで組合を解散して通常の共有地にする旨の決議をし，非名義人にはわずかの見舞金が支払われただけであった。非名義人10名中他に転出した者と登記上権利を譲受けた者を除くX₁ら5名は組合を相手として登記上の共有権者だけで決議した組合解散は無効である，と主張した。

第1審は次の理由でY組合の解散は有効，と判示し，かつ昭和43年新組合Yが設立された，と認定した。

（第1審）福岡地飯塚支判昭56・9・24 戦後2・239

「前記甲炭鉱の閉山と土地の返還が具体化するにいたった昭和40年1月17日の初寄り（総会）で，従来の入会形態を再検討するため，整理委員会が発足した。

5 次いで同年9月19日臨時総会で，すでに3月閉山した甲炭鉱から支払われる謝礼金の処理方針等のほか，すでに先代，または先々代名義となっている土地の相続登記手続を行うことを決め，各入会権者にその旨通知した。その登記は必ずしも法定の相続順位によらず，共有を認めず，かつ甲居住の相続人を優先させ，他地域居住者は甲居住の親族に名義を譲渡してもらいたいというものであった。

6 そうして右の登記名義の整理が大体終了した昭和42年の臨時総会（8月8日）において，これまでの登記名義人と非登記名義人とが一緒になった入会権利者集団であった組合を解散し，登記名義人のみで新組合を組織した上，入会土地の

第2節 入会権の解体──入会集団の解散

管理，収益，処分を行うこととすることが反対者なく合意された。これは非登記名義人については入会権放棄の承諾である。

そうして，解散のため，記念品料一律5,000円と，右決定により新組合から除外される入会権者のため，前記一の3の㈣に従い，組合の積立金から1万円又は5,000円の餞別が，分配金と別途に支払われることが定められた。

7 原告X₁は前記一の3の㈣にいう女子分家者として入会権を認められて来たものであり，他の原告らも夫々入会権を認められて来た。但し右6の趣旨によれば，入会権を失うものであった。

そうして，原告らも右6に異議なく，それが前記の趣旨で支払われるものであることを知りながら記念品料，分配金のほか，餞別金を受領した。」

X₁らは控訴して全員の同意のない入会組合の解散は無効である，と主張した。

判旨「昭和42年8月8日の臨時総会において，これまで登記簿上共有名義人である者と登記名義を有しなかった者が一緒になって組織した組合を解散し，右共有名義人のみで新組合を組織したうえ，入会地の管理，収益，処分を行うことが臨時総会出席者において反対なく決議された。

そうして，解散のため記念品料一律5,000円と，右決議により新組合から除外される入会権者のため前記引用の原判決認定にかかる3の㈣に従い組合の積立金から1万円又は5,000円の餞別が，分配金と別途に支払われることが定められた。

しかし当時の入会権者41名全員が右臨時総会に出席していたものではなく，2万6,000余坪に及ぶ入会地の処置については，もともと登記簿上の共有名義人の共有物という意識から何等の決議もなされなかった。

8 Xらはいずれも入会権を認められて来たもの（略）であって，いずれも入会地につき登記簿上の共有名義をもたなかったから前項の解散決議が有効な場合入会権を喪失する者であった。

第9章　入会権の存否（入会権の解体，消滅）

しかし，Xらは組合長A₁宅で開催された臨時総会に出席しておらず，当日，同人の妻から呼ばれて組合長宅に赴き，記念品料と記載された2万円（前記一律支給の記念品料5,000円と積立金分配額の合計額）入りの封筒と寸志と記載された5,000円入りの封筒を手渡されたに過ぎなかった。〈略〉

9　その後，入会地の共有名義人らは，右臨時総会において従来の組合は解散し共有名義を有する者を以て構成する新組合に脱皮することが決定されたものとして新組合設立の準備を進め，昭和43年2月11日新組合創立総会を開き，甲区財産組合規約を可決し，〈略〉，従来の入会地が管理財産とされた。

勿論登記簿上共有名義を有しないXらには右創立総会への案内はなかったが，その後共有名義を持たなかった前記10名の中には，10万円前後で共有名義を譲り受けたものも（いる）。〈略〉

ところで，入会地は入会権者集団の総有に属するものであるから，いわゆる甲憲法と称された「共有物に関する契約」において入会地の処分につき特段の定めのみられない本件では，入会地の処分については入会権者の集団たる組合員全員の同意が必要であったと解すべきである。しかるに前叙認定のとおり，組合解散を決議した臨時総会には組合員全員が出席しておらず，全員の同意がなかったことが明らかなばかりか，組合長を始めとする主だった組合員が，当時入会地は登記簿上の共有名義人の共有物という意識から入会地の処分について何等の決議もしなかったから，いずれの点からしても右解散決議は無効であり，入会地は依然として解散決議当時の入会権者集団の総有に属し，その入会権者集団で組織する組合の管理たるべきである。

そしてYが登記簿上の共有名義人だけで組織したという甲区財産組合は，その組合長も組合の名称も同一なだけでなく，その組合の主体をなすものは従来から共有名義を有した入会権者であり，かつまた，その管理運営する不動産も入会地そのものにほかならないから，入会権者集団としての甲区財産組合とYが登記簿上の共有名義人のみで組織したという甲区財産組合は，Yの意識がどうであれ，実体は同一のものであって，Yは入会権者集団としての組合たる実体を依然維持しているものといわねばならない。それ故YはXらから組合員たる地位の確認を求められるべき当事者適格を有するものであり，入会権者集団としての組合とは別個の共有名義人だけで組織する同名の組合であると主張してXらの請求を拒むことは許されないものというべきである。

Yはまた，X₁らが入会権を放棄ないし入会権消滅に承諾を与えたものである旨主張するが，前叙認定のとおり，組合長をはじめ組合運営に参与する主だった組合員は，臨時総会当時，入会地は登記簿上の共有名義人の共有物であるとする意識から，その共有名義を持たない者には恩恵的に利益配分をなしていたに過ぎないのではないかという考えにわざわいされて，殊更，共有名義を持たないものから入会権の放棄ないし入会権の消滅につき承諾を得るまでもないとして，餞別金の趣旨で寸志の名目のもとに5,000円ないし1万円を交付したものと推認されるのであって，寸志名目の5,000円ないし1万円の金員を控訴人らが受領したからといって，入会権の放棄ないし入会権の消滅の承諾とみることはできない。」（最判昭58・11・11上告棄却）

【155】　那覇地石垣支判平2・9・26判時1396・123

事実　甲集落の入会地（原野，宅地，墓地等）は権利者たる住民60名共有名義で登記されているが，土地の一部買収の話があったので，これを権利者各自の個人財産にしたのち処分するため，権利者総会の多数決で解散を決議。しかし土地が分割できないため，Y共有者組合を結成した。しかし分

割に反対であったXら4名は同組合を相手として，甲集落入会集団の解散決議は全員の同意なく行なわれたものであるから無効であり，Y組合の実体は甲入会集団にほかならない，と主張した。

[判旨]「現に共有の性質を有する入会地としてこれを利用する慣行が継続しているのにかかわらず，当該入会権を決議により消滅させ，特定の者の共有に移行させるためには，第1に，入会権者全員の合意が必要であると解されるところ，前記認定の事実によれば，本件入会地は，旧来の利用方としての採草や牛馬の繋留としてはあまり利用されなくなっているものの，第三者への賃貸により，その賃料収入を，特定の個人に配分せずに，部落のために使用するという方法で，総有的な利用を継続しており，その限度においては，なお入会権は，これを人為的に消滅させる行為がない限り，存続しているというべきである。そこで，入会権者全員の合意があったかについて検討すると，右合意は必ずしも同時にされる必要はなく，一部の者の合意を残りの者が追認することでも差し仕えないと解されるものの，実体の変更を何等伴わない形で観念的に入会権を消滅させる意思表示であるから，合意あるいは追認されたというためには，入会権の消滅についての法的な意味，すなわち，他に特別に決議がない限り，通常の共有になれば，家の物ではなく戸主名義人の個人財産となり，同じ家で部落のために労力を提供してきた者には帰属しないこと，その収益を部落のために提供する義務は消滅し，本件入会地からの収益を持分の割合に応じて個人で取得できるから，部落のために提供しない者が現れても，これを拘束できないこと，保存行為を除き，入会地の利用は，過半数の同意がないとできないことになること共有持分権を自由に譲渡できるようになり，その結果，過半数の者が譲渡し，譲受人らが，管理方法について異なる決議をすれば甲入会地の現況は大きく変化することも有り得，これを防止することはできな

第2節　入会権の解体——入会集団の解散

くなること，共有者の1人が現物分割を主張すれば，これに対応しなければならなくなること，その後の共有者組合に加入するか否かは全く個人の自由であることなど総有との基本的な違いについて十分に理解してなされるべきところ，本件臨時総会に出席し，趣旨説明を受け，合意をした者は，仮に全員としても41名であるが，入会権が消滅するとどのように法律関係が変更されることになるのか，他に権利を有すると認められる者がいないのか，欠席した者が同意しなければこの決議も無効となることなどについて十分に意見交換がされた事実は認められずその後，組合の執行部に本当に消滅したのかという質問が出されたり，組合長から自然消滅したという発言が出されたりしていることからは，基本的な事柄についても，なお，理解しないまま，決議に同意した者の存在が窺われ，また，通常の共有に変更されたといっても，その後Y共有者組合規約によって総有に近い形で変動がないよう配慮されてはいるが，それは消滅決議後相当期間が経過してからであり，しかも，脱退に関する規定や規約による制約に違反した場合の制裁は規定されておらず，有名無実であり，新たに持分権を取得した者は，組合に加入しなければならないとするが（第3条），これが第三者を拘束し得ないことは論をまたないところであり，そうだとすれば，この規約を承認したことをもって，入会権の消滅について十分に理解して合意をし，あるいは，追認したということはできず，むしろ，反対に，この規約内容からすると，共有者らがこれに拘束力があると考えていたとすれば，かえって総有と認識される内容のものであり，更に，共有者全員の登記への変更が単なる委任の解除で，本来の入会権者の名義にする場合にも行われる（むしろ共有になれば，委任の解除という理屈にはならない）ことを考えると，右登記に応じたことをもって入会権の消滅を追認したと言うことはできずこれらの諸点を併せ考えると，仮に本件入会権者をYの主張する60名に限るとしても，

第9章　入会権の存否（入会権の解体，消滅）

未だ本件入会地において入会権が消滅したと認めるには，なお疑問があると言わねばならない。

第2に，入会権を決議により消滅させるには，その入会財産の処分方法について決議しなければならないかについて検討すると，もし入会慣行が現に存在しているのに，単なる入会権の消滅決議だけが行われると，今後その入会慣行がどのように変更されるのか明らかでなく，また，通常の共有に移行するとしても，従前の入会慣行のどの部分を承継し，どの部分を承継しないかが判然としないことになることを考えると，最低限そうした問題が生じないように決議後の財産の帰属，利用等について併せ定めることが必要であると解すべきところ，本件入会地の消滅を決議するに当たり，これを通常の共有に移行させる旨の決議はあったものの，それ以上に具体的な決定はなかったことが認められる。もっとも被告のY共有者組合規約附則には，今後も消滅決議当時の甲入会組合が有していた権利義務がそのまま，その性質に反しない限り，被告に承継される旨を明記しており，これらを一体として見れば，今後入会財産がどのように帰属し，また利用されるのかが定まるのであるから，入会財産の処分方法について，追加的に決議がされたと見ることも不可能ではないものの，その実質は入会慣行により形成されてきた法律関係がそのまま継続することを内容とするものであり，Yの法律的地位は，入会集団としての甲入会組合と基本的には変わっておらず，むしろ，入会地としての利用を継続する中で，その処分方法を決定することを今後の目的として被告が結成されたと見られるのであり，これをもって共有へ移行後の入会財産の処分方法が定められたとみることは困難であり，この点からも，入会権が決議により消滅したと解することには疑問がある。

第3に，共有の性質を有する入会地においては，入会地としての利用が継続される限り，その慣習に従い，入会部落から離脱し入会地についての義務を履行できなくなれば，その半面として，入会地についての使用収益権も消滅すると解されるが，入会地としての利用を継続しながら，その入会権を合意により消滅させ，これを通常の共有に移行させる場合には，入会権消滅後の共有持分権者の範囲は，当然に右入会地としての利用を継続させる場合における慣習によって決定されるものではなく，その慣習から入会地としての利用が終了する際には部落民としての資格を失っていても〈略〉少なくとも将来部落に戻れば入会権者となることが慣習上期待できる場合には，当該期待権が慣習法上存在すると言うことができ，右の期待権は法的保護に値するというべきである。すなわち，通常入会慣行には，入会権を人為的に消滅させることは予定されておらず，本来入会権者であっても，入会地から離れれば，入会地に対する義務の履行及びその利用ができなくなる結果として入会権を失い，戻れば，可能になるので入会権を回復するという慣行の背景には，本来は権利者であるという認識が存在すると解されるのであり，そうだとすれば共有の性質を有する入会権を合意により消滅させるには，そうした本来的な権利者に持分の取得を主張する機会を与えなくともよいと解される入会慣行がある場合は別として，原則として，入会権を回復する慣行上の期待権が存在すると言うべきであり，右の期待権を有する者にその機会を全く与えずに共有権者の範囲を限定して入会権を消滅させることはできないというべきである。

〈略〉

以上によれば，本件入会権消滅決議は，形式的には行われているものの，入会権者全員の実質的な合意及び追認，通常の共有のもとでの財産の管理処分方法の決定，慣行上の期待権を有する者に対する手続的な保障について，いずれもその存在に大きな疑問があり，これらを総合すると，本件入会権消滅決議の瑕疵は，実体的にも手続的にも軽微であるとは言えず，結論において，その効力を認めることはできないというべきである。

そうすると，本件入会地は，依然として右消滅

決議当時の入会権者集団の総有に属し，その入会権者集団で組織する組合の管理するものと認めることができ，そして被告であるY共有者組合は，結成当時，その組合長，副組合長，理事らの役員も入会集団である甲入会組合と同一であり，その組合の主体である構成員も従来の入会権者らにより構成され，かつ，その管理所有する不動産も本件入会地にほかならず，さらに本件入会地の管理，利用形態も従来と全く異なるものではなく，入会組合の有する権利義務をそのまま承継していることを併せ考えると，甲入会組合と被告とは，実体は同一のものであって，Yは，入会集団としての実体を依然として維持しているといわねばならず，したがって，少なくともY組合員であることに争いのないXらは，右甲入会組合と同一性を有する被告に対し，Xらが，別紙物件目録記載の土地に対して，入会集団である被告の構成員として，共有の性質を有する入会権（持分権）を有することの確認を求めることができると解すべきである。」

Yら控訴して，本件土地はすでに毛上利用が消滅し，地盤所有権のみが存続しているにすぎないから本件消滅決議は入会地を共有にするという説明だけで有効に成立した，主張した。

第2審は次のように判示して控訴棄却した。

（第2審）福岡高那覇支判平6・3・1（判タ880・216）

「本件消滅決議に賛成した出席者の意思の内容についてみると，Y入会組合執行部から，外形的には本件入会権が消滅して本件入会地は組合員全員の共有となり，今後分筆して組合員が各土地を単独所有するようにしていくとの説明がなされたことが認められるけれども，入会権を消滅させ組合員の共有に移行させなければならない実質的な理由や総有と共有との法的な相違について説明がなされた形跡はなく，もともと本件の提案は，主として乙市の発展により高騰化しつつあった本件入会地を公共用地として売却したときの節税を図る必要からなされたものであって，実体的に入会権を消滅させて組合員の共有にすることよりも，本件入会地の登記名義人を代表者3名から組合員60名全員に変更すること及び組合員の範囲を最終的に確定すること自体に重点があったものと推認されるのであり，これらの事情に照らすと，少なくとも組合執行部以外の一般組合員において入会権が消滅し組合員全員の共有に移行することの法的意味を十分に認識していたとは認め難い。なお，本件消滅決議の数日後，X_1がAに対し，同人の意見によって新規組合員の持分が旧来の組合員と同等となったことについて謝意を述べた事実があるけれども，旧来の組合員と同等に扱われるようになったこと自体，謝意を表したとしても不自然なことではないうえ，本件消滅決議以前から組合員に対しては配当金の支給がなされていたので，そのことを考慮して謝意を述べた可能性も否定できないから，右の事実から直ちにXやその他の一般組合員が入会権消滅の法的意味を十分に認識していたと認めることはできない。」

（最判平7・1・17上告棄却）

第3節　公的処分と地盤所有権の変動

入会権の行使いかんにかかわらず入会権の消滅ないし変動を来たすのは，土地収用法等による土地の収用，使用，自作農創設特別措置法（昭21・法43）による買収および利用権の設定である。同法によれば買収により入会権等を含む一切の権利が消滅する，とされている。買収後売払われた土地の権利関係については【161】があるが，買収されても売渡された相手方が入会集団であるならばその権

第9章　入会権の存否（入会権の解体，消滅）

利は入会権といってよいのではないか（いったん中断した権利が再び復活したと考えればよいのではないか。）。

入会地が保安林に編入されれば，立木の伐採や土地の形状変更などが制限されるが入会権が消滅することはない。

【156】　大判明 38・4・26 民録 11・589

[事実]　保安林に編入された Y_1Y_2 部落有地に入会権能を有する X 部落が行政庁に木草伐採申請をするために Y_1 らに対して同意を求めたところ，Y_1 らが拒否したので，X 部落が木草伐採権能を有することの確認を求めた。原審は X 部落の主張を認めたので，Y_1 らは上告し，X 部落の有する草木伐採は Y_1 らの恩恵にもとづくものであることおよび係争地が保安林に編入された以上，木草伐採は禁止され不能となるから X 部落の入会権は消滅した，と主張した。

[判旨]　「森林法第19条ニ『保安林ニ於テハ皆伐及ヒ開墾ヲ為スコトヲ得ス』トアリ其第20条ニハ『府県知事ノ許可ヲ得ルニ非サレハ保安林ニ於テ土石切芝ノ採取，樹根ノ採掘又ハ牛馬ノ放牧ヲ為スコトヲ得ス』トアリ其第21条ニ『主務大臣ハ必要ナリト認ムルトキハ保安林ノ伐木ヲ禁止又ハ制限スルコトヲ得』トアリテ或森林カ保安林ニ編入セラレタルトキハ皆伐開墾ノミハ絶対ニ禁止セラレタレトモ芝草及ヒ一部ノ伐木ノ如キハ絶対ニ禁止セラレタルモノニアラサルカ故ニ入会権ノ目的タル森林カ保安林ニ編入セラレタルカ為メニ其権利カ直チニ消滅スルモノニアラス」

このほか，自然公園法や自然環境保全法等により特別地域に編入されても，現状変更等一定の行為が制限されるだけで入会権が消滅することはない。

地盤所有権の移転は入会権の存否に直接影響を与えるものではない。したがって，入会地盤が競売に付されても入会権が消滅することはない。

【157】　大判大 10・11・18 民録 27・2045

[事実]　部落住民の入会地盤を競落によって取得した X が，入会権が登記なくして対抗力を有するとしても，競売によって住民の入会権は消滅した，と主張した。

[判旨]　「然レトモ入会権ハ登記ナクシテ第三者ニ対抗セシムルヲ得ル権利ナルコトハ論旨第1点ニ対シテ説明シタルカ如クニシテ民事訴訟法ニ於テモ入会権ノ存スル山林ヲ競売スルニ方リ其権利ノ存在ヲ公告スヘキコトヲ規定セサルヲ以テ其山林カ競落ニ因リ第三者ノ所有ニ帰シタル場合ニ於テモ入会権ハ消滅スルコトナク依然山林ノ上ニ存在スルモノト解スヘク競落ノ要件タル価額ノ程度ハ競買人カ予メ之ヲ鑑査スルノ外ナシト解スルヲ相当トス」

【158】　大判昭 16・1・18 新聞 4663・141

[事実]　甲大字有の土地が競売され，第三者 X ら6名が地盤所有権を取得した。その後も大字住民 Y らが入会稼をつづけ草木を採取するので X らは右採取行為の禁止を求める本訴を提起し Y らの入会権は消滅していると主張した。原審は Y らの入会権を認めたので，X ら上告し，入会権は村有山林に対してのみ認めらるべきものであって村有地が私有に移転した場合には消滅するのが当地の慣習であり，入会権は慣習を法源とする権利であるか

ら慣習を無視した原判決は破棄さるべきである，と主張した。

[判旨]「入会権ハ其ノ地盤カ第三者ノ所有ニ帰シタル場合ニ於テモ入会権者カ之ヲ抛棄セサル以上尚依然トシテ其ノ地盤ノ上ニ存在スルモノト解スヘキモノニシテ所有権ヲ取得シタル第三者カ村ナルト個人ナルトハ問フ所ニ在ラス村有山林ニ対シテノミ入会権存在ストノX ノ見解ハ之ヲ是認スルヲ得ス而シテ原審ノ確定シタル所ハX主張ノ入会権ノ附着セル大字所有ノ土地カ個人所有ト為リタル場合ニ於テハ該土地ニ対スル入会権ハ当然消滅スヘキ慣習ノ存在スルコトハXノ提出援用ニ係ル証拠ニヨリテハ未タ認ムルニ足ラスト謂フニ在ルカ故ニ右慣行カ公ノ秩序又ハ善良ノ風俗ニ反スル場合ニ該当シ法律ト同一ノ効力ヲ有セシムヘキモノニアラストノ原審ノ説明ハ仮定的ニ之ヲ為シタルモノナレハ此ノ点ニ関スル論旨ニ対シテハ説明ノ限リニアラス爾余ノ所論ハX独自ノ見解ニ拠リ原審ノ適法ニ為シタル事実ノ認定ヲ批難スルモノニシテ上告ノ理由ト為スニ足ラス」

明治32年国有土地森林原野下戻法は，地租改正に伴う土地官民有区分によって不当に国有に編入された土地につき，一定の制限のもとに（民有の書証を必要とするなど），行政的手続によって民有に引戻すことを目的としたものである。同法により民有となった旧入会地の権利について判決は次のように判示している。

【159】 大判明37・4・20 民録10・485

[事実] 大字Yが国有土地森林原野下戻法によって下戻をうけた土地につき，大字Xがその土地は古くから大字X，Y等の共有入会地であり，地租改正の折官有に編入されたのに今回下戻により当然従来の権利が回復したので大字Xが従前の通り入会の申入をしたのに大字Yが応じなかったので，大字Xが共有権確認請求の訴を提起した。原審はXの主張を認めなかったので，下戻法は誤って官有に編入された土地を以前の民有に復帰させるための法規である，と主張した。

[判旨]「因テ按スルニ国有土地森林原野下戻法第1条ニ地租改正又ハ社寺土地処分ニ依リ官有ニ編入セラレ現ニ国有ニ属スル土地森林原野云々下戻ノ申請ヲ為スコトヲ得第4条ニ下戻ヲ受ケタル者ハ其ノ下戻ニ因リテ所有又ハ分収ノ権利ヲ取得ストアルヲ以テ観レハ同法ニ依リ下戻ヲ受クヘキ土地森林原野ハ現ニ国有ニ属シ国ニ所有権アルモノナルコトヲ知ルヘク而シテ之レカ下戻ヲ受ケタル者ハ其ノ下戻ニ因リテ新ニ所有又ハ分収ノ権利ヲ取得スルモノニシテ国有以前ニ遡リテ所有者又ハ分収者ノ権利ヲ認ムルモノニアラス果シテ然ラハ本訴ノ山林原野ニシテ大字Yカ単独ニテ該法ニ依リ下戻ヲ受ケタルモノナル以上ハ大字Yハ其ノ下戻ニ因リテ国ノ所有権ヲ譲受ケタルモノナルカ故ニ原判決ハ法律ヲ不当ニ適用シタルモノニアラス」

【160】 東京控判明39・9・27 新聞385・6

[事実] 国有土地森林原野下戻法により明治38年乙部落およびY₁が下戻をうけた土地に甲部落のXらが，右土地は官地編入前は両部落の入会地であり今回下戻により民有となったので入会う旨申入れたがY₁および乙部落がこれを拒否したので，XらはY₁および乙部落の属するY₂町を相手として入会権確認請求の訴を提起した。第1審はこれを認めなかったのでXらはY₁のみを相手に控訴。

[判旨]「本訴係争地に付以前より入会権を行使し来りたる者其官地に編入せられたる以後尚は国家

第9章　入会権の存否（入会権の解体，消滅）

に対し其権利を主張し得るや否やに付ては其権利取得の原因一私人間の合意に出でたる場合と然らざる場合とに依り其観察を異にせざるべからず若し其入会権にして土地の私有たると国有たるとに関係なく従来其上に行はれ来れるが如き場合に於ては官地に編入せられたる後と雖ども物権たるの性質上或は国家に対し之れを主張し得べしと雖ども若し其地所の所有者なりと信ぜられたる一私人との合意に出でたる場合に於ては其官地に編入せられたると同時に其所有は始めより国家にありて一私人にあらざりしことを確定せられたるものなるが故に結局第三者たる国家の地所に対し入会権の設定を合意せることに帰するを以て其合意に関与せざる国家に対し之を主張し得ざることは言を俟たざるなり」（大判明40・2・1により本判旨確定）

このように入会地が下戻法によって旧所有者の所有となったからとて，官地編入以前の権利がそのまま復活するのではなく，官地編入後国が有していた所有権を継承するのだ，と解している。これには，官地編入により従来の権利関係が廃絶される，という判断があるように推測される。この判断が，のち国有地上の入会権の存在を否定した（【117】大判大4・3・16）につながるのであるが，この判旨が否定された（官地編入によっても入会権は直ちに消滅しない——【120】最判48・3・13）現在，入会権の存否は当該集落の土地管理権能いかんによって決定すべきであろう。

第4節　共有の性質を有する入会権の解体

入会権の利用が古典的自給経済的利用から貨幣経済的な留山利用あるいは割山利用へと発展すると，各構成員の持分が顕在化し，商品化し譲渡性をもつに至り，その持分がときには集団外にも流出することもある。それに伴って入会集団の統制は次第に弛緩する。

共有の性質を有する入会地の場合，右のような利用，権利行使の状態になると，その土地上の権利が共有の性質を有する入会権なのかそれとも民法上の共有権なのか判別し難い状態になることがある。

集落から転出した等の理由によって入会集団構成員の資格を失ったが入会地の登記上の共有持分権を有する者（もしくはその承継人）や，それらの者または共有持分権を有する入会集団構成員から登記上共有持分権を取得した者などが，登記上の共有権を理由に，自己の共有持分権を主張することがある。これに対して入会集団は入会地であることを理由に個人的共有権を否認する。そこでその共有権を主張する者と入会集団との間でその土地が入会地であるか，入会権が存在するか，が争われるのである。第7章の，入会集団が転出者である登記上の地盤共有者に，入会地であることの確認と所有権移転登記を求める事件はこれに属する。この種の紛争はほとんどが

戦後のものである。

　このような入会権の存否については前述のように入会集団と外部の第三者との間のみならず，集団内部でも争われる。集団内部における紛争は，集団内部に当該集団の入会権（管理統制権能）が消滅したことを主張する者があるために紛争となるのであるが，それを主張する者は，(イ)入会持分の自由な譲渡や地域外転出後もその権利の保持を希望する者，および，(ロ)前述の旧戸新戸間の紛争における旧戸のように，集団にではなく地域内の特定の者の共同所有に属することを主張する者である。

　この種の紛争で入会権否認の主張は，登記名義を理由にもともと入会地でなかったとか，入会地であったが記名共有地となった段階で入会地ではなく持主の者の共有地となったということである。

　共有の性質を有する入会権の解体について判決は一般に慎重で昭和40年代までこれを認める判決はほとんどなかった。ただ，人工植林利用は入会権行使形態といえない【65】とか，割地利用は入会権にもとづくものとはいえない【74】など，入会利用目的やその形態の変化を理解しない判決がごく少数あったが，その後このような判決はない。収益行為の有無や利用目的その対象としての土地いかんによって入会権の存否を判示したものはほとんどない。入会権の解体を判示したものはきわめて少ないが，解体の理由は主として共有持分の外部に対する変動である。入会権の共有持分権が集団内で移動するかぎりは問題なく，また登記上の所有権が外部に流れるこ

第4節　共有の性質を有する入会権の解体

とがあっても，それが一般的でなく例外的にすぎず，集団がその権利の移動（移転登記）の無効を主張しうる場合は，共有持分に対する譲渡処分の禁止という規範すなわち入会慣習が存在する——共有持分に対する共同体的規制がおよんでいる——わけであるから問題ないが，このような外部への持分移転，流出が必ずしも特殊例外的でなくなると，共同体的規制が弛緩し入会慣習が崩壊の方向にあると，入会権が解体した，ということになる。

　次は解体を認めた判決である。

【161】　盛岡地判昭38・12・27　戦後2・61

[事実]　係争地はかつて甲部落住民の共有の性質を有する入会地で住民の代表者A_1名義で登記されていたが，戦後自作農創設特別措置法40条の2にもとづく買収が行なわれ同法41条によりY牧野農業協同組合に売払われY農協名義で所有権登記がされた。甲部落の住民Xら16名はY牧野農協を相手とし，右土地に共有の性質を有する入会権を有することの確認を求める本訴を提起して次のように主張した。(1)係争地は甲部落の村山とよばれ住民の入会地であったが，その買収処分は登記上の所有者たるA_1の相続人A_2のみを相手とし真実の所有者たる住民を相手にしていないから無効である，(2)仮に右買収処分が有効であるとしても自創法を継受した農地法13条によれば，その土地上の質権，抵当権等の価値権は消滅するが賃借権，入会権等は存続する旨定められているので右買収によるもXらの入会権は消滅しない。

[判旨]　「本件土地につき甲部落民が共有の性質を有する入会権を有していたこと，昭和27年3月31日，右土地が自作農創設特別措置法第40条の2

第9章 入会権の存否（入会権の解体，消滅）

により，買収されたこと及びXらがいずれも甲部落民であることは，当事者間に争いがない。そこで右買収処分が，有効であるか否かについて判断するに，本件土地は前記のとおり甲部落民の共有地であったところ，明治初年の土地官民有区分の際に，その公簿上所有名義人の表示を簡単にするため，便宜，訴外A_2の先代A_1名義で所有権保存登記を経由したが，右買収処分は公簿上の所有名義人であるA_1の相続人A_2を相手方としてなされ，買収令書の交付も同人に対してなされたことは当事者間に争いがないが，右の如く買収に当り，登記簿の記載に従って買収すべき土地の所有者を認定し，これに基いて公簿上の所有名義人に対し買収処分をしたところ，他に真実の所有者がいたとしても，右買収処分はXら主張の如く真実の所有者に対するものでないことの一事をもって重大かつ明白なかしある当然無効の処分ということはできない。

しからば，甲部落民であるXらは自作農創設特別措置法第40条の5，第12条第1項の規定（農地買収の効果としてその土地の上にある先取特権，質権及び抵当権の3種の担保物権に限って消滅し，その所有権は国が取得する旨定める農地法第13条とはその立前を異にする）によって，本件土地に対する共有権ないしは共有の性質を有する入会権を喪失したものであり，しかも右権利は同条第2項により従前の権利者のために前と同一の条件で設定されたものとみなされる権利にも当らない。」（本判旨確定）

次の例は入会権の解体を否定した例であるが，このほか，入会集団内部のいわゆる新戸が入会持分権を有することの確認を求める事件【38】【39】は，すべて入会権の解体を否定している。

【162】 仙台高判昭48・1・25判時732・58

（事実）係争地は甲部落の入会地であったがXのみ持分34分の2，他の者は持分34分の1の33名共有名義で登記されており，甲部落が係争地上の立木を売却しその収益の一部を部落の入会権者平等に配分したが，Xは共有持分が34分の2であることを理由に2口の収益配分を要求したところ容れられなかったので，他の登記上の共有権者32名中部落在住者Yら27名を相手として，係争地に34分の2の持分を有することの確認と，持分の差額1口分の配当金支払を請求する本訴を提起した。第1審（青森地判昭31・8・13戦後1・317）は係争地が甲部落の入会地であることを認めてXの請求を棄却したので，X控訴して，係争地の共有持分権が抵当権の目的となりあるいは譲渡されていること，係争地が秣や薪等採取に使用されず杉檜等所有のために使用されていることを理由に係争地は部落有入会地ではなく34名の共有地であると主張し，Xが34分の1の共有持分権を有することの確認を求めた（係争中にXは34分の1の持分を譲渡したため金員支払請求せず），Yらは係争地が共有の性質を有する入会地で権利者は甲部落住民に限られ転出すればその権利を失い，その権利の売買譲渡はできないという慣習があり，係争地の立木処分代金を個人配分したのは今回のみで従来ほとんどそれを部落共益費に充当してきた，と抗弁した。

（判旨）「本件山林は，……従来から甲部落に居住していた一家の戸主で村経費を負担する者および分家後15年以上経過し，部落寄合（部落民全員の集会）において承認を受けた分家の戸主は，本件山林についてその産物を採取し，または産物を処分して得た金員の分配を受けることができること，右権利は甲部落に居住している間に限って認められ，部落住民が家をたたんで部落外に転出（離村）

したときには，本件山林に対する一切の権利を喪失し，再び帰村したときはその権利を回復すること，右の権利はこれを売買譲渡することができない等のならわし（慣習）が古くから行なわれてきたこと，ところが昭和15年ころ，分家後15年以上を経過し右旧慣によって権利を認められるに至った者達から，右権利を登記しなければ後日登記がないことを理由に権利を否定されては困るから登記手続をして欲しい旨の申出がなされ，部落の元老達は登記がなくとも昔から権利があることに決っているから何ら心配するには及ばないと説得したが納得をえられず，結局右申出を尊重し，これを書類に書き置くことになり，同年5月19日……同部落全員の集会を開き，同集会において，前記のような「ならわし」（慣習）の存在することを確認し，かつ，全員が右慣習に従うべきことを誓約した旨を記載した記録……を作成するに至ったこと，昔から部落民は共同かつ平等的立場で自由に本件山林に立入り薪材などを採取してきたし，また部落の神社，寺院，学校，橋等の新築や修理には右山林の立木を伐採して使用してきたこと，本件山林の公租公課は，部落民の積立金から部落総代がこれを納付してきたこと，以上の事実が認められ（る）。〈略〉

右認定した事実によると，本件山林は甲部落所有の同部落民の入会山であり，民法にいう共有の性質を有する入会権の目的となっているものと認めるのが相当である。

〈略〉

しかし，登記簿上本件山林が34名の共有に保存登記されているからといって必ず個人共有であると断定しなければならないものではない。なんとなれば，共有権者として登記されている者のうち半数の17名は保存登記当時既に死亡あるいは相続人によって家督相続が開始されていたことは前記認定したとおりであって，右保存登記自体必ずしも共有者全員の意思に基づくものとはいい難く，その反面，Yら主張するが如きいわゆる村中入会

第4節 共有の性質を有する入会権の解体

即ち民法にいう共有の性質を有する入会権にあっては，入会地の地盤は実質的には部落（入会集団）の所有（総有）というべきであるが，公簿上独立の権利能力を認められていない部落の所有として記載することは疑義がある関係上，公簿上便宜部落民（入会権者）全員の共有名義または部落を代表する部落民数名の共有名義もしくは右代表1名の単独名義にすることはしばしば行なわれてきたところであるから，当初から共有持分に差等のある場合等部落所有（総有）とすることに矛盾する記載ある場合は格別，登記上単に共有名義になっているからというだけで，これを個人共有であって部落所有でないと断定するのは妥当ではない。殊に，前記保存登記当時，既に死亡または家督相続の開始された者が共有名義人として登記されていることよりみれば，右保存登記時における甲部落住民（入会権を有する家ないし世帯の代表名義人）が少くとも34名以上存在し，そのうち34名の名義をもって保存登記をしたことは本件弁論の全趣旨から明らかであって，右のような部落有財産に対する公簿記載の実状に鑑み，むしろ単純な個人共有ではなく部落所有（総有）であるとの推定が働くと考える余地さえある。これを要するに，登記上前記34名の共有名義であるからといって，本件山林が甲部落民の入会的共有（総有）である旨の前記認定を覆す証左とすることができない。」

（最判昭51・7・19戦後1・317により本判旨確定）

【163】 長野地判昭48・3・13判時732・80

[事実] 同一集団内の旧戸と新戸（本村と新村）との間における新戸の入会持分権の有無に関する紛争である【37】の事案において旧戸が新戸の権利とともに入会（集団）権の存在を否認したので，本判旨はその入会権の存否に関する判示である。

[判旨] 「入会権については，わが民法中には2箇

第9章　入会権の存否（入会権の解体，消滅）

条しか規定がなく（263条，294条），しかもその規定する内容は，いずれも「各地方ノ慣習ニ従フ」という，包括的なものであるが，一般的な意義として，入会権とは，本来，一定地域の住民が，その資格において，一定の山林原野等で雑草，まぐさ，薪炭用雑木，下枝等の採取を共同してすることの慣習上の権利であるということができる。そして，入会権にもとづく利用態様についてみるに，その典型的利用形態は，入会地全体の上に地域住民すべてが平等に一定の産物を採取して，自己の個人所有とするものであって，このような共同利用形態は，自然経済的な農村経済機構を基礎とした時代に最も適した入会権行使の姿であったということができ，その意味で，これを入会権の古典的利用形態と呼ぶことができる。分割前の本件土地1ないし5の利用形態が，まさに，右のような古典的共同利用形態であったことは前記事実より明らかである。

しかし，明治以後の貨幣経済の発展が農村にも浸透するにつれ，入会地の収益も，雑草，雑木，薪炭等から，立木からの収益へとその重点が移行するに及び，これまでの部落住民が自由に山に入って産物を採取するという古典的共同利用形態では，立木生成の実効があがらないばかりでなく，各自が争って山入りしたり，めいめい勝手に刈取りをして，裸山にしてしまうなど，入会山の荒廃を招くことは必定であり，かたがた部落住民各自の使用収益権の実質的平等も確保できない事態となったため，右古典的共同利用形態は，次第に，(イ)入会団体が全体として入会地の産物を取得する団体直轄利用形態，すなわち，部落住民を自由に山入りできなくし（留山ともいう），入会団体が，植林造林等の事業を行ない，その結果たる産物（したがって，その売却代金）を団体が取得し，入会団体の共同の利益のため（例えば，道路の開設，補修，学校施設のためなど）に用いたり，各入会権者に分配したりするもの（この形態においては，入会地の利用行為およびその結果たる産物の取得が入会権者個人の自由に任ねられておらず，また，入会権者個人が個別的にこれをすることを禁止されているところに特色がある。），(ロ)入会山に地割りをして，個々の入会権者に割りあて，個別的独占的利用収益を許す個人分割利用形態で，一般に「割山」「分け地」と呼ばれているもの，(ハ)入会団体が，個々の入会権者もしくは入会権者でない者と契約を結んで入会地の利用を許すところの契約利用形態等に変化せざるを得なかったことは，今日一般に認められた事実である。

ところで，本件入会山利用の形態が，大正14年分割後は，右(イ)の団体直轄利用形態になったことは，先に認定した事実により明らかである。

この点に関し，Yらは，特に昭和43年3月にできた本件土地に関するA区外3区共有山林規程により，従来の入会慣行は解体もしくは消滅し，近代的管理形態たる所有権ないし共有権行使に転化したと解すべき旨主張するが，入会権は「各地方ノ慣習ニ従フ」ものであり，その慣習が明治以後の経済的社会的変化の中で徐々に変化するに伴い，入会権の権利内容，特にその収益形態が変化するものと理解すべき（権利内容の動態的把握）ものであるから，入会権の用益内容を自給的古典的な採取行為に限定し，右用益内容が変化したことをもって，直ちに入会権が喪失もしくは解体したと速断することはできない。

特に，入会権が解体し共有権に変化したかどうかを判断する場合は，当該山林の利用について，単なる共有関係上の制限と異なる部落団体の統制が存するか否か，具体的には部落民たる資格の得喪が結びついているか，使用収益権の譲渡が自由にできるか，権利を有する者が1世帯1人に限られないか，山林の管理機構に部落の意思が反映されているかなどの諸事情を検討すべきである。

そうとすれば，先に認定した事実によれば，前記山林規程にも定められているとおり，本件土地については部落民たる資格の得喪と使用収益権の得喪が結びつき，使用収益権の譲渡は許されず，

権利者は1世帯1人に限られ，山林の管理は部落民の選出する管理委員によって構成される委員会によって行なわれるのであって，右いずれの諸点においても部落の統制機能は否定されているものではないから，単に入会地の利用形態が古典的共同利用から前記団体直轄利用に移行したことをもって，入会権の性格を失ったということはできないし，また，入会権が解体し共有権になったということもできない。」(本判旨確定)

　以下は共有の性質を有する入会権の解体を認めた判決であるが，次の【164】は入会権の古典的解釈にとらわれて入会権は解体したと判示したものでいわば例外的である。しかし昭和50年代になると入会権の解体を認めた判決がいくつかあらわれてくる。主として入会持分権の外部への譲渡を主たる理由としている。

【164】　盛岡地判昭31・5・14下民集7・5・1217

[事実]　入会地上に人工植林が行なわれその持分の一部が集団外に譲渡された林野に入会権の存否が争われた【65】の事案で，その前提として人工造林が入会権行使の内容に含まれないと判示している。

[判旨]　「元来山林原野の入会は前述のように農民の居住部落の経済的立地条件による生存権的要求に基く，林野の地上産物の自足経済的現物経済的利用形態であり，農民の生活上の要求に根ざし，保守的農民生活に関することであり，一般社会の経済生活における変遷と速度を同じくするものではないが，経済生活に関するものである以上明治13年以来なんらの変化がないものということができない。現に前段説明のような変化の跡があるの

第4節　共有の性質を有する入会権の解体

である。今日の入会問題は，昔のように係争山林原野が典型的入会かしからざるものかの問題ではなく，当初の典型的入会がその後時勢の変遷に伴いある程度の変化をした場合，それでもこれをなお入会というべきか，そのような変化があればも早入会とはいい得ないかの問題である。

　本件についてみると，権利者が権利を平等に行使しているとはいえ，当初部落の全住民の権利だったものが，その後特定の住民のみの権利となり，しかも当初の全住民の生存権的性格を捨て，すなわち日常必要な薪炭用雑木などの自足経済的現物経済的利用形態であったのを貨幣経済的利用形態に一大転換をなし，共有権の利用形態と異るところがなくなってしまった以上入会の本態である利用形態においてその特質を喪失したものといわなければならない。前示のように被告Y_1ら部落外居住の持分譲受人を権利者として扱っていることはこの間の事情を裏付けるものである。

　Xらは口を揃えて本件山林は今日もなお入会山林であると証言しているが，その証言するところによっても，前段説明に徴しても明らかなように，前示認定の諸点の変化を肯定しているのである。そのような変化があっても右証人らはなお入会であるというにすぎないのであり，当裁判所と法律的評価を異にするにすぎないのである。右証人らの証言によってもまた甲号各証によっても右認定を左右することができない。他に右認定を左右するに足る証拠がない。

　はたしてそうだとすれば本件山林に対する前示明治13年当時の入会権は今日も早共有権に変質し存続しないものといわなければならない。」(本判旨確定)

【165】　名古屋高判昭53・5・2戦後2・139

[事実]　甲集落の住民共有地の一部で$Y_1 Y_2$2名共有名義で所有権登記されている土地につき，$Y_1 Y_2$

が個人所有権を主張して甲集落との間に紛争を生じ、集落代表者XがY₁Y₂を相手として本件土地が入会地であることの確認を求めた第1審（名古屋地判昭48・12・20戦後同）はXの主張を認めたが、第2審は係争地は昭和初期に構成員に配分され、入会地でなくなった、と判示した。

[判旨]「明治6年頃の地租改正のとき、甲村は同村字丙1番の山林の下付を受けた。〈略〉

前述の下付によって、丙1番は甲村の構成員に総有的に帰属することになったと解されるが〈略〉、その後同村はこれを細分して各山組や個人に割付け、その区画内については独占的な管理・利用を容認していったのである。……分筆手続は、まさにそのための作業と考えるべきである。ところが前記分筆を重ねるうち、現実には土地があるのに公簿上は存在しないことになる箇所が生じ、また、境界の不明確な箇所も多くなったので、行政官庁の勧告を受け、Aを中心とする土地整理委員会によって、字丙₁および丙₂の山林を実測して境界を明確にし、占有管理の実態にそうよう地番地積を更正したうえ、土地全部を登記簿に登載する土地整理手続が行われたのであって……、この土地整理手続の一部にあたるものと認められるのである。このようにみてくると、土地整理手続の真の目的は、各山組や個人が従前より事実上の管理・利用を容認されていた山林部分について所有（共有）権を肯認し、その旨の登記を経由することにあったと解するのが相当である。

〈略〉

四　もっとも、本件証拠からは、甲1番イに相当する山林につき、乙組構成員らの共有を疑わせるような事実も窺われるので、以下検討する。

1　……乙組の構成員らは本件山林の管理・利用をほとんどせず、同山林の植栽や築堤は、Xあるいは丁池の利水権者……がしてきたことが認められる。

しかしながら、甲1番イは溜池である丁池を囲む特殊な箇所にあるうえ、昭和10年6月には、のちのロに相当する土地が土砂流出防備保安林に指定され……立木の伐採損傷や開こん等は厳しく制限されている……ことを想起しなければならない。

〈略〉

3　ハは、昭和36年中に愛知用水公団に売却されたが、その手続は他の多くの土地と一括して「区有地」として進められ、代金もXが受領していると認められる。〈略〉

しかし、Y₁らは、Xに対し、右代金の引渡を求めており、Xの代金取得を容認している訳ではない……なおニの売却はXの公民館建設資金を捻出するためなされたもので、右証明書は税金対策として作成されたことが窺われる〈略〉。

そうすると、以上の事情はいずれも、前述三の判断を左右するに足りるものではないと考えられる。

五　したがって、甲1番イに相当する山林は、昭和5年ころ大字甲の総有から離れ、乙組の構成員らに配分され、同構成員らの共有地となったと認定することができる。〈略〉

そうすると、Y₁ら主張の第1次的抗弁について更に判断を進めるまでもなく、本件土地がXの構成員らの総有に属することを理由とするXの本訴請求は理由がない。」

（最判昭56・2・24判決上告棄却）

【166】　岐阜地高山支判昭60・1・22判時1166・132

[事実]　もと甲村持の山林が明治8年の村合併により乙村持となり（乙村は明治町村制施行後も1村）、大正末期にAら8名の共有名義とされた。当初割地利用が行なわれていたが、土地の一部が他に賃貸されたり売却されたりするようになった。昭和に入って調停により各自の持分が定められたが売買等により持分の変動を生じたので、共有者の1

第4節　共有の性質を有する入会権の解体

人であるXが他の共有権者Yらに持分権移転登記の請求をした。これに対してY₇を除く他の共有権者Y₁ら6名は、XとY₇はA家の本分家関係にあり、本件山林はもともとY₁ら6名（先代もしくは先々代）とA家との7名の共有入会地であって、XとY₇とは2戸でいわゆる1戸前であるから、Xの共有持分権は認められないと反論した。本件はもと7戸の共有の性質を有する入会地が現在7戸ないし8戸の入会地であるのか、それとも8名の（民法上の）共有地となったか争われたものである。判決は詳細な事実認定をした上、8戸の所有から通常の共有に変化した、と判示した。

[判旨]「本件各土地については大正13年ごろの本件売渡処分により一部につき団体利用形態、一部につき個人分割利用形態を採る私有地入会権の成立が認められるが、入会権者の間の意識が右第4項二(二)(3)で考えたように時代が降るにつれて次第に所有者ないし共有者としての意識に変化してきたものと看られる。

然し、このことから本件売渡処分そのものの性質が変るものではなく、即ち、これまでの単独使用地が単独所有地になるとか、共同利用地が共同所有地になるとかいったいわれは所有権ないし共有権の恒久的性質から当然には考えられず、右売渡処分の性質が甲地区内の公有地を全体として所謂8家の者に売渡したものであれば、売却された土地は当初これら8家の者に総有的に帰属したものと看るべく、その全体としての総有が本件調停成立時に明確にされた各人の持分割合によって共有という性質に時代の変遷とともに変化したものというべく、それがさらに時代を降るに従って明確化されたもの、即ち本件売渡処分の対象となった土地は今日本件各土地を含めて全て共有物であるといわざるを得ない。」（控訴審で和解）

【167】　広島地判昭60・5・21 戦後2・353

[事実]　大正年間に村有とされた甲集落の入会地が戦後集落住民（約80戸）に売払われ、記名共有名義で所有権登記がされた。それが必ずしも1世帯1名でなく夫婦親子2名以上で登記する者もあり、かつ農地改革前の所有農地の賃貸価格によって持分に差がつけられ（山林からの収益の配分には差があっ）た。昭和40年代に共有権者の共有持分が一部集落外に流れ、同50年ころ持分のもっとも多い権利者Aが自己の持分の一部を集落外の土木業者に売却したことに端を発し、持分の少ない権利者X₁ら5名が集団（Y共有組合）を相手として、本件土地が集落住民（ただし登記上の共有権を有する者）の共有の性質を有する入会地であり、その組合員が平等の議決権を内容とする入会権を有することの確認を求める本訴を提起した。

共有組合は、入会権確認を集団構成員の一部で請求するのは不適法だと抗弁し、係争地は昭和22年に町からの払下により134名の共有地となったものでその管理団体として森林共有組合甲住民会を組織して地域住民のために公益的負担もしてきたが昭和39年住民会を分離してから純然たる共有林管理団体となったもので、係争地は登記上共有権者の共有林であってその持分の譲渡は自由であり、部落外に転出してもその権利を失わず、かつ議決権や持分が平等でないから入会権ではない、と反論した。

裁判所は、Xらの訴訟適格には問題ないとした上、少数ながら地区外の組合員がいること、組合には持分譲渡の制限規定がなくかつ選挙権、議決権につき持口単位で行なわれていることは入会権の特質とは反するものであるから、そのころから入会権は解体消滅したものと見るべきである、と判示したが、その持分譲渡についてはこれを制約するという意思が共有権者間に働いているので、

第9章　入会権の存否（入会権の解体，消滅）

係争地は純然たる民法上の共有でなく組合的共有に近い，と述べている。

棄却「本件においてXらは，入会権の内容として個々に本件土地の使用収益権等を有することの確認を求めるというよりも，溯って本件土地に対する入会権そのものの存否の確定を求めていると理解され，このような請求の当否は，入会集団（と原告らが主張するもの）の構成員全員の間で合一に確定さるべきものと考えられる。ところで，原告らは，被告組合が原告らを含む入会集団（入会権者全員の集合体）そのものであると主張し，これを相手方として入会権の存否確定を求めているのであり，本案における双方の主張立証によっても，他にその集団構成員が存在することは窺われないから，本件訴訟の判決の効力は被告組合の構成員全員に及ぶと解され（民事訴訟法201条2項），合一確定の要請に何ら反するところはないというべきである。

〈略〉

明治31年の民法施行前から，甲地区内の山林（たたら山，柴草山，薪山などまたは少なくともこれらの一部）につき同地区住民の入会権が存在したことが認められる。Yは，同地区の砂鉄・生産地としての特殊性から，入会権成立の余地はなかったと主張するが同項に掲げた各証拠に照らして採用できない。

2　同2に述べた乙村の規程は，同村長による管理の基調を打ち出したものであり，当時既に部落財産をめぐって存したとされる見解の対立，すなわち従来部落有財産として承認されてきたものを，入会主体としての部落の財産として理解するか，或いは市町村の一部として部落（財産区）の財産と把握するかの対立を踏まえて，後者の立場を明らかにしたものと推測されるが，同項で述べた諸点やその後の経緯に照らし，右規程の制定，運用が実質的に入会権を消滅せしめたとは到底認められない。

〈略〉

4　乙村への財産統一は，明治末年頃から政府が推進したといわれる部落有林野統一の一環としてなされたものと思われるが，当時，右施策に対しては農民からかなりの抵抗があり，そのため政府も当初の無条件統一を緩和して条件付統一（引き続き部落住民が使用収益し得ることを条件とするもの）を認めるに至ったことも論者の指摘するところである。甲地区においても，前記「部落有財産統一処分に関する件」にみられるように，条件付統一地については，実質上，従来の入会慣行にほとんど差を生じなかったと推認される。すなわち，地盤の所有権が乙村に帰したことから，共有の性質を有する入会権がこれを有しない入会権に変質したものの，入会権自体はなお消滅することなく存続したと認めるのが相当である〈略〉。

5　官行造林の実施につき，被告は入会権の性質と相容れないと主張するもののようであるが，確かに現実の入山や採草等はこれによって制約されるとしても，いわばその代償として乙村の取得すべき収益の3分（3割）の分配を受けるというのであるから，甲地区住民の収益権能は形を変えて確保されたとみられ，入会権のいわゆる契約利用形態として理解することが可能である。

6　乙村から甲住民への本件土地の「特売」は，実質的に，かつて「統一」した本件土地を返戻したものとの理解が可能である。そして，買受け側はこれを前記のとおり143名の共有として所有権移転登記を経由したが，このような登記名義自体は，入会権が登記手段を欠き，いわゆる「記名共有」の方法が屢々用いられていることに照らして，入会権と何ら矛盾するものでないことはいうまでもない。問題は，登記簿上の共有持分（いわゆる持口）に著しい差等（1から35まで）を設けた点にあり，前記のように，入会権が構成員の持分差を否定するものではないとしても，その差は余りに大きいとも考えられる。しかし，一面において，乙3号証の定款が「大字甲住民」を会員の一要件

としていること，1世帯1口の平等持分を定めていること，……右定款において持分の譲渡を会長の承認にかからしめていること，役員選挙及び決議において1人1票（1議決権）の原則を明らかにしていること，収益を先ず地区内共同の事業・行事等に充てる旨を定めていること（「各種の負担費用」はその趣旨に解される）等に照らし，かつ，〈略〉会の運営，収益の使途の実情に徴し，本件土地はなお入会権の目的であり右住民会は入会集団たる性格を有していたと認めるのが相当である（なお，甲地区住民が本件土地を買受け取得したことにより，その入会権は再び共有の性質を有するに至ったと解される）。

7　ところで，昭和32，3年頃，本件土地共有持分の一部が甲地区外の者に譲渡される現象を生じたことを契機に，森林共有組合甲住民会のあり方について議論が起こり，これを分割改組して財団法人甲住民会を設立し，甲地区共同の事業や行事（いわゆる公共事業）は専ら甲住民会が行い，その反面，分離された一方である甲森林共有組合すなわち被告組合は，本件土地の管理・経営と収益配分を掌る組織とし，その収益の一部を甲住民会に毎年提供して公共事業の資とする方針が承認された……。そして，財団法人は設立許可に至らなかったけれども，実際に右2個の組織は分離され，以来独立して運営されてきたものであり，かつ，右分離は，……持口の移転に伴い利益配分優先，公共事業軽視の風潮を生じたとの認識に立ち，事態を改善すべく十分な討議を経たうえで実行されたものであることが窺われる。

8　このような経緯によって分離独立した甲住民会が，地域集団，入会集団の性格を強く帯有することは明らかであり，むしろ，従前の森林共有組合甲住民会よりもその色彩が強くなったとみられるが，一方の組織である被告組合がなおその性質を有するか否かは，さらに検討を要する問題である。

（一）　先ず，Y組合は，上記のように，(1)少数な

第4節　共有の性質を有する入会権の解体

がら甲地区の住民以外の者を含み，かつそのことを容認する組織として，(2)同地区内の公共事業を甲住民会に委ね，自らは直接これを担当しない集団として，また，(3)「持ち口に応じて利益の追求をなし得る共有者の組合として出発したものであるが，これらの点は，入会集団に通常みられる基本的な性格と異なるものがあることを否定できない。

〈略〉

（四）　現実の活動面においても，Y組合は昭和40年頃から平等制を廃して持口割による利益配分のみを行い，昭和43年頃には，甲住民会がY組合との協定により固有の財源（官行造林契約による分収金）を確保したことを契機に，従前の定期的な出捐を打切るに至り，地元負担も団体としての交際費程度のものに止め，収益（事業費を除く）は組合員に配分しているのであって，むしろ近代的に管理された利益集団の色彩が濃厚である。

（五）　もっとも，持分の譲渡（組合員資格の得喪）については，自由，無制限にこれが行われているとは認められず，かえって本件各証拠を総合すると，被告組合内部においても，甲地区ないしその近隣部落の在住者以外のものに持分を譲渡することは望ましくないとの考え方が，現在もなお強いことが窺われる。……そして，このように，本件土地の共有持分の逸出を防ぎ，甲地区と無関係な者のY組合への加入を制限しようとする組合員多数の意向は，甲地区山林の共同管理の歴史に深く根ざすものとみられ，もとよりこれを軽視することはできない。

しかしながらも，前記のように，現にY組合員中には同地区外居住者が16名位（うち約12名は持分取得当時からの地区外居住者，4名は取得後に転出した者）存在し，そのほとんどがY組合員として取扱われていること，これと逆に，甲地区に居住しながら持分を他に譲渡したため組合員として処遇されていない者が4名位存することもまた事実である。ところで，前掲……入会慣行調査

によれば，入会に持分の観念を容認する入会集団のうち3分の2程度は持分の譲渡を認めているが，その相手方は同一部落住民に限られる例が圧倒的に多く，また，権利の譲渡につき集団またはその管理機関の承諾か少なくとも届出を要するものが圧倒的に多く，承諾も届出も要しないとするものは，事実上，譲渡の相手方が集団の規制により同一部落住民に限られているため，その必要がない場合であるとされている。この点，Y組合における持分移転は，少なくともその実情において，圧倒的多数の入会慣行とは趣きを異にするものがあるといわなければならない。

(六) 上記(一)ないし(五)の諸点を総合すると，本件土地につきかつて存した入会権は，昭和33年の甲住民会とY組合との分離独立の承認を契機とし，右分離の実行，一部地区外居住者への持分譲渡，Y組合定款の制定（昭和39年），平等制の廃止（同40年頃）及び甲住民会に対する資金提供の廃止（同43年）等の事実の累積により，解体，消滅するに至ったと認めるのが相当である。」(本判旨確定)

【168】 広島地判平5・10・20 戦後3・111

事実　乙市甲集落の入会地はその半分近くがゴルフ場としてY₁会社（その代表者Y₉は同集落住民で入会権利者の1人）に賃貸され，賃貸料の一部は入会集団構成員約50名に支払われていた。昭和50年ごろ乙市が公園用地として甲集落入会地の一部の買受を申入れ集落はこれに応じた。しかしこの土地の所有権が未登記（表示登記のみ）であったので，権利登記の手続をすべて乙市が行うことになった。表示登記上の所有者（45名）は大部分が死亡しており，その承継人が入会権者である場合はその者（各世帯1名）が登記上共有権者となることに問題はなかったが，すでに地区外に転出して権利者でなくなった者については一応法定相続人の名で権利登記し，実体上権利を有しないことを理由に登記上の共有権者である集団構成員への共有持分の移転登記を求めた。数名の者が持分移転登記に応じなかったため，公園用地の買収を急いだ乙市は入会権利者のほかそれらの登記上の共有権者にも同等の買収代金を支払い，乙市への移転登記を完了した。

右の運動公園用地買収以後，前記転出者の相続人から甲部落長あてに，残りの入会地（係争地）についても自分の「共有持分権」を買い取って欲しいとの申し入れがあったが，入会集団は，転出者の権利は登記名義上だけのもので，この者らは，実体上，何ら権利を有しないのだから集団がこれを買い取る理由はないと拒否した。Y₁会社が転出者の持分登記10名分を買い取り，入会地における自分の「共有持分権」が増加したとの理由でゴルフ場賃料の値下げを通告。集団は，Y₁会社の持分登記買取に異議を唱えたが，同会社はこれに応じなかった。

そこでこの措置を不当とする入会権者中X₁ら14名（登記上共有権者）およびX₁₅ら20名（登記上共有権を有しない，いわゆる新戸）は，Y₁会社，転出者である共有名義人であるY₂ら7名および，登記上の共有権者で入会権者Y₉ら14名を相手として，係争地が甲集落の入会地でありX₁ら34名とY₉ら16名合計50名が共有の性質を有する入会権者であって，Y₁会社および持分登記名義人で他に転出した者の相続人Y₂ら7名が入会権を有しないことの確認を求め，かつY₁のほかY₂ら7名が有する持分登記についてX₁らおよびY₉らへの移転登記を求める訴を提起した。

判旨　「(四) 右〈略〉の土地には，当時45名を共有名義人とする表示登記がされており，共有者として名を連ねている者の大部分は既に死亡していたので，これらの共有名義人の承継者が甲部落の住民である場合（28名がそうだった。）には，その承継者に相続登記をしたうえ，乙市に移転する

こととしたが，転出した17名の名義をどのように移転するかが問題となった。

そこで，甲部落では総会を開いて協議した結果，全員一致の意見で，甲共有林については明治時代からの「規約」が現在も効力を有していることを確認し，そのうえで右「規約」にしたがって名義をいったん現在の入会権者に移したうえで乙市に移転登記することになった。

〈略〉

そして，総会は何回か重ねられたが，最終的には，亡A_1及び亡A_2の相続人であるYらには，要求どおり亡A_1，亡A_2の各相続人グループに売買代金の各45分の1を分けることで話をつけ（これは，登記名義を有する者のみで分けることを前提とした数字である。），裁判は取り下げる，また，右2名以外の転出者の相続人に対しても，持分に応じた代金を支払うこととされた。〈略〉

ところで，これまでの経過から，これらの分配は，現に部落に居住する入会権者48名と亡A_1亡A_2の相続人を除く53年被告らに分配することがほぼ了解されていたので，主としてその割合をどのようにするかについて協議が重ねられてきたものである。〈略〉

この間の昭和49年4月ころから同年12月ころにかけて，Y_1は，入会権者らの一部から本件各土地についての持分権を買い取ったとして，順次持分についての所有権移転登記を経由した。

（四）以上のような経過を経て，入会権者の一部から訴訟が提起されたのが本件訴訟である。

4 判断

（一）ところで，入会権は村落共同体若しくはこれに準ずる共同体が，集団的統制の下に，総有的に山林原野等の土地を管理（収益）する，入会集団の土地管理権というべき権利であり，ある土地を管理する共同体的入会集団が存在し，その統制下において利用管理がなされる限りにおいて，その土地に関する入会権は存続し得るというべきである。

第4節 共有の性質を有する入会権の解体

入会集団は，歴史的にはその土地（入会地）を，生活に必須の……採草，採薪等の古典的共同利用のみを入会権の本質とみるのは相当でない。

本件入会地にあっては，前記認定のとおり，昭和30年後半から昭和40年代にかけて入会地の利用状況が変わり，特に昭和42年から昭和49年にかけて，Y_1会社に入会地の約4割に相当する土地を賃貸するようになって以降は，その利用方法に大きな変化があった。

しかし，賃料収入については，これが一旦部落の会計に入って共益費に使われ，残余について入会権者に均等に配分されていたことや，Y_1会社に賃貸していない残余の土地については，僅かながらにしろ，なおその後も一応部落の統制のもとに伐採がなされ，必要に応じて出役も行われてきた事実に鑑みると，本件入会権の用益内容は，形態を変化させつつ転換を遂げたが，しかもなお全般的に共同体的部落集団が存在し，その統制の下に本件土地の管理（収益）が行われていたとみられるから，右賃貸の事実によって入会権が消滅したとまではいえないというべきである。

（二）しかしながら，このような利用方法の変化は，部落民に入会権の貨幣経済的価値を認識される契機となり，この後，転入者の山入り制限する規定を作り，閉鎖的な側面を顕出させるに至った。〈略〉

（三）その後の乙市への売却は，入会権が，いよいよ貨幣経済に組入れられた顕著な事実であるということができる。

入会権がこのように端的に金銭に転化される事態が生ずるに至って，一方では転出した入会権者も入会権の喪失を認めなくなり，他方において入会権者の相続人も共同相続を主張するに至るものであり，本件における乙市への売却は，図らずもこのような入会権消滅の漸次的移行を促進させる結果を招来したものとみるべきものである。〈略〉

そして，これらの事象のなかで，部落住民の入会権者らはすでに離村転出した入会権者の相続人

らに対し，持分に相当する代金を支払ったもので〈略〉，それはとりも直さず転出により権利を失うものではないことを承認したものというべきである。

　また，そもそも入会権は，代々戸主に引き継がれる（戸主制度がなくなった後においては，世帯主に引き継がれるものとされる。）とされる，きわめて封建色の強い権利であり，それは入会権が古典的利用法ないしそれに類する利用形態に留まる場合は，共同相続法理を排除するものとして妥当し得るとしても，個人主義的権利関係，なかんずく本件のように専ら金銭的価値として把握され，権利者が自由に処分できる対象として意識されるようになった場合には，これをもってなおも入会集団の統制下にある権利と位置づけることは困難というべきである。

　このようななかで，Y_9ら16名は，入会集団の消滅を主張し，本件入会権が通常の共有関係に転化した旨主張しているものである。

　入会権の消滅は，入会地の消滅（入会の客体が存在しなくなる。）や入会集団の全員の合意による廃止，或いは入会権者が1人もいなくなる場合等，極めて限られた場合を除いて軽々に消滅を認めるべきではないとする見解も存在する。

　しかしながら，本件においては，すでにみたように，入会権をとりまく諸般の事情の変化により入会集団の統制が極端に低下し，すでに入会地を部落住民として使用収益する状態にもないし，当該入会集団全体の3分の1を超える者がその解体消滅を主張しているのであって，右のような状況下においては，すでにかっての入会対象地はもはや入会集団の統制下にあることをやめるに至り，少なくとも本件訴えを提起する時点において，入会権が消滅していたものと解するのが相当である。」（本判旨確定）

　判旨はきわめて不当であると考えられる。まず，入会権は「きわめて封建色の強い権利である」というが，その根拠は「世帯主に引継がれる」ことに

あるようである。入会権は封建社会で発生した権利であるが，世帯主に引継がれる（したがって分割相続の対象とならない）故に封建的な権利だというのは全く歴史観を欠いたものといわざるをえない。しかも本判旨は，最高裁判旨の誤用もしくは悪用するものといって差支ない。それは「入会対象地はもはや入会集団の統制下にあることをやめるに至り」という文言で【172】最高裁判決の文言そのままであるが，同判決は，財産区有の入会地において入会集団の管理統制機能が失なわれ財産区の直轄地となったこと，つまり当該土地に対する管理機能がかわったことを意味するものである。しかし本件では，入会集団構成員相互（第三者であるY会社も加わっているが）間で入会持分権の存否を争っているのであり，形式的に2つに分裂したとはいえ，入会集団は存在しているのである。決して統制下にあることをやめたのではない。

　入会権は住民集団の総有権利であるから，入会権者全員の決議によるか，あるいは各人の権利が全くばらばらになって集団の統制がなくなったときに解体消滅するのである。入会権者の大多数の意見で入会地を処分や貸付けが行なわれることが間々あるが，それとても違法である。ところがこの裁判官は，大多数の決定はおろか多数決でもなく，3分の1の少数者の意見を偏重して，入会権消滅という判断しているのである。これは，少数決による入会廃止の合意を適法と認容したに等しい。

　つぎの2判決は現在入会地が売却され（ただしその売却＝所有権移転の当否も争われている），入会集団構成員の一部が入会地盤取得者に対して入会収益権を有することの確認を求めるものであり，したがって形式的には共有の性質を有しない土地上の入会権の存否が争われるかたちになっているが，実際には土

地の売却前後の入会権の存否が争われているのである。

【169】 福岡高那覇支判平6・7・12 戦後3・91

[事実] 甲集落の入会地がY会社に売却されることになったが、これに反対するXら4名が、本件土地が住民の入会権が存在することを理由にY会社に対して各自入会権を有することの確認を求めて提訴した。第1審は次のように請求を棄却。

(第1審) 那覇地平良支判平5・4・16 戦後3・91
「甲部落においては、以前から部落民が勝手に本件土地を含む部落有地において草や薪用の雑木を採ることを禁止しており、部落有地に林野監視員(山番)を置いて違反者を取り締まっていたこと、過去に部落民が部落有地から草等を採る際に、部落の区長に申し出て区長が役員会に諮り、さらに部落総会の決議を経たうえ部落に代金を支払うという手続を経た例があったこと、林野監視員は、ほぼ毎年部落民の中から選ばれていたが、林野監視員を置かない年もあったこと、林野監視員は約6年位前から、部落有地から何も得るものがなくなり置く必要がないという理由で置かれなくなったことが認められる。
〈略〉甲部落民は本件土地を含む部落有地を自由に使用することを部落から禁止されており、使用する場合には一定の手続を経たうえ使用の対価を支払わねばならなかったというのであるから、原告らを含む部落民各自が本件土地について入会権に基づく使用収益権を有するものと認めることはできない。Xらは、甲部落における林野監視員による本件土地の利用の規制は、本来個々の甲部落民が有する使用収益権が入会集団である甲部落の共同体的規制を受けていた時期が過去に存したというにすぎないと主張するが、個々の甲部落民が本件土地を含む部落有地を自由に使用収益するこ

第4節 共有の性質を有する入会権の解体

とを許された時期があったと認めるに足る証拠はない」
　Xら控訴したが、第2審も次のような理由で控訴を棄却した。

[判旨] 「2 本件土地には、以前ススキが植生していたが、ススキは建物の壁材として利用価値の高いものであったため、甲部落では、これを厳重に管理し、ススキが植生していたところ〈略〉には、部落民の立ち入りを許さず、部落民が持ち回りで林野監視員となって、これを取り締まっていた。部落民がススキの採取を希望するときは、林野監視員等への申出、場合によっては更に役員会や部落総会の議を経るなどの手続が必要とされ、採取後は採取したススキの量に見合う採取料を「山賃」として部落に支払っていた。山賃は部落会計に入金され、部落の資金として使用された。部落民は、ススキ植生場所に自由に出入りすることは禁じられていたが、実際には、牛馬の餌である草を刈る部落民がいたし、部落もこれを特にとがめだてることはしなかった。
〈略〉
二 右事実によれば、甲部落においては、本件土地上に植生する重要な建築資材であったススキを管理するために林野監視員を置いて一般的にススキ植生場所への部落民の立入りを禁止し、部落民がススキを採取する場合は一定の手続を経、採取料を支払うことを要するなどの共同体的規制を行っていたものであり、このような規制の下で部落民にススキを採取させ、又は部落民がススキを採取することは、入会権の行使態様の1つといえなくもないが、Xらも自認するとおり、そのような形態の土地利用は昭和34、5年ころ終了したものである。その後観葉植物を保護するために再び林野監視員が置かれ、観葉植物の盗掘の取締りがされたが、これが入会地の利用の一形態といえるかどうかはともかく、これもまた2、3年後には廃止されたものである。また、右共同体的規制が

第9章　入会権の存否（入会権の解体，消滅）

されている昭和34,5年ころまでの間に，ススキ植生場所で草を刈るなどしていた部落民がいたことは前記のとおりであるが，本来同所への部落民の立入りは禁じられていたのであるから，右事実をもってそのような入会慣行があるということはできない。」（最判平6・12・20上告棄却）

集落が入会地の林野監視員をおき，入会権の自由な入山をさせなかったこと自体が入会地の留山利用にほかならないにもかかわらず本判旨は山入り利用のないことのみをもって入会権の消滅と判示しているが，粗雑な判断だといわざるをえない。

【170】　山口地岩国支判平15・3・28戦後3・481

事実　甲集落所有の入会地（表示登記甲組）の一部に，Y₁会社が原子力発電所の建設を計画し，甲集落入会地の買い入れを申し入れた。集落の代表者（甲区長Y₂）は役員会の同意を得て（権利者約100名全員の同意は得ていない），甲土地をY₂名義で所有権（保存）登記し，別にY₁会社が所有する（同社は近隣の個人有地を買収していた）山林と交換した。これに対して原発設置に反対するX₁ら4名は，Y₁社およびXら以外の入会権者Y₂ら90余名を相手として本件土地がXらおよびY₁ら甲組住民の共有の性質を有する入会地であることの確認を求めるとともにY₁会社に対し入会権に基づく妨害排除を求める訴を提起した。入会権確認については当事者適格を欠くとして訴を却下したが（【201】参照），妨害排除につき入会権の存否が争われ，以下のように判示している。

判旨　「入会権取得に関する結論
　本件各土地については，官民有区分の時点で，甲組宛に地券が発行されたこと，本件各土地は，明治9年の地所名称区分布告改正前の基準でいうと，民有地第2種に該当する土地であり，甲部落の住民団体が共同利用の目的で本件各土地を保有していたこと，本件各土地は，本件土地台帳が調整された明治20年代前半のころ，実際に薪炭林として薪を採取するために利用されていたことに加えて，X₁供述を併せ考慮すると，甲部落の住民は，遅くとも，本件各土地について官民有区分がなされ地券が発行された明治10年代前半のころ，本件各土地を，薪の採取等のため入会的に利用し，団体として，共有の性質を有する入会権を原始的に取得し，以降，本件土地台帳調整がなされた明治20年代前半のころも同様の利用を継続し，このような利用実態は昭和30年代のころまで続いたものと推認される。

〈略〉

　Y₁らは，本件各土地に対する利用実態は全くない旨主張し，それは入会権の消滅の主張と善解されなくもないので，昭和30年代以降，本件各土地の利用状況の変化により入会権が消滅したかどうかについて検討する。
　ところで，入会権が解体したものと認めるかどうかは，入会地の使用収益等につき単なる共有関係を超えた入会団体の統制が存在するか否か，具体的には，部落民たる資格の得喪と使用収益権の得喪が結びついているか，使用収益権の譲渡が許されているのか等の諸事情により判断すべきである。
　これを本件についてみると，昭和30年代以降，プロパンガスの普及に伴い，甲部落住民が本件各土地において薪を採取するなどという現実の利用形態は漸次みられなくなったことは当事者間に争いがないが，弁論の全趣旨によると，現在においても，本件各土地については持分譲渡が否定され，他所へ転出すればその共同所有権を喪失するとされているものと認められ，甲部落構成員たる資格の得喪が本件各土地の管理権，使用収益権の得喪と結びついているといえる。したがって，甲部落

構成員の本件各土地に対する共同所有関係は、未だ入会権（総有）としての性格を失っていないというべきである。

(11) 入会部落の構成員たる地位に基づく請求について

甲部落住民が本件各土地について共有の性質を有する入会権を有していることは前示のとおりであり、X_2、X_3、X_1が甲部落の構成員であることは当事者間に争いがない。また、証拠（略）及び弁論の全趣旨によれば、X_4は、甲部落で生まれ育ち、これに先祖伝来の土地および居宅を有し、甲地区に住民登録をしていること、そして、船舶を所有し、海運業を営んで生計を立て、〈略〉ていることが認められ、上記事実にかんがみれば、船舶での寝泊り等は就労のために居所に過ぎず、X_4もまた、甲部落に生活の本拠を有し、甲部落の構成員であるというべきである。そうすると、Xらは、本件各土地について、甲部落の構成員たる地位に基く使用収益権を有するといえる。

したがって、Xらは、被告Y_1会社に対し、本件各土地について、甲部落の構成員たる地位に基く使用収益権を主張できるが、その権能は、本件各土地に立ち入って薪の採取等の収益行為を行うことのできる権能にとどまるものであり、このような権能の行使自体は、「特段の事情」のない限り、単に所有権移転登記が存在することのみによっては格別の妨害を受けることはない（昭和57年7月1日付最高裁判決）。

この点について、Xらは、Y_1会社が本件入会地につき、本件所有権移転登記の本登記を得てしまっていることを奇貨として、本件各土地につき、Y_1会社が既に所有権を取得した土地であるとし、原子力発電所を建設すべく国の電源開発調整審議会に上程しているのであり、この事情は、原告ら入会権者の本件入会地についての使用収益権能を根こそぎ侵奪する事態を招来するものであるから「特段の事情」があると主張する。

しかしながら、上記使用収益権は事実的なもの

第5節 共有の性質を有しない入会権の解体消滅

であるのに対し、登記の存在は観念的なものであって、両者は直接に交錯するものではないから、登記の存在が直ちに使用収益権能に対する直接的、現実的な侵害となるものではなく、原告らの主張する点をもってしても、登記の存在そのものが使用収益権能の妨害となるような特段の事情に該当するとはいえないから、Xらの上記主張は採用できない。

また、Xらの有する上記権能は、本件各土地に立ち入って薪の採取等の収益行為を行うことができるというものにとどまり、他の者が本件各土地に立ち入ったこと自体で侵害されるものではないから、これに基きY会社に対し立入禁止を求めることはできないというべきである。

一方、立木を伐採したり、整地等により現状を変更したりする行為は、薪採取のための立木や枯れ木を減少又は消滅させる行為であるから、Xらの上記権能を現実に侵害する行為に該当するので、原告らは、被告会社に対し、上記権能に基づき、被告会社が立木を伐採したり、整地等をして現状を変更することの禁止を求めることができる。」
（XY双方とも控訴）

第2審は、次のように本件土地上Xらを含む住民の入会権は消滅したと判示した。

（第2審判旨）広島高判平17・10・20 判時1933・84

「以上に検討したところによれば、甲区は法律上の財産区とはならなかったが、明治24年10月ころに、甲部落の住民団体として権利能力のない社団である甲区が成立し、それが今日まで存続してきたと認められる。

3 本件各土地の権利関係
(1) 甲区成立前

甲区が成立する前までは、本件各土地が、甲部落住民の入会地として、甲組の所有とされてきたことは、前記1の認定のとおりである。この時点においては、実在的総合人である甲組と甲部落住民が共有の性質を有する入会権を有していたもの

第9章　入会権の存否（入会権の解体，消滅）

と認められる。
(2) 甲区成立後の所有権
　甲区は明治24年10月ころに設立され，その後，公法人である財産区とはならなかったが，権利能力のない社団として現在まで存続してきたことは前記2で判示したとおりである。また，明治40年4月の乙村村議会において甲区有の宅地を売却することが可決された事実を，大正2年2月の村議会で，甲区有の土地を競売により売却し，その代金は教育費に寄付する議案が可決された事実を，昭和44年には甲組名義の土地を山口県に，平成8年2月には甲組名義の土地を道路用地として乙町に売却した事実をそれぞれ認めることができる。
　このような甲区の部落有財産保持という設立目的，甲区がその財産を処分してきたという事実，その際部落の全住民の同意を経た形跡がうかがえないことなどの事実を総合すれば，甲区設立のときに，本件各土地を含む甲部落の土地を所有し，管理処分する権能は甲区に帰属したと解するのが相当である。
(3) 甲区成立後の入会権
　甲部落の土地の所有権が甲区に帰属したとしても，甲部落住民の入会地を具体的に使用収益する権能が喪失するということにはならず，甲区が成立した後も，甲部落住民の入会収益権は存続したとみるべきである。ただ甲区成立後は，甲区に所有権が帰属した以上，甲部落住民の有していた入会権は共有の性質を有する入会権から共有の性質を有しない地役の性質を有する入会権へと変化し，なお存続し続けたとみるのが相当である。
(4) 入会権の消滅
　Yらは，昭和前期まで入会権が存続していたとしても，本件各土地を入会地として使用収益せずに既に40年以上が経過しているから，入会権は既に消滅した旨主張する。この主張は，共有の性質を有する入会権については，所有権が時の経過では当然には消滅しないとの法理論から失当といわざるをえない。しかし，地役の性質を有する入会権は，地役権の法理に従うから，消滅時効の法理に服するというべきであり，Yらの主張は，この地役の性質を有する入会権の消滅時効を援用する点では理由があるというべきである。
　そして，弁論の全趣旨によれば，本件土地(1)ないし(3)については，昭和30年代までは入会の慣行があったと認めることができるものの，昭和40年代以降は甲地区においても燃料革命の波が及び，入会慣行は徐々に行われなくなり，遅くとも昭和50年ころには使用収益する者がいなくなったと認められるし，本件土地(4)は所在さえ明らかでないから，甲部落住民各人が有していた地役権の性質を有する入会権は現在では時効により消滅したというべきである。」

　この判示は，はじめに入会権の消滅という結論を前提に全く非法律的な理屈を述べているにすぎない。
　まず，消滅することのない（解体はあるが）共有の性質を有する入会権を他物権たる共有の性質を有しない入会権とねじまげるために，甲組住民の共同所有地ではなく，甲区という権利能力なき社団（法人でない社団の意味に解する）をつくりあげている。明治町村制施行時，甲組をもって財産区の設置を山口県に申請したが，許可されなかった。そこでこの判示は，法人でない社団としての甲区が成立したというのだが，財産区として認められなかったのは，甲組という住民集団とは別個の管理団体が存在しなかったからにほかならない。
　法人でない社団という用語が法律上あらわれたのは，大正末期民訴法46条（法人ニ非サル社団）がはじめてである。民法商法の制定される明治20年代末期でも，法人である公益社団，営利社団（会社）の規定はおかれたが，法人でない社団については法案審議過程でも問題にされていない。このことは当時，まだ，法人でない社団が存在しなかったか，少なくとも社会的活動をしていなかっ

たことを示すものである。したがって，明治20年代初期に（都会でもないところに）法人でない社団が生まれたというのは事実に反する全くのつくりごとでしかない。

次に，共有の性質を有しない入会権が使用収益行為がなくなって40年以上経過したから時効消滅した，というが，見当ちがいも甚だしい。共有の性質を有しない入会権は地役権の規定を準用するが，本件入会権のような継続的に行使される地役権の消滅時効の起算点はその行使を妨げる事実が生じた時である。本件土地所有権が平成10年にY社に譲渡される（それが有効であると仮定しても）までは，住民達は入山していたのであるから，それ以降，使用収益できなくなったとしてもまだ10年も経過しておらず，入会権が時効消滅するはずがない。

このようにこの判決は事実をねじまげ，法の解釈を誤った恥ずべきものといわざるをえない（Xら上告）。

第5節　共有の性質を有しない入会権の解体消滅

共有の性質を有しない入会権の存否が問題となるのは，当該土地を地盤所有者もしくは他の第三者が使用収益する場合である。これにはその土地がもともと入会地であったか（集団が権利として入山等の利用をしていたか），あるいはもと入会地であったが，その入会権が解体消滅したか，が問題となる場合がある。共有の性質を有しない入会権は他物権であるから解体消滅することがある。しかし他の用

第5節　共有の性質を有しない入会権の解体消滅

益物権（地上権，永小作権）のように存続期間の制限がなく，権利行使（使用収益）の内容にも格別の規定がない。

【171】盛岡地判昭26・7・31戦後2・7

事実　本件はいわゆる小繋事件の第2次訴訟に関するものである。係争地は地租改正によりA所有となったが同部落住民の採草採薪等の入会利用が認められていた。係争地はAから売却によりYの所有するところとなったが，大正4年同部落の大火を機に係争地上の立木伐採権能につきYと部落住民との間に紛争を生じ，入会権の存否が裁判上争われ，大判昭14・1・24（【64】参照）により住民の敗訴が確定した。昭和21年に，別の住民Xらが係争地上の立木を採取したことに端を発し，Yを相手として入会権確認と入会権にもとづく妨害排除の本訴を提起した。

判旨　「「本件山野の経営の創始は明治40年にて当時の林況は未立木地過半を占め立木地として赤松，雑木等の天然林集団的に介在せるに過ざりし故にY方では取敢えず，未立木地に対し落葉松等の造林に着手し，かねて天然林の利用並に保護に努めたると共に伐採跡地には杉，扁柏を植栽し爾後相当の手入保護をなして来た，そして逐年造林面積増加するに従い施業複雑となり具体的施業計画の必要を生じたのでY方より岩手県山林会に施業案の編成方を申請し右山林会は技術員を派し実地調査をなし施業案を作成し」Y方では之により経営を実施し，岩手県においては右造林に対し補助金を交付し実地の指導に任じ，人工植林8割その余は天然植林にて県内有数の植林地となったことを認めることが出来る。……斯の如くにして部落民は本来その有せる入会権の作用を妨ぐるY方の山林経営実施を許容し，その権利の行使をなすことなくして経過せる事実を認めることが出来

第9章　入会権の存否（入会権の解体，消滅）

る。……Y方では部落民に対し明治40年頃以来本件山野に於て薪は自家用として枯木，根ドキを採取し，秣も同様に自家用のものを採取し，右薪，秣の採取に対しては対償として1ヶ年人夫5人をY方に供給すべく，但右採取に付ては万事Y方の差図に従うべく同人方の必要の場所に於て採取することを得ず，又建築用その他の用材を必要とするときはY方の承認を得て伐採すべきことを要請し来り，結局は薪として枯木，根ドキのみならず薪木の伐採をも右条件の下に許すこととなりたるが，前訴提起前後の頃は右に違反する行動あり，昭和21年9月……より20年位前にはY方にて本件山野に立入れる部落民から樹木伐採用の鎌，鉈等を取上げたる等のことありたるも，その後は部落平静となり右趣旨に従う様になり，結局その頃から部落民はその入会権に依らずに，右の様に制限せられた範囲で本件山野より薪，秣を採取し，右採取に付ては万事Y方の差図に従うべく，用材は特にY方に懇請しその承諾を得て，之が伐採を為すこととなったことを認め得べく，右は全くY方の恩恵的特志に出ずるの事象を呈したことを観取することが出来る。……に署名捺印した者の内にはその内容を完全に了知せずに署名捺印した者もあることが明であるけれ共，まだ以って叙上認定の様な客観的事象が生じたことを否む資料とすることは出来ない。茲に於てYは所有の意思を以て平穏公然に本件山野（地盤共）を占有したるにより遅くも昭和11年末本件山野に付部落民の入会権の附着せぬ完全なる所有権を時効により取得したものと謂うべきで，之によりX等部落民の前示入会権は消滅に帰したものとはいはなければならない。」（控訴審で和解）

　上記判旨は個人所有地上の共有の性質を有しない入会権に関するものであるが，地盤所有者が入会権の付着しない所有権を時効取得したから反射的に住民の入会権は消滅した，という何とも理解し難い判決である。ともかくも入会権が消滅した，というのであろうが，その根拠は，地盤所有者自ら山林経営を行ない，それが住民の入会権の作用を妨げるものであったこと，住民は山林に立入り薪や草等の採取を行なっていたが，それは地盤所有者の指揮のもと，その許可を得た上のものであったことにある，としている。

　このように，地盤所有者の管理権能の強化すなわち入会権者が地盤所有者の指示のもとに利用し，地盤所有者の利用を認めるとそのことによって入会権は消滅する，という判示は，他にもあり，次の【174】がその例である。

【172】最判昭42・3・17民集21・2・388

[事実]　係争地は甲部落の入会山であったが明治24年にその管理のためX区会がおかれた。大正年間にそれまでの自由な入山が差止められ，賃料を支払って柴，薪の採取や植林するなど，利用方法に変化があった。戦後財産区設置条例によりX財産区が係争地を管理することになったが，その後同部落住民中Yら11名が係争地上の立木を伐採搬出した。そのためX財産区は，Yら11名を相手として係争山林および地上立木がX財産区の所有に属することの確認ならびに伐採木の引渡を求める本訴を提起した。第1，2審ともX財産区勝訴。

　第2審（仙台高判昭37・8・22民集21・2・408）の理由づけは次の2点である。
　(1)係争山林は地価取調帳に「X村共有」と記載されているがこれはX村（町村制以前の旧村）所有を意味するものであるから，X区の後身たるX財産区の所有に属する。(2)係争地の使用方法は大

第5節　共有の性質を有しない入会権の解体消滅

正年間から変化し，自由な入山が禁止され賃料を払って区会から借受けるなど区会の管理統制のもとに使用をつづけ住民はその使用方法に異議がなく，かつ入会権に関する決定機関であった「春寄合」も区会に意見具申するための機能しか有しなくなっている以上，Yら部落住民は入会権を放棄したものと認めるべきである。

Yらは上告して次のように主張した。(1)原判決は甲部落住民が係争他に入会権を有していたと認定しながら，X区有となったと判断しているがなぜX区有となったか理由を示していない。(2)原判決は，大正年間以降係争他の使用方法が変化し，それについて住民から異議のなかったことを理由に住民が入会権を放棄した，と判示しているが，住民は入会権を放棄した事実はない。部落住民の係争地への入会利用は本件訴訟提起時までつづいたのであり，それまでは住民の入会権が無視されなかったから異議がなかったのは当然である。異議のないことを理由に入会権を放棄したと判示した原判決は理由不備の違法がある。

なお，地盤所有の帰属については【95】参照。

判旨　「原判決の確定した事実によれば，X区会は，明治39年奥山の一部を同区所有として郡長の許可をうけて旧乙村の郷社であるA神社に贈与し，明治41年，大正6年，昭和26年ないし28年に郡長又は県知事の許可をうけて本件山林の一部の立木を伐採売却していること，大正年間にいたり本件土地から自由に柴，薪を採取することが禁ぜられ，X区の住民は旧戸，新戸の区別なく入山料と称する一定の金員をX区に納めてその指定する地域の柴，薪を採取し，また，貸地料を本町区に納めて本件土地のうちから3反歩をかぎり植林または耕作の用に供するため土地を借り受けたり，また入会の対象たる土地の一部を個人所有に分割したりなどして土地の使用収益の方法は一変し，昭和28，9年頃旧戸に属する者の一部が本件土地の回復をはかり，その帰属につき争をみるにいたるまでの間本件土地の使用方法につき甲部落民に異議のあった形跡のないこと，「春寄合」はX区会に意見を具申するために行われたにすぎないというのである〈略〉。

すなわち，明治21年町村制の施行から昭和28年にいたる65年間に，本件入会地に対する入会団体（甲部落）の統制が次第にX区会の統制に移行し，X区が従前の入会地の一部を処分し，全入会地を管理して使用収益方法を定め，この方法に従って区民が本件土地の使用収益をするにいたり，以上の本件土地についての区会の処分・管理につき従前の入会権者からの異議もなく，また従前部落の入会権行使の統制機関であった「春寄合」も区会に対する意見具申の機関に変化したというのである。

徳川時代において農村経済の必要上広汎に認められていた入会権が，明治大正昭和と経過するにつれて，貨幣経済の発展と農耕技術の進歩との結果漸次変質，解体，消滅の過程をたどってきたことは顕著な現象である。もともと，入会権は慣習によって発生し事実の上に成立している権利であるから，慣習の変化により入会地毛上の使用収益が入会集団の統制の下にあることをやめるにいたると，ここに入会権は解体消滅に帰したものというべく，甲部落民が本件土地につき有していた地役の性質を有する入会権は，前記事実に照らし，昭和28年頃までの間漸次解体消滅したと認めるのが相当である。」

【173】　松江地判昭43・2・7判時531・53

事実　係争地は旧$A_1 A_2 A_3$　3村共有入会地であったがA_1ら三村は明治町村制によりY村となったのでのちY村有名義で登記された。Y村は村有林保護監守規定を設け入会地を薪伐地と造林地とに分け造林地には造林をすすめていった。そのため造

第9章　入会権の存否（入会権の解体，消滅）

林地には自由な入山が禁止され村と監守契約を結んだ者のみ入山し立木伐採することができるようになった。その後部落住民Xが係争地上の立木を伐採したことに端を発し，Xほか13名はY財産区（戦後町村合併によりY村有林は甲町Y財産区有となった）を相手として，係争地はY村住民の共有の性質を有する入会地であり，Xらは係争地に立入って立木草実等の産物を採取する入会権を有することの確認と，その採取行為に対する妨害の排除を求める本訴を提起し，係争地はもともと旧$A_1A_2A_3$3村共有の入会地で町村制上のY村有となった事実はないからY村有したがってY財産区有でなく，また入会権者全員が係争地上の入会権の廃止に同意した事実はない，と主張した。

これに対しY財産区は，(1)係争地はもともと旧村の財産で住民の共有地でなかったから町村制施行によりY村財産となった。仮に住民の共有地であったとしてもY村は発足以来係争地を公有財産として平穏且公然と占有管理を継続することによりその所有権を時効取得した。(2)Y村は村有林保護監守規定にもとづき造林地に造林してきたが，住民が造林地を自由に使用することなく，これについて住民から異議があったことはないので，甲部落住民は全員の意思によって造林地上の入会権廃止に同意したというべきである，と抗弁した。

地盤所有権の帰属については【96】参照。

[判旨]「本件山林は町村制施行までは生活協同体としてのA_1村，A_2村，A_3町の住民全体が利用収益し且管理していた共有的入会地であったが，明治22年Y村発足により同村有財産に統一され，以来地役たる入会地になったものといい得る。

而して右町村制施行后も，明治34年頃までは，Y村々民は従来どおり，本件各山林に入山して使用収益していたが，Y村が造林を開始するや，村民は蘆伐地を除いて，本件山林から自由に柴，薪，下草などを採取することが禁止され，ただ同村と保護監守契約を締結した部落住民だけがこれら採取の権限を有するにとどまり，又立木も村が公売によって処分し，その収益は村と保護監守部落が配分し，のちには元来，入会の対象であった山林の一部は村民に賃貸され，更には個人所有に分割されたが，これらについて村民に格別の異議がなかったことは前認定のとおりであるし，〈略〉村民は以上のような本件山林の使用収益の方法の改変を承認支持していたものといえよう。〈略〉

B_1部落においては，造林が進捗するにつれ，蘆伐地が狭隘となり，同部落所在の造林地の保護監守を担当するB_2部落と対立するようになり，折しもY財産区が地元部落の反対を押し切って，甲の山林に造林を敢行したため，Xらは右造林地区は蘆伐地であると主張して，同所の立木を伐採したことにあり，同事件におけるXらの主張は専ら右伐木地区が蘆伐地の範囲に属するということに尽きるのである。

以上の事実に照すと明治22年，町村制施行后昭和28年に至るまでの間，入会団体たるA_1ら3部落の本件山林（但し蘆伐地を除く）に対する統制は次第にY村に移行し，土地の使用収益の方法も内容も一変し，昭和29年に至る頃までの間，A_1ら3部落民からの異議もなかったのであるから，慣習の変化により，入会地毛上の使用収益が入会団体の統制の下にあることをやめるに至ったといわざるを得ない。

してみると，A_1ら3部落民が，本件山林につき有していた地役の性質を有する入会権は蘆伐地を除き昭和28年頃までの間に漸次解体消滅したものと認めるのが相当である。」
（最判昭52・4・15戦後1・332により本判旨確定）

土地が市町村，財産区有等の公有地であることを理由として（地方自治法の規定を理由に）入会権を否認することができないことは判例上確定しており，それ故に公有入会地においては，市町村等の管理権能の強化を理由

として入会権の解体消滅を判示する傾向にある。

共有の性質を有しない入会権は用益物権であるから地盤所有権によりある程度制約をうけるのは当然であり，一般に入会権者は，自らの収益行為に支障ないときは地盤所有者の使用を認め，またその指示にしたがうものである。ところがここに掲げた上記3判示によれば，地盤所有者の指示に従うことが入会権者の収益行為に不都合がなくとも，だまってそれに従っていては入会権は消滅するというのである。それでは入会権者はことごとに地盤所有者の指示に異議を申立てなければ入会権は消滅する，とでもいうのであろうか。したがってこれらの判示はきわめて不当であるといわざるをえない。共有の性質を有する入会権が解体消滅してもなお地盤の共同所有権は存在するが，しかし共有の性質を有しない入会権が消滅すれば（集団構成員にとって）権利は無になるのであり，共有の性質を有しない入会権も疑いなく財産権（民法上の物権）なのであるからその消滅には十分慎重である必要がある。とくに市町村，財産区有地の場合，政策的な理由で正面から入会権を認めることをせず，入会集団に市町村等と土地使用契約を締結させたりあるいは管理規定に従って使用させたり，名称も貸付地，分収林等の名称を用いることがある。しかしそれらの名称や形式にかかわらず，入会集団が管理するかぎり入会権の解体消滅を来すものでないことはすでにみたように【154】【155】の判決が示すとおりである。

第5節　共有の性質を有しない入会権の解体消滅

【174】　福岡高判昭34・11・23戦後1・19

【事実】　係争地は公簿上乙部落名義で登載され乙部落の入会地であったが隣接甲部落の人々が立入り竹木等を採取するので乙部落がその立入禁止を求めたところ，甲部落代表Xらが乙部落代表Yらを相手として入会権にもとづく係争地上の竹木採取行為に対する妨害排除を求める本訴を提起した。第1審（福岡地久留米支判昭32・4・16戦後1・19）Xら敗訴したためXら控訴。

【判旨】　「甲部落民は少くとも明治時代以前より本件原野に自由に立入り竹木草萩等をとって，燃料肥料に供することができ，部落民でなくなればその資格も当然喪失し，且つ，かかる行為は乙部落民と全く対等であった事実を認め得られるかの如くであり，このことが認められるならば本件原野についてはX主張の入会権が認定できることとなるが，他方，……甲部落民が本件原野に時々立入って草木萩等を採取していたことは認められるが，それは決して乙部落民の公認するところではなく，したがって乙部落はその代表者を通じて甲部落に山入りしないよう通告したこともあり，また，草木等を採取しているのを見つけられた甲部落民は乙部落民より注意されて立退く等のことがあり甲部落民が草木等を採取していたのは，本件原野に対する乙部落の所有権を侵害すること少くこれをとがめたてるほどの被害を与えないので，乙部落において放任し見のがしていたにすぎないことが窺われる。これらの各証言と対比すると，X等の主張を支持する前記諸証言はにわかに信用しがたいもので，他に，本件入会権の存在を認めるに足る充分の証拠はない。のみならず，客観的存在たる双方提出の書証を中心として仔細に検討して得られる左の諸点を綜合すると，本件入会権の存在は確認しがたいこととなる。」（最判昭37・3・15裁集民59・293により本判旨確定）

第9章 入会権の存否（入会権の解体，消滅）

【174】は集団相互間の紛争で，甲部落が入会権の確認を求めている土地は他村持地たる乙部落有入会地である。したがってこの場合甲部落はもともと入会権を有しないこともあるわけで，地元＝地盤所有権者たる乙部落の黙認あるいは好意的措置により限られた範囲で山入りしていたという事実があっても，それによって甲部落が入会権を有するとは必ずしもいえないのである。したがってこのような本来の他村持入会地の場合には土地の収益行為に対する地盤所有者の指示統制の強弱等が入会権の存否を判断する基準となる。しかし【172】【173】の入会地はもともと自村入会地であり，無制限に入会権を行使してきたのである。それが政策的に公有財産とされ，公有財産としての性格から住民の入会権行使に一定の制約が加わったにすぎないのであるから，入会集団が存するかぎりその収益権の行使に市町村，財産区等公権力の指示が加わったからといってそれによって入会権が解体消滅したと解するのは不当である。

単なる権利の不行使が（入会権を放棄するのでないかぎり）入会権の消滅を来たすものでないことは共有の性質を有しない入会権の場合も同様である。

共有の性質を有しない入会権，とくに他村入会の場合，入会集団は地盤所有権者に入山料等を支払うことが少なくない。この入山料が入会稼の対価であることは明らかであるが，入山料の不払と入会権の消滅とはどのような関係に立つものであろうか。

【175】 大判明35・12・8民録8・11・31

事実 X区の住民は，同村内Y区有地において，Y区に年季入会料を支払って入会稼をしてきた。ところが，Y区がX区の入会稼を拒絶するに至ったので，X区は右Y区有地に対して入会権を有することの確認を求めて本訴を提起した。これに対してY区は抗弁し，両区のあいだには年季入会料の取りきめがあり，これは1年毎に入会料を支払うことによって入会稼が出来る旨を定めているのであるから，入会料を支払わなければX区が入会稼をする権利を有しないのは当然である，と主張した。原審は，X区が入会料を支払わないのはY区がX区の入会稼を拒絶するからである，と判示しX区が入会権を有することを承認した。Y区は上告し，原判決は，入会料支払とは別個の事実につき争があることを理由にして，X区が支払を怠ったのではない，と判示しているが，これは弁済に関する法則に違背していると，主張した。

判旨 「然レトモY区ニ於テ明治28年度ニ至リ〈略〉X区ノ入会ヲ拒絶シタルカ故ニ当事者間ニ争ヲ生シ爾来其故障継続シ今日ニ至レル事実ハ原判決事実摘示ニ因リ明ナル所ニシテ当事者ノ申立一致スル所ナリ故ニ原判決カ「明治28年以降本件係争地ニ対シX区Y区ノ間ニ於テ故障継続シ居ルコトハYニ於テ認ムル所ナレハ明治28年以降入会料ヲ支払ハサルハ敢テ怠慢ナリト云フヲ得サレハ云々」ト説明シタルモノニシテ入会料ト関係ナキ別個ノ事実ヲ以テX区ニ怠慢ナシト断定シタルモノニアラス」

【176】 仙台高判昭36・10・25戦後2・38

事実 係争地は甲乙丙3部落の入会地で明治初期乙部落13名共有名義で売払われた。終戦後，甲部

落の分担金が僅少であるのにその住民中制限に反して採草行為をするものがでたため，乙部落住民は実力で甲住民の入山を拒否し，分担金を受領しなかったので，甲部落住民Xらは係争山林において採草採薪等を内容とする地役の性質を有する入会権を有することの確認を求める本訴を提起した。

第1審福島地会津若松支判昭35・4・28はXらの主張をほぼ全面的にみとめたので乙部落住民Yらは控訴して係争地は入会地でなく，Xらは正当な分担金を負担していないので入会権者ではない，と主張した。

[判旨]「もともと，乙部落は，大字甲の各部落に比して，その戸数および人口がはるかに劣勢であったところ，Xらの中に，慣行に反して大量に採草をなす者が現われ，かつ，経済事情の急激な変動にともない，Xらの前記分担金の額が著しく過少となった反面，本件各山林の経済的価値が急上昇したため，Yら乙部落民は，前記の如く，昭和24年頃，Xらの同意を得ないで，一方的に，Xらの本件各山林に対する入山を拒否し，かつ，前記分担金の受領を拒絶するにいたり，そのため，Xらは，昭和31年4月10日，供託者X₁X₂名義で，同年度分のXらのYらに対して支払うべき右分担金の額は諸税並びに必要費の高騰と照し合わせると1,009円が相当であるとして，これを福島地方法務局B出張所に供託した。

〈略〉

以上の認定事実によると，前記の如く，本件各山林の所有者または共有者であるYらが，一方的にXらの右各山林に対する入山を拒否した事実があったからといって，Xらの本件入会権が消滅するものではなく，Yらのみで，任意にXらの入会権を消滅せしめることはできないものと解するのを相当とするから，Xらは，現に，原判決別紙第1，第4，第6各物件目録記載の山林については，自家用のため，各自，1日1回に限り，1回につき1段（6束）以内の量の秣，萩，葛の葉および萱

第5節 共有の性質を有しない入会権の解体消滅

を刈り取り得ることを内容とする入会権を，原判決別紙第2，第3各物件目録記載の山林については，自家用のため，「しな」の樹皮を採取し得ることを内容とする入会権をそれぞれ有するものと認めるのを相当とする。」（本判旨確定）

【177】 大阪高判昭52・9・30下民集28・12・1044

[事実] 係争地は甲区（大部落）の区有林であったが明治期に同区の氏神たるY神社に寄附され同神社所有地となった。X部落は甲区を構成する小部落の1つであってX部落住民は係争地を小柴下草採取等に入会利用してきたが，そのうち松茸を収穫しうるようになったので，X部落管理のもとにこれを採取し，その売却代金の7割を地盤所有者たるY神社に支払っていた。ところがその後Y神社はX部落の松茸採取行為をYの委任または準委任によるものと解し，右代金が入会権の対価であることを認めず，X部落に委任または準委任契約の解除の通告をし，X部落の松茸採取行為を妨害する態度に出たり，X部落が代金を入会対価の名目で支払うのを否認したりするため，X部落は代金の支払を中止し，Y神社を相手として係争地に松茸採取を含む入会権を有することの確認を求める本訴を提起した。Y神社はX部落の入会権を否認し，仮に入会権を有するとしても対価の不払のためその入会権は消滅した，と抗弁した。

第1審（京都地園部支判昭44・3・24戦後2・94）はY神社の抗弁を認めずX部落の入会権の存在を認めたのでY神社控訴。

[判旨]「3 入会権とは，一定の地域の住民（単にその地域に居住しているというだけではなくその入会集団の構成員という意味において，また，世帯を代表する者という意味において。）の共同体が一定の土地（主として山林原野）に対して総有

第9章　入会権の存否（入会権の解体，消滅）

的に支配するところの慣習上の物権である，ということができるが，それは古典的共同利用形態においては，住民が団体の統制にしたがって土地の自然産物を採取し収益するものであり，右にいう団体とは構成員と別個の権利主体としてではなく多数構成員の総体としての入会集団である，と解すべきである。

本件においては，X部落では，明治時代以前から部落の統制に服しながら，その部落住民は，部落内にある全山林について肥草，落葉，薪用小柴，正月用小松のほか，わらび，ふき等の山菜，松茸等の食用菌類等の自然産物を採取していたものであり，当時本件山林はいわゆる禿山で草のほかは産出されていなかったので肥草を採取していたのである。右のような利用形態は，これにより部落住民は生活上の利益を受け得るし，しかも，山林所有者はこれにより損失となるわけではなく，山林経営上利益となることもあって，相互依存の立場から利用収益が行われていたもので，このような事実状態が長年月継続したことによりこれを尊重すべき事実状態となり，かつ，部落住民及び山林所有者の間にもこれを尊重すべきであるとの意識となって，本件ではすくなくとも明治時代にはこの地方の慣習となっていたものと認められ，本件山林を含むX部落内にある全山林について，慣習により自然産物の採取を内容とする共有の性質を有しない入会権が成立していたものということができる。

入会権はその土地の所有権に変動があっても消滅するものではないから，本件土地の所有権が甲区からY神社に移転してもなお存続するものである。また，本件の如き入会権の場合に，その採取権はその土地に産出する前記の如きすべての自然産物に及ぶものであって，入会権成立の後に，その土地に新たに別種類の自然産物が産出するようになった場合にも同様である，と解すべく，本件山林においては入会権が成立した後である大正末期頃に漸く松茸類が産出するようになったのであ

るが，この場合でも当然本件入会権はこれに及ぶものである。

そして，入会権の利用形態，行使の方法の慣習は，社会経済，社会意識の進化によって変化するのは当然である。〈略〉X部落は，松茸類以外のものの採取については，その利用形態に変更を加えることをしなかったが，松茸類の採取については，明治42年9月，その構成員全員の総意によって前記松茸山に対する規約書を作成し，従前部落住民各自が松茸を採取していたものを部落が直接松茸類採取権を入札の方法により売却することとしたのは，松茸類発生の増加とその経済的価値の高まったことに対応するため，入会権を有する部落住民が各自松茸類を採取するとの従来の慣行を，地盤所有者の承諾を得たうえ，入会集団の構成員たる部落住民の総意によって明文化した規約を作成することにより，X部落が直接採取権を行使することとしたもので，それは入会権の利用形態を近代化の方向へ改めたものである。

〈略〉

ところで，本件入会権は共有の性質を有しない入会権に属するが，本件入会権の存在する甲部落地方に入会権の対価たる入会料を支払わない場合におけるその消滅に関する慣習の存在についてはこれを認めるに足る証拠はない。そこで，これについては，総有的権利関係の一般原則ないし多くの入会権に共通する一般的慣習等を斟酌して判断すべきものと解するが，……入会権は入会料を支払わない場合に当然に，又は，地盤所有者の通知によって消滅するとの慣習のある地方もあるが，かかる慣習のない地方もあり，かかる慣習の存在が一般的な慣習であるとはいい難いことが認められる。しかも，慣習はその成立過程，これに従い入会権行使の経緯等各地方における相異が著しいのでたやすく或る地方の慣習を他の地方の慣習として適用すべきものではないと解するから，右入会料を支払わない場合に入会権は消滅するとの一部の地方に存する慣習を本件に適用することはでき

仮に、入会料を支払わない場合に、入会権は当然に、又は、地盤所有者の通知により消滅すると解するとしても、それは入会権者において債務不履行の責任を負うべき場合でなければならないと解すべきであるが、〈略〉原則的にはXの入会権の存在を争っていること、XにおいてYがXの入会権を認めるならば直ちに入会料を支払う意思がある旨及びその支払のできるように毎年各年度のYに支払うべき金員は金融機関に預金してあり、その旨を述べているのにYはこれに応ずる態度を示していないこと、……が認められ、ほかにこれを覆すに足る証拠はない。そうすると、本件入会料については、Yにおいて入会料名義では受領しない意思が確実であったものというべく、したがって、Xにおいてその弁済のため提供をしなくても債務不履行としての責任を負わないといわなければならない。〈略〉

したがって、Yの入会権は入会料の不払により消滅した旨の主張は理由がない。」(最判昭56・11・15上告棄却)

これらの判決にあるように、入会拒否等の事由により入山料が支払われない場合など、不払いに正当な事由があるとき入会権は直ちに消滅するものでない。

【178】 最判昭57・1・22 最集民135・8397

[事実] 本件はいわゆる新島ミサイル基地明渡請求事件に関する【97】の上告審判決である。

国がミサイル基地建設のため地方公共団体たるY村から係争地を買受けその所有権移転登記を経由して設置工事にとりかかったが、同村住民中Xら125名が、国およびY村を相手として、入会権確認、山林の引渡し、国に対する所有権移転登

第5節 共有の性質を有しない入会権の解体消滅

記の抹消を求める本訴を提起して、係争地は徳川時代から村落共同体としてのY村住民の入会地であり、明治19年国からの下渡により村民の総有に帰し、それ以後村民の入会地として管理されているので、村民であるXらは係争地に共有の性質を有する入会権を、仮に地盤が村民の総有でないとすれば共有の性質を有しない入会権を有する、と主張した。

これに対して国およびY村は、元来新島には本土におけるが如く入会権の成立する基盤がなく、明治19年に下渡を受けたのは、当時法人化への発展途上にあった行政団体であるY村であるから、本件山林は行政村たるY村の所有に属し、島民は村の条例にもとづいて本件山林を使用しているのであって入会権を有するものではない、と反論した。

第1審判決(東京地判昭41・4・28下民集17・353【97】)は、Xらが現に部分林として使用している土地の引渡請求は正当であるが、すでに宅地や道路となった部分については、Xらは収益行為が不可能になったので入会権にもとづく妨害排除請求は認められない、と判示したが、第2審は第1審判決を取消した。以下は住民が入会権を取得できなかった、という判示であり、その前提として地盤所有権の帰属については【97】参照。

(第2審) 東京高判昭53・3・22判時882・14

「そもそも明治初年諸藩の直轄地を政府の所有とし、そのころ始まる地租改正、山林原野官民有区分により多くの山林原野を官有に編入し、爾来山林原野につき近代的権利関係の樹立を目途とした時代にあって、東京府知事がことさら部落共同体としてのA村に対し、山林原野の下渡をする理由は考えられないのみならず、下渡された山林原野がY村地域の大部分を占めていることは、弁論の全趣旨〈略〉により明らかであるところ、かかる広大な土地を部落共同体を構成する村民に無償で下渡すことは、分割地所有認定願を聞き届けた経

第9章 入会権の存否（入会権の解体，消滅）

緯に照しても到底考えられないところである。

……，下渡された本件山林を含む山林原野は，行政村たるY村の執行機関である名主によって管理され，明治28年5月21日村寄合規約が施行されてからは，その管理は村寄合の議決事項とされ，大正12年10月1日島嶼町村制が施行されるに及んで，行政村たるY村の基本財産としてその管理は村会の議決事項となり，昭和29年10月1日B村と合併して後は，合併後のY村の村有地とされ，爾来役場備付の帳簿に村有財産または基本財産として，記載されていることが認められる。〈略〉

村民は古くから下渡にかかる本件山林を含む山林原野に立入って薪を採取していたが，それには村が予め1戸あて一定数の札を渡しておき，村民は右山林原野で札の数と同数の薪束を作るが，薪束の大きさには制限がなかったこと，村民は春の定められた日に採取した薪を搬出することになっていたところ，その際交付した札は回収され，その札と同数の薪束の搬出が許可されたが，それは村の監視の下に行われたこと，そして薪の搬出が春に行われたために春の薪と呼ばれたこと，大正12年9月部分林が設定されるに及んで，各戸の薪の需要は私有地及び部分林でまかなえるようになったため，村の決定によって春の薪は廃止されるに至ったこと，現在村民は石油，プロパンガス等の普及により，薪の需要は激減し，薪を採るために部分林に赴くことも少なくなり，時折村により枯木や欠損木等が薪として払下げられるに止まることが認められ，右と異なる証拠は措信しない。右認定事実によると，Y村は下渡された本件山林を含む山林原野の薪の採取を管理していることが認められる。

〈略〉

……，村民は自由に村有地に立入り，枯枝を採取していたが，それは村民がその私有地と春の薪で薪の需要の大部分をみたし，従って採取する枯枝の量も少く，利害の対立を来すことがなかったため，村もこれを放任し，何らの措置を講じな

かったことが認められる。従って村有地での枯枝の採取は権利とみるべきものではなく，無害のため自由に採取できたに過ぎないものである。〈略〉

以上認定の諸事実を総合判断すると，入会団体としての部落共同体の存在はこれを認めるに由なく，従って本件山林を含む山林原野の下渡は，部落共同体としてのY村に対しなされたものではなく，かえって当時法人化の発展途上にあった，いうならば権利能力なき社団としてのY村に対しなされたものであって，その後Y村が行政村として法人格を取得すると同時に，右山林原野の所有権は同村に帰属するに至ったものと認められ，また入会団体としての部落共同体が認められない以上，右共同体が共有の性質を有しない入会権を有することの認められないこともまた理の当然である。」

本件では【97】に見た如く住民が共有の性質を有する入会権を主張しているのであるからその地盤所有権の帰属も争っているのであるが，地盤所有権の帰属はともかくとして，住民が収益権としての入会権を有しなかった，という本判示は，入会の実体を無視し，入会の理論を故意にねじまげた不当なものといわざるをえない。とくに何らの根拠もなくY村にはもともと入会権が存在しなかったという判旨に至っては，入会権に対する無知にもとづくとともに，島民を蔑視したものというべきである。

住民Xら上告したが次のように上告棄却となり右判旨は確定した。

判旨　「原審が確定した事実関係によれば，㈠A村においては，明治14年4月1日施行の島吏職制によって従来の同村の行政組織である島地役人，地役人，名主，年寄等に代る職制として東京府知事の任命にかかる地役人，名主一式引受人，年寄が設けられ，これと従来から存在した村民一同の意思決定機関としての惣代6名からなる村寄合とによって村の行政組織が構成されるに至り，明治28年5月21日には東京府知事の認可を受けて村

寄合規約が定められ，村寄合は多数決制をもって村有財産の処分又は維持方法を決することとされ，しかも村寄合の構成員たる惣代の選挙には本戸半戸以外の村民にも選挙権が認められた，㈡次いで大正12年10月1日施行の島嶼町村制によって地役人以下の島吏が廃止され，支所長，村長，吏員，村会の制度が設けられ，村有財産の管理処分，村費の徴収等は多数決制による村会の議決事項とされ，本戸半戸以外の村民にも選挙権が認められ，更に昭和23年の地方自治法施行によって村長，村議会が設けられて今日に至っている，㈢明治19年9月24日東京府知事から下渡された本件山林を含む山林原野は，名主一式引受人によって管理され，前記村寄合規約施行後はその管理が村寄合の議決事項とされ，島嶼町村制施行後においては，行政主体たるY村の基本財産としてその管理は村会の議決事項とされ，昭和29年10月1日のB村との合併後は，合併後のY村の村有地とされて役場備付の帳簿に村有財産又は基本財産として記載されている，〈略〉明治年間以来，立木を本戸半戸を問わずすべての村民に払い下げてその代金を村の歳入とし，大正年間以来，村会ないし村議会の議決に基づき同村内外の団体又は個人に対して山林原野の一部を譲渡するなどしてその代金等を村の歳入とし，大正12年には東京府知事の認可を経た前記椿林貸付規則に基づいて山林原野の一部を部分林として村民に貸し付け，その貸付料を村の歳入とし，また村会ないし村議会の議決に基づいて右部分林の一部貸付を解除してこれを村民以外の第三者に貸付けるなどしているほか，前記下渡にかかる山林原野の一部における造林事業のために，これに要する費用を村の歳出予算から支出し，前記山林の椿の実や薪の採取等を村当局の管理監督のもとに行って来ていた，というのであって，右認定は原判決挙示の証拠関係に照らして肯認することができる。そして，右事実関係から知ることのできる行政主体としてのY村の成立経過や明治19年9月24日の下渡にかかる本件山林を含む山

第5節　共有の性質を有しない入会権の解体消滅

林原野が本戸半戸以外の住民を含む村民の選挙による代議制をとった村寄合，村会，村議会等における多数決による議決に基づいて村有財産として管理処分され，あるいは村当局の監督下において村民に利用されて来たなど，右山林原野の管理利用について部落による共同体的統制の存在を認めるに由ない諸事情に照らすときは，右山林原野の所有権が行政主体たるY村に帰属していて，これに対する共有の性質を有する入会権はもとより，共有の性質を有しない入会権の存在も認め難いとした原審の認定判断は，結局，これを正当として肯認することができ，その過程に所論の違法があるものとは認められない。」

　この最高裁判決は原審が認定した事実を並べただけで，それが入会権にとっていかなる意味をもつかの法律的判断をしていない。第1審は，係争地が住民の入会地であり一部につき入会権が消滅した，と判示しているけれども，第2審判決は，それを否定して，古くから農民が生活したこの村（＝島）に，もともと入会権は存在しない，と云っている。江戸時代から現在まで，地域住民集団とその利用に供されている村山とよばれる山林原野がありながら，いまだかつて入会権は成立せず，また存在しないという，およそ入会権の定説をくつがえすようなこの判旨はきわめて特異なものである。

　最高裁が全面的に認めたこの第2審判旨は，Y村がいわゆる村落共同体であり，現在もその性格を有することを認めているにもかかわらず，入会団体の機能をもたなかった，というが，これは，新島においては山林が村落内部における自給的農業生産機構を保証するものとして機能しなかったから入会権の成立す

第9章　入会権の存否（入会権の解体，消滅）

る社会的基盤がない，という国やY村の主張をうのみにしたものであって，判決理由中，これに対する説明は全くない。たしかに，新島はその地理的事情の故に本土の村とは異なった状況のもとにおかれ，経済の発展がおくれたことは事実であろう。しかしながら，島民が自給的農業生活を営んでいたことは事実であり，そのため村山とよばれる山林で薪やカヤ等の採取等の入会収益行為を行なっていたことも否定できないところである（これを否定すれば島民が自給生活を営んでいた事実を否定しなければならない）。収益の事実を認めながら島民の入会権の存在を否定する本判旨は，明治以前，島民が採取のため入山するのに名主等役人の許可を得ていることを理由にしているものと推測される。一般に村民の入山が禁止される御留山などの場合は格別，村山の名が示すように村民の採取行為が認められる山林において名主等の許可を要することはその収益行為の権原が入会権であることを否定するものではない。

【179】　京都地判昭62・12・24戦後2・415

[事実]　土地台帳上「大字中」と登記されていた甲集落の土地が氏神であるA八幡宮名義で所有権登記され住民の共同利用に供されていたが，昭和41年にA八幡宮はY₂（電力会社）のため送電線地役権を設定登記。そのころから住民の利用が行なわれなくなったためA八幡宮は氏子多数の賛成を得て土地の一部をY₁観光会社に売却した。これに対して古くからの集落住民Xら37名は㈠Y₁を相手として共有の性質を有する入会権の存在確認，Xらの入山行為に対する妨害排除，および所有権移転登記の請求，また㈡Y₂会社に対して共有の性質を有しない入会権を有することの確認等を求めて訴を提起。このうち㈠の請求については不適法の故をもって却下。

[判旨]　「Xらの第一次請求の入会権確認，妨害排除及び抹消登記手続請求につき検討するに，入会権は権利者である一定の部落の住民に総有的に帰属するものであるから，入会権に基づいて入会権の確認ないし妨害排除（抹消登記手続を請求する場合を含む）を求める訴えは権利者全員が共同してのみ提起しうる固有必要的共同訴訟というべきであるところ（最高裁昭和41年11月25日判決），Xらが入会権者の一部であることは弁論の全趣旨に照らし明らかであるから，Xらの共有の性質を有する入会権に基づいてする本件第一次請求に関する訴えは，既にこの点で不適法といわざるを得（ない）。

〈略〉

㈠本件山林は……A部落住民から「総山」又は「そやま」と呼ばれ，土地台帳上所有者は「大字中」と記載されていて，……甲部落の各戸の世帯主の総有であり，同部落住民は後記のとおり本件山林に立ち入り自家用の薪・小柴を採取する入会権を有していた。

〈略〉

明治30年後半に至り府下の部落有林野の整理統一の政策を強行するに至り，明治39年1月11日京都府は訓令第1号をもって「公有山野整理規定」を定め，府下各市町村長に対し，公有林の使途を区別し町村の手によつて造林計画を立てよと命令を発した。

㈢　右政策により本件山林が乙村に帰属し甲部落住民の入会稼ができなくなることを危惧した同部落住民は入会権確保の方策を協議したが，その際一部住民の共有名義に登記する案と住民（世帯主）全員の共有名義に登記する案とが対立したため，結局当時甲部落の氏神で村社であつたA八幡

宮……の名義に登記することに決し，……乙村字甲区の名義の所有権登記手続をしたうえ，……寄付を原因とする所有権移転登記手続を了した。なおその際，本件山林の外合計6筆の山林，原野，宅地が同時に甲区からA八幡宮に寄付されている。

(四) 本件山林の右寄付は，A八幡宮の維持とともに本件山林における入会権の確保をも目的としており，「将来貴社合祀改廃等寄付当時ノ現状ニ変更ヲ生ジタル時ハ無償返還セラルベキ事」という特約が付せられ，この特約は登記もされている。
〈略〉

(五) 本件山林の所有名義がA八幡宮に移転された後も，甲部落住民は本件山林に立ち入り自家用薪・小柴の伐採・採集の入会稼を継続していたが，A八幡宮も以下のとおり本件山林の管理をし収益をしていた。

(1) 本件山林の固定資産税はA八幡宮が支払ってきた。

(2) 大正6年12月25日，当時の甲部落住民の一部……60余名は，本件山林のうち麓まわりの便利の良い部分につき，A八幡宮との間において借地契約を締結してこれを植林用に借り受けた（証拠略）。右契約證中には，A八幡宮が土地所有者を意味する「地主」と表示されており，借地年限は50カ年間，借地料は1カ年金20円60銭，「土地ノ作業ニ関シテハ一切御指揮相受ケ無断工事致ス間敷」，「借地作業ノ為メ地価ニ増額ヲ生ジタル場合ハ其増額地価ニ対スル地租及諸税ハ当町ニ於テ相違ナク相納メ可申立」，「右違約之場合ハ即時御取上相成候共聊カ異議申上間敷」等と定められている。そして本件山林中右借地部分を爾後「受地（請地）」と呼び，昭和30年代頃までの間「山年貢代」又は「年地料」として右借地料がA八幡宮に対して支払われてきた。

なお，右借地契約證中には「本契約ハ自然当字居住ノ法定家督相続人ニ於テ責任相受ケ履行可致」という特約もあるけれども，前記事実から明らかなように右特約はA八幡宮を「地主」と認めたう

第5節 共有の性質を有しない入会権の解体消滅

えでの特約にすぎず，甲部落住民が本件山林に所有権を有することの証左とはならない。
〈略〉

(4) 受地を除く本件山林に生育する松茸は，毎年A八幡宮が主催して氏子に入札させ，落札者の支払つた代金はA八幡宮が取得していた。なおその際A八幡宮は，甲部落内に告示を掲出して9月25日から11月15日までの間の右山林への立入を禁止していた。

(5) A八幡宮は，昭和41年頃Y_2に対し本件山林内に特別高圧架空送電線用の鉄塔設置のための敷地を賃貸する契約を締結し，その際Y_2から1,000万円を超える補償金を取得し，これを用いて貸家を建築している。この鉄塔設置や補償金の取得及び使用に対し甲部落住民から何らの異議も出されていない。

(6) A八幡宮は，昭和48年1月24日本件山林をY_1に対し売却した。それに先立ちA八幡宮の代表役員宮司のBは，右売却について氏子の同意を得ておく方が良いと考え，責任役員のほか氏子のうちの主だつた立場の人々に参集してもらい，氏子の人達の意見を聞いたうえ，売却に反対の氏子もいるけれども多数の氏子は右売却に賛成している旨の判断の下に前記売却をしたものである。なお，右反対意見の論拠が本件山林の所有権は甲部落住民（世帯主）にありA八幡宮は所有者でないからそもそも売却権限がないという内容のものであつたという事実は窺えない。

(六)(1) 甲部落の入会権者が，少なくとも戦後，A八幡宮による本件山林売却の際を含めて，その総意形成のため総会を開いた形跡はない。甲部落住民は受地を除く本件山林に対し格別の維持管理行為をしたことがなく，また管理人を置いて右行為に当らせたこともない。〈略〉

(七) そして右(一)ないし(六)の各事実を総合すると，明治39年10月4日のA八幡宮への本件山林の寄付は，単なる登記簿上の外観のみに止まるものではなく，前記特約に基づく所有権の処分制限は存

第9章　入会権の存否（入会権の解体，消滅）

するが，真実の所有権の移転を伴うものであつたというべきである。殊に，大正6年12月25日本件山林のうち受地部分につきA八幡宮を「地主」として借地契約を締結した者が，甲部落の住民の全員ではなかつたにしてもその殆どであつたことに照らすと，大正6年当時本件山林の所有権がA八幡宮に存することは甲部落住民の共通の認識であつたと言わざるを得ない。〈略〉

（1）甲部落住民は，明治39年10月4日本件山林をA八幡宮に寄付してその所有権を失つた後も，自家用薪・小柴の伐採・採集についてはA八幡宮の許可を得る必要はなく，従前どおり自由に本件山林に入り入会稼をしてきた。……大正6年12月25日，当時の甲部落住民の一部（住民の殆どではあるが，全員ではない）60余名が薪・小柴の育成及び造林目的で本件山林の麓まわりの便利のよい部分をA八幡宮から借りて受地とし，甲部落内の6町の住民で区割をし，薪・小柴用の櫟を植林するなどしたことにより，その後は右受地につき甲部落住民各人が自由に立ち入つて入会稼をすることができなくなり，右受地に対する入会の慣行は右の時点以降消滅した。〈略〉

（2）明治から大正の初めにかけて約70戸ほどであつた甲部落の戸数は，その後増していたが，昭和30年代頃から住宅化現象が進行し，昭和54年頃には甲部落の住民のうちA八幡官に神社費を納める氏子の数が約2,500戸にも達していた。外部から甲部落内に移住して来た住民の中にはかつて受地を除く本件山林に入つて薪・小柴を伐採・採集した者もいたが，その数は多くはなかつた。

（3）Xら合計33名は，古くから甲部落に居住してきた世帯主であるが，Xらのうち昭和生れの者について調べてみると，X_1のみは自ら受地を除く本件山林に入り薪・小柴の伐採・採集をした経験を有するが，X_2ら13名は，その祖父や父又は養父が受地以外の本件山林で薪・小柴の伐採・採集をした事実はあるが，自らそのようなことをした形跡がない。〈略〉

右の事実が認められ，これらの事実に，自家用薪・小柴が毎日の炊事や風呂用の焚き木であること，極く僅かの者を除けば，そのような薪・小柴の伐採・採集が既に20余年にわたつてなされていないこと，しかもそれが燃料事情の変化によるものであるから，近い将来において自家用薪・小柴を伐採・採集しこれを燃料として使用する生活に戻る見込が大きいとも思われないこと，並びにXらがその総意として右のような生活に戻ることを欲しているとは考えられないことを勘案すると，受地を除く本件山林における自家用薪・小柴の伐採・採集の入会慣行が現時点でなお存続しているといえるか疑わしいといわざるをえない。

〈略〉

5　右1ないし4判示の諸事実，殊に，受地に対する甲部落住民各人の入会慣行の消滅，受地を除く本件山林に対する自家用薪・小柴の伐採・採集は最近20数年間殆ど途絶えていること，A八幡宮の氏子が約2500名に達し，このうち入会権者である者と然らざる者を識別する基準が曖昧で，入会権者の総員を確と定めがたい状態になつており，入会権者の総意の形成ひいてはこれに基づく使用収益の統制が事実上不可能になつていること，少なくとも戦後受地を除く本件山林につき維持管理権を行使したのは専らA八幡宮であり，甲部落住民がその総意に基づき本件山林の使用収益を統制した事実がないこと等に照らすと，甲部落住民各人の本件山林に対する入会権は現時点では既にその慣行を失い消滅しているものと認めるのが相当である。」（本判旨確定）

【180】　新潟地長岡支判平2・7・18判時1361・15（【204】と同一事件）

事実　本件係争地は海浜地で甲集落住民の入会地として主に漁業用干場製塩用地に供されてきた。土地所有名義は明治34年にA（総代の長男）名義で登記されて後同39年甲村に移転登記され，のち

町村合併によりY₂市所有となった。この土地に原子力発電所が設置されることになったので、甲集落住民Xら14名がY₁電力会社を相手として発電所設置反対、土地立入禁止を求めた。またあわせてY₂市に対しY₁社からY₂市に支払われる借地料を不当利得してその返還を求めたが、これについては【204】参照。

判旨 「(一) 本件海浜地の利用状況

甲住民は、近世（徳川時代）以来、本件海浜地を利用して製塩をし、あるいは漁獲した小鰯の干鰯場等としてこれを利用し、こうした加工産品を、近隣の農家に行商するなどして生活していたのであり、このような状況は、製塩については明治初頭まで、また、漁業は、昭和20年代ころまでは盛んで、鰯が大量に漁獲された当時は、本件海浜地が漁民の干鰯場や網干場として利用されたのみならず、漁具を格納するための番小屋などが建てられていたものである。

(二) 入会団体及びその規制

(1) 前述したとおり一定地域の住民に入会権が認められるためには、当該住民らに、当該土地において使用収益するにつき各住民の使用収益を規制し、当該土地につき管理処分権能を有する各住民で構成される入会団体の存在が不可欠である。かかる入会団体の存在及びその規制の存しない以上、仮に一定の土地において附近の住民が各自長年にわたって、雑木等の採集等をしていたとしても、それはせいぜい当該土地が公共用物であれば自由使用の範囲において、またそれ以外の場合であればその所有者又は管理者からの異議のないままに事実上当該土地において右採集等をしているに過ぎず、このような事実上の利用は利用者各自がそれぞれの自由意思でいわば勝手にやっていることであり、これをもって入会権の行使と目すべきものではない。

(2) しかるに本件においては、Xらを含む甲住民の先祖が、本件土地において、Xら主張の製塩、

第5節 共有の性質を有しない入会権の解体消滅

干鰯等をなすにつき、これを規律する入会団体の存在及び前記収益がこの入会団体の規制のもとに行われていたことを認めるに足る証拠は存しない。

〈略〉もっとも前記認定の甲地区の歴史・地勢等によれば、同地区には江戸時代には、既に村・甲村が形成されていたものであり、また前記古記録の記述によれば、江戸時代においても甲村が一村請で塩や干鰯等を年貢として上納していたことを認めることができる。

〈略〉

また町村制下の甲村の誕生以後も同様である。明治22年、町村制施行による甲村の誕生に伴い、江戸時代以来甲村が有していた機能の多くは、行政主体としての甲村に引き継がれていったが、しかしそれでもなお生活共同体としての甲村の実態及びその機能の一部は、時代と共に変遷しつつも、行政主体としての甲村とは別個に存続していったものと考えられる。従って仮に町村制施行に伴う甲村の誕生後、現在に至るまでなお甲地区に入会団体が存続しているとすれば、それはかかる意味における生活共同体が、一方において入会団体として存続し、かつ機能しているということになる。しかるに町村制施行による甲村発足後の甲地区における住民の組織としては、僅かに前記区ないし町内会を認めるのみであって、しかもこれは甲地区の親睦団体の域を出ず、本件海浜地の利用について規定・規制するものが何らないし、かつてその利用の調整が図られた形跡すらない。それも、町内会は2つあり、原告住民の所属するのは甲町内会であるが、これは勿論甲地区全体を統括する団体ではない。

〈略〉甲地区は近世以来村が形成され、1村1字を保って明治の町村制による甲村の誕生に至ったものであった。従って仮に右海浜地に原告住民主張の入会権が成立していたとすると、この広大な海浜地の全域にわたる入会権の成立を肯定せざるを得ないはずである。しかるに主たる産業であったと思料される漁業でさえ、その最盛期の従事者

第9章　入会権の存否（入会権の解体，消滅）

は，労働人口の約1割に当たる100ないし150名程度に過ぎないものと推定されるのである。しかも甲住民の製塩は零細で，それもせいぜい明治初頭までであった。〈略〉このような本件海浜地の使用状況に照らせば，海浜地は甲住民の利用密度に比較して余りに広大であって，住民の間で海浜地利用の調整を図る必要は，そもそも存しなかったはずである。現に前記区会（常会）ないし町内会において海浜地の利用調整が話し合われたことはなかったし，浜の利用について文書その他による取り決めもなかった。

　従って以上の諸事情を考慮すると，甲住民は，入会団体の管理，規制のもとで本件土地を含む海浜地を利用してきたとはいえ，前記甲村の住民の年来の海浜地利用をもって，甲住民が本件土地を含む海浜地に共有の性質を有する入会権を有していたものと認めることは困難である。」（本判旨確定）

【181】　東京高判平7・9・27戦後3・96

事実　本件係争地は旧甲村持であり，明治町村制の施行により甲村は他の村と合併して新たに（町村制上の）甲村となったが，登記簿上は「大字甲」と表示登記されたままであった。昭和30年に町村合併により甲村が乙町となったとき大字甲所有の土地等を「甲財産区」とした。その後，乙町町議会の議決にもとづきゴルフ場用地としてY会社（本社同町内）に賃貸されることになった。その際甲地区住民に賃貸目的等の説明会は開かれたが住民から同意を求めるものではなかった。Y会社は大字甲（管理者乙町長）と賃貸借契約締結後関係官庁の許認可を得てゴルフ場造成工事に着工した。地上の立木をおおむね伐採し，切盛土工事を行ったので大字甲集落の住民Xら6名は，いずれも係争地上に入会権を有する権利者であるが，右賃貸借契約締結に同意していないから無効である，という理由でY会社を相手として係争山林への立入禁止，立木の伐採禁止を求める訴を提起した。

　賃貸借契約締結者である「大字甲」（管理者乙町長）も被告に補助参加したが，Yらは，本件係争地は明治22年町村制施行以来村長または町長が管理してきたものでその予算・決算は町村議会の議決を経て行われてきたものであるから，いわゆる旧財産区有財産であり，甲集落住民が係争地で山菜や雑木を採取していたとしても入会集団の統制のもとに行っていたものではないから，入会権にもとづくものといえず，係争地に入会権は存在しない，と抗弁した。ちなみに地盤が財産区財産であることについては争われていない。

　第1審は次のような理由で入会権の存在を否定した。

（第1審）新潟地判平5・7・8戦後3・96

「本件山林を含む大字甲共有林は，甲村や乙町甲財産区の財産とは別個に管理され，甲地区住民が維持管理費を負担してきた。しかし，本件山林の管理，利用の調整等につき，甲地区住民の総会が開催されたのは，本件山林を被告にゴルフ場用地として賃貸する問題が生じてからであって，それ以前に本件山林の問題について各区総会が開かれた形跡は全く認められないこと……，また，本件山林をYにゴルフ場用地として賃貸する際に開かれた各区の総会は，乙町が，本件山林の開発につき，できるだけ住民の意向を反映するために開催を呼びかけたものと認められること……に照らすと，右各区の総会の開催を根拠に本件山林についてXらに入会権が存在するとか，甲地区住民こそが入会集団であるとは到底認められない。そもそも，本件において，Xらは，入会集団として主張している部落総会の組織，運営，団体としての性格についてすら具体的に主張しておらず，何一つ明らかになっていないと言わざるを得ない。」

　Xらは控訴して，大字甲には5つの地域集団があってXらはその構成員として入会権を行使して

きた，と主張し，かつY社と大字甲との賃貸借契約が無効であることの確認を求めた（追加請求）。

第2審は甲集落住民の入会権不存在の理由についてさらに詳しく述べ，X_1らの追加的請求である係争地の賃貸借契約無効確認請求も却下した。

判旨　「先ず旧藩時代の本件山林の払下げの経緯からいえば，文献から知り得る限り，本件山林は水林，すなわち水源の涵養を目的としたものであるから，当時の甲村乙の部落住民全体の共有の性格をもっていたことを窺わせる反面，その利用という面からいうと，下草の利用等水源の涵養という目的に反しない範囲に限って住民の利用が許される余地がないではないけれども，部落の者といえども随意の立入りは，どちらかといえば禁忌に属するものとされていたと考えるのが自然である。いわんや立木の伐採などは許されないものと考えられていたとみるべきである。このことは，先に判断したとおり，明治年間になって，落葉の採集，笹刈が，貧困を理由とする場合ですら，願出により村長から鑑札の交付を受けなければ許されないことになっていたことからも推し量ることができる。

〈略〉

次に，本件山林について，部落内の者が維持管理費を負担したという事実は，先に認めたとおり，証拠に照しても昭和40年ころ以降のことであり，それ以前に金員の徴収があったことを認めるに足りる証拠はない。甲部落の住民の利益のための山林である以上，その維持に資金を要することになれば，部落内の住民から調達するほかない道理であって，徴税技術上の問題から，表題部にのみ大字甲の記載のある本件山林については固定資産税などが課税されなかったという経緯から，これに代えて寄付なり維持管理費などの名目で金員の徴収がされたからといって，入会権の存在を示すものとはいい難い〈略〉。

最後に，Xらは，入会権があるからこそ本件山林の賃貸借契約締結に際して，部落の総会が開かれたものであると主張する。確かに本件山林をYにゴルフ場用地として賃貸する際に部落の総会が開かれた経緯があるが，総会が入会権を主張する者の主導で開催されたとも，開発の是非を最終的に決定するという意味合いにおいて開催されたとも認めるに足りる証拠はなく，〈略〉，むしろ乙町が呼びかけて開催されたものであることが認められる。このような場合，行政の手法として，利害関係のある地区の住民に対する説明会を開き，その同意を取付けていくことはむしろ望ましい方法であるということができ，特にゴルフ場の開設ということになれば，住民の同意のあることが事実上必須とも考えられるから，町当局が，事前に住民の意見を聞いて同意を得ておく必要があると考えて部落総会を呼びかけたというのも納得できるところであり，別段異とするに足りない。〈略〉

明治22年の町村制の施行以降は旧甲村が本件山林を管理してきたことは，証拠上も明確に認められるところであり，他方入会団体を管理統制する組織があったことは認められないのであるから，遅くとも町村制が施行された当時には，地域住民の共有という意識は薄れ，地域住民も当時成立した旧甲村の財産として管理されることに異存がないとの認識に至っていたと認めるほかなく，民法施行当時大字甲の住民の共有等に基づく慣行があったと認めることは困難である。」（最判平9・6・5本判旨確定）

第5節　共有の性質を有しない入会権の解体消滅

【182】甲府地判平6・3・23判タ854・209

事実　本件は北富士の自衛隊演習地周辺の山梨県有の土地上に，地元集落（Y組合）が入会権を理由に小屋等工作物を設置したため，同県（X）がY集落を相手として工作物等の撤去を求めた事件である。なお土地の一部を買受けたZ公団も当事者参加しその撤去を求めた。

入会権の判例総合解説　247

第9章　入会権の存否（入会権の解体，消滅）

判旨　「㈠　右土地は，当初，国から保護組合に払い下げられる予定であったが，右土地についてその他の団体等から払下げ申請があった外，右土地を巡って紛争があったため，国は，Xに右土地を払い下げて，右紛争の円満解決に当たらせることとしたこと，

㈡　国は，Xに右土地を払い下げ林業整備事業を行わせ，地元の産業振興に寄与し，富士山一帯の自然環境の保護を図り，演習場の使用による土地の荒廃に起因する洪水，土砂流出等の災害の防止軽減を図り，演習場周辺の保安，防音等のための緩衝地帯となることを企図していたこと，

㈢　Xは，本件売買契約において，国から右土地の植林を完了した日から60年間右趣旨に則った林業整備事業に供することを義務付けられ，その間，国の承諾なく右土地の所有権を移転することを禁じられていること，

㈣　Y組合への再払い下げは，将来の可能性として残されているに止まること，
が認められる。
〈略〉

Y組合は，大正15年11月22日，A会社に対しA会社が別荘地及び鉄道敷地として開発する予定であることを予知した上で……売却したこと，本件土地……についても入会権の存否に関しては従来から争があり当庁は，昭和59年1月30日言渡した判決において，保護組合がA会社に対し甲地区を売却してこれを引渡したのに対し，従前の入会部落住民から何ら異議がなかったことにより，従前の入会集団による管理統制による入会地毛上の使用収益方法は変質して，従前の部落住民の入会慣行は消滅し，甲部落住民の入会権は完全に解体消滅したと認定し，〈略〉明治初期の官民有地区分に際し，本件土地に隣接する甲地区については「旧11か村」が所有権を主張し，旧11か村の共有地とされたのに対し，本件土地は官有地に区分されたこと並びに本件土地が訴外会社に売却される以前の甲一帯の使用状態について，甲地区は，旧11か村の村民によって，堆肥，飼料用の生草を採取し，桑を植栽する等入会地として利用され，Y組合は，明治26年以降，右土地を区画分けして小作人と呼ばれる分割利用者に対して貸付け小作料を徴収して活用していたが，本件土地……は，溶岩地帯であり，自然環境が厳しかったことから，分割利用されることもなく，Y保護組合の直轄地とされ，旧11か村の村民によっても，粗朶及び岩石の採取程度の利用しかされていなかったことの各事実が認められ，右事実によると甲地区と本件土地との間にはその利用形態に差異があるものの，本件売買による入会権の消滅については特段の差異を認めるべき事情がないことが認められる。

以上の事実を総合すると，本件土地についても，Y組合が訴外会社に対し本件土地……を売却し，これを引渡したのに対し，従前の入会部落住民から何ら異議がなかったことにより，従前の部落住民の入会慣行は消滅し，乙部落住民の入会権は消滅したものと認めるのが相当である。
〈略〉

2　また，仮に，本件売買によって，入会権が消滅していないとしても，前記二に認定したとおり，国が，昭和22年10月2日，本件各土地を含む檜丸尾地区37町歩余を，自作農創設特別措置法により，未墾地として買収したものであるから右買収の際，自作農創設特別措置法34条1項，12条1項により，本件土地についての入会権は消滅したというべきである。
〈略〉

5　なお，……Yにおいて昭和32，33年ころ植林の監視のための小屋を建築したことがある外，昭和49年には本件土地の払下げをめぐる闘争のために小屋を建築したこと，昭和49年に建築した小屋は昭和53年焼失し，その後は再築しなかったこと，その後，東富士五湖道路建設の反対闘争のため昭和57年に小屋を建築したが，これは仮処分の執行により撤去されたこと，以後も右闘争のために小屋等を建設していること，土地㈥上に入会の

森と称して建設された建物ないし工作物㈧は入会小屋ではなく，入会のために建設されたものではなく観光施設として建設されたものであることが認められる。

ところで，Yは，本件土地の所有権者と同様の収益をなしうる入会権を有していた旨主張するが，これを裏付けるに足りる事情を示す証拠はなく，したがって，Yが入会権を有していたとしても，右入会権の内容は，前記認定のとおり粗朶及び岩石の採取をすることに止まると解すべきであるところ，本件土地上に建設されている建物㈡及び工作物㈢，建物ないし工作物㈦1ないし6は，いずれも北富士演習場の自衛隊による使用に対する反対闘争あるいは東富士五湖道路建設反対闘争のために建設されたものであること及び建物ないし工作物㈧は観光目的のために建設されたものであることは，右認定のとおりであるから，仮にYに入会権があるとしても，右各建物及び工作物は右入会権に基づいて建設されたものとは言えず，右の点においても被告の主張は理由がない。」

Y組合控訴して本件土地の随意契約による払下が不当である等主張したが，次のとおり控訴棄却された。

（第２審）東京高判平8・12・2判時1601・107

「国管法2条により合衆国軍隊の用に供された国有財産（いわゆる提供財産）は，我が国が自らその事務，事業等の用に供するものではないから，国有財産法上の行政財産には当たらず，普通財産であると解される。しかしながら，提供財産は，安保条約に基づく我が国の義務の履行のために利用されている財産であるという意味では，国の行政目的達成のための財産として，むしろ行政財産に近い性質を有するものと考えられる。〈略〉

そうすると，提供財産についての国管法上の一時使用の許可は，右国有財産法18条3項所定の行政財産の目的外使用の許可に準ずる性質を有するものとして行政処分に当たり，右使用許可によっ て設定された利用権は公法上の利用権であると解するのが相当であり，国管法4条2項の定めるとおり，合衆国軍隊から目的物件が返還されたときにその使用関係も消滅し，所有者に返還すべきこととなるとみるほかはない。」

第5節　共有の性質を有しない入会権の解体消滅

【183】那覇地判平7・2・22判自143・54

事実　もとX集落の入会地であったが昭和初期にY村有となった土地の一部がA公社に賃貸されダムが建設された。Y村に支払われる賃貸料はXY間で分収されていたが，Y村は本件土地を国に売却した。当然賃貸料支払はなくなったが，Y町はこの売却によってX集落の入会権は消滅した，という理由で，分収金のX集落への支払をしなくなった。X集落はY村に対し，本件土地をY村はX集落住民の同意なしに売却し，そのため入会権にもとづく分収金請求権が侵害されたという理由で，本件土地上に入会権を有することの確認と分収金が支払われないことによる損害賠償の支払を求める訴を提起した。

判旨　「本件山林を含むY村字Xの山林は，琉球土府の時代から杣山として，琉球土府の指示，監督により，地元部落であるX村が，直接保護管理に当たり，材木，薪を伐採採取してきており，明治時代以後も，X村の地位を承継したX区（集落）の統制の下に，監督，造林が行われ，X区民の建築資材，薪の採取などの山林利用が，乙ダム建設直前まで行われた。

以上の事実からすれば，原告は，入会集団として，本件山林に管理統制を及ぼし，長期間継続して入会利用してきたということができ，本件山林について，共有の性質を有しない入会権を取得していたことが認められる。〈略〉

戦後，荒廃した山林を復元するため，昭和30年ころから，Y村の主導により，公有林野の取締り

を強化し，土地の有効利用のための公有林野の貸付けや払下げを推進してきたことが認められ，相対的に，公有林野に対する原告の統制は弱まっていたとみることもできる。

　しかしながら，公有林野の取締りについても，Y村林野条例（略）19条によれば，林野保護取締りのために，村林業係をおいても巡視をするほか，各担当林野区に月2回以上巡視せしめるものとするとして，各区の協力を前提としており，また，実際に，原告の機関である部落常会や代議員会等で，山林の保護取締りについて協議されている。また，公有林野の貸付け，払下げについて，X区域の林野について払下げを希望する者は，Y村長あての払下申請書を原告に提出させ，原告において審査した上で，区長の認印を捺印して村長へ提出するという形式を採っており，（略），払下げの有資格者は，規定上は，X区民に限られていなかったものの，実際にX区域の払下げを受けたのは，全てX区民であったことからしても，払下げの決定権限は被告にあったとはいえ，払下げの決定には原告も相当程度関与していたことが認められる。

　したがって，戦後においてもなお，Xの，本件山林を含む公有林野に対する管理統制は，存在していたといえるのであり，Yの右主張は，採用することができない。

第3　ダム建設に伴う入会権の変容
　〈略〉
　1　A公社は，昭和42年ころから，乙ダムの建設を計画し，着工したが，本土復帰後の昭和49年に国の手によって完成した。乙ダムの建設により，本件第1山林は，湛水地域として水没し，本件第2山林は，その集水地域とされた（争いがない。）。

　これによって，原告は，本件山林につき，従来のような植林，伐採などの入会利用が事実上不可能となった。

　2　ところで，乙ダムの建設が計画された際，XとYは，Y村ダム対策特別委員会を作り，ダム建設に伴う補償等について話し合った。その結果，ダム建設のために本件山林をA公社に賃貸することとし，事実上Xが本件山林を利用できなくなることの補償として，右公社から受け取る賃料を原告，被告間で配分することとした。〈略〉

　そして，Yの昭和44年第70回定例議会において，本件山林にかかる賃料の配分比率を，原告，被告間で4対6とすることが議決された〈略〉。

　5　Yは，昭和54年3月10日及び同年4月3日，国に対し，本件第1山林を4億0,080万3,840円で売却した。右売買は，……本件第1山林におけるXの入会権の消滅が前提とされていた。ところが，Xは，右売却に際し，入会権を消滅させることについて同意を与えておらず（弁論の全趣旨），また，Yから，Xに対し，右売却代金を配分することはなかった（争いがない。）。〈略〉

二　検討
　1　原告に配分された賃料の性質
　　……
　本件では，前記認定のとおり，Xにおいて，乙ダム建設直前まで，本件山林について共有の性質を有しない入会権を有していたのであり，右入会権に基づいて，材木，薪等を伐採，利用していたものである。したがって，乙ダム建設により，Xが，事実上本件山林に入会利用できなくなり，Xが相当程度の損害を被ることは，被告においても当然に認識しており，そうであるからこそ，Yも，賃料の配分割合については争いがあったものの，賃料のうち一定の割合をYが受領すること自体については，Yの当然の権利として認めていたのである。

　したがって，このような経過で原告に交付された賃料の配分は，名目上は行政補助金であっても，実質的には，事実上入会権を行使できなくなったことに対する補償，即ち入会権の対価的性質を有するものと解することができる。

　そうであれば，所有者であるYが，本件第1山林を，国に対して賃貸し，国から受領する賃料の

うちの一定割合を，Xに対し配分する場合，Xの右権利は，まさに，契約利用形態としての入会権の一形態ということができる。

したがって，この時点で，Xの入会権は，賃料分収権という債権的性格に変容して存続したということができる。

2 本件第1山林の売却による不法行為の成立

(一) 前記のとおり，Yは，昭和54年3月10日及び同年4月3日，国に対し，本件第1山林を売却したが，右売却により，右山林に関するYと国との賃貸借契約は消滅し，これにより右賃料の配分を受けるというXの入会権の基礎が消滅した。即ち，Yは，国から売買代金を受領したものの，将来にわたって賃料を受領することは不可能となり，必然的に，原告も，賃料分収権に基づく賃料の配分を取得できなくなった。

このように，Yが，入会権等土地上に存する権利が消滅することを前提として本件第1山林を売却すれば，Xの有する賃料分収権は，それに伴って消滅するのであるから〈略〉Yとしては，事前に原告の同意を得ることが必要であり，その上で，入会権が消滅することの対価として，売買代金の一部を原告に支払う義務があるというべきである。」（控訴後和解）

【184】 仙台高秋田支判平12・5・22戦後3・262

[事実] もと甲村A集落等6集落の共有入会地が昭和初期に部落有財産統一事業により甲村有となり，その後の町村合併によりY村有となった林野がダム建設用地として国に買収されたので，6集落の住民（ただし入会権者全員ではなかった）代表X_1ら9名が，国とY村とを相手として，水没されていない土地上に入会収益権を有することの確認を求めた。

第1審（山形地鶴岡支判平10・1・30戦後3・262）は，住民が入会権を放棄したという理由でこれを

第5節 共有の性質を有しない入会権の解体消滅

認めなかった。XらY村に対してのみ控訴して入会権の確認を求めるとともに，国からY村に支払われた補償金支払の請求を追加した。補償金支払請求については【216】参照。

[判旨] 「まず，整理統一協定書は，その1条及び2条において，対象財産である6部落有財産を村に寄付する旨明確に定めており，その文言上も，実質所有権が6大字に留保されたものと解する余地はない（なお，X_1らは，寄付とは下位のものが公共事業や社寺などに金銭や物品を差し出し贈るという意味を有しており，対等な私人間の契約による民法上の贈与とは異なると主張するが［控訴理由書］，独自の見解であり採用することができない。）。また信託法3条は，登記又は登録すべき財産については，信託はその登記又は登録をしない限り第三者に対抗できないことを定めているが，6部落有山林につき信託登記はされていない〈略〉。

そして，本件整理統一手続後に6部落有山林の管理のために定められた管理規則及び管理条例では，旧来の慣行を尊重する立場から，縁故者や従来から使用してきた者の使用を認めることとされたが，その場合においても，村長の許可を要するものとされ，さらにその権利は関係住民に対してのみ譲渡することができるものの，村長の許可を要するとされている。その後，昭和33年の改正によって，管理規則に関係住民に対する無償譲渡を定めた10条が加えられたが，その文言上も関係住民が所有する山林の返還を受けるのではなく，Y村に所有権が存在することを前提として関係住民が譲渡を受けるものとされている。右改正後にX_1やX_5らがY村に対して行った請願の文言上も，6部落有山林の所有権がY村に属することを前提としたものになっている。しかも，乙ダム建設に伴う補償に関する交渉の過程で，6大字住民から本件山林が6大字の所有であると主張されたことはなかったのである。〈略〉

Xらは，6部落住民全員の同意がないなどと寄

第9章　入会権の存否（入会権の解体，消滅）

付の有効性を争うが，以下の事実関係よると，寄付は有効と認めることができる。

　すなわち，本件整理統一手続の際の第3回甲村会議録の本議第3号「部落有財産寄附採納ノ件」の理由欄には，「本村6部落ニ於テ何レモ満場一致ノ賛同ヲ得テ寄附申出アリタルハ……」と部落民全員の同意があったことを窺わせる記載があり，昭和7年のA部落の総会議事録には，整理統一や寄付を問題にした形跡がない。……これらの事実に原判決が62頁9行目から70頁8行目において入会権放棄の追認を裏付ける事情としてではあるが指摘しているように，6大字住民は，本件整理統一手続後，6部落有山林が6大字から甲村に寄付され，村有になったことを前提にして，貸付け，産物の払下げ，無償譲渡を受けるなどしていることを併せ考えると，本件寄付は当初から有効であったものと認めることができる。

　〈略〉

　2　乙ダムの売却代金ないし補償金をめぐって，Xらから本件山林に入会権があると主張されるようになったころに，入会慣行，入会権統制機構が存在したか否かについて

　入会権は，慣習によって発生し，事実の上に成立している権利であるから，入会権を認めるためには，土地の利用状態について明確な入会慣行（地域住民が，当該場所において，反復継続して産物を採取する事実）と入会統制機構が存在することが必要である。本件山林に6部落住民による入会慣行及び入会統制機構が存在するというXらの主張に副う証拠はいずれも採用できず，結局のところ，本件記録上，6大字住民による本件山林に対する入会慣行及び入会統制機構のいずれについても，その存在を認めるに足る証拠は存在しないといわざるを得ない。以下詳述する。

［入会統制機構について］

　控訴人らは，入会団体的統制の具体的内容として，6大字では，各部落が部落総会を開き，入会山における製炭材，芝，薪木，茅材，桑葉などの伐採・採取の範囲，その数量，払下価格，払下げ希望者のうち誰に払下げるかの選定などを協議しており，入会権に関する最終的な機関である総代会が存在したと主張する。そして，控訴人らはA部落の大正14年から昭和7年までの総会決議録……を提出する。このうち，丙山の山林に関する決議は大正14年8月16日のものがあるが，この内容は，丙山の山林について，伐木製炭の許可願いを提出するというものであり，その文言上からしても，A部落が丙山に対する権利を有しないことを前提としたものであると解される。また，その余の決議に関しても対象とされた地名等からしても，おおむねA部落に山割りされた山林に関するものと解され，本件山林の使用収益に関して，入会統制機構が存在した事実に関するものとまではいえず，これらの決議がなされた事実があったとしても本件山林に対する入会統制機構が存在したことを認めるに足りない。

　少なくとも本件整理統一が行われた昭和7年以降，本件山林を含む丙山の山林からの産物採取に関して，6大字の各部落において，同様の協議がされていたことを認めるに足りる客観的な証拠は何ら存在しない。

　〈略〉

　このように，本件山林については，入会統制機構が存続していたことを認めることはできないが，このことは，6部落有山林に関する歴史的経過や本件山林はおおむね村直轄林で保安林という住民の産物採取を少なくとも主たる目的にはしていない類の山として長年扱われて来たといった事情に照らしても首肯することができる。すなわち，昭和5年付けの全国山林入会慣行調査資料の中には，「本件下戻後ハ6大字協議ノ上入会ヲ禁シ更ニ大正10年5月ニ別紙部落有山林取扱規則ヲ制定シ爾来之ニ基キ厳守シ来レリ故ニ正規ノ手続ヲ経テ入会ヲ解消シタルニアラサルモ目下入会停止ノ状態ナリ」との記載があり，これがどの程度入会の実状を反映しているかは必ずしも明らかではないが，

少なくとも入会解消の方向に進んでいたものと言うことができる。そして，右の部落有山林取扱規則第24条には，「本規則中管理及処分ニ関スル事項ノ整理員（第7条によれば，村長の嘱託）會ノ意見ヲ聴キ村會ノ議決ヲ経施行前監督官庁ノ許可ヲ受クルモノトス」とあり，6部落との協議等を要するようにはなっていない。また，昭和7年に6部落有山林を甲村に寄付する際にも，入会関係を廃止する旨村議会で決議されたりしている。その後，前述のとおり，昭和41年入会林野等に係る権利関係の近代化の助長に関する法律施行後，Y村は昭和7年の本件整理統一以前から6大字住民の使用実態があった山林（縁故地，元賃貸地，団地貸付地）につき，住民に無償譲渡している。Xらは，村直轄林について無償譲渡しなかったのは入会地を残しておくためであった旨主張するが，産物採取等のために，その目的が達せられやすい団地貸付地の一部を残しておくとかいうのであればともかく，そのような目的には沿わない保安林等の村直轄林を入会地として残しておいたとは認めにくい。かえって，本件整理統一以降近代化法施行に至るまで本件山林を含む保安林等の村直轄林は，山割りされた他の山林等とは別扱いされて来たもので，これは部落民による利用実態が異なっていたからであることが窺える。更に，……6部落有山林が甲村に寄付を原因として所有権移転登記された後，本件山林を含むこれらの山林の造林契約，賃貸借等の締結に当たっては，村が当事者となっているが，6部落の協議を経たとかその関与を示す証拠は見当たらないのである。

以上によれば，乙ダムの売却代金ないし補償金をめぐって，控訴人らから本件山林に入会権があると主張されるようになったころに，本件山林について入会統制機構が存続していたとは認められない。

[入会慣行について]

〈略〉昭和46年ころまで，Yの許可を得た上で，丙山の山林の一部で炭焼きなどが行われていたこ

第5節　共有の性質を有しない入会権の解体消滅

とが認められるものの，その当時においても，本件山林で入会統制機構による統制のもとで入会慣行が存在したことを認めるに足る証拠は存在しない。

〈略〉

昭和8年4月1日から施行された前記管理規則14条によれば，甲村有林野内よりきのこ，山野菜，葡萄，あけび等の副産物を採取する場合には，入林鑑札を携帯すべきこととされており，同15条においては，入林鑑札は本村に居住するものに交付するとされ，右入林鑑札は6大字以外のB部落の住民に対しても交付されているもので，……本件山林を含む村有山林での山菜等の採取については，6大字ではなく，甲村が管理していたものと解される。しかも，前述のように，本件山林について入会統制機構の存続を認めるに足りないのであるから，本件山林における山菜等の採取は村によっていわば恩恵的に認められているに過ぎないというべきである。立木についても，前記管理規則11条に，「本村有林野内樹木ハ治水竝國土保全上支障ナシト認ムル範囲ニ於テ賣却スルモノトス……村長ニ於テ貧困者救濟其ノ他必要ヲ認メタル場合ハ村會ノ議決ヲ経テ拂下ヲナスコトヲ得ルモノトス」とあることは前述したとおりであり，立木代金は議会の議決を経て最終的に決せられていた。……そして，昭和26年には丙山の山林について，村長が売主，住民が買主となって雑木（立木）売買契約が締結され，昭和30年には，丙山の山林について，丁住民等から製炭原木の払下げ願いが出され，村議会の議決を経て村長の諮問機関である財産管理委員会で協議され，あるいは，昭和35年には，同様の製造炭原木の払下げのほかなめこ原木の払下げ願いについても同様の取扱いがなされている……。このような実状からすると，入会慣行があったとは考えにくいのである。

以上のように，本件山林について6大字住民による反復継続した産物採取の入会慣行の実態があったことを認めるに足る証拠はない。」

第9章　入会権の存否（入会権の解体，消滅）

（最高裁不受理平15・10・28）

【185】　東京高判平17・7・8（判例集未登載）

事実　本件土地は湖畔にあるもと甲集落持の入会地で，大正末期にA′（Aの前身）電力会社が，発電用水量確保のため本件土地を買収したが，夏の湛水時季以外は従前通り農耕や採草に利用していた。採草は共同利用であったが農耕は畑作が主で割地利用が行なわれていた。昭和22年の自作農創設特別措置法による農地買収は行なわれず，かわってA′電力会社と入会集団（甲集落）との間で土地使用貸借契約が締結された。この契約は何回か更新されたが，平成13年をもって打切られ，その地盤を甲集落の属するX村が緑地公園建設目的で買収したが，同時にA′電力会社が水門所在地を要役地とする地役権を設定した。共同利用地は採草の必要がなくなったあとは入会権者全員でそばを蒔いていたがこれも平成13年をもっておわり，一方割地山利用地は一部駐車場になったところもある。入会権者の一員であるYは，入会地の一部を湛水池として（地目雑種地）養魚を営んでいたが，X村はYに対してその土地が村有に属し，村の計画する緑地公園建設の障害になるという理由で明渡を求める本訴を提起した。

第1審は次のように判示し，X村の主張を認めた。

（第1審）　甲府地判平15・11・25 戦後3・503

「本件土地のうち個人所有名義となった土地は概ね地盤所有者が利用していたが，一部の土地については，所有権にかかわらず採草地等として甲部落民による共同利用がされていた。

そして，上記利用形態は，本件土地がBを介してA′へ売却された〈略〉後も特段変化がなかった。

終戦直後の食糧難の時代，甲部落においても農地を持たない次男，三男らの生活を保障することが問題となり，優先的に本件土地を割り振りし，これらの者が水田等として利用するようになった。

その後，昭和50年代になると国の減反政策により，減反及びこれに伴う奨励金の分配が問題となり，昭和58年1月ころ，本件土地は甲区の住民であって農業委員会が認める農業適格者全員が共同使用することを確認し，それまで耕作してきた者に水田耕作を放棄させる同意書をとり，その後農業適格者全員によりそばを共同耕作するようになった。そして，減反奨励金は甲部落民全員で平等に分配するようになった。さらに，平成11年ころになって，本件事業の構想が持ち上がったことにより耕作が中止された。

（3）　以上の認定事実を前提に，Yが本件土地の使用収益権を有するか，本件第4土地の占有権原を有するかについて検討する。

ア　本件土地は……A′に売却された後も，甲部落民による共同利用がされており，さらに，戦後に至っては本件土地の大部分について甲部落の統制のもと個々の構成員が水田として利用するようになり，減反及びこれに伴う奨励金の分配が問題になると，そばを共同で耕作し，奨励金も平等に分配するなど，甲部落の統制のもと利用されてきたことが認められる。

しかしながら，本件土地がA′へ売却された後の甲部落民による利用については，入会権や甲部落とA′との間の永久かつ自由な使用という合意に基づいてなされたものとは認めることができない。

すなわち，昭和22年8月27日，A′と甲区……との間に，本件土地について使用貸借契約が締結されているところ，この使用貸借契約の内容は，使用目的を農耕のみに制限し，浸水による農作物被害の補償をあらかじめ放棄するもので，その期間も5年間という短期に区切るなど甲部落構成員の本件土地利用に著しい制限があった。甲部落による本件土地の利用が入会権ないし甲部落とA′との間の永久かつ自由な使用という合意によるものであったのならば，甲区すなわち甲部落がこのよ

うな不利な条項の契約を締結するとは到底考えられない。さらに，かかる使用貸借契約が概ね同じ内容で5回にわたり更新され，当初の契約締結から55年余り続いていたことにかんがみれば，上記使用貸借契約の内容は本件土地がA′へ売却された後の甲部落とA′等との間の合意内容に即した内容であったものと解するのが相当である。

したがって，A′に所有権が移転した後の甲部落構成員による利用が入会権ないし甲部落とA′との間の永久かつ自由な使用という合意によるものと認めることはできず，むしろ使用貸借契約に基づくものと認めることができるから，仮にA′に所有権が移転する以前に本件土地の一部について甲部落の入会権があったとしても，A′への売却により入会権が消滅したと解するのが相当である。」

Y控訴したが**第2審東京高判平17・7・28**は次のように判示し控訴棄却した。

[判旨]「甲部落においては，明治初年以降繰り返し村持地の個人分割がされ，大正6年ころ，村持地の大部分が，(1)当時の入会権者92名による個人分割，(2)92名による記名共有へと変容を受けたが，このうち92名による記名共有とされた土地は，①将来の公益費用の支出に充てるためのもの，②共同利用上必要とされる土地のため不可欠なものや，生活資料を採取できる場所等であった。〈略〉

以上のような諸点に照らせば，A′への売却前に，本件第1及び第3土地について採草のための入会慣行があったとしても，A′への売却に際しては，入会地としての土地利用権の留保はされなかったもの，すなわち，A′は何らの負担を伴わない完全な所有権を取得したものと認めるのが相当である。Yは，A′への売却後も入会権は消滅せず，共有地については，共有の性質を有する入会権から共有の性質を有しない入会権へと法的性質が変わっただけであると主張する。なるほど，A′への売却後も，第2次世界大戦前まで本件第1土地及び第3土地の利用状況に特段の変化はなく，甲部落民が

第5節　共有の性質を有しない入会権の解体消滅

上記土地を採草地として利用していたことは，前記認定のとおりである。しかしながら，A′が上記土地等を取得した目的は丙湖の水位調整にあったから，A′は，上記目的に反しない程度の利用は事実上容認していたものと推認することも十分に可能であって，上記利用の事実から直ちに上記土地につき採草を目的とする入会権が成立していたものとまで認めることはできない。

その後，第2次世界大戦後の食糧難の時代，甲部落においても農地を持たない次男，三男らの生活を保障することが問題となり，これらの者が上記土地等を水田等として利用するようになった〈略〉。しかし，このような利用形態は従前の利用形態……とは異なるものであり，昭和22年に甲区とA′との間で使用貸借契約が締結されたのは，上記のような事態に対処するためであったと推認される。そして，前記のとおり，A′は，本件土地等を所有する目的が丙湖の水位調整のためにあったことから，その目的に反しない範囲において，甲区が農耕地として使用することを認めたものである。これにより，本件土地等に対する利用は，契約関係として明確なものとなり，甲区は，本件土地等につき農耕を目的とする使用貸借権を取得した。Yは，上記使用貸借契約が締結されたのは，農地買収を免れるためのものにすぎなかったと主張するが，本件土地等を農耕地として利用する必要が生じたことは上記のとおりであるのみならず，前記認定のとおりA′の異議申立ては，当該土地が丙湖に一定の貯水をする事業用地として絶対必要であることを理由とするものであったから，上記土地が買収されなかったのは，上記異議申立ての理由が相当とされたことによるものと解することもできるのであって，上記使用貸借契約の締結が，単に農地買収を免れるためのものであったということはできない。そして，前記認定のとおり，その後，上記使用貸借契約は更新を繰り返し，55年以上にわたり継続したのである。

以上のとおりであって，本件第2土地について

第9章　入会権の存否（入会権の解体，消滅）

は，個人分割の前に入会権が存在したとしても，個人分割の時点において入会権は消滅したものと認められ，本件第1及び第3土地については，A′への売却前に，採草のための入会慣行があったとしても，個人分割された土地……はもとより，92名の記名共有とされた土地……についても，上記売却により，A′は何らの負担を伴わない完全な所有権を取得したものと認めるのが相当である。」
（最高裁不受理平18・2・9）

【186】　大分地判平15・11・29戦後3・526

事実　本件は温泉泉源地における湯口権についての判決で，もと甲集落共有地内に湧出する温泉は以前から甲集落住民の共浴場として維持管理されてきたが，昭和初期集落所有の山林原野が乙村有（のちY市有）に無償統一する1，2年前に有償で同村有となった。その後共浴場の管理維持に変化はなかったが，昭和50年代に災害によりこの共浴場が崩壊埋没したため，Y市が近くに有する泉源からもとの泉源地の近くに共浴場を設けそこに引湯して新たな甲共浴場とした。平成に入ってY市がこの近くに大型Y市営温泉施設を建設，そのため甲共浴場への給湯を停止することにしたので，甲集落住民Xら約50名は市を相手として温泉権にもとづく妨害排除，のちに原状回復の訴を提起した。

判旨　「イ　乙村は，昭和3年に，A温泉の土地（同所には旧甲第2泉源があった）及び建物をB温泉の土地建物とともに買い受けており，その際の代金は，その支払いが10年の分割払であることからすると，ある程度まとまった額であると推認される。また，その1年数か月後に財産整理統一協定により無償で乙村に譲渡された財産については，〈略〉財産権の移転後も地元住民に留保される当該財産の使用収益権及び無償譲渡の条件として乙村に課された義務について具体的かつ明確な規定が置かれているのに対し，当時甲集落が有する財産の中でも特に高い財産価値を有していたと推測され，乙村としてもその維持管理のため多額の費用を負担していたA温泉及びB温泉に関しては，譲渡人である甲集落住民の使用収益権についての取決めが記載された文書等の存在を証拠上認めることができない。そうすると，乙村が甲第2泉源の地盤を含むA温泉及びB温泉の敷地建物を買い受けた際，譲渡人である甲地区の住民に地盤所有権とは別に温泉専用使用権などの使用収益権が留保されたものとは考え難く，むしろ従来甲地区の住民がA温泉に対して支配管理を及ぼしていたことにかんがみ，相当な対価を支払って温泉専用使用権も含めた権利を譲り受けたと認めるのが相当である。

〈略〉

ウ　さらに，乙村がY市に編入された後は，Y市が多額の費用を負担してA温泉の泉源の掘削，温泉の造成，温泉施設の維持管理を行ってきたことは前提事実〈略〉のとおりであり，それに対して甲地区住民やA温泉組合が何らかの支配を及ぼした事実は認められない。両温泉の共同浴場の清掃についても，昭和26年頃まではY市が雇用していた清掃人が行っており，地元住民が自ら清掃を行うようになったのは，地元自治会が被告Y市から同共同温泉の管理の委託を受けてからにすぎない。入浴料や恩恵料等の名目での金銭の徴収についても，その開始時期や徴収の趣旨は証拠上明らかではない。

(2)　以上を総合すれば，かつてはA温泉について甲地区の住民の温泉入会慣行が存在したことがあったと認める余地はあるものの，仮にかかる温泉入会慣行が存在したとしても，昭和3年に同温泉の土地建物が乙村に売却された際には，同温泉についての温泉専用使用権もこれに含めて乙村に譲渡されたと認められる。」
（福岡高判平17・1・27控訴棄却確定）

共有の性質を有する入会権の存否は，その土地上に有する各個人の持分権が集団の統制下にあるか否かにあるわけで，紛争当事者はほとんど，集団構成員相互間である。人工植栽林や割地利用が入会権の内容とならないという初期の判決を別として，一般に判決は共有の性質を有する入会権の解体については慎重である。

一方，共有の性質を有しない入会権（以下「地役入会権」と略称）は解体のみならず消滅することがあり，ここに掲げた判決もすべて地役入会権の消滅にかんするものである。ここにあらわれた判決を見ると，昭和50年代を境に顕著なちがいがある。すなわちそれより以前の判決は，入会集団相互間ないし入会集団と地盤所有者との紛争で，主として入山（土地立入）の権能についてのものであるが，それ以降の判決は，公共団体もしくは企業に対する入会集団構成員（必ずしも全員でない）との間の紛争である。主として地盤所有者たる公共団体や（地盤所有権もしくは使用権能を

第5節　共有の性質を有しない入会権の解体消滅

取得した）企業体が入会地上に工作物等施設を設け，それに対する入会集落住民の入会権確認，妨害排除もしくは損失補償の請求についての紛争である。入会権の（確認を求める）主張が，必ずしも集団でなく集団構成員，したがって構成員の全部ではない，ということは当該土地上に施設等の設置につき，集団構成員の相当部分（その施設の設置によって格別不利益を伴わず，また少数であるが利益を受ける者）が賛意を表したためであろう（入会権者全員が反対であれば施設の設置は事実上できない）。したがって訴の提起が入会集団構成員全員でなく，そのため訴訟当事者の適格性が争われるのである。判決は一般に共有の性質を有する入会権の場合と異なり，地役入会権の消滅については比較的認めているように思われる。これは平成年間の判決がほとんど入会地上にすでに施設が設置されてからの訴訟提起であるからであろうか。なお地役入会権の消滅でなく，地役入会権の解体についての判決はない。

第10章　入会権と訴訟適格

入会権は入会集団が有する（集団的な）権利であるから、入会権の存否やその権利行使に関する訴訟には入会集団（構成員全員）がその当事者となる。入会集団または実質的に同一集体である集落（部落）は法人ではないが、入会権訴訟については当事者能力が認められている。明治大正期の裁判は入会集団相互間あるいは入会集団が訴訟当事者となることが多く、町村長やいわゆる総代がその代表者となっていたことは前述のとおりである。

しかし戦後、とくに昭和30年以降は、入会集団構成員の職業の多様化、構成員の変動等により入会地に対する構成員の態様も必ずしも一様でなくなり、入会訴訟の当事者に入会集団（集落）全員でなくその構成員（多くの場合その大部分または一部）がなることが多くなった。そのためその構成員（たち）が入会訴訟当事者として適格を有するか否かが問題となることが少なくない。

第1節　入会権確認訴訟

集団として有する入会権の存在確認を求める訴が入会集団構成員全員でしなければならないかそれとも構成員の一部の者でもよいか、すなわち固有必要的共同訴訟であるか否かは以前から争われた問題で、判例上も必ずしも確定していない。

1　入会権確認訴訟

【187】　大判明39・2・5民録12・165

事実　本訴は、上告人X_1ら88名の権利が合一に確定すべきであるにもかかわらず、原裁判所が共同訴訟人中の17名に呼出および送達せずに裁判をしたのは違法であるという上告理由に対するものである。

判旨　「本訴ハX_1等カ大字甲ノ住民ニシテ其資格ニ依リ住民一般ニ係争山林ニ対シ古来入会権ヲ有スルコトヲ主張スルモノナリ而シテ入会権カ村民

第10章　入会権と訴訟適格

若クハ区民タル資格ニ基ク場合ニ於テハ住民中其権利ヲ抛棄シ又ハ他ニ移住スル等ニ依リ権利ヲ喪失スルノ外住民全体ニ均一ノ権利ヲ有シ其権利ヲ得ル者ト之ヲ得サルモノトアル如キ不同ナルコトナキヲ通例ト為スカ故ニ本件ノ訴旨ニ拠レハ原告タル共同訴訟人ニ対シテハ其権利関係ノ合一ニノミ確定スヘキ事件タルヘク民事訴訟法第50条ヲ適用スヘキモノナルニ原裁判所カ本件第1審ノ共同訴訟人タル原告X₂外16名ニ対シ口頭弁論期日ノ呼出状ヲ発セスシテ裁判シタルハ違法ニシテ是亦破棄ノ原由ノアリトス」

　本件の争点は，入会権者の全員が訴訟当事者になっているか否かにあるのではなく，訴訟当事者となっている者の一部に送達，呼出をしないで裁判することが違法であるか否かにあるのであって，本判旨は，原告として裁判に参加した者に対してはその権利を合一にのみ確定すべき事件であるから，一部の者に呼出，通達しないのは違法だといっているのである。本判決は，入会権確認訴訟は入会権者全員が原告となるべき固有必要的共同訴訟であるという趣旨の先例とされているが，本判旨は，入会権確認訴訟に入会権者が参加しなければならない，などとはいっていないのである。「原告タル共同訴訟人ニ対シテハ其権利関係ノ合一ニノミ確定スヘキ事件」と付加しているのは傍論にすぎない。

　本判決は訴訟参加した当事者に権利が合一に確定すべきことを判示したものであり，このことは以下の判決にみられる。

【188】　大判明44・5・29民録17・348

事実　XらがYを相手に入会権確認請求の本訴を提起。係争中Xらの内の1人の死亡により訴訟中断原因が生じた。その中断自由に関する判示である。

判旨　「本件ハ一大字住民ノ為メニスル入会権確認請求事件ニシテ当事者間ノ権利関係ハ合一ニノミ確定スルヘキ事件ナルニ〈略〉本件ノ如ク事件カ合一ニノミ確定スヘキ場合ニ在リテ共同訴訟人中ノ1人ノ為メニ中断原因ヲ生シタルトキハ他ノ共同訴訟人ノ為メニモ同シク中断スヘキモノナレハ上告人X₁ノ被相続人ノ死亡ニ因リテ生シタル中断ハ他ノ総ヘテノ共同訴訟人ノ為メニモ中断セルルモノニシテ本件ハ中断中ノ上告ニ係リ不適法ナリトス」

【189】　大判大5・8・23新聞1200・25

事実　X₁ら36名がY₁ら35名を相手として入会地境界確定の本訴を提起した。第一審Y₁ら敗訴し，控訴したがY₂のみ控訴しなかったので，第二審はY₂に対し1回呼出状を送達したのみでYら敗訴の判決を言渡した。Yら上告してY₂に対して呼出送達をなさず判決をしたのは違法であると主張した。

判旨　「本件はX₁外35名よりY₁外34名に対し入会権行使地境界の確認並に立萱刈取の禁止を請求する訴にして，訴訟に於ける権利関係が合一にのみ確定すべき案件に係れり，而して被告の1人たりしY₂は第一審判決に対し控訴を為さざるもY₁外33名は控訴を為したるを以てY₂に於て控訴の取下を為さざる以上は民事訴訟法第50条第5項の規定に依り同人に対しても懈怠せざりし場合に於て為すべき総ての送達及び呼出を為す為すことを要す，然るに同人は控訴の取下を為したるに非ざる者なるに拘はらず原審が同人に対し明治44年1月27日附第1口頭弁論期日の呼出状を送達したるのみにて其後の期日呼出及び送達は総て之を為すことなく他の共同訴訟人に対してのみ審理を

遂げ判決を与へたるは重要なる訴訟手続に違背したるものにして同判決並に訴訟手続を破毀すべきものとす」

【190】 大判昭9・2・3法学3・6・88

[事実] 本判旨は村有地上に地元部落住民Xらの入会権確認請求を認めた原判決に対しY₁村の上告理由中，部落住民が入会権を有することの確認訴訟を提起するのであれば全員で提起すべきである。という主張に関するものである。

[判旨]「本件入会権は部落住民に於て之を有し所論の如くに部落其のものに属するものに非ずと為す以上部落住民たるXらが部落民全員の為め其の入会権の存在確認を求むることなく唯自己の利益保護の為め各自本件山林に立入り雑木秣及石灰石を採取する権利（入会権）を有するところの確認を訴求することは素より之を為し得るものと做さざる可からず何となれば若し反対に解せんか入会権者の1人にして同意するなくんば各自入会権を有するに拘らず竟に訴に依る国家の保護を受け得ざることとなるが故なり然り而して本件に於てXらはY₁村がXらに於て本件山林に付き入会権を有することを否認するを以てXらも亦入会権者なることの確認を求むる訴旨なることを弁論の全趣旨に徴し明白なるが故にXらのみより提起したる本件訴訟は前示の理由に依り之を適法と為さざる可らず」

【191】 大判昭15・5・10新聞4580・8

[事実] 本判旨は，村有地上に住民Xらの入会権を認めた原判決に対するY村の上告理由中，本件訴訟参加者は280名であるが係争地に関係ある住民中訴訟不参加者は629名に及んでおり，入会権存在確認訴訟は固有必要的共同訴訟であるにもかかわらず住民中一部の者から提起された本件入会権確認訴訟は不適法である，という主張に対するものである。

[判旨]「X等（原告等）ノ本件訴旨ハX等ハ甲部落民トシテY所有ノ係争山林ニ対シX等主張ノ如キ内容ノ入会権ヲX等カ各個ニ享有スルモノナリトシテ上告人ニ対シ各個ニ入会権ヲ有スルコトノ確認ヲ求ムルモノニシテ此ノ如キ入会権ハ地役ノ性質ヲ有スル入会権ニ属シ共有ノ性質ヲ有スル入会権ニ非サルカ故ニ所謂固有ノ必要的共同訴訟トシテ権利者全員ヨリ若クハ全員ニ対シテ訴訟ヲ提起スルヲ要セサルモノト解スヘ」（シ）

【192】 千葉地判昭35・8・18下民集11・8・1721
（【84】【119】と同一事件）

[事実] 本判旨は，財産区有とされる土地に住民が共有の性質を有する入会権を有することの確認を求める本案【84】において，かかる訴は固有必要的共同訴訟であるのに住民の全部が参加していない本訴は不適法であり，また住民中確認訴訟提起に賛同しない者があればそれらの者も被告とすべきである，という財産区の抗弁についてのものである。

[判旨]「思うに入会権に基く共同収益権は入会権そのものと異る観念であって，入会権そのものは原則として部落住民団体に属し（この点については後に説明する）例外として住民個人個人に属する（部落というより部落の1戸1戸が表面に出て入会権を有する場合）が入会権に基く共同収益権は前の場合においても住民団体を構成する部落住民個人個人に属し，部落の共同生活を規律する規範に従って，部落民たる資格を得たり失ったりすることにより当然に取得したり，（慣習により転入者は当然には入会権者とならない場合がある）喪

第10章　入会権と訴訟適格

失したりする。

　しかして右共同収益権については入会山の地元部落住民と然らざる部落住民との間で山業の用具，収得の目的物に優劣の差のあることがしばしばであるが，同一部落住民相互間においては優劣の差のないものを原則とする。しかして部落住民等は各自共同収益権に基き収益権の行使を妨げる者に対し妨害排除の請求訴訟を提起し得ること及び入会権そのものの確認の請求は部落住民団体が入会権の処分権を有する代表者を有するときは部落住民団体名により代表者を以て原告たり得べく是くの如き代表者を有しないとき（部落住民団体が入会権を有するというのは部落住民等が入会権を総有するということであるから）及び前記部落住民個個人が入会権者である場合には部落住民全部が原告となって訴訟を提起すべき固有必要共同訴訟であることについては疑いのないところであるが，本訴の如き入会権に基く共同収益権の存在確認の訴を入会部落民各自が提起し得るや否やには多少の疑いなきを得ない。

　というのは右訴訟を入会部落住民の一部のみを以て提起し得るとすれば訴訟の結果入会部落住民中ある訴訟の原告等には共有の性質を有する入会権に基く共同収益権が確認され，又他の訴訟の原告等には共有の性質を有せざる入会権に基く共同収益権が確認せられる場合が絶無とは云えない。その他当事者の主張，立証等の異なるにつれ採取目的物の範囲等についても異なる裁判がなされる可能性がないとは云えず，是くては前記通常の入会慣行に反するように見えるからである。

　しかしながら原告等の本訴において主張するような事実関係の下においては単純な妨害排除の訴訟によっては争いを永く断ち切ることができず，又入会部落民全部が原告となって入会権そのものの確認の訴を提起することはでき難い。ところが入会権に基く共同収益権の存否は他人のそれと直接の関係はないから，むしろ前記のような訴訟の結果が万一生じたとしても，それは止むを得ないところとして入会部落住民の一部により入会権に基く共同収益権存在確認訴訟を提起し得るのが相当である。唯この場合1つの訴を提起した共同原告中において勝敗そのものの点では異なる運命をたどるもののあることは止むを得ないが（例えばある原告は住民でないとして請求を棄却されるが如く），確認される共同収益権の内容そのものについては合一の確定されることを要するものと解するのが相当である。（類似必要共同訴訟の特殊の1場合と言い得よう）これは訴訟の結果により生ずべき差異をなるべく減少せしめるように解するのが入会権の性質に合致するところと言わなければならないからである。しかして被告は原告等に同調しない甲，乙住民等をすべて被告として訴を提起することを要する旨主張するが，右原告等以外の住民等を自ら入会権者と主張して原告等の入会共同収益権を否認しているものではなく，自らの入会共同収益権をも主張していないものであるから（弁論の全趣旨により以上の如く解する。），是くの如き者を相手方として共同収益権存在確認の訴を提起する必要は少しもないと言わなければならない。

〈略〉

　そうとすればひとり被告区を相手方としたのは適法といわなければならない。よって本訴の適否に関する被告の主張に賛同せず，本訴を適法と解するのである。」

（本判旨確定）

【193】　東京地判昭41・4・27下民集17・3〜4・353

事実　本判旨は【97】【178】事件の第1審における原告当事者適格についての判示である。村有林を買受けた国がミサイル基地を建設したため，入会権が侵害されたという理由で国およびY村を相手として，同村住民Xらが入会確認，山林引渡，所有権移転登記抹消登記請求の本訴を提起したが，

国およびY村は，Xらはその主張する入会権を有する村住民の一部にすぎないから，入会確認を請求する当事者適格を有しない，と抗弁した。

[判旨]「一　入会権確認を求める申立について

Xらは，別紙目録記載㈠ないし㈢の山林（以下本件山林という。）について共有の性質を有するまたは共有の性質を有しない入会権の確認を求めている。しかし，入会権の性質上，入会団体の個々の構成員は，その資格において，入会権の内容のうち収益権を具体的に行使する権能を有するに過ぎず，入会権自体を管理処分する権能は個々の構成員に与えられておらず，実体法上入会団体の構成員全員でなければ入会権を処分することができないのである。したがって，その反映として訴訟上も入会団体の構成員全員または入会団体自体（代表者または管理人がある場合に限る。なお，訴え提起につき構成員全員の承認または委任あることを要するものと解する。）でなければ入会権を処分する結果を招来するかも知れないような訴訟についての訴訟追行権を有せず，一部の構成員のみで右のような訴訟について当事者適格を有しない（したがって，このような訴訟はいわゆる固有必要的共同訴訟である。）ものと解すべきである。けだし，入会団体の構成員の一部に過ぎない者に訴訟追行権を認める場合には，その者は他人のため当事者となったものとしてその訴訟の判決の効力は入会団体ないし入会団体の構成員全員に及ぶから，もし敗訴した場合には入会権自体を処分すると同様な結果を招来するからである。

ところで，入会権の確認を求める訴えは，もしXらが敗訴すれば入会権自体を処分する結果を生ずる訴訟でることは明らかであるから，本件共有の性質を有する入会権または共有の性質を有しない入会権の確認を求める訴訟は入会団体の構成員全員の固有必要的共同訴訟であるといわなければならない。しかるに，Xらはいずれもその入会団体であると主張する甲村部落の構成員の一部に過ぎないことは当事者間に争いながら，Xらは，Yらとの間で本件山林につき入会権を有することの確認を求める訴えについて原告適格を有しないものといわざるを得ず，したがって，本訴中右確認を求める部分は不適切である。

二　入会権に基づき本件山林につき抹消登記手続を求める申立について

前に述べたとおり，入会団体の個々の構成員は入会権の管理処分する権能を有せず単に入会地につき収益権を行使する権能を有するに過ぎないから，個々の構成員は，管理処分権の範ちゅうに属し収益権の行使とは直接関係のない，入会地たる本件土地についてなされたYらのための登記の抹消登記手続を求める申立についても原告適格を有しないものと解すべきである。したがって，入会権に基づくものとして本件山林につきなされた登記の抹消登記手続を求める申立ても不適法である。

三　入会権に基づき本件山林の引渡もしくはXらの立入り等を妨害することの禁止を求める申し立てについて

なお，入会権に基づき本件山林の引渡しもしくはXらの立入り等を妨害することの禁止を求める申立ての適否についても吟味しておくこととする。

入会団体の個々の構成員は右に述べたように，入会権に基づく収益権を具体的に行使する権能を有するとはいえ，入会権の構成要素たる収益権自体はこれを処分することができない。しかし，個々の構成員が収益権を具体的に行使すると否とはその意思に委ねられているから，個々の構成員は自己の収益権の行使を妨げる者に対して妨害排除請求権を有するものと解すべきである。そして入会団体構成員各自が収益権行使の妨害排除請求訴訟においても敗訴しても，その判決の既判力は原告となった個々の構成員の妨害排除請求権の不存在を確定するに過ぎないから　その者の妨害排除請求権を処分することになるだけで収益権自体を処分することにはならない。それ故，入会団体の構成員各自は収益権行使の妨害排除請求訴訟を

第10章　入会権と訴訟適格

提起できると解することができる。」

【194】　名古屋地岡崎支判昭41・3・22　戦後1・144（【125】の第一審判決）

[事実]　【125】事案の入会地の登記名義人に対する名義人でない部落住民からの入会権確認請求における当事者適格に関する判示である。

[判旨]　「本訴請求中別紙目録記載の（甲），（乙），（丙），（丁），（戊）の各不動産が原告等及び被告 $Y_1Y_2Y_3$ の総有に属することの確認を求める部分については，総有者全員につき合一確定を要する必要的共同訴訟と解すべきところ，原告等の主張によれば右土地は御立行政区の区民の各戸の世帯主の総有に属するというのであるが，原告X等75名と被告 $Y_1Y_2Y_3$ の計78名が御立行政区の各戸の世帯主全員であることは〈証拠〉により認められるので原告等及び右被告3名はいずれも当事者適格を有すること明らかである。被告 Y_2Y_3 は第1回口頭弁論期日に請求を認諾したことは本件記録上明らかであるが，必要的共同訴訟たる右訴については右認諾は無効というべきである。」

【195】　最判昭41・11・25　民集20・9・1921（【91】の上告審）

[事実]　本判決は現在Y村有となっている土地に大字住民が地盤所有権あるいは入会権を有することの確認請求に関する【91】の事案のものであるが第一審提起当時参加者330名であったのにその後訴の取下げが相つぎ控訴判決をうけたのは216名，上告人は128名であったため，最高裁は次のように判示し入会権確認請求に関する原審判決を破棄し，本訴を却下した。

[判旨]　「職権をもって調査するに，入会権は権利者である一定の部落民に総有的に帰属するものであるから，入会権の確認を求める訴は，権利者全員が共同してのみ提起しうる固有必要的共同訴訟というべきである（明治39年2月5日大審院判決・民録12輯165頁参照）。この理は，入会権が共有の性質を有するものであると，共有の性質を有しないものであるとで異なるところがない。したがって，Xらが原審において訴の変更により訴求した「本件土地につき共有の性質を有する入会権を有することを確認する。若し右請求が理由がないときは，共有の性質を有しない入会権を有することを確認する」旨の第4，5次請求は，入会権者全員によってのみ訴求できる固有必要的共同訴訟であるというべきところ，本件右請求が入会権者と主張されている部落民全員によって提起されたものでなく，その一部の者によって提起されていることは弁論の全趣旨によって明らかであるから，右請求は当事者適格を欠く不適法なものである。本件土地をXらが総有することを請求原因としてYに対しその所有権取得登記の抹消を求める第2次請求もまた同断である。」

前述のように，判示中援用されている明治39年2月5日大審院判決は，入会権確認訴訟が固有必要的共同訴訟である，という判示はしていない。しかし，入会権は共有の性質を有するものと否とを問わず，入会集団構成員全員（の共同所有）に帰属するものであるから，その集団が権利を有することの確認を求めるのは，集団構成員全員ですべきである，というのは当然であろう。本件のように第一審提訴の原告が最終結審のときに訴訟不参加等の理由により3分の1に減少したという場合には入会権確認を最終的に求めるのが入会権者全員でないことが明らかであろうから，訴訟適格がないとして却下したのも当然であろう。

この判決は，集団として有する入会権の確

認請求訴訟が固有必要的共同訴訟であるといっているのであるが，それが入会権にかんする訴訟一般に不当に誤用，悪用される場合が後にあらわれてくる。

【196】 松江地判昭 43・2・7 判時 531・53

事実 本判旨は【173】事案の財産区の管理する土地につき共有の性質を有する入会権を有することの確認訴訟を提起した住民Xらに対し相手方たる財産区の，Xらが住民の一部にすぎないので確認訴訟につき当事者適格を有しない，という抗弁である。

判旨 「一．入会権を考える場合，入会権自体の管理処分権は個々の構成員の総体たる入会団体に帰属し，各構成員は入会権に基づく収益権を行使する権限を有するに過ぎないというべきである。従って，右収益権の行使と直接関連なく，専ら入会権の管理処分に関する事項については構成員全体で決すべきで，訴訟を追行する場合には入会権者全員で行う固有必要的共同訴訟でなければならない。
本訴におけるXらの第1次請求はいずれも，右にいう入会権の管理処分権に属するものであるから，これら訴は固有必要的共同訴訟であるといわねばならない。しかるにXらはいずれもその入会団体であると主張するA部落の一部の構成員に過ぎないことは当事者間に争いがないから，Xらは本訴中，右第1次請求について，原告適格を欠くものといわざるを得ず，従って右訴は不適法である（しかし，入会団体の各構成員が自己の収益権に基づき，その行使を妨げる者に対して，その妨害排除を求める権限を有することはこれを容認すべきであるから，本訴の第2次請求は適法である）。」（広島高松江支昭50・12・17 戦後1・336 控訴棄却，最判昭52・4・15により本判旨確定）

第1節 入会権確認訴訟

【197】 最判昭 57・7・1 民集 36・891（【105】【121】の上告審判決）

事実 本判旨は【105】【121】の上告審判決である。神社有名義の土地上の地上権確認請求事件に，入会権の確認を求めて地元住民Zらが当事者参加し，第一審判決は住民の入会権を認めたので，控訴審で，地上権確認請求者Xが，地元住民が全員参加していないから当事者適格を有しないと主張した。控訴審（東京高判昭50・12・26 訟月22・1・1）は，Zらの請求は保存行為に該当する，という理由でこれを認めず，X上告。

判旨 「入会部落の構成員が入会権の対象である山林原野において入会権の内容である使用収益を行う権能は，入会部落の構成員たる資格に基づいて個別的に認められる権能であって，入会権そのものについての管理処分の権能とは異なり，部落内で定められた規律に従わなければならないという拘束を受けるものであるとはいえ，本来，各自が単独で行使することができるものであるから，右使用収益権を争い又はその行使を妨害する者がある場合には，その者が入会部落の構成員であるかどうかを問わず，各自が単独で，その者を相手方として自己の使用収益権の確認又は妨害の排除を請求することができるものと解するのが相当である。これを本件についてみると，原審が適法に確定したところによれば，Zらは，本件山林について入会権を有する甲部落の構成員の一部であって，各自が本件山林において入会権に基づきその内容である立木の小柴刈り，下草刈り及び転石の採取を行う使用収益権を有しているというのであり，右使用収益権の行使について特別の制限のあることは原審のなんら認定しないところであるから，ZらのX及びY神社に対する右使用収益権の確認請求については，Zらは当然各自が当事者適格を有するものというべく，また，Xに対する地上権設定仮登記の抹消登記手続請求についても，

第10章　入会権と訴訟適格

それがＺらの右使用収益権に基づく妨害排除の請求として主張されるものである限り，Ｚら各自が当時者適格を有するものと解すべきである。
　〈略〉
　しかしながら，職権をもつて，Ｚらの請求中本件山林について経由された地上権設定仮登記の抹消登記手続請求の当否について検討するに，Ｚらが有する使用収益権を根拠にしては右抹消登記手続を請求することはできないものと解するのが相当である。けだし，原審が適法に確定したところによれば，Ｚらが入会部落の構成員として入会権の内容である使用収益を行う権能は，本件山林に立ち入つて採枝，採草等の収益行為を行うことのできる権能にとどまることが明らかであるところ，かかる権能の行使自体は，特段の事情のない限り，単に本件山林につき地上権設定に関する登記が存在することのみによつては格別の妨害を受けることはないと考えられるからである。もつとも，かかる地上権設定に関する登記の存在は，入会権自体に対しては侵害的性質をもつといえるから，入会権自体に基づいて右登記の抹消請求をすることは可能であるが，かかる妨害排除請求権の訴訟上の主張，行使は，入会権そのものの管理処分に関する事項であつて，入会部落の個々の構成員は，右の管理処分については入会部落の一員として参与しうる資格を有するだけで，共有におけるような持分権又はこれに類する権限を有するものではないから，構成員各自においてかかる入会権自体に対する妨害排除としての抹消登記を請求することはできないのである。しかるに，原審は，なんら前記特段の事情のあることを認定することなしに，Ｚらが入会権の内容として有する使用収益権に特別の効力を認め，右使用収益権はその法的効力においてはいわば内容において限定を受けた持分権又は地上権と同様の性質を持つものと解したうえ，Ｚらは，右各自の使用収益権に基づく保存行為として本件山林について経由された地上権設定仮登記の抹消登記手続を請求することができるものと判断しているのであつて，右判断には，入会権に関する法律の解釈適用を誤った違法があるものといわなければならず，右違法が原判決中右抹消登記手続請求に関する部分に影響を及ぼすことは明らかである。
　したがつて，論旨は，理由がなく，採用の限りでないが，原審がＺらの請求中本件山林について経由された地上権設定仮登記の抹消登記手続請求を認容したことは失当である」

　本判旨は，前段において，入会権の収益行為に対する妨害の排除は入会権者各自することができる，と明快な判示をしているが，後段は甚だ誤解を招き易い判示をしている。まず本件地上権設定仮登記の存在のみは入会収益権行使の妨害にならない，というが，設定登記のみでその権利の実際の行使がなければ妨害行為にならない。したがって妨害排除請求としての仮登記抹消登記請求は認められない。ここまでは問題ないのであるがそのあと「かかる妨害排除請求権の訴訟上の主張，行使は，入会権そのものの管理処分に関する事項であつて，」という判示は何とも不明である。「入会権そのもの」というけれども何のことか，「そのもの」でない入会権が存在するか，との疑いを生ずる（そのものとは集団として有する入会権を云うのではないかと思われる）妨害排除の訴訟上の請求が入会権者各自できると前段で言いながら後段で全員でなければできないような言い方で甚だ不明確である。後段ではこの場合の抹消登記請求は入会権に対する妨害排除にもとづくものでなく管理処分行為によるものであるから入会権者全員でなければできない，というのである。

第1節 入会権確認訴訟

わが国民事訴訟においては通常原告（訴訟提起者）として参加を強制することはできない。したがって入会権確認訴訟のようにつねに入会集団構成員が原告とならなければ提訴できないのであれば、集団の中で利害関係が対立しているときは提訴が困難であるし、何よりも入会権の存在を否定する第三者である企業等が構成員の1人でも訴訟に参加させなければ（買収してしまえば）入会権確認訴訟が提起できないというきわめて不都合なことになる。

このような不都合を打開するために、非参加者を相手方（被告）とすればよい、という判決があらわれた、次の岡山地倉敷支判昭51・9・24である。この判決では傍論であるが、右の不合理に対する批判を受け止め、権利者救済の道を開いている。

【198】 岡山地倉敷支昭51・9・24判時858・94

[事実] 本判旨は【146】の事案で代表者7名共有名義の山林のY会社への売却を不服とする部落住民Xの、売買無効を理由としたY会社を相手とする係争山林の所有権移転登記の抹消登記手続請求に対する判示である。

[判旨]「一．Xの第2次請求原因は、本件土地がXほか103名の共有の性質を有する入会権の対象たる山林であるところ、Yは本件土地につき本件売買による所有権取得を主張しその旨本件登記を経由しているが、本件売買は無効であってXの総有権を妨害しているから、Xは、総有権に基づき、Yに対し本件登記の抹消登記手続を求めるというのである。

二．職権をもって調査するに、入会権は権利者である一定の部落民に総有的に帰属するものであるから、入会権の存在を請求原因としてYに対しその所有権取得登記の抹消を求める訴は、権利者全員が共同してのみ提起しうる固有必要的共同訴訟というべきである。そうだとすると、その一部の者によって訴が提起されていることは、弁論の全趣旨によって明らかであるから右請求は当事者適格を欠く不適法なものである（最判二小昭和41年11月25日判決）。もっとも、入会紛争について、固有必要的共同訴訟の名の下に入会団体の一部の者の訴の提起を認めないことは、きわめて不合理の結果を招く（相手が団体の中のだれか1人でも買収し、あるいは圧力を加え、訴訟に参加させないよう手を打てば、ほかのすべての入会権者の権利は救済されない）から、入会団体の一部の者が提起した入会権確認訴訟については、その原告適格を承認すべきである．Xが入会団体の構成員としての資格において確認を求めているのは、彼らがその構成員であるところの入会団体の権利そのものにほかならず、当該入会団体の権利を保有する権能が、共同権利者としての入会団体構成員に認められるべきであることは、共有の場合におけるのと異ならない（川島武宜潮見俊隆渡辺洋三編入会権の解体Ⅲ 538頁以下、注釈民法(7)物権(2) 552頁）との反対説があり、右説によると本訴もXに当事者適格を認めるべきことになる。しかしながら、この説によると、Yは、仮に勝訴しても、他の者による別訴の危険にさらされる（本件では103回の応訴を強られる余地を残す）ばかりでなく、別訴において敗訴の可能性を否定することができないから、本来1個の所有権の総有的帰属形態である共有の性質を有する入会権の存否について、個々の判決が両論に分かれるときは、紛争の統一的解決ができない事態を生じること明らかであること、右反対説が指摘するような共同権利者の一部が提訴を拒んだりした場合には、その者をも被告として訴え、共同権利関係の確認請求とともに共同権利関係に対する妨害者に対する排除請

求を同一訴訟をもって追行することが可能であることを指摘することができ，紛争の一回的合一的確定の要請を重視する固有必要的共同訴訟に該当すると解する立場に拠るべきものと解する。」（最判昭53・6・6 戦後1・367により確定）

【199】 広島地判昭60・5・21 戦後2・353

事実 本件は地域集団住民中数名の者が森林管理組合を相手として当該山林が入会地である（共有入会権が存する）ことの確認を求めた【167】訴訟において，相手方Y組合の一部の構成員のみでは訴訟適格を有しないという本案前の抗弁に対する判示である。

判旨 「本件において原告Xらは，入会権の内容として個々に本件土地の使用収益権等を有することの確認を求めるというよりも，溯って本件土地に対する入会権そのものの存否の確定を求めていると理解され，このような請求の当否は，入会集団（とXらが主張するもの）の構成員全員の間で合一に確定さるべきものと考えられる。ところで，Xらは，被告Y組合がXらを含む入会集団（入会権者全員の集合体）そのものであると主張し，これを相手方として入会権の存否確定を求めているのであり，本案における双方の主張立証によっても，他にその集団構成員が存することは窺われないから，本件訴訟の判決の効力はY組合の構成員全員に及ぶと解され（民事訴訟法201条2項），合一確定の要請に何ら反するところはないというべきである。」（本判旨確定）

【200】 広島地判平5・10・20 戦後3・111

事実 本件は【168】の事案で入会権の存在確認および所有権移転登記を請求する集団住民50余名中約30名がこれを否認する集団外のY₁に対する訴訟中，他の数名がXらの提訴に参加せずあるいはY₁に同調して入会権を否認する者がいるため，これらの構成員もあわせて被告した事例で，当事者適格に対する判示である。

判旨 「入会権は，権利者である一定の部落民に総有的に帰属するものであるから，入会権確認の訴えは，権利者全員が共同してのみ提起しうる固有必要的共同訴訟であるというべきである（最判昭和41・11・25 民集20・9・1921）。

これを本件についてみるに，X₁らが主張する入会権の主体は，X₁らの外にY₉ないしY₂₄ら16名〈以下Y₉らという〉をも含むというものであり，したがって本件訴えは，権利者全員が共同して訴えを提起していないことになる。

X₁らは，入会部落の構成員の一部である原告らが，既に部落を出る等して入会権を喪失したとするY₂ないしY₈（7名）及び新たに所有権を取得したとするY₁に対して，入会権の存否の確認及びこれに基づく所有権移転登記（予備的に抹消登記）を訴求しようとしたが，Y₉ないしY₂₄らは，すでに入会権は消滅したと主張して，Y₁ないしY₈らに対する原告らの訴えの提起には加わらなかったの，これらの者を被告に加えることによってその要件を充足させようとしているのである。

思うに，入会権確認の訴訟において，権利者全員が共同して原告となって訴えを提起しなければ当事者適格がないとすると，本件のように入会権者の一部が訴訟に加わらない場合は，訴えを提起する途が閉ざされることになるところ，入会権確認の訴えが必要的共同訴訟であるとされる所以は，入会権は権利者である一定の部落民に総有的に（全一体として）帰属するものであるから，その訴訟の結果も全員に合一にのみ確定されるべきものであるというにあるから，これらの者を被告として当事者に加えることによっても，合一的確定の要請を充たすことになることを鑑みると，これに

より訴訟要件を充たすものと解して妨げないものというべきである。」(本判旨確定)

【201】 山口地岩国支判平15・3・28戦後3・481

[事実] 本件は【170】の事案で、集落構成員が約100名である入会地が集落代表者Y_2によって全員の同意が得られていないのにY_1会社に所有権移転(交換)されたことにつき、権利者X_1らがY_1会社およびX_1ら以外のY_2らすべての集落構成員たる入会権者を相手としてX_1らおよびY_2らが本件土地に共有の性質を有する入会権の確認を、さらにY_1に対して妨害排除を求めたが、入会権確認については以下のように当事者適格を欠く不適法と判示した。

[判旨]「1 争点(1)(入会権ないし総有権に基づく訴えの原告適格について)
(1) 入会権自体に基づく請求について

入会権は権利者である一定の部落民に総有的に帰属するものであるから、入会権の確認を求める訴えは、権利者全員が共同してのみ提起しうる固有必要的共同訴訟である(大審院明治39年2月5日判決、最高裁昭和41年11月25日判決)。また、入会権による妨害排除請求権に基づく所有権移転登記の抹消登記手続を求める訴え並びに入会権による妨害予防請求権に基づく土地への立入り、立木伐採及び現状変更の禁止を求める訴えも、入会権そのものの管理処分に関する事項であるから、構成員各自においてなし得るものではなく、同様に固有必要的共同訴訟であると解される(最高裁第一小法廷昭和57年7月1日判決民集36巻6号891頁参照)。

したがって、原告らの入会権を有することの確認を求める訴え、入会権による妨害排除請求権に基づく抹消登記手続請求の訴え並びに入会権による妨害予防請求権に基づく本件土地㈠ないし㈢への立入り、立木伐採及び現状変更禁止を求める訴えは、いずれも入会権者全員によってのみ訴求できる固有必要的共同訴訟であるというべきところ、上記各訴えが入会団体とされている甲部落の世帯主全員によって提起されたものでなく、その一部の者によって提起されていることは弁論の全趣旨によって明らかであるから、上記各訴えは当事者適格を欠く不適法なものである。

この点、原告らは、原告ら以外の入会権者全員を被告とすることにより、結局全員が訴訟当事者となり、判決の既判力及び合一確定の要請は充たされるから、訴訟要件は充足されたといえると主張する。

しかしながら、入会権は、入会団体の構成員全員に総有的に帰属するものであり、個々の構成員において共有における持分権又はこれに類する権限を有するものではないから、当該入会権が共有の性質を有するかどうかを問わず、構成員の一部によって管理処分できないという性質のものである。そして、その訴訟上の主張、行使は、入会権そのものの管理処分に関する事項であるから、構成員の一部のものがなし得るものではないので、訴えの提起が構成員の一部の者による以上、原告ら以外の入会権者全員を被告としても、適法な訴えとすることはできない。したがって、原告らの前記主張は採用できない。」(原告は控訴)

【202】 鹿児島地判平17・4・12(判例集未登載)

[事実] 本件係争地は小さな島嶼の、対岸の甲集落住民の漁撈用の船着場(集落住民$Y_2 Y_3$共有名義)と網干場(同$Y_4 Y_5$共有名義)である集落住民共有の土地である。採石業者Y_1社はこの島嶼の大部分を買取り、石材搬出の目的で甲集落にこの船着場内買受を申入れた。甲集落住民でこの船着場の権利者(ほとんどが現在もしくは以前漁民)62名のうち約3分の1のXらは、採石が行われれば海

が汚れて漁撈ができなくなるという理由で売却に反対。そのため、権利者総会の多数決で持分の3分の2をY₁会社に売却することとし、登記上、Y₂Y₃（およびY₄Y₉）はそれぞれ持分の3分の2をY₁会社に売却、所有権移転登記を経由した（その結果登記上の持分はY₁会社約3分の2、Y₂らは各約6分の1となっている）。それによってY₁会社は土地の共有権を取得したとして、この船着場に車輛等陸上げに使用を始めた。これに対して、売却に反対するXら20余名は、Y₁会社に対して車輛等搬入禁止を求めて妨害排除の訴を提起するとともに、本件土地はXら20余名および売却に賛成したY₆ら30余名を含む甲集落住民の共有の性質を有する入会地であり、入会地には自由に譲渡しうる持分というものはなく、かつこの持分譲渡に全員の同意がないから、Y₁会社への売却は無効であるという理由で、本件土地がXらおよびY₆ら約60名の共有の性質を有する入会地であることの確認の訴をY₁会社およびY₂Y₃Y₄Y₅Y₆ら30余名を相手として提起した。

[判旨]「1　原告適格の有無（争点(1)）について

(1)　入会権は権利者である一定の入会集団に総有的に帰属するものであるから、入会権の確認を求める訴えは、権利者全員が共同してのみ提起し得る固有必要的共同訴訟である（最高裁昭和41年11月25日判決）。

したがって、Xらが、本件土地1ないし4の各土地につき、入会集団たる甲集落住民の構成員たる地位に基づく使用収益権の確認ではなく、共有の性質を有する入会権自体の確認を求めている本件訴訟は、入会権者全員によってのみ訴求できる固有必要的共同訴訟であるというべきところ、本件訴訟が、入会権者と主張されている入会集団構成員全員によって提起されたものではなく、その一部の者によって提起されたものであることに争いはないため、本件における訴えは、原告適格を欠く不適法なものであるといわざるを得ない。

(2)　これに対し、Xらは、入会権者らによる訴訟上の救済の道が事実上閉ざされてしまう旨主張し、入会権者保護の観点からはかかる主張もよく理解し得るところであり、また、Xらが、本来的被告であるY₁に加え、入会集団とする甲集落住民のうち、本件訴訟に同調しない者ら（Y₂ら）をも被告として本件訴訟を提起しており、土地共有者のうちに境界確定の訴えを提起することに同調しない者がいる場合には、その余の共有者は、隣接する土地の所有者と訴えを提起することに同調しない者とを被告として当該訴えを提起することができるとする最高裁判決（平成11年11月9日判決・民集52巻8号1421頁）が存するため、原告らに当事者適格を認め、訴訟提起が可能とする余地が存するのではないかとも思料されるところである。

しかしながら、上記判決は、形式的形成訴訟である境界確定の訴えの処分権主義・弁論主義が妥当しない特質に着目したものであって、固有必要的共同訴訟とされる場合につき一般的に非同調者らを被告として訴訟提起することができるとしたものではないと解され、これにより本件において原告らに当事者適格を認めることはできないし、また、訴訟提起に同調しない者は本来原告となるべき者であって、民事訴訟法には、かかる者を被告に回すことを前提とした規定が存しない（現行民事訴訟法の立法の際検討されたいわゆる参加命令の制度も、導入が見送られている。）ため、本件のような場合に非同調者らを被告として訴訟提起することを認めることは、非同調者の被告適格、非同調者に対する主文等、種々の問題を伴うものであり、訴訟手続的には困難というべきである上、入会権は、入会集団の構成員全員に総有的に帰属し、構成員の一部によって管理処分できないという性質のものであって、入会権の管理処分は構成員全員でなければ行使できないのであるから、構成員の一部の者による訴訟提起を認めることは実体法と抵触することにもなり、Xらに当事者適格

を認めることはできない。」（原告ら控訴）

この【201】【202】二判決はきわめて重要な点を見誤っている。二判決とも入会集団構成員の一部（それも少数派）が対外的に企業を相手として入会権の確認を求めているが、同時に他の集団構成員に対しても入会権の確認を求めているのである。つまりこの場合の多数の者は本来全員の合意がなければ処分できない入会地を多数で処分するとか、持分の処分ができない入会地の共有持分を売却したりして、本件土地が入会地であることを否定しているのであるから、原告としての非参加者ではなく被告の立場に立つものであり、それらの者に対して入会権の確認を求めるのは当然である。いわば集団にとって対外的訴と対内的訴が1本になったようなもので、それを一部の集団構成員と企業との訴訟とのみ解するのが誤りであることは明らかである。

2 入会収益・補償金等の請求

入会権の放棄に対する損失補償もしくはその侵害に対する損害賠償請求の訴について次の二判決はともに入会権者全員でしなければならない、と判示している。このうち【203】は、入会権は構成員全員に帰属する、という理由で、【204】は入会権の放棄は権利者全員でしなければならないから、その放棄の代償としての補償金請求は全員でなければできない、というのであるが、まず入会集団に支払われる補償金等は集団構成員全員にいわゆる総有に属することは【78】の判示のとおりであり、一部の者が補償金の一部の支払い請求をすることはできない。補償金等の部分的支払い請求はできないとしても、入会集団構成員全員でなければ補償金等の支払請求ができないというのはきわめて不当である。具体的に入会権にかんする補償金ないし賠償金等請求の相手方は通常市町村や、入会地に工事をした事業者等であるが入会集団構成員の中でそれらの職員や従業員あるいはそこに出入りする業者である者は市町村やそれらの企業を相手とする裁判に参加する（原告となる）ことがきわめて困難である。判決はそのような事情を考慮しているのであろうか。

【203】 鹿児島地判昭59・11・30 戦後2・337

[事実] もと旧甲村（町村制以前の村）持山であったが明治40年にY村有となった山林に、同村が県行造林を設定し、契約の解除によりY村が造林木を第三者に売却したところ、甲集落住民が入会権の侵害を理由にY村を相手として損害賠償の請求をした。住民Xら86名は本件造林地は住民の入会地で地上立木は当然住民に属するにかかわらずY村は住民に無断で地上立木を第三者に売却し、住民の入会権を侵害した、と主張した。Xらは、なお入会権者たる甲部落住民は103名であるがそのうち17名が訴訟参加しなかったと述べ、本件のような損害賠償請求の訴えは入会権者の一部でも可能であると主張した。これに対してY村は、Xらは本件県行造林設定当時異議を述べなかったから入会権を放棄したと抗弁した。

裁判所は、本訴提起後11年目に、本件請求は入会権の存在を前提とするものであり、入会権にかんする訴訟は固有必要的共同訴訟であるのにXらは甲部落住民全員でないから訴えの適格を欠くと

いう理由で、Xらの訴えを却下した（なお判決言渡をうけた原告は76名であるのでこの11年間に訴訟取下げ——とくに村外転出等の理由で——した者が約10名あったものと推定される）。

[判旨]「一 Xらの本訴請求は、本件土地に関する入会権が侵害されたことを理由としてその損害賠償を求めるものであるところ、入会権は権利者である一定の部落民に総有的に帰属するものではなく、構成員に総有的に帰属するものであるから、入会権そのものを侵害する理由とする損害賠償請求権も、その性質上入会部落の個々の構成員に個別的に帰属するものではなく、構成員に総有的に帰属するものというべきである。したがって、右損害賠償請求権の訴訟上の主張、行使は、入会権の管理処分に関する事項として、構成員全員が共同してのみ提起しうる固有必要的共同訴訟と解するのが相当である。本件訴が、従来甲部落において入会権者としての資格を有していた者全員によって提起されたものではなく、その一部の者によって提訴、維持されていることはXらの自認するところである。Xらは、本件訴訟に参加しなかった入会権者が部落常会の決議によって本件損害賠償請求権に限り入会権を放棄したことにより、本件訴訟を提起したXらを構成員とする入会集団の右請求権を客体とする入会権が発生したと主張するが、右部落常会の決議が入会部落の構成員全員によってなされたものでないことは前記Xらの自認するところであり、他に入会権の放棄についての主張立証はなく、本件訴訟を提起したXら以外の入会権者全員が右入会権を放棄したとの主張自体理由がないうえ、そもそも右債権のみを客体とする入会権が発生するとは認められない。したがって、本件訴訟は当事者適格を欠く不適法なものというべきである。」

【204】 新潟地長岡支判平2・7・18判時1361・15

[事実] 本件は【180】の事案でY₂市有地上にY₁会社の発電所が設置され、その借地料がY₁からY₂市に支払われていたが、地元集落住民Xらが、本件土地はXらの入会地でありその賃借地料は入会権者たるXらが収受すべきものであるという理由でY₂市に対し不当利得であるとしてその返還を求めた。

[判旨]「共有の性質を有する入会権であっても、その所有の形態はいわゆる総有であって、入会団体の個々の構成員は、通常の共有におけるように入会地に対し割合的持分権あるいはその類の権限を有するものではない。個々の構成員は入会権の内容たる使用収益権能を個別的に有しており、これの行使はその性質上、当然単独でできるものと解されるが、入会権それ自体の管理処分に関する権能については、原則として通常の共有と異なり個々の構成員単独で行使はできず、入会団体を構成する構成員全員が共同してこれを行使することを要するものと解される。従ってまたこれを訴訟上行使するためには、入会団体を構成する構成員全員が訴訟当事者となることを要するいわゆる固有必要的共同訴訟によるべきものと解するのを相当とする。しかして、被告Y市に対する本件不当利得返還請求は、帰するところ、本件第一土地に存するという入会権そのものの管理処分に関する事項に外ならず、これを訴訟上主張し行使するためには、入会団体を構成する構成員全員で提訴すべきところ、原告らは、入会団体と主張する甲地区住民の一部に過ぎないことは、前記認定のとおりである。

したがって、原告らの被告Y市に対する本件不当利得返還の訴えは、当事者適格を欠き不適法である。」

（控訴後取下、和解）

【205】　仙台高秋田支判平12・5・22戦後3・262

[事実]　本件は【184】のもと集落の入会地であった村有地がダム用地として売却されたため，集落住民がY村に対しダムの両岸の水没しない土地に入会権の確認を求めた事案の控訴審で，住民Xらは追加的に，水没地に対する補償を請求した。訴訟に参加したのが入会権者たる住民の約7割であったため，補償金も約7割を請求した。その訴訟参加者の適格性についての判示である。

[判旨]　「当審における追加された予備的請求の請求原因としてXらが主張する事実は，従前入会権の根拠として主張していた事実とほぼ同一であるから，当初の主位的請求と請求の基礎は同一であるといえ，審理を遅延させるものともいえず適法である。また，Xらが当審に置いて請求を追加することが信義則に反するとまではいえない。

　三　入会権に基づく金銭請求の適法性について

　Xらの金銭請求のうち主位的請求は，選定者らを含む6大字住民がそれぞれ構成する入会団体が1の山林に有すると主張する共有の性質を有する入会権を前提として，Y村が取得したダムの補償金等を不当利得としてその一部の支払を求めるものである。しかし，共有の性質を有する入会権であっても，その所有の形態はいわゆる総有であって，入会団体の個々の構成員は，通常の共有におけるように入会地に対して割合的持分権あるいはその類の権限を有するものではない。個々の構成員は入会権の内容たる使用収益権能を個別的に有しており，その行使はその性質上，単独でできるものであるが，入会権それ自体の管理処分に関する権能について，個々の構成員単独で行使することはできず，入会団体を構成する構成員全員が共同して行使することを要するものと解される。したがって，また，これを訴訟上行使するためには，入会団体を構成する構成員全員が訴訟当事者となることを要するいわゆる固有必要的共同訴訟によることが必要である。

　本件請求は，入会権者が単独で行使しうる使用収益権能に基づくものではなく，一の山林に存する入会権それ自体の管理処分に関する事項にほかならないが，Xらが，入会団体と主張する6大字住民の一部にすぎないことは，Xらにおいて自認するところである。したがって，Xらの不当利得返還請求は，当事者適格を欠く不適法なものである。なお，Xらは，入会権が金銭債権に転化した場合は当然分割されるなどと主張するが，独自の見解であって採用することができない。」

（最高不受理平15・10・28）

3　入会持分権確認

　入会持分権の確認とは入会集団構成員の地位の確認を求めることで，これについては第3章でとりあげたが，この件の事案中，その権利の確認について固有必要的共同訴訟であるという抗弁が出されることがある。以下の3件がそれでそのうち【208】はその抗弁を認めたが最高裁で破棄された。入会持分権の確認は，入会権者としての条件を備えたと信ずる新戸が請求すればよいわけで，同じ新戸でも条件が異なるであろうから必ずしも全員で請求する必要はない。相手方の本戸側としては請求する新戸のうち何某は資格がないと否認し，一部の者のみ認めることも十分ありうる。それを逆に何名かが不参加であると抗弁することはそれらの者が入会持分権者であることを認めたことになる，というべきであろう。

第10章　入会権と訴訟適格

【206】　秋田地大曲支判昭36・4・12下民集12・4・794

事実　本判旨は同一集落内において新戸Xらが旧戸Yらを相手とする入会権確認訴訟【33】において、本訴は固有必要的共同訴訟であるのに、原告が部落住民全員でなくまた地盤共有者全員を相手にしていないのは不適法である、というYらの抗弁にたいするものである。

判旨　「(1)　抗弁(1)について
　入会権の性質は所謂総有であって、個々の入会権者は入会団体の構成員たる資格においてのみその権利を有するのであるから、これを個々に処分し得ないものであることはいうまでもない。しかし、入会権の行使を妨害し、又はこれを否認する第三者がある場合には、これに対しては、個々の入会権者が妨害排除又は入会権確認を求める訴を提起できるものと解すべきである。それは、民法252条但書の趣旨により明らかである。もしそうでなければ、多数の入会権者中の1人でも反対すれば妨害排除の訴も入会権確認の訴も提起できないことになり、権利の保全はほとんど不可能となるからである。従って、本訴は所謂固有の必要的共同訴訟に属しないから、原告らが入会権者全員を網羅していないとしても、本訴は不適法でない。故に抗弁(1)は、その主張自体理由がない。
　(2)　抗弁(2)に対する判断
　Xらの第一次的主張は、本件土地が、昭和29年8月31日甲村議会の決議により甲部落に返還され、部落住民の総有に帰したというにあり、Yらの共有を前提とするものでなく、むしろこれを否認するにある、従って、もし、Yら又は第三者が本件土地を共有するという事実が認められるならば、右の請求は理由なきものとして棄却されるべきであって、本訴は不適法として却下すべきでない。
　次にXらの第二次的主張は、地役的入会権の確認を求めるにあるが、これまた必ずしも共有者全員を相手とすることを必要とするものではない。共有とは、各共有者の持分権としての同一物に対する所有権が競合し併存する状態に過ぎないのであるから、共有者のうち他物権の存在を争う者があれば、その者に対してその権利の確認を求めることができるはずであり、他の者と抱き合わせでなければその訴が不適法となるということは有り得ないからである。かりに土地共有者のうちの一部の者のみが、他物権の存在を争い、他はこれを認めているというような場合を想定するならば、その争う者だけを相手として当該他物権の確認を求めれば足り、これを認めて争わない者までも相手として紛争にまき込む必要も利益もないことは明らかであろう。土地の共有者に対する他物権の確認を求める訴訟が、固有の必要的共同訴訟でないことは、右の設例からも容易に理解できることである。」

【207】　秋田地判昭36・10・30戦後1・77

事実　本件は、入会集団が入会稼の権能を有する山林につき、山林地盤所有名義人との間で入会集団が共有の性質を有する入会権を有するか否かにかんするものである。所有名義人Y₁ら3名に対し、住民X₁ら61名（選定当事者X₁）が入会持分権を有することの確認を求めたところ、Y₁らは住民中不参加者が他に2名いる、ので本写は不適法である、と抗弁した。

判旨　「Y₁らは、本訴が必要的共同訴訟であるのに、関係部落民全員が原告になっていないから不適法であると主張する。しかし本件請求は、入会的総有関係そのものの確認を求めるものではなく、入会団体の構成員が、その構成員たることにより、個々に分有する権利（共有関係における共有持分権に相当するもの）の確認を求めるものであることは弁論の全趣旨により明らかである。もちろん、

その権利は、総有関係に由来するものであって、具体的には個々の部落民の入会慣行に従う使用収益権として現われるのであるから、個人主義的原理により構成きれる共有持分権とはその性質を異にするものであるが、それが各個人に帰属する権利であるという点においては、これと軌を一にするものというべきである。故に、この権利の確認を求める本訴は元来入会団体の構成員が単独でも提起できる性質の訴訟であって、これを必要的共同訴訟と考えるのは誤りである。」（仙台高秋田地昭40・11・29控訴棄却、最判昭41・7・15上告棄却）

【208】 最判昭58・2・8判時1092・62

[事実] 本件は【38】の事案で同一入会集団内の新戸Xらが旧戸Yらを相手とする共有の性質を有する入会権確認訴訟の控訴審において、控訴審（仙台高判昭55・5・30は、Xらは新戸全員ではない（38戸中35戸）から不適法である、と次のように判示し破棄した。

「Xらは本件山林につき共有の性質を有する入会権を有することの確認を求め、本件山林は甲郷会なる団体に帰属し共有の性質を有する入会山であり、Xらは共有持分を有しないとしても共有の性質を有する入会権を有すると主張する。しかしながら、『共有の性質を有する入会権』とは、入会地の地盤も入会権者の所有に属する場合をいい、『共有の性質を有せざる入会権』とは入会地の地盤が入会権者の所有に属しない場合をいうと解すべきものであるから、Xらが本件山林の地盤につき共有持分を有しないことを前提として共有の性質を有する入会権を有するとすることは主張自体失当である。

しかも入会権確認の訴は、入会権が共有の性質を有するかどうかを問わず、入会権者全員で提起することを要する固有必要的共同訴訟であるというべきところ（最高裁昭和41年11月25日判決）、Xらの主張によれば、Xらのほか$A_1A_2A_3$の3名も新加入による入会権者であるというのであるから、右請求にかかる訴は当事者適格を欠く不適法なものとして却下すべきである。」

いわゆる新戸（分家、外来者）でも、分家や入村の時期が異なっており、それぞれの新戸の条件が異なるにもかかわらず、新戸は全員で入会権者たることの請求をしなければならないという判示は非常識きわまりない、というべく、最高裁は次のようにこの判決を破棄差戻した。

[判旨]「入会権の目的である山林につき、入会権を有し入会団体の構成員であると主張する者が、その構成員である入会権者との間において、入会権を有することの確認を求める訴えは、入会団体の構成員に総有的に帰属する入会権そのものの存否を確定するものではなく、右主張者が入会団体の構成員たる地位若しくはこれに基づく入会権の内容である当該山林に対する使用収益権を有するかどうかを確定するにとどまるのであつて、入会権を有すると主張する者全員と入会権者との間において合一に確定する必要のないものであるから、いわゆる固有必要的共同訴訟と解すべきものではなく、入会権を有すると主張する者が、各自単独で、入会権者に対して提起することが許されるものと解すべきである。記録によれば、本件において、Xらは、本件山林が、甲郷会なる団体に、帰属し、かつ、共有の性質を有する入会山であり、Xらが個別的に甲郷会に加入を認められたこと（いわゆる新加入）によつて入会権を取得した旨主張し、右団体の構成員であつて入会権者であるYらとの間において、Xらが、本件山林につき、Yらの権利と同一内容の「植林、用材及び雑木の伐採、採草等を目的とする共有の性質を有する入会権」を有することの確認を求めていることが明らかであるから、Xらの右確認の訴えは、Xらが、各自単独で、提起することが許される通常訴訟と

いうべきである。

しかるに，原判決は，入会権確認の訴えは，入会権者が全員で提起することを要する固有必要的共同訴訟と解すべきであるとしたうえ，Xらが確認を求めている右山林についての入会権は，その主張によれば，Xらがいわゆる新加入によつて取得したものであるが，このような新加入者にはXらのほかに訴外Aらの3名が本件確認の訴えの当事者となつていないとの理由のみで，右訴えを当事者適格を欠いた者が提起した不適法なものであるとして却下しているが，この判断は当事者適格に関する法令の解釈運用を誤った違法なもの」（である）。

【209】 長野地上田支判昭58・5・28戦後2・274

事実　本件は【39】同一集落内の新戸45名が本戸76名を相手として共有入会権を有することの確認を求めた訴訟において，被告たる本戸が，入会前の抗弁として入会権には持分がなく全一体として集落住民に帰属するものであるから入会権者全員が参加しない入会権確認訴訟は不適法であると主張に対して次のように判示した。

判旨　「一　本案前の主張

被告ADEは，入会権確認の訴は入会権が共有の性質を有するかどうかを問わず，入会権者全員で提起することを要する固有必要的共同訴訟であるところ，本件は入会権者とされている者の全員によつて提起されている訳ではないから，当事者適格を欠く不適法なものである旨主張するので，以下この点について判断する。

ところで，入会権の目的である土地につき，入会権を有し入会団体の構成員であると主張する者が同一入会団体の他の構成員との間において，入会権を有することの確認を求める訴は，入会団体の構成員に総有的に帰属する入会権そのものの存否を確定するものではなく，右主張者が入会団体の構成員たる地位を有するかどうかを確定するにとどまるのであつて，入会権を有すると主張する者全員と同一入会団体の他の構成員との間において合一に確定する必要のないものであるから，いわゆる固有必要的共同訴訟と解すべきものではなく，入会権を有すると主張する者が各自単独で他の構成員に対し提起することが許されるものと解するのが相当である。

そして，弁論の全趣旨によれば，本件において，原告らは，本件土地が甲部落という入会団体に帰属する入会地であり，原告らが右入会団体に加入を認められたことによつて入会権を取得した旨主張し，右入会団体の現在或いはかつての構成員である被告らとの間において，原告らが本件土地につき入会権を有することの確認を求めていることが明らかであるから，原告らの右確認の訴は，原告らが各自単独で提起することが許される通常共同訴訟というべきである。

二　被告らの共同訴訟形態

本件は，前記のとおりXらが同一入会団体の構成員であるYらに対し，自己の入会権の確認を求める訴訟であるが，これは1つの入会団体においてXらが権利者であるか否か及びその権利内容を確定するための訴訟であるから，ある原告と被告らとの間で，勝敗を一律に決めなければ当該入会団体は収拾がつかなくなつてしまうこと明らかであり，紛争解決の実効性という観点からして，本件は，判決をYら全員に合一に確定させることが法律上要求される場合に当る（いわゆる類似必要的共同訴訟）と解するのが相当である。」

第2節 妨害排除請求訴訟

入会権者が第三者の入会権侵害行為に対してその妨害を認めるのは，その権利が割山利用のような入会持分権にもとづくものであると留山のように入会権者全員に関するものであるとを問わず，集団構成員各自でその訴求をなしうると判示する。【197】もこのことを判示するがそれに先立ち次の判決がある。

【210】 神戸地判大 6・6・13 新聞 1303・33

[事実] 甲部落住民Xらが共同入会地上において乙部落住民が取極めを無視して木炭原料樹木を採取するという理由で一定のもの以上の伐採差止めを請求したが，本判旨はその訴求の適否に関するものである。

[判旨]「本件は入会権の権利の妨害の排除を求むるものにして所謂保存行為に属し各入会権者は何人と雖も之が請求権者全体より之をなすの要なく各入会者は他の入会権者の意思如何に拘らず其自由意思により之を請求し得べきものなることは民法第264条第252条の明定する所なれは本件は権利関係が合一にのみ確定すべき訴訟に非らずと謂はざるべからず左れば原審共同訴訟人中或者がなしたる控訴は他の控訴をなさざる共同訴訟人に何等の影響を及ぼすべきものにあらず」

【211】 岡山地判昭 11・3・6 新聞 3970・11
（【110】と同一事件）

[事実] 本判旨は，入会権者中の一部の者が町有入会地上における町の施業の中止を求める訴の適否に関するものである。

[判旨]「被告町カ本件原野ニ於テ甲県知事ノ認可ヲ得テ官行造林事業ヲ計画シ且放牧地，採草地，薪材備林地等ノ地区設定ノ施業ヲ為サントセルコトハ同代理人ノ認ムルトコロニシテ右ハ前記4部落住民ノ入会権ヲ妨害セントスルモノナルコト言ヲ俟タサルニヨリ入会権者ノ一部タル原告等43名ニ於テ入会権ノ保存行為トシテ被告町ニ対シ右施業等妨害行為ノ停止ヲ求メ得ヘキモノトス」

共有の性質を有しない入会権の場合，入会権者は入会地盤所有権移転の当否を争う訴訟適格を有しない。

【212】 大判大 13・7・15 民集 3・356

[事実] 甲州乙区有林を甲村長Aが Yの先代に売却したが，乙区住民Xら2名がYを相手としてXらは右区有地上に入会権を有するものであり，村長Aの売却処分は処分能力のない者が行なった無効の行為であるという理由で売買無効確認の本訴を提起した。原審は右売買がXの権利又は地位を侵害したものとはいえないという理由でXの主張を認めなかったのでX上告。

[判旨]「上告人X（控訴人，原告）ノ本訴請求ノ原因トスル所ハ本件山林ハ甲区乙区有財産ニシテXハ之ニ対シ入会権並地上権ヲ有シ又区民トシテノ土地ノ収益若ハ処分上ノ利益ニ付配当分配ヲ受クルノ権利ヲ有シ其ノ他町村制ノ規定ニ依リ其ノ土地ノ上ニ特種ノ権利ヲ有スル者ニシテ甲区代表

第10章　入会権と訴訟適格

者タル村長ハ区会ノ決議ヲ経スシテ該山林ヲ被上告人Y先代Aニ売却シ所有権移転ノ登記ヲ為シタルモ該売買ハ処分ノ能力ヲ有セサル者ノ為シタル無効ノモノナルヲ以テ之カ無効確認ヲ求ムト云フニ在リトス然ラハ則其ノ主張ニ依ルモXハ其ノ無効確認ヲ求ムル売買ニ基ク法律関係ニ付当事者タルニ非サルハ勿論該法律関係ニ付訴訟ヲ為スノ適格ヲ有スル者ニ非スト謂ハサルヲ得スXハ原審ニ於テYカ本件売買行為ニ因リテXノ如上ノ権利ヲ侵害シタル旨ヲ主張シタリト論スルトモ仮令斯ル主張ヲ為シタリトスルモ又斯ル事実アリタリトスルモXハ其ノ主張スル如上ノ権利ニ関スル法律関係ノ確認ヲ求メタルニ非サルコト記録ニ徴シ明ナレハ結局甲区トY間ノ即第三者間ノ法律関係ニ付無効ノ確認ヲ求メタルニ帰スルモノトス」

　固有必要的共同訴訟は共同所有権者全員で訴えまたは訴えられるべき性格のものであるが，入会集団内部又は集団相互間の紛争で一部の者が入会権の存在を否認し一部の者がその存在を争わない場合，入会権の存在を争う者のみを相手方（被告）とすればよく，必ずしもその集団構成員全体を相手方とする必要はない。

【213】　大判大 11・2・20 民録 1・56

事実　A所有の原野に共同収益権を有する住民中Yらが X の収益権を否認するので，X は収益権者36名中 X の権利を否認する Y ら25名を相手に入会権確認訴訟を提起したが，原審は本訴を全員が訴え又は訴えられることを要する必要的共同訴訟であるから共同収益権者の一部を相手にしたのは不適法であると判示したので，X は上告し右判示は擬律錯誤の不法ありと主張した。

判旨　「共有権ハ共有者各自ノ権利ナレハ各共有者ハ独立シテ他ノ共有者ニ対シ共有権ノ確認及登記請求ノ訴ヲ提起シ得ルハ勿論他ノ共有者全員ヲ相手方トスルコトナク自己ノ共有権ヲ争フ共有者ノミヲ相手方トナスコトヲ得ルハ当院判例ノ存スル所（大正6年2月28日第三民事部判決参照）ニシテ数人ニテ所有権以外ノ財産権ヲ有スル場合ニ於テハ民法第264条ニ依リ共有ノ規定ヲ準用スヘキモノナレハ該共同権利者相互間ニ於テ其ノ権利ノ確認及妨害排除ヲ求ムル訴ニ付テハ亦同一ニ論定スルヲ相当トシ共有者カ共有物ヲ処分スル場合ニ準拠シテ共有者全員ヨリ又ハ其ノ全員ニ対シ訴ヘ又ハ訴ヘラルルコトヲ要スルモノト謂フヲ得ス本件当事者及B等ヲ46名カAヨリ同人所有ノ……ヲ借受ケ又其ノ借受人ハ同原野ノ上ニ共同シテ使用収益ヲ為ス権利ヲ有スルコトハ原審ノ確定セル所ニシテ同法条ヲ適用スヘキモノナレハ……該原野ノ使用収益ヲ為ス権利ヲ争フY等25名ノミニ対シ該権利ノ確認及其ノ権利ノ行使ヲ妨害スヘカラサルコトヲ求ムル本訴ハ如上ノ理由ニ依リ適法ナリト謂フ可シ然ルニ原審カ本訴ヲ以テ共有者カ共有物全部ヲ処分スル場合ト同視シ共有者全員ヨリ又ハ其ノ全員ニ対シ訴ヘ又ハ訴ヘラルルコトヲ要スルモノニシテ民事訴訟法第50条ノ必要的共同訴訟ナリト為シXカ共有者中25名ノミニ対シ訴ヘ全員ヲ訴ヘサル本訴ハ不適法ナリト判示シXノ請求ヲ棄却シタルハ法則ヲ不当ニ適用シタル不法アル判決ニシテ破毀スヘキモノトス」

【214】　長野地判昭 61・11・13 戦後 2・385

事実　入会集団（管理組合）と開発業者Yとの間に土地の賃貸借契約および管理契約が締結され，Yが土地の開発，立木の伐採をはじめたので，この貸付に反対する入会集団構成員 X は，Y を相手として，本件賃貸借契約等は入会権利用形態の変更をきたすものであるから全員の同意が必要であ

るにもかかわらず全員の同意を得ていないから無効であるという理由で、Yの賃借権等の不存在確認と、係争地への立入ならびに立木伐採の禁止を求める本訴を提起した。Yは、入会権にもとづく妨害排除請求は固有必要的共同訴訟とされているからXが単独でかかる請求をすることは許されない、と抗弁した。判決は以下のように本訴を却下した。

[判旨]「本各請求においてXが訴訟物として主張するところのものは、いずれもXほか103名を権利者とする共有の性質を有する入会権の持分すなわち入会持分権に基づく妨害排除請求権であることは、Xの主張自体に徴し明らかである。

しかしながら、入会権は、権利者である一定の部落民に総有的に帰属するものであって、入会部落の個々の構成員は、共有におけるような持分権又はこれに類する権限を有するものではないから、この点において既に、右各請求はこれを認める余地がないといわなければならない。もっとも、入会権自体に基づいて妨害排除請求をすることは可能であるが、かかる妨害排除請求権の訴訟上の主張、行使は、入会権そのものの管理処分に関する事項であって、入会部落の個々の構成員は、右の管理処分については入会部落の一員として参与しうる資格を有するにすぎないから、構成員各自において、入会権自体に対する妨害排除請求をすることは許されないというべく、したがって、かかる請求権を訴訟物とする訴えは、その性質上、当事者適格を欠く不適法なものといわなければならない。

二 Yの、管理組合に対する、本件賃借権等の不存在確認を求める請求（請求の趣旨1）について

右請求は、Y、管理組合間の権利ないし法律関係を確認の対象とするものであるが、Xの本件土地についての入会権又は入会権者としての地位が、Yの本件土地に対する占有や立入り、伐採等の法

第2節 妨害排除請求訴訟

的根拠となる本件賃借権等の存在によって、危険、不安の状態におかれているとして、その危険、不安を除去するために本件賃借権等の不存在確認を求めるものであること、換言すれば、Yが右占有、立入り等の正権原であると主張する本件賃借権等が存在しないことの確認を求めることによって、右入会権をめぐってYとの間で現に存在し将来も発生すると予測される法律上の紛争をより直接的かつ抜本的に解決しようとするものであることは、弁論の全趣旨により明らかである。

そうとすると、右請求は、ひつきよう入会権そのものの対外的主張にあたるから、入会権そのものの管理処分に関する事項に属するものとして、入会部落の個々の構成員が単独でなしえないというべく、したがって、Xのみによってなされていることが明らかである本件不存在確認の訴えは、当事者適格を欠く不適法なものといわなければならない。」

これに対して控訴審判決の判示は次のとおり棄却した。

(第2審) 東京高判昭・62・8・31 戦後2・385

「本訴請求の適否について判断するに、入会権は、一定の地域の住民が、一定の山林原野等において共同して収益をする権利であって、住民（入会部落民）全体に総有的に帰属するものであるから、入会部落の個々の構成員は、入会権について、共有におけるような持分権又はこれに類する権限を有するものではなく、入会権そのものの管理処分については入会部落の一員として参与しうる資格を有するだけで、各自が単独で右管理処分の権能を行使することは許されないというべく、したがって、入会権自体を侵害する者がある場合には、右管理処分権能の行使として、入会部落民全員が共同してその者に対し妨害の排除を請求しなければならないと解するのが相当である（最高裁昭和57年7月1日判決）。

しかるところ、本件においては、Xは、入会権

の一内容である使用収益権能が個々の入会部落構成員に帰属するのと全く同様に，入会権そのものの管理処分の権能もまた個々の構成員に帰属するものであり，このような構成員として有する入会権の総和が入会部落として有する入会権にほかならない旨を主張し，右主張を前提にして，この構成員として有する入会権に基づき，入会権そのものについての管理処分権の行使として，Ｙに対し，本件土地につき，本件賃借権等不存在確認並びに立入り，立木伐採等の禁止及び明渡しをそれぞれ訴求するとしているのであるが，前記説示に照らせば，入会権の管理処分権能の行使である右の本件各請求は，いずれも入会部落民全員によってのみ訴求することが許されるものというべきであるから，入会部落の構成員たる控訴人の単独の提起にかかる本訴請求は，当事者適格を欠く不適法なものといわなければならない。」

　この判決は共同所有財産の保全行為すなわち妨害予防，妨害排除は共同所有者各自で請求できるという民法（252条但書）の趣旨を完全にふみにじり，入会地を権限なく使用とする者は入会権者の１人でも味方につければ，反対されない，ということを判示したもので，その判旨は，入会判決史上に汚点を残したものといわざるをえない。

　なお入会権に関する訴訟における被告適格につき，次のように，入会山林売却代金支払請求（売却代金が個人に配分された場合）の相手方は他の共同入会権者全員とすべきものとされる。

【215】　大津地判昭49・4・18戦後１・324

事実　甲部落住民入会地の売却代金の一部が部落住民に配分されたが，甲部落からの転出者Ｘには配分されなかったので，Ｘが部落会長等の役職にあるＹ₁Ｙ₂を相手として，配分金の支払と損害賠償請求をしたところ，Ｙ₁Ｙ₂が，係争地はＹ₁らを含む甲部落住民114名の共有地で売却代金もその総有に属するから，全共同所有者を相手とすべきであり，Ｙ₁Ｙ₂のみを相手とするのは不適法であると抗弁した，本判旨はその抗弁に関するものである。

判旨　「二．本訴請求中，請求原因５項に基づく山林売却代金の分配（引渡）の請求は，左の理由により，Ｙ₁らにその被告適格を認めることができないので，右請求に関するＹ₁被告らの本案前の申立は理由がある。

　(1)　Ｘも自認し，Ｙ₁ら本人尋問の結果からも認められる如く本件山林は町会の所有ではなく，Ｙ₁らを含む114名（又はＸ主張によれば，これへ更にＸが加わり115名となるべきものであるが，それは本案の問題であるから，ここでは立入らない）の共有に属することは明らかである。すると，Ｘが分配（引渡）を求める本件山林の売却代金も右共有権者らに総有的に帰属するのであって，Ｙ₁Ｙ₂がその配分事務を管掌するということだけでは，Ｙ₁らにその実体上の処分権が帰属するものではなく，Ｙ₁ら個人としては，右売却代金に対し，共有権を主張し，その分配に預ることを主張する第三者に対しても何らの支払義務を負担するいわれはない。

　すなわち，Ｙ₁Ｙ₂ら個人は本件山林売却代金の分配支払について，その支払義務の実体上の帰属主体ではなく，右支払義務の実体上の帰属主体は他の共有権者全員であり，他の共有権者全員が支払義務を有つことによって，その事務処理者であるＹ₁Ｙ₂らが始めて，しかも反射的に事実上の分配責任を負うに至るのであるから，Ｙ₁らに右請求についての当事者適格を認めることはできない。

　(2)　何となれば，当事者適格の存否とは，要す

るに，その当事者間でその訴訟物についての判決を得ることが，紛争の終局的解決に役立つかどうかの問題，つまり訴の利益を当事者の面から捉えようとするものであるが，右の様に実体上の支払義務が他の共有権者全員に帰属する以上，仮にXがY₁らのみを相手に勝訴判決を得，これに基づき，Y₁らが本件山林売却代金の中からXに分配し又は分配しようとすれば，右判決の既判力が及ばない他の共有権者らにおいてこれに不服のあるときは第三者異議訴訟や不当利得返還訴訟を以てこれを争うことを，制度上阻止することができないのである。従って原告にとっても，Y₁らとの間のみで判決を得ることは何ら紛争の終局的解決たり得ないのである。

(3) たしかに本件の様な場合，Xに多数の当事者の所在を確認してその全部を相手に提訴せよと強いることは，洵に酷であって，その煩に堪え難いこと同情を禁じ得ないものはある。そこで，Y₁Y₂が分配の掌にあずかる分配責任者である以上，その者との間で原告への分配を命ずれば，それで事足りる様な解決が図れれば原告Xにとって好都合ではあろう。本件においても，被告Y₁らを民訴法201条2項の「他人ノ為被告ト為リタル者」にあたると解し得れば，Y₁らに対する判決の効力が他の共有権者全員に及ぶものとして，Y₁らに本請求についての当事者適格を認めるにやぶさかでない。しかし，本件山林売却代金につき，実体上の処分権がY₁らに帰属しないことは既に前述のとおりであり，また町会の「長」たる地位は何ら被告Y₁らに法定の訴訟信託又は訴訟担当の権利義務を付与するものではなく，且つ前記配分事務を管掌し，配分決定に事実上の影響力を持つというだけでは，直ちに他の共有権者らから，任意的にも訴訟追行権を授与されたものと認めることはできないので，本件において被告Y₁らに右法条を適用することもできない。

(4) かくて，Xが本件山林売却代金分配請求権そのものを訴訟物とする限り，その裁判の既判力が右共有権者全員に及び且つ合一的にのみ確定するのでなければ，その目的を達し難いのであるから，被告Y₁ら主張の如くこれら全員を相手とする必要的共同訴訟となるものと解すべきである」（大阪高判昭49・12・17 戦後1・331 控訴棄却，最判昭51・11・1により本判旨確定）

第3節 反　　訴

入会権確認請求が応訴側から抗弁または反訴として主張されることがある。この場合，判例は次のように，当該訴訟の相手方としての適格性（被告適格）を有しておれば，それが仮に入会集団構成員全員でなくとも，その訴求は適法である，と判示している。

【216】　仙台高判昭48・1・25 判時732・58
　　　　（【68】【162】と同一事件）

[事実]　本判示は【162】の事案で，記名共有名義の山林につき入会権の存否に関する部落住民集団Yらと部落住民の1人であるXとの間の訴訟において，部落住民側がその全員でないため，当事者適格を有しないという一住民側の主張に対するものである。

[判旨]　「入会権は権利者である一定の部落民に総有的に帰属するものであるから入会権の確認を求める訴は，入会権が共有の性質を有するかどうかを問わず，入会権者全員で提起することを要する固有必要的共同訴訟である（同旨・最高裁判所昭和41年11月25日第二小法廷判決）こと所論のと

おりである。

　しかし，Yらは，XがYらを相手どって提起した本件共有持分確認の訴えにおいて，確認を求められる相手方（被告，被控訴人）として応訴し，その防禦の方法として，本件山林の法律的性質は共有の性質を有する入会権であると主張しているのであって，本件山林が入会権の目的となっていることの確認請求または入会権の存在を前提とする請求（Xの本訴とは別個独立の訴えまたは反訴）しているものでないことは明らかである。必要的共同訴訟であるかどうかは訴訟物によって決定される問題であって，被告側の攻撃防禦の方法如何によって決定されるものではない（攻撃防禦方法はそれが理由がなければそれに応じた不利益を被るだけであり，その提出については原則的に当事者の自由な意思に委ねられているものである。）。本件の場合，Yらの被告適格については別段問題はないのであるから，Yらは自由に攻撃防禦の方法を提出し得べきものであり，入会権者全員が当事者となっている場合でなければ入会権の主張をなし得ない理由は全くないものといわなければならない。Xの右主張は前掲最高裁判決の趣旨を正解せざるものとして到底採用できない。」

【217】広島高松江支判昭52・1・26下民集28・1・15

[事実] 本件は【52】の事案で代表者共有名義の山林に共有持分権を有することを理由とするいわゆる転出者からの収益金の配分請求の本訴に対し，部落集団が提起した係争山林がY部落入会集団の共有の性質を有する入会地であることの確認を求める反訴について，部落集団構成員中に反訴提起に賛同しない者がいるので，この反訴は不適法であるというその抗弁に対する判示である。

[判旨] 「まずYの当事者適格について考えるに，〈略〉Yは，その構成員全員によって原判決別紙目録(A)の1ないし25の山林等の財産（以下「本件共同財産」という。）を共同所有しつつ，慣習及び昭和24年1月制定した「Y地下規約」（以下単に「規約」という）に基づく統制のもとに，共同して本件共同財産の使用収益等（以下「利用」という）をなすことを目的として本来的には後記旧村に属する地域の住民をもって組織され，「Y部落」又は「Y地下（ぢげ）」なる名称を有するところの代表者（組長）の定めのある法人にあらざる団体であること，Yは，右地域内の小集落を単位として編成されたいくつかの「小組」を下部組織とし，総会において選挙された組長，小組の構成員の互選によって選出された小組長，その他山守，会計等の役員をもって役員会を構成し（規約上は小組長ではなく評議員が役員会の構成員とされているが，評議員の制度は実際上機能していない。），毎年1月に開かれる定例総会及び必要の都度開かれる臨時総会において重要事項について議決し，右役員会においてYの業務を執行していることが認められる。この事実によれば，Yは，民事訴訟法46条の法人にあらざる社団であるということができる。そして，このような性格を有する社団たるYは，その名において，自らが入会団体固有の総有権としての入会権を有すること及びXらがYの構成員でないことの確認を求める訴（以下「入会権確認の訴」という。）を提起できるものと解するのが相当であり，右のように入会団体が代表者の定めのある社団である場合についてまで，入会権確認の訴を提起するには，その構成員全員の名においてなすことが必要であると解することはできない。また，入会団体自体で訴訟を追行する場合にも，入会権確認の訴の提起については構成員全員の承認又は委任（以下「委任」という。）のあることが必要であるとの見解があり，右見解は，もし敗訴すれば訴の提起について委任しなかった構成員に対しても，入会権の処分に匹敵する重大な損失を被らせる結果となるという事実上の不都合を主たる理由とするものと思われるが，右見解は採用し

がたい。すなわち，入会権者個人は入会権の目的物について個別的支配権能を有するが，他面，入会団体自体もまた右目的物について一般的支配権能を有し，右権能は入会団体が統一的意思の下に行動しなければならない場合に機能すべきものと解されるのであって，構成員が総会等を通して団体意思の形成に参与すべきものとされていることは，まさにその反面において適法に形成され，代表された団体意思に構成員が拘束されることを予定しているものというべきである（本件反訴の提起が少なくとも事後的にはYの総会において多数決により承認されていることは……明らかである。）。入会団体がいわゆる総有の主体としてその構成員の総体と観念されることは右のように解する妨げとなるものではない。実際上も，右のように解さないと，反対者に対して共同訴訟提起を強制する途がない現行法のもとにおいては，構成員の中に1人でも訴訟提起に同意しない者があるときには，訴訟の提起が不可能となり，入会権をその全体的，集団的存在形態において防衛する途がないことになるし，また，入会権者の変動等により，入会権者の範囲が不分明となった場合（本件もその一場合である。）には，委任をとりつけるべき者の範囲が確定できず，訴の提起が不可能になるという不都合な事態が生じ，この事態は，構成員全員の委任なくして訴の提起を認めることから生ずるおそれのある前記不都合な事態に比して，はるかに重大であるといわなければならない。

次に，確認の利益について考えるに，被控訴人Xらが本件共同財産につき，共有又は合有の持分権を有する旨主張し控訴人Yと抗争していることは，本件訴訟における主張自体に徴して明らかであって，この事実によれば，本件共同財産の所有，利用態様についての単なる法律的見解の相違が当事者間に存するに止まらず，Yの右財産に対する権利又は法律的地位が具体的に脅かされていることは明白である。また，XらがY入会団体であるYの構成員であるか否かは，単なる事実ではなく，本件共同財産の所有，利用に関する諸々の権利関係を包含した法律的地位の有無に関する事柄である。したがって，Yの反訴請求が確認の利益を有することは明らかである。」

【218】 甲府地判平 15・11・25 戦後 3・514

[事実] 本件は【185】の事案でもと集落の共有入会地であったがX村有となった土地の大部分が共同利用地であり，一部が少数の者によって割地利用されている状態のところ，X村が施設の設置の目的で，割地利用者Yに対して明渡を求めた。これに対してYは入会権にもとづく割地利用権を理由にこれを否定し，かつ共同利用地上の入会権の行使を妨害する施設の建設の禁止を求める反訴を提起した。

[判旨] 「本件反訴請求は，被告が入会権又は永久かつ自由な利用を内容とする使用貸借類似の無名契約に基づく使用収益権に基づき，X村が本件土地内……に建設を計画する別紙開発許可に基づく事業の実施の禁止及び同土地の利用の妨害の禁止を求めるものであるが，入会権に基づく請求についても，入会権そのものの確認等を求めるものではなく，入会部落の構成員各自が単独で行使することが認められる使用収益権の妨害の排除を求めるものであるから，被告は単独で当事者適格を有するものと解される。」

以上の判決をつうじて，入会権確認訴訟は固有必要的共同訴訟である，入会権者（集団構成員）全員が原告とならなければならない，という判旨，【195】（最判昭 41・11・25，判例というべきであろう）が無批判ないし誤って引用されている傾向が強いといわざるをえない。

この【195】は，入会集団が集団として有

する入会権（地盤所有権を含む）を有することの確認を求めるもので，それに構成員全員が訴訟参加すべきは当然である。ところが，【38】（仙台高判昭55・5・30）は，入会権者であることの確認を求めるには非権利者全員でなければならない，と非常識きわまりない判示をしている。これは上告審【208】（最判昭58・2・8）で取り消されたけれども，集団として有する入会権と構成員として有する入会権（持分権）とが存在するという理解を欠いたものである。さらに【214】（長野地判昭61・11・13）は入会権の保全（妨害排除）請求は全員でなければならない，といっており（控訴審同判旨）全く不当といわざるをえない。その理由は，妨害排除請求は入会権の管理処分に関する事項であるから構成員各自ではできない，というのである。

　これは【197】（最判昭57・7・1）の判旨に従ったものであろうがこの判決は，入会権にもとづく妨害排除は各自ですることができる，と明示している。ただ妨害排除請求としての登記抹消登記請求はできない，といっているのであって，入会地上の権利登記につき移転登記であれ抹消登記であれ地盤所有者全員（入会集団構成員全員）でその請求をしなければならないのは当然であろう。しかし判示中，「妨害排除請求の訴訟上の主張，行使は，入会権そのものの管理処分に関する事項であ（る）」というのは不当な判示といわざるをえない。入会権（地）のような共同所有財産においては，その処分変更，管理，保存行為についてそれぞれ取扱いが異なることは民法の条文を見るまでもなく明らかであろう。ちなみにその根拠は，入会権には「共有におけるような持分権」がないからというのであるが前述のように，入会には「持分がない」といっているのではないことを重ねて確認しておく必要があろう。

　入会権確認訴訟に入会集団構成員全員が参加することが難しい事情にある今日，原告として参加しない構成員を被告として訴訟の席につければよい，という【198】（岡山地倉敷支判昭51・9・24）判旨はきわめて説得的かつ重要な意味をもつ。ところが【201】（山口地岩国支判平15・3・28）【202】（鹿児島地判平17・4・12）ともにこれを認めず，非参加者を被告としても不可，あくまでも構成員全員で提訴しなければならない，と判示している。とくに【202】は訴訟非参加者を被告とすることが認められるのは境界確定の訴え等特別の場合に限られ，ひろく一般に認められるものではないという，最高裁判決の補足意見を引用して訴訟適格を否定している。しかし，この補足意見は境界確定等の形式的形成訴訟に限られるとはいっていないのであり，ちなみに【201】【202】等の事案において入会構成員全員が原告になれる状態であれば訴訟など必要はなかったのである。

　この2つの事案においてすでに指摘したように原告として訴訟に参加しなかった他の構成員は，単なる訴訟非参加者ではなく，集団の規範に反して自己の持分を処分（企業に売却）したのであるから，入会慣習を否定する者として当然被告となるべき者である。【194】（名古屋地岡崎支判昭41・3・22）は，自己の持分（登記上共有権）を売却した構成員

とその相手方（買受人）を被告としており，それが認められているが，【201】【202】においても単なる非参加者でなく本来的な被告であると主張すべきであった。

入会集団が対外的に入会権の存否を争う訴訟は，単純に入会集団（構成員全員）と企業や地盤所有者等との訴訟ではない。入会集団全員が原告として訴訟提起できる地盤であれば訴訟の必要もないことが多いのである。集団内部での意見や立場が異なるからこそ訴訟になることが多いのであって，中には原告として参加したくともそれができない「非参加者」も少なくないのである。そのような事情を顧みることもせず，入会権確認訴訟はあくまでも入会集団構成員全員が原告とならなければならない，というのは不可能を強いるものであり，さらに国民に裁判を受ける権利を奪うものというべきであろう。

以上の判決をつうじて，入会権確認訴訟は固有必要的共同訴訟である，入会権者（集団構成員）全員が原告とならなければならない，という判旨，【195】（最判昭41・11・25，判例というべきであろう）が無批判ないし誤って引用されている傾向が強いといわざるをえない。

この【195】は，入会集団が集団として有する入会権（地盤所有権を含む）を有することの確認を求めるもので，それに構成員全員が訴訟参加すべきは当然である。ところが，【38】（仙台高判昭55・5・30）は，入会権者であることの確認を求めるには非権利者全員でなければならない，と非常識きわまりない判示をしている。これは上告審【208】（最判昭58・2・8）で取り消されたけれども，集団とし

て有する入会権と構成員として有する入会権（持分権）とが存在するという理解を欠いたものである。さらに【214】（長野地判昭61・11・13）は入会権の保全（妨害排除）請求は全員でなければならないといっており（控訴審同判旨）全く不当といわざるをえない。その理由は，妨害排除請求は入会権の管理処分に関する事項であるから構成員各自ではできない，というのである。

これは【197】（最判昭57・7・1）の判旨に従ったものであろう。この判決は，入会権にもとづく妨害排除は各自ですることができると明示している。ただ妨害排除請求としての登記抹消登記請求はできないといっているのであって，入会地上の権利登記につき移転登記であれ抹消登記であれ地盤所有者全員（入会集団構成員全員）でその請求をしなければならないのは当然であろう。しかし判示中「妨害排除請求の訴訟上の主張，行使は，入会権そのものの管理処分に関する事項」である（る）というのは不当な判示といわざるをえない。入会権（地）のような共同所有財産においては，その処分変更，管理，保存行為についてそれぞれ取扱いが異なることは民法の条文を見るまでもなく明らかであろう。ちなみにその根拠は，入会権には「共有におけるような持分権」がないからというのであるが前述のように，入会には「持分がない」といっているのではないことを重ねて確認しておく必要があろう。

入会権確認訴訟に入会集団構成員全員が参加することが難しい事情にある今日，原告として参加しない構成員を被告として訴訟の座

につければよい，という【198】（岡山地倉敷支判昭51・9・24）判旨はきわめて説得的かつ重要な意味をもつ。ところが【201】（山口地岩国支判15・3・28）【202】（鹿児島地判平17・4・12）ともにこれを認めず，非参加者を被告としても不可，あくまでも構成員全員で提訴しなければならない，と判示している。とくに【202】は，訴訟非参加者を被告とすることが認められるのは境界確定の訴え等特別の場合に限られ，ひろく一般に認められるものではないという，最高裁判決の補足意見を引用して訴訟適格を否定している。しかしこの補足意見は境界確定等の形式的形成訴訟に限られるとはいっていないのであり，ちなみに【201】【202】等の事案において入会構成員全員が原告になれる状態であれば訴訟など必要はなかったのである。

【201】【202】の事案においてすでに指摘したように原告として訴訟に参加しなかった他の構成員は，単なる訴訟非参加者ではなく，集団の規範に反して自己の持分を処分（企業に売却）したのであるから，入会慣習を否定する者として当然被告となるべき者である。【194】（名古屋地岡崎支判昭41・3・23）は，自己の持分（登記上共有権）を売却した構成員とその相手方（買受人）を被告としており，それが認められているが，【201】【202】においても単なる非参加者でなく本来的な被告であると主張すべきであった。

入会集団が対外的に入会権の存否を争う訴訟は，単純に入会集団（構成員全員）と企業や地盤所有者等との訴訟ではない。入会集団全員が原告として訴訟提起できる状態であれば訴訟の必要もないことが多いのである。集団棄却での意見や立場が異なるからこそ訴訟になることが多いのであって，中には原告として参加したくともそれができない「非参加者」も少なくないのである。そのような事情を顧みることもせず，入会権確認訴訟はあくまでも入会集団構成員全員が原告とならなければならない，というのは不可能を強いるものであり，さらに国民に裁判を受ける権利を奪うものというべきであろう。

判例索引

【 】内は本書の判例通し番号，【 】右の太字は，判例通し番号掲載頁を示す．

大判明 31・5・18 民録 4・5・35 ……………【 9 】13, 145
大判明 33・6・29 民録 6・6・168 …………【 1 】5, 31
大判明 33・11・19 民録 6・10・91 ……………【15】17
大判明 34・2・1 民録 7・2・1 ………………【60】76
宇都宮地判明 34・2・11 新聞 29・10 ………… 153
大判明 34・5・15 民録 7・5・84 ……………【16】17
大判明 35・12・8 民録 8・11・31 ……………【175】236
東京控判明 36・2・23 民録 9・759 …………… 153
大判明 36・6・19 民録 9・759 ………【10】14,【122】153
大判明 36・11・27 民録 9・1313 ……………【 2 】5
大判明 37・4・20 民録 10・485 ……………【159】213
大判明 37・12・26 民録 10・1682 ……………【 5 】8
名古屋控判明 38・4・17 ……………………… 136
大判明 38・4・26 民録 11・589 ……………【156】212
大判明 39・1・19 民録 12・57 ………………… 9
大判明 39・2・5 民録 12・165
　……………………【56】74,【107】136,【187】259
東京控判明 39・9・27 新聞 385・6 …………【160】213
大判明 40・12・18 民録 13・1237 ……………【11】14
大判明 40・12・20 民録 13・1217 ……………【 6 】8
大判明 41・1・24 新聞 481・8 ………………… 9
大判明 41・6・9 新聞 514・15 ………………【12】15
大判明 42・4・29 民録 15・415 ………………… 9
東京控判明 43・5・2 新聞 661・14 …………… 9
大判明 44・5・29 民録 17・348 ……………【188】260
安濃津地判明 45・2・20 新聞 777・22 ………【48】60
大判大 4・3・16 民録 21・3・328 …【117】145, 151, 214
東京控判大 4・5・13 新聞 1025・22 ………… 146
大判大 5・8・23 新聞 1200・25 ……………【189】260
神戸地判大 6・6・13 新聞 1303・33 ………【210】277
大判大 6・11・28 民録 23・2018 ……【57】75,【123】154
大判大 7・3・9 民録 24・434 ………………【61】76
大判大 9・6・26 民録 26・933 ………………【 7 】9
大判大 10・11・18 民録 27・2045
　………………………………【124】154,【157】212
大判大 11・2・20 民録 1・56 ………………【213】278

大判大 12・4・4 民集 2・201 ………………【17】18
大判大 13・2・1 新聞 2238・18 ……………【62】77
大判大 13・7・15 民集 3・356 ……………【212】277
長崎控判大 13・10・6 新聞 2336・16 ………【80】98
大判昭 3・12・24 新聞 2948・10 ……………【13】16, 31
盛岡地判昭 5・7・9 新聞 3157・9 ……………【27】31
盛岡地判昭 6・10・21 新聞 3344・5, 6-19 ……… 146
京都地舞鶴支判昭 8・12・23 評論 23 諸法 152
　…………………………………………………【18】18
大判昭 9・2・3 法学 3・6・88
　……………………【58】75,【108】136,【190】261
大判昭 10・8・1 新聞 3879・10 ………【 8 】10,【63】77
大判昭 11・1・21 新聞 3941・10 ……【14】16,【109】137
岡山地判昭 11・3・6 新聞 3970・11
　……………………………………【110】137,【211】277
大判昭 14・1・24 新聞 4380・5 ……………【64】77, 231
東京控判昭 14・2・23 評論 28 民 561 ………【 3 】6
大判昭 15・5・10 新聞 4580・8 ……【70】84,【191】261
大判昭 16・1・18 新聞 4663・141 …………【158】212
大判昭 17・9・29 法学 12・517 ……………【81】98
大判昭 17・10・9 法学 12・4・326 …………【59】76
大判昭 18・2・27 法学 12 54 ………………【71】84
大判昭 18・7・28 法学 12・389 ……………【82】99
大判昭 19・6・22 新聞 4917～4918・15 ……【111】138
盛岡地判昭 26・7・31 戦後 2・7 ……………【171】231
青森地八戸支判昭 26・11・14 戦後 2・21 ……【90】111
長野地伊那支判昭 29・3・2 戦後 1・3 ………【31】35
東京高判昭 29・6・26 民集 11・9・1531 ……… 87
京都地峰山支判昭 29・11・14 ………………… 100
新潟地判昭 29・12・28 戦後 1・23 …………【42】51
東京高判昭 30・3・28 下民集 6・583 ………… 36, 85
秋田地判昭 30・8・9 下民集 6・8・159 ………【73】86
大阪高判昭 30・10・31 高民集 8・9・634 ……【83】100
盛岡地判昭 31・5・14 下民集 7・5・1217
　………………………………【28】32,【65】78,【164】219
福岡地飯塚支判昭 31・11・8 下民集 7・11・3169

入会権の判例総合解説　**287**

判例索引

……………………………………………【4】7
青森地鰺ヶ沢支判昭 32・1・18 民集 27・2・312…148
福岡地久留米支判昭 32・4・16 戦後 1・19………235
最判昭 32・6・11 裁集民 26・881…………36,【72】85
仙台高決昭 32・7・19 家月 9・10・28…………【29】32
最判昭 32・9・13 民集 11・9・1518……62,【74】87, 181
青森地判昭 33・2・25 下民集 9・2・308
　……………………………【32】36,【118】147,【153】206
東京高判昭 33・10・24 下民集 9・10・2147……【66】79
仙台高判昭 33・12・16……………【91】111,【116】143
岡山地新見支判昭 34・3・26 戦後 1・40…………37
福島地会津若松支判昭 34・8・17 戦後 1・30……52
広島地竹原支判昭 34・9・20 戦後 1・73…………60
福岡高判昭 34・11・23 戦後 1・19…………【174】235
福島地会津若松支判昭 35・1・26 戦後 1・61
　………………………………………………【114】141
千葉地判昭 35・8・18 下民集 11・8・1721
　………………………【84】101,【119】147,【192】261
仙台高判昭 35・8・22 戦後 1・30…【43】52,【112】139
秋田地大曲支判昭 36・4・12 下民集 12・4・794
　………………………【33】36,【113】140,【206】274
仙台高判昭 36・10・25 戦後 2・38…………【176】236
秋田地判昭 36・10・30 戦後 1・77…………【207】274
長崎地判昭 36・11・27 判タ 127・84………【92】113
最判昭 37・3・15 裁集民 59・293………………235
仙台高判昭 37・8・22 民集 21・2・408…………232
山形地判昭 37・9・3 下民集 13・1793……【115】142
大阪高判昭 37・9・25 判タ 136・89
　………………………………………【93】114,【142】185
広島高岡山支判昭 37・10・26 戦後 1・40……【34】37
最判昭 37・11・12 裁集民 63・11……………52, 140
仙台高判昭 37・11・27 戦後 1・61………………142
広島高判昭 38・6・19 民集 19・4・836……60,【75】89
鳥取地判昭 38・9・27 下民集 14・9・1881…【85】103
盛岡地判昭 38・12・27 戦後 2・61…………【161】215
長野地判昭 39・2・21 下民集 15・2・324……【67】80
最判昭 40・5・20 民集 19・4・822……………【49】60
名古屋地岡崎支判昭 41・3・22 戦後 1・144
　……………………………………【194】156, 264, 284
東京地判昭 41・4・27 下民集 17・3〜4・353

……………………………………118,【193】262
神戸地判昭 41・8・16 判時 458・18…………【94】115
最判昭 41・11・25 民集 20・9・1921……【195】264, 283
名古屋高判昭 42・1・27 下民集 18・1・73
　……………………………………………【76】90, 156
最判昭 42・3・17 民集 21・2・388…【95】117,【172】232
熊本地判昭 42・4・13 戦後 1・217…………【45】54
津地四日市支判昭 42・6・12 戦後 2・73……【23】25
高知地判昭 42・7・19 戦後 1・233…………【139】177
福岡地判昭 42・9・22 戦後 1・293………………56
松江地判昭 43・2・7 判時 531・53
　……………………………【96】117,【173】233,【196】265
東京地判昭 43・5・10 下民集 19・5・247………185
甲府地判昭 43・7・19 下民集 19・7〜8・419
　……………………………………【105】129,【121】150
東京高判昭 43・11・11 戦後 1・252…………【35】38
最判昭 43・11・15 判時 544・33……………【125】155
京都地園部支判昭 44・3・24 戦後 2・94………237
仙台高秋田支判昭 44・5・28 戦後 1・192…【36】39
横浜地横須賀支判昭 44・9・30 戦後 1・304……203
大阪高判昭 45・3・16 判タ 216・214………【94】116
東京高判昭 45・10・29 判タ 259・247………【50】62
山形地判昭 46・2・24 戦後 2・105…………【86】104
大阪地岸和田支判昭 46・7・19 戦後 2・114……159
名古屋高判昭 46・11・30 判時 658・42
　……………………………………………【106】131, 156
福岡高判昭 47・7・24 判時 700・104………【126】157
東京高判昭 47・8・31 判時 681・37…………【152】203
広島高松江支判昭 47・9・13 民集 27・9・1127……94
最判昭 47・12・21 戦後 1・189………………117
仙台高判昭 48・1・25 判時 732・58
　………………………【68】81,【162】216,【216】281
佐賀地判昭 48・2・23 戦後 2・135…………【51】63
最判昭 48・3・13 民集 27・2・271………【120】148, 214
長野地判昭 48・3・13 判時 732・80
　……………………………………【37】40,【163】217
最判昭 48・10・5 民集 27・9・1110…………【79】94
福岡高判昭 48・10・31 判タ 303・166………【46】56
大阪高判昭 48・11・16 判時 750・60………【127】159
大津地判昭 49・4・18 戦後 1・324…………【215】280

288　入会権の判例総合解説

大阪高判昭 49・12・17 戦後 1・331 ·················· 281
東京高判昭 50・9・10 下民集 26・9〜12・769
·································【143】185
最判昭 50・10・23 戦後 1・306 ················· 204
福島地会津若松支判昭 50・10・29 判時 812・96
·································【150】200
盛岡地一関支判昭 51・3・26 戦後 2・154 ··········· 52
岡山地倉敷支判昭 51・9・24 判時 858・94
·····················【146】191,【198】267, 284
広島高松江支判昭 52・1・26 下民集 28・1・15
························【52】64,【217】282
東京高判昭 52・4・13 判時 857・79 ···········【141】183
最判昭 52・4・15 戦後 1・332 ··············· 118, 234
大阪高判昭 52・9・30 下民集 28・12・1044 ···【177】237
最判昭 53・3・2 戦後 1・364 ······················ 184
東京高判昭 53・3・22 判時 882・14 ··············· 239
名古屋高判昭 53・5・2 戦後 2・139 ··········【165】219
最判昭 53・6・6 戦後 1・367 ················· 192, 268
名古屋高判昭 53・7・21 戦後 2・78 ············【23】25
熊本地宮地支判昭 53・10・23 戦後 2・178 ·····【69】81
鹿児島地判昭 55・3・28 戦後 2・195 ··········【53】67
仙台高判昭 55・5・30 判タ 421・104
···························【38】41, 45, 284
千葉地佐倉支判昭 55・6・30 戦後 2・207 ········· 121
熊本地宮地支判昭 56・3・30 判時 1030・83 ···【41】48
奈良地判昭 56・6・19 判タ 465・180 ··········【21】22
福岡地飯塚支判昭 56・9・24 戦後 2・239 ········· 207
最判昭 57・1・22 裁集民 135・83 ··············【178】239
最判昭 57・7・1 民集 36・891
······················ 131, 152,【197】265, 284
大分地判昭 57・7・19 戦後 2・254 ···········【101】123
最判昭 58・2・8 判時 1092・62 ····· 43,【208】275, 284
福岡高判昭 58・3・23 戦後 2・239 ···········【154】206
最判昭 58・4・21 裁集民 138・627 ················· 67
長野地上田支判昭 58・5・28 戦後 2・274
···························【39】43,【209】276
大阪高判昭 58・11・8 戦後 2・232 ·················· 24
福岡地判昭 58・12・27 判タ 521・206 ········【128】160
東京高判昭 59・1・30 東高判民 35・18 ······【98】120
甲府地判昭 59・1・30 訴月 30・7・1140 ············ 181

奈良地葛城支判昭 59・3・29 戦後 2・315 ········· 125
宮崎地判昭 59・5・11 判タ 542・246 ··········【54】68
鹿児島地判昭 59・11・30 戦後 2・337 ······【203】271
岐阜地高山支判昭 60・1・22 判時 1166・132
·································【166】220
広島地判昭 60・5・21 戦後 2・353
······················【167】221,【199】268
大阪高判昭 60・8・29 判タ 584・74 ··········【102】125
鹿児島地判昭 60・10・31 判タ 578・71 ············ 164
名古屋地岡崎支判昭 60・11・27 戦後 2・378
·································【129】161
大阪地判昭 61・7・14 判時 1225・82 ········【130】162
長野地判昭 61・11・13 戦後 2・385 ·····【214】278, 284
高知地判昭 62・3・30 戦後 2・389 ············【22】24
福岡高宮崎支判昭 62・4・13 戦後 2・373 ···【131】164
千葉地館山支判昭 62・7・28 戦後 2・402 ···【132】166
名古屋地判昭 62・7・31 判時 1268・85 ······【133】166
東京高判昭 62・8・31 戦後 2・385 ··············· 279
金沢地七尾支判昭 62・9・30 判時 1272・123
·································【134】167
京都地判昭 62・12・24 戦後 2・415 ·········【179】242
甲府地判昭 63・5・16 判時 1294・118 ·······【151】201
仙台高判昭 63・9・26 戦後 2・132 ················· 43
福岡高判昭 63・9・29 戦後 2・254 ················· 125
福岡高判平元・3・2 戦後 2・227 ··················· 50
新潟地判平元・3・14 判時 1325・122 ········【147】193
名古屋地判平元・3・24 民集 48・4・1075 ········· 170
千葉地判平元・12・20 戦後 3・9 ·············【140】178
新潟地長岡支判平 2・7・18 判時 1361・15
······················【180】244,【204】272
那覇地石垣支判平 2・9・26 判時 1396・123
·································【155】208
那覇地沖縄支判平 2・12・20 戦後 3・23 ············ 26
名古屋高判平 3・7・18 民集 48・4・1095 ········· 170
仙台高判平 3・8・28 戦後 2・159 ············【44】52
高知地判平 3・9・18 戦後 3・54 ············【135】168
福岡地判平 3・10・23 戦後 3・60 ·················· 28
仙台地判平 4・4・22 判タ 796・174 ···········【25】27
高松高判平 5・1・25 判タ 853・207 ················ 24
高松高判平 5・1・28 判タ 849・217 ··········【99】121

判例索引

新潟地判平 5・3・23 戦後 3・79 ……………………… 46
福岡高判平 5・3・29 判タ 826・271 …………【26】28
新潟地判平 5・7・8 戦後 3・96 ……………………… 246
広島地判平 5・10・20 戦後 3・111
　………………………………【168】224,【200】268
神戸地豊岡支判平 6・2・21 戦後 3・128 …【148】194
福岡高那覇支判平 6・3・1 判タ 880・216 ………… 211
甲府地判平 6・3・23 判タ 854・209 ………【182】247
最判平 6・5・31 民集 48・4・1065 …………【136】170
広島地福山支判平 6・6・2 戦後 3・155 ……【144】186
福岡高那覇支判平 6・7・12 戦後 3・91 ……【169】227
神戸地豊岡支判平 6・8・8 戦後 3・164 …………… 105
名古屋右判平 7・1・27 判タ 905・189 …………… 172
那覇地判平 7・2・22 判自 143・54 …………【183】249
山口地徳山支判平 7・6・30 戦後 3・188 …………… 69
東京高判平 7・8・30 戦後 2・291 ………………… 45
東京高判平 7・9・21 戦後 3・96 ……………【181】246
大阪地判平 7・9・25 戦後 3・202 ……………【103】125
福岡高那覇支判平 7・11・30 戦後 3・23 ……【24】26
青森地判平 8・2・13 判自 154・18 …………【100】122
大阪地堺支判平 8・2・23 戦後 3・221 ………【19】19
広島高判平 8・3・28 戦後 3・160 ………………… 187
名古屋地判平 8・6・18 戦後 3・241 …………【137】173
仙台高判平 8・6・27 戦後 3・217 ………………… 123
東京高判平 9・5・29 判タ 980・180 …………【40】46
大阪高判平 9・8・28 戦後 3・164 ……………【87】105
大阪高判平 9・12・18 戦後 3・221 …………………… 21
山形地鶴岡支判平 10・1・30 戦後 3・262 ………… 251
広島高判平 10・2・27 戦後 3・188 …………【55】69
大阪高判平 10・11・17 戦後 3・202 ……………… 127

秋田地本荘支判平 11・4・14 戦後 3・313 ………… 93
大分地日田支判平 11・4・20 戦後 3・325 ……【77】92
福岡地小倉支判平 12・1・20 戦後 3・328 ……【88】107
和歌山地判平 12・3・28 戦後 3・365 …………… 195
仙台高秋田支判平 12・5・22 戦後 3・262
　………………………………【184】251,【205】273
仙台高秋田支判平 13・1・22 戦後 3・313 ………… 93
福岡地久留米支判平 13・9・14 戦後 3・444 …【20】21
大阪高判平 13・10・5 戦後 3・365 …………【149】195
神戸地判平 14・3・14 判自 241・69 ……………… 110
山口地岩国支判平 15・3・28 戦後 3・481
　………………………………【170】228,【201】269, 284
最判平 15・4・11 判時 1823・55 ……………【78】93
那覇地判平 15・11・19 判時 1845・39 …………… 32
甲府地判平 15・11・25 戦後 3・514 …………【218】283
大分地判平 15・11・29 戦後 3・526 …………【186】256
佐賀地唐津支判平 16・1・16 戦後 3・532 ……【47】58
大阪高判平 16・1・16 戦後 3・469 ……………【89】109
大阪地判平 16・1・20 戦後 3・540 ……………【104】127
鹿児島地名瀬支判平 16・2・20 戦後 3・555
　………………………………………【145】188, 204
福岡地飯塚支判平 16・9・1 判例集未登載
　………………………………………………【138】173
福岡高那覇支判平 16・9・7 判時 1870・39 ……… 33
鹿児島地判平 17・4・12 判例集未登載
　………………………………………【202】269, 284
東京高判平 17・7・8 判例集未登載 ………【185】254
広島高判平 17・10・20 判時 1933・84 …………… 229
最判平 18・3・17 民集 60・3・39 ……………【30】32

〔著者紹介〕

中尾 英俊（なかお ひでとし）

略歴　1924年生
　　　1949年　九州大学法学部卒
　　　1969年　佐賀大学教授を経て西南学院大学教授，法学博士
　　　1995年　同大学定年退職，同大学名誉教授，中国吉林大学客員教授
　　　1997年　弁護士登録

〔主要著書〕
『林野法の研究』（勁草書房，1965年）
『入会林野の法律問題』（勁草書房，1969年）
『入会裁判の実証的研究』（法律文化社，1984年）
『日本社会と法』（日本評論社，1994年）
『戦後入会判決集』（1～3巻）編著（信山社，2004年）

入会権の判例総合解説　　　　　　　　　判例総合解説シリーズ

2007（平成19）年8月30日　第1版第1刷発行　5660-0101

著　者　中尾英俊
発行者　今井 貴・稲葉文子　　　発行所　株式会社信山社　東京都文京区本郷6-2-9-102
　　　　　　　　　　　　　　　　電話(03)3818-1019　〔FAX〕3818-0344〔営業〕　郵便番号 113-0033
　　　　　　　　　　　　　　　　印刷／製本　松澤印刷株式会社

Ⓒ 2007, 中尾英俊　Printed in Japan　落丁・乱丁本はお取替えいたします。　NDC分類 324.600
ISBN978-4-7972-5660-4　　　★定価はカバーに表示してあります。

Ⓡ〈日本複写権センター委託出版物・特別扱い〉　本書の無断複写は，著作権法上での例外を除き，禁じられています。本書は，日本複写権センターへの特別委託出版物ですので，包括許諾の対象となっていません。本書を複写される場合は，日本複写権センター(03-3401-2382)を通して，その都度，信山社の許諾を得てください。

信山社　労働法判例総合解説シリーズ

分野別判例解説書の決定版　　実務家必携のシリーズ

実務に役立つ理論の創造

1 労働者性・使用者性	皆川宏之	22 年次有給休暇	浜村　彰
2 労働基本権（生存権・労働権を含む）	大内伸哉	23 労働条件変更	毛塚勝利
3 労働者の人格権	石田　眞	24 懲戒	鈴木　隆
4 就業規則	唐津　博	25 個人情報・プライバシー・内部告発	竹地　潔
5 労使慣行	野田　進	26 辞職・希望退職・早期優遇退職	根本　到
6 雇用差別	笹沼朋子	27 解雇権濫用の判断基準	藤原稔弘
7 女性労働	相澤美智子	28 整理解雇	中村和夫
8 職場のハラスメント	山田省三	29 有期労働契約	奥田香子
9 労働契約締結過程	小宮文人	30 派遣・紹介・業務委託・アウトソーシング	鎌田耕一
10 使用者の付随義務	有田謙司	31 企業組織変動（営業譲渡・合併・分割）	本久洋一
11 労働者の付随義務	和田　肇	32 倒産労働法　山川隆一・小西康之	
12 競業避止義務・秘密保持義務	石橋　洋	33 労災認定	小西啓文
13 職務発明・職務著作	永野秀雄	34 過労死・過労自殺	三柴丈典
14 配転・出向・転籍	川口美貴	35 労災の民事責任	小畑史子
15 昇進・昇格・降職・降格	三井正信	36 組合活動	米津孝司
16 賃金の発生要件（査定・考課を含む）	石井保雄	37 団体交渉・労使協議制	野川　忍
17 賃金支払の方法と形態	中窪裕也	38 労働協約	諏訪康雄
18 賞与・退職金・企業年金	古川陽二	**39 不当労働行為の成立要件**	道幸哲也
19 労働時間の概念・算定	盛　誠吾	40 不当労働行為の救済	盛　誠吾
20 休憩・休日・変形労働時間制	柳屋孝安	**41 争議行為**	奥野　寿
21 時間外・休日労働・割増賃金	青野　覚	42 公務労働	清水　敏

各巻 2,200円～3,200円（税別）　※予価

〒113-0033 東京都文京区本郷6-2-9-101 東大正門前
TEL:03（3818）1019　FAX:03（3818）0344　E-MAIL:order@shinzansha.co.jp

信山社
HOMEPAGE:http://www.shinzansha.co.jp

信山社　判例総合解説シリーズ

公共の福祉の判例総合解説	長谷川貞之
権利能力なき社団・財団の判例総合解説	**河内宏**
法人の不法行為責任と表見代理責任の判例総合解説	阿久沢利明
公序良俗の判例総合解説	中舎寛樹
錯誤の判例総合解説	**小林一俊**
心裡留保の判例総合解説	七戸克彦
虚偽表示の判例総合解説	七戸克彦
詐欺・強迫の判例総合解説	松尾弘
無権代理の判例総合解説	半田正夫
委任状と表見代理の判例総合解説	武川幸嗣
越権代理の判例総合解説	高森八四郎
時効の援用・放棄の判例総合解説	松久三四彦
除斥期間の判例総合解説	山崎敏彦
登記請求権の判例総合解説	鎌野邦樹
民法77条における第三者の範囲の判例総合解説	半田正夫
物上請求権の判例総合解説	徳本鎮・五十川直行
自主占有の判例総合解説	下村正明
占有訴権の判例総合解説	五十川直行
地役権の判例総合解説	五十川直行
使用者責任の判例総合解説	五十川直行
工作物責任の判例総合解説	五十川直行
名誉権侵害の判例総合解説	五十川直行
即時取得の判例総合解説	**生熊長幸**
附合の判例総合解説	潮見佳男
共有の判例総合解説	小杉茂雄
入会権の判例総合解説	**中尾英俊**
水利権の判例総合解説	宮崎淳
留置権の判例総合解説	清水元
質権・先取特権の判例総合解説	椿久美子
共同抵当の判例総合解説	下村正明
抵当権の侵害の判例総合解説	宇佐見大司
物上保証の判例総合解説	椿久美子
物上代位の判例総合解説	小林資郎
譲渡担保の判例総合解説	小杉茂雄
賃借権侵害の判例総合解説	赤松秀岳
安全配慮義務の判例総合解説	円谷峻
履行補助者の故意・過失の判例総合解説	鳥谷部茂
損害賠償の範囲の判例総合解説	岡本詔治
不完全履行と瑕疵担保責任の判例総合解説	久保宏之
詐害行為取消権の判例総合解説	佐藤岩昭
債権者代位権の判例総合解説	佐藤岩昭
連帯債務の判例総合解説	手嶋豊・難波譲治
保証人保護の判例総合解説〔第2版〕	**平野裕之**
間接被害者の判例総合解説	**平野裕之**
製造物責任法の判例総合解説	平野裕之
消費者契約法の判例総合解説	平野裕之
在学契約の判例総合解説	平野裕之
弁済の提供と受領遅滞の判例総合解説	北居功
債権譲渡の判例総合解説	野澤正充
債務引受・契約上の地位の移転の判例総合解説	野澤正充
弁済者代位の判例総合解説	寺田正春
契約締結上の過失の判例総合解説	本田純一
事情変更の原則の判例総合解説	小野秀誠
危険負担の判例総合解説	**小野秀誠**
同時履行の抗弁権の判例総合解説	**清水元**
専門家責任の判例総合解説	笠井修
契約解除の判例総合解説	笠井修
約款の効力の判例総合解説	中井美雄
リース契約の判例総合解説	**手塚宣夫**
クレジット取引の判例総合解説	後藤巻則
金銭消費貸借と利息の判例総合解説	鎌野邦樹
銀行取引契約の判例総合解説	関英昭
先物取引の判例総合解説	宮下修一
フランチャイズ契約の判例総合解説	宮下修一
賃借権の対抗力の判例総合解説	野澤正充
無断譲渡・転貸借の効力の判例総合解説	藤原正則
権利金・更新料の判例総合解説	**石外克喜**
敷金・保証金の判例総合解説	石外克喜
借家法と正当事由の判例総合解説	本田純一
借地借家における用方違反の判例総合解説	藤井俊二
マンション管理の判例総合解説	花房博文
建設・請負の判例総合解説	山口康夫
相殺の担保的機能の判例総合解説	千葉恵美子
事務管理の判例総合解説	副田隆重
不当利得の判例総合解説	**土田哲也**
不法原因給付の判例総合解説	田山輝明
不法行為に基づく損害賠償請求権期間制限の判例総合解説	松久三四彦
事業の執行性の判例総合解説	國井和郎
土地工作物設置保存瑕疵の判例総合解説	國井和郎
過失相殺の判例総合解説	浦川道太郎
生命侵害の損害賠償の判例総合解説	田井義信
請求権の競合の判例総合解説	奥田昌道
婚姻の成立と一般的効果の判例総合解説	床谷文雄
婚約の判例総合解説	國府剛
事実婚の判例総合解説	**二宮周平**
婚姻無効の判例総合解説	**右近健男**
離婚原因の判例総合解説	阿部徹
子の引渡の判例総合解説	許末恵
養子の判例総合解説	中川高男
親権の判例総合解説	**佐藤隆夫**
扶養の判例総合解説	西原道雄
相続回復請求権の判例総合解説	門広乃里子
相続・贈与と税の判例総合解説	**三木義一**
遺言意思の判例総合解説	潮見佳男
遺留分の判例総合解説	岡部喜代子

［太字は既刊、各巻2,200円〜3,200円（税別）］

判例総合解説シリーズ

分野別判例解説書の新定番　　　　　　実務家必携のシリーズ

実務に役立つ理論の創造
緻密な判例の分析と理論根拠を探る

石外克喜 著（広島大学名誉教授）　2,900円
権利金・更新料の判例総合解説
●大審院判例から平成の最新判例まで。権利金・更新料の算定実務にも役立つ。

生熊長幸 著（大阪市立大学教授）　2,200円
即時取得の判例総合解説
●民法192条から194条の即時取得の判例を網羅。動産の取引、紛争解決の実務に。

土田哲也 著（香川大学名誉教授・高松大学教授）　2,400円
不当利得の判例総合解説
●不当利得論を、通説となってきた類型論の立場で整理。事実関係の要旨をすべて付し、実務的判断に便利。

平野裕之 著（慶應義塾大学教授）　3,200円
保証人保護の判例総合解説〔第2版〕
●信義則違反の保証「契約」の否定、「債務」の制限、保証人の「責任」制限を正当化。総合的な再構成を試みる。

佐藤隆夫 著（國學院大学名誉教授）　2,200円
親権の判例総合解説
●離婚後の親権の帰属等、子をめぐる争いは多い。親権法の改正を急務とする著者が、判例を分析・整理。

河内 宏 著（九州大学教授）　2,400円
権利能力なき社団・財団の判例総合解説
●民法667条〜688条の組合の規定が適用されている、権利能力のない団体に関する判例の解説。

清水 元 著（中央大学教授）　2,300円
同時履行の抗弁権の判例総合解説
●民法533条に規定する同時履行の抗弁権の適用範囲の根拠を判例分析。双務契約の処遇等、検証。

右近建男 著（岡山大学教授）　2,200円
婚姻無効の判例総合解説
●婚姻意思と届出意思との関係、民法と民訴学説の立場の違いなど、婚姻無効に関わる判例を総合的に分析。

小林一俊 著（大宮法科大学院教授・亜細亜大学名誉教授）　2,400円
錯誤の判例総合解説
●錯誤無効の要因となる要保護信頼の有無、錯誤危険の引受等の観点から実質的な判断基準を判例分析。

小野秀誠 著（一橋大学教授）　2,900円
危険負担の判例総合解説
●実質的意味の危険負担や、清算関係における裁判例、解除の裁判例など危険負担論の新たな進路を示す。

平野裕之 著（慶應義塾大学教授）　2,800円
間接被害者の判例総合解説
●間接被害による損害賠償請求の判例に加え、企業損害以外の事例の総論・各論的な学理的分析をも試みる。

三木義一 著（立命館大学教授）　2,900円
相続・贈与と税の判例総合解説
●譲渡課税を含めた相続贈与税について、課税方式の基本原理から相続税法のあり方まで総合的に判例分析。

二宮周平 著（立命館大学教授）　2,800円
事実婚の判例総合解説
●100年に及ぶ内縁判例を個別具体的な領域毎に分析し考察・検討。今日的な事実婚の法的問題解決に必須。

手塚宣夫 著（石巻専修大学教授）　2,200円
リース契約の判例総合解説
●リース会社の負うべき義務・責任を明らかにすることで、リース契約を体系的に見直し、判例を再検討。

中尾英俊 著（西南学院大学名誉教授・弁護士）　2,900円
入会権の判例総合解説
●複雑かつ多様な入会権紛争の実態を、審級を追って整理。事実関係と判示を詳細に検証し正確な判断を導く。

信山社